Research on Performance Evaluation and Promoting Mechanism of China's Convergence of Informatization and Industrialization

Research on Performance Evaluation and Promoting Mechanism of China's Convergence of Informatization and INDUSTRIALIZATION

# 我国信息化与工业化融合绩效测度与推进机制构建研究

杨志坤 /著

中国财经出版传媒集团
经济科学出版社

# 前言

推进信息化与工业化深度融合发展,是我国经济社会发展的一项重要战略,也是积极应对新一轮产业革命,实现我国制造业数字化、网络化、智能化转型发展,抢占世界制造业发展制高点的必然之举。2016年4月19日,习近平总书记在网络安全和信息化座谈会上再次强调要"做好信息化和工业化深度融合这篇大文章"。目前,我国已经步入"互联网+"和智能经济发展的新时代,借助互联网、大数据、人工智能等新一代信息技术改造传统产业成为我国产业发展的重要方向。2016年5月,国务院印发了《关于深化制造业与互联网融合发展的指导意见》,指出从体制机制、国企改革、税收金融、财政支持、人才培养、用地用房、国际合作七个方面,强化互联网技术与制造业融合发展。各地纷纷出台实施方案及行动计划,加快落实中央指导意见,并涌现出大规模个性化定制、网络化协同制造、服务型制造等新业态,掀起了两化融合发展的新高潮。在新一轮工业革命迅速发展的背景下,如何在已有两化融合绩效水平基础上,进一步推进和深化两化融合,是我国产业乃至整个经济社会发展面临的重大课题。

本书从生态组织视角出发,构建了两化融合机理的理论分析框架,系统梳理了我国两化融合的历史演化和现实环境,进而依次测度了企业个体、产业群落、区域系统层面的两化融合绩效,并实证考察了各个层面两化融合绩效的影响因素。另外,通过借鉴发达国家相关经验,基于"互联网+"及智能经济发展的新的环境、条件和要求,构建了我国两化深度融合的推进机制。

全书共分为8章。第1章、第2章分别为绪论和理论基础,介绍了本书的主体框架与研究思路,梳理评析了国内外现有相关研究文献,分析了两化融合研究的相关理论基础。第3章构建两化融合的融合机理理论框架，基于生态系统协同演化模型，从企业个体、产业群落、生态系统三个层面，依次分析了各自层面两化融合的基本机理，并进行仿真分析。第4章对党的十六大以来我国两化融合的推进历程包括现状等进行了系统分析，在此基础上明确了进一步推进两化融合的环境、条件及主要制约因素。第5章对我国两化融合绩效水平进行实证分析，分别从企业个体、产业群落、区域系统三个层面，定量测度了我国两化融合的绩效水平，并对各层面两化融合绩效水平的影响因素进行实证分析。第6章对比分析了美国、德国、日本、韩国等国家在推进信息化、工业化发展过程中的机制，并提出值得我国借鉴的经验。第7章构建了在"互联网+"和智能经济新的环境条件下我国信息化与工业化深度融合的推进机制，重点分析在"互联网+"战略实施背景下，企业个体、产业群落、生态系统各层面的两化融合推进机制。第8章总结全书，概括出主要研究结论。

信息化与工业化融合发展是我国工业转型升级的重要抓手，是中国特色新型工业化的重要组成部分，也是我国实现现代化的必由之路。随着国内外经济形势的变化，特别是在国内经济下行压力渐增、国际竞争进一步激化的背景下，抢抓新一轮工业革命的发展机遇与条件，加快推进信息化与工业化深度融合，创新、完善相关推进机制，更好地走出一条具有中国特色的工业强国之路，是理论界和实际部门面临的重要任务。

# 目 录 Contents

**第 1 章　绪论 / 1**

　1.1　选题背景及研究意义 / 1
　1.2　研究内容及研究思路 / 5
　1.3　主要创新点与需进一步完善之处 / 8

**第 2 章　文献综述与理论基础 / 10**

　2.1　信息化与工业化融合绩效测度研究 / 10
　2.2　信息化与工业化融合机制的研究 / 14
　2.3　信息化与工业化融合的其他相关研究 / 17
　2.4　信息化与工业化融合的相关理论基础 / 21
　2.5　对已有研究的评述 / 27

**第 3 章　基于生态系统协同演化模型的信息化与工业化融合机理分析 / 29**

　3.1　信息化与工业化融合的一般机理分析 / 29
　3.2　两化融合生态系统协同演化模型构建 / 39
　3.3　基于企业个体层面的两化融合机理分析 / 45
　3.4　基于产业群落层面的两化融合机理分析 / 68
　3.5　基于生态系统层面的两化融合机理分析 / 84
　3.6　本章小结 / 92

**第 4 章　我国信息化与工业化融合的历史演进及推进现状 / 94**

　4.1　我国两化融合演进历程及推进逻辑 / 94
　4.2　我国两化融合推进现状及发展环境 / 107
　4.3　我国信息化与工业化融合的制约因素 / 123
　4.4　本章小结 / 128

## 第 5 章　我国信息化与工业化融合绩效实证分析 ／ 130

5.1　我国信息化与工业化融合绩效水平统计分析 ／ 130
5.2　基于企业及产业层面的信息化与工业化融合绩效测度 ／ 142
5.3　基于区域层面的信息化与工业化融合绩效测度 ／ 155
5.4　两化融合绩效影响因素的实证分析 ／ 175
5.5　本章小结 ／ 206

## 第 6 章　国外信息化与工业化融合推进机制及经验分析 ／ 208

6.1　美国两化融合的历史演进及推进机制 ／ 208
6.2　德国两化融合的历史演进及推进机制 ／ 214
6.3　日本两化融合的历史演进及推进机制 ／ 220
6.4　韩国两化融合的历史演进及推进机制 ／ 227
6.5　国外两化融合推进的对比分析及经验借鉴 ／ 231
6.6　本章小结 ／ 243

## 第 7 章　"互联网＋"背景下我国信息化与工业化融合推进机制构建 ／ 245

7.1　"互联网＋"战略对两化融合推进机制的影响分析 ／ 245
7.2　企业个体层面信息化与工业化融合机制构建 ／ 258
7.3　产业群落层面信息化与工业化融合机制构建 ／ 268
7.4　生态系统层面信息化与工业化融合机制构建 ／ 275
7.5　本章小结 ／ 284

## 第 8 章　主要结论与研究展望 ／ 286

8.1　主要结论 ／ 286
8.2　研究展望 ／ 289

附录一　微分方程平衡点稳定性的判断标准 ／ 290
附录二　企业两化融合绩效水平调查表 ／ 294
参考文献 ／ 296
后记 ／ 314

# 第 1 章

# 绪 论

本章旨在对选题背景及研究意义进行说明,并指出研究的主要内容、运用的研究方法和基本的研究思路,阐述本书的研究逻辑和主要框架,并指出可能的创新点和不足,为下文相关研究奠定分析基础。

## 1.1 选题背景及研究意义

### 1.1.1 选题背景

**1. 全球工业格局正在发生重大调整与转变**

当前,随着工业革命、科技革命的不断爆发和深入,全球产业竞争格局正在发生重大调整与转变,我国面临着巨大的挑战与机遇。尤其是在2008年国际金融危机之后,"再工业化"战略获得了诸多发达国家的重视,例如,美国的"再工业化"战略、德国的"工业4.0"战略、日本的"机器人新战略"、韩国的"制造业创新3.0"战略等,各国希望重塑自身的工业竞争优势,力求在新一轮全球产业发展新格局中占据有利地位。同时,诸多发展中国家加快布局制造业、信息产业,主动参与全球的产业再分工,承接发达国家的产业及资本转移,借此拓展自身国际市场。因此,我国工业面临严峻的"双向挤压"挑战,必须从全球工业发展格局出发,着眼制造强国的建设,以新一代互联网技术作为契机,加快工业化与信息化融合发展,抢占新一轮国际制造业发展制高点。

## 2. 新一代信息技术对工业发展产生根本性变革

随着新一轮科技革命的爆发和推进，新一代信息技术与其他产业之间的融合程度进一步加深，其中制造业更是呈现出深度融合的趋势，采用新的生产方式、管理模式、商业模式和产业业态，在有效推进产业革命的同时，也形成了各国新的经济增长点。目前，主要发达国家纷纷加大科技创新力度，不断推进工业互联网、大数据、物联网、云计算、3D打印、新能源、生物工程等领域的科技创新，力求取得新突破引领世界发展。例如，美国的"工业互联网"战略、德国的"工业4.0"战略，强调依靠物联网、信息物理系统等先进的信息技术，推进智能工厂、智能产品等新型制造方式；依靠网络众包、协同设计、大规模个性化定制等，提高用户体验及满意度；依靠精准供应链管理、全生命周期管理等新型管理方法，借助互联网平台、电子商务等手段，有效推进制造企业管理模式的转型升级，重塑制造产业价值链体系。新一代信息技术的快速发展，也为我国制造业转型升级、创新发展带来重大机遇。

## 3. 我国当前经济发展环境发生重大变化

党的十九大报告中提出，统筹推进经济建设、政治建设、文化建设、社会建设、生态文明建设"五位一体"发展；以"新型工业化"为动力，以"信息化"为纽带，以"新型城镇化"为载体，以"农业现代化"为契机，以"绿色化"为引领，全面推进我国社会主义现代化国家建设。目前，我国进入"新时代"发展阶段，工业化、信息化等"五化"发展面临着新的机遇和挑战。资源和环境约束不断强化，生产要素成本不断上升，投资和出口增速明显放缓，传统的粗放式发展方式，即以资源等要素投入推动经济增长和规模扩张的发展方式，难以适应我国目前的经济发展需要。因此，及时转变工业发展思路，全面推进以信息技术为驱动的工业化进程，通过信息化与工业化融合发展（以下简称"两化融合"）实现新常态经济环境下的经济发展，实现调整结构、转型升级、提质增效，将是当前我国经济发展的重要方向。

## 4. 我国建设制造强国的任务艰巨而紧迫

改革开放以来，我国工业在较长时间内保持了高速增长的良好发展态势，具备了门类齐全、独立完整的工业体系，其中制造业规模跃居世界第一位，并成为我国经济增长、社会发展的重要支撑力量。与此同时，我国部分制造产业和技术具备了世界一流的水平，如高铁装备、大型飞机、载人深潜、载人航天、超级计算机、深海石油钻探设备等。这一批制造产业或技术的重大突破，不仅培育了具备国际领先技术和竞争力的优势产业和骨干企业，同时也为我国推进工业强国建设提供了重要基础和发展方向。总体来看，我国仍处于工业化中后期阶段，与处于后工业化阶段的发达国家相比还有较大的差距。制造业规模较大，但核心竞争力不强，自主创新的能力较弱，诸多关键技术与高端装备仍然主要依靠国外进口；企业自主创新意识相对薄弱，创新能力相对较差，创新体系不够完善；大部分制造产品档次不高，缺乏具备国际竞争力的知名品牌；能源利用效率较低，环境污染较为突出；信息化水平相对较低，难以满足工业化及经济增长的需要。因此，我国要推进制造强国建设仍然需要长期的努力，而两化融合是实现制造强国的重要途径，需加以重视及充分利用。

**5. 两化融合是实现跨越发展的必由之路**

伴随着技术革命的不断爆发与深化，信息技术正在快速发展，尤其是20世纪90年代以后，我国信息产业保持了高速发展。信息化已经成为我国经济社会发展的重要方面，并较为显著地推进了我国工业化的发展。与美国等发达国家相比，我国工业化水平还有不小的差距。党的十六大提出"以信息化带动工业化，以工业化促进信息化"，标志着我国进入两化融合的推进阶段；党的十七大提出"大力推进信息化与工业化融合，促进工业由大变强"，党的十七届五中全会提出"推动信息化和工业化深度融合，加快经济社会各领域信息化"，标志着我国两化融合进入新的发展阶段；党的十八大提出"推动信息化和工业化深度融合"及"促进工业化、信息化、城镇化、农业现代化同步发展"；党的十九大提出"加快建设制造强国，加快发展先进制造业，推动互联网、大数据、人工智能和实体经济深度融合"，充分反映出我国对信息化和工业化融合发展的重视。两化融合深刻地揭示了信息时代工业化推进的特点，强调信息技术对工业发展的引领作用。我国两化融合正是在当前工业化还未完成、信息化尚处于初中期阶段的背景下提出的，它是中国特色新型工业化道路的必然选择；是调整产业结构、转变发展方式的必然要求；是企业改革发展、竞争力提升的重要举措；是构建我国现代产业体系的有效途径；是贯彻落实科学发展观的具体体现。

### 1.1.2　研究意义

**1. 理论意义**

本书的研究有利于拓展信息化与工业化融合理论的研究视野。目前，国内外学者对信息化与工业化融合机理的研究，多是从技术发展范式角度出发，更多地从企业技术创新以及政府层面的具体推进策略等方面开展，缺乏新视角、多层面的两化融合机理研究。本书从组织生态学的角度切入两化融合机理研究，在建立信息化与工业化融合生态系统的基础上，构建企业个体、产业群落、生态系统组成的多层面两化融合机理，并利用系统动力学理论对融合机理进行仿真分析，建立起较为系统、完整的两化融合机理理论体系，在一定程度上完善了两化融合理论的研究。

**2. 现实意义**

第一，本书从企业个体、产业群落和区域系统层面明确我国两化融合绩效发展水平，为进一步推进工作奠定了基础。利用数据包络分析、倾向得分匹配、随机前沿分析、协调发展模型、可拓物元模型等定量分析方法，从企业、产业和区域层面测度信息化与工业化融合的绩效水平，并运用最小二乘法等计量回归模型和方法，明确其主要的影响因素。明确各层面我国两化融合的绩效水平之后，进一步明确其主要影响因素，在一定程度上为我国政府部门提供借鉴意义。

第二，本书构建了"互联网＋"背景下我国信息化与工业化融合推进机制，为当前借助互联网推进两化融合指明方向。从企业个体层面来说，包括企业内生产环节改造升级推进机制和企业间竞争合作组织形式优化机制；从产业群落层面来说，包括升级式两化融合推进机制和跨界式两化融合推进机制；从生态系统层面来说，包括政府精准决策机制、网络协同创新机制、"互联网＋教育"机制等。通过构建"互联网＋"背景下两化融合新型推进机制，为我国进一步推进两化融合提供一定的借鉴意义。

# 第 1 章 绪 论

## 1.2 研究内容及研究思路

### 1.2.1 研究内容

第 1 章，绪论。主要阐述选题背景及研究意义，梳理研究内容及研究思路，指出主要创新点与不足。

第 2 章，文献综述与理论基础。从信息化与工业化融合绩效、机制、现状及问题、影响因素等方面，对目前国内外的主要研究成果进行梳理；针对研究需要，梳理产业融合理论、生态组织理论、技术经济范式理论等相关理论。

第 3 章，基于生态系统协同演化模型的信息化与工业化融合机理分析。从组织生态学的角度出发，构建两化融合生态系统协同演化模型，从企业个体、产业群落和生态系统三个层面，构建体系完整、层层递进的两化融合机理，并运用 Matlab 软件对各机理的融合效果进行仿真分析，为下文实证分析奠定基础。

第 4 章，我国信息化与工业化融合的历史演进及推进现状。从理论层面划分我国两化融合的推进阶段和层次，提炼出两化融合演进的内在推进逻辑；之后总结当前我国两化融合的推进现状，并明确当前制约我国两化融合发展的制约因素，为下文构建融合机制奠定基础。

第 5 章，我国信息化与工业化融合绩效实证分析。首先，从统计数据的层面，定量地描述我国近年来的两化融合绩效水平；其次，针对企业个体和产业群落层面，运用数据包络分析和倾向得分匹配等方法，以天津市为例对其企业个体和产业群落的两化融合绩效水平进行测度；再其次，针对区域系统层面，运用随机前沿分析、协调发展模型、可拓物元模型等定量方法，对我国及各省（区、市）的两化融合绩效水平进行测度分析；最后，对两化融合绩效的主要影响因素进行回归分析，以此验证机理的仿真结论，并为下文设计针对性的推进机制奠定基础。

第 6 章，国外信息化与工业化融合推进机制及经验分析。首先，梳理美国、德国、日本、韩国等国家的信息化与工业化融合的历史演进历程；其次，重点分析新产业革命背景下，美国、德国、日本、韩国等国家采取的两化融合推进机制，并通过对比分析明确其内在推进逻辑和主要差别；最后，总结、提炼出值得我国借鉴的经验。

第 7 章，"互联网＋"背景下我国信息化与工业化融合推进机制构建。首先分析"互联网＋"战略与两化融合战略的内在协同关系，并对比、分析"互联网＋"战略提出前后，我国两化融合推进机制的主要差异；然后，从企业个体层面、产业群落层面、生态系统层面，分别设计基于互联网平台及技术的两化融合推进机制，以期能为两化融合进一步推进提供一定的指导和借鉴。

第 8 章，主要结论与研究展望。总结、概括主要研究结论，并对今后进一步的研究方向进行梳理和展望。

### 1.2.2 研究思路

**1. 研究方法**

（1）历史分析与逻辑分析相统一。

目前，我国两化融合已经过十余年发展，它是一个现实存在的历史进程，更是一个不断发展、变化的动态演进的过程。因此，对两化融合的研究，尤其是对两化融合机理、绩效水平、推进机制等一般性规律的分析，必须建立在对历史进行客观、全面和详尽分析的考察基础之上。然而，仅仅依靠对我国两化融合演进历史的分析是不够的，对于两化融合发展阶段、规律的准确把握，必须遵循基本的经济理论，运用理性思维和逻辑推理。因此，本书采用历史分析和逻辑推理相结合的方法，以期更好地把握我国两化融合的历史演进规律及内在逻辑，能够在当前国际制造业格局巨变、新产业革命酝酿爆发、新一代信息技术对制造业产生根本性影响、国内经济发展形式转变的背景下，充分依靠两化融合战略，全力推进我国工业化进程，实现国际竞争力的显著提升。

（2）比较分析与演化分析相结合。

在研究我国两化融合时，本书运用了对比分析和演化分析的方法。这一方面体现在对美国"工业互联网"、德国"工业 4.0"等再工业化战略与我国两化融合战略的对比分析上；另一方面还体现在对我国各省（区、市）之间绩效水平的横向对比分析上。由于各省（区、市）的经济基础、技术水平、制度环境、市场发育、企业能力等诸多因素各不相同，它们在根据中央两化融合发展规划制定自身两化融合规划的同时，往往也具有各自的特色。通过对各省（区、市）进行对比分析，保证研究结论的可靠性。另外，我国自提出两化融合以来，已经经过十余年时间，而在这个过程中两化融合发生了非匀速、系统性、历史性的一系列演化，对其进行纵向对比分析才能真正把握我国两化融合的内在发展逻辑，进而为设计"互联网+"背景下的两化融合推进机制奠定良好的基础。

（3）理论分析与实证检验相结合。

将理论分析与实证检验相结合，研究两化融合机理、机制，测度两化融合绩效水平是研究的重要基础和着力点。在两化融合机理方面，理论分析集中在根据生态组织理论，明确我国两化融合的生态环境，构建两化融合生态组织系统；实证分析集中在运用系统动力学仿真方法，对各层面两化融合进行系统化、数据化的分析，明确各生态组织下企业的融合动态演进效果和影响。在两化融合绩效测度方面，理论分析集中在运用系统发展理论，将两化融合划分为"信息化带动工业化"和"工业化促进信息化"两个子系统，分析子系统如何推进两化融合总系统的发展；实证分析集中体现在数据包络分析、倾向得分匹配、随机前沿模型、协调发展模型、可拓物元模型等诸多定量模型的应用上，以此对各层面信息化与工业化融合绩效进行测度，并用加权最小二乘估计、面板固定效应模型对影响因素进行回归。

### 2. 研究逻辑

遵循"机理分析—绩效测度—机制构建"的总体分析框架，在阐述选题的理论基础和现实背景后，首先运用组织生态学相关理论，从理论层面分析信息化与工业化融合的生态要素，构建信息化与工业化融合生态系统，建立企业个体、产业群落和生态系统三个层面的信息化与工业化融合机理体系，并根据系统动力学原理，对各层面两化融合机理进行仿真，明确融合动态演进效果和影响。在两化融合绩效方面，基于统计数据定量地描述我国两化融合绩效水平；运用数据包络分析和倾向得分匹配等方法，对企业个体和产业群落两化融合绩效水平进行测度；运用随机前沿分析、协调发展模型、可拓物元模型等定量方法，对我国及各省（区、市）的两化融合绩效水平进行测度分析；运用加权最小二乘估计、固定效应面板估计等模型，对影响两化融合绩效的主要影响因素进行回归分析，验证机理仿真结论。在两化融合推进机制方面，总结美国、德国等国家的两化融合推进机制，对比"互联网+"战略提出前后，我国两化融合推进机制的主要差异；分别从企业个体、产业群落、生态系统三个层面，构建基于互联网平台及技术的我国两化融合推进机制。

## 1.3　主要创新点与需进一步完善之处

### 1.3.1　主要创新点

第一，基于组织生态学相关原理及逻辑，揭示两化融合的内在机理，拓展和丰富其理论内涵。目前，针对两化融合机理方面的研究较少，且主要集中在政府推进机理层面，缺乏企业个体、产业群落层面的机理分析。本书基于生态组织理论，明确两化融合系统的生态要素，提出两化融合生态组织系统，据此构建包括企业个体、产业群落和生态系统三个层面的融合机理，进一步运用系统仿真进行动态模拟，明确各生态组织下融合动态演进效果和影响，从而建立起体系完整、层次鲜明的两化融合机理理论体系。这在一定程度上弥补了两化融合理论体系的缺陷，以产业经济学和组织生态学为基点，进一步丰富了两化融合的理论内涵。

第二，对我国两化融合绩效进行层次分明、体系完整的评估测度和实证分析。目前国内对两化融合绩效水平的定量分析，虽已取得一定的进展，但评价方法的系统性较为缺乏，指标体系的完整性有待完善，多层次的综合测度亟须补充。另外，对两化融合绩效影响因素的研究，主要集中在企业层面或某一区域层面，且以定性分析居多，缺乏定量的、系统的实证研究。本书基于两化融合的系统性特征及系统耦合过程，在企业个体和产业群落层面，将数据包络分析与倾向得分匹配结合起来，在区域系统层面将随机前沿分析与协调发展模型结合起来，构建了层次清晰、体系完整的两化融合绩效测度模型体系，并验证了机理部分的仿真结果，这在一定程度上补充和完善了两化融合绩效测度的理论体系和实证框架。

第三，构建"互联网+"背景下我国两化融合的新型推进机制和路径。对于两化融合机制来说，目前的研究集中在信息化对工业化的带动机制、信息化与工业化融合的互动机制等方面，对"互联网＋"战略中的有关内容涉及很少。本书在构建两化融合机制中，从互联网平台及技术的角度出发，重新构建了我国信息化与工业化的融合机制，如企业个体的大数据设计、大规模个性化定制等；产业群落的智能制造、网络化协同制造、数字化制造等；区域系统两化融合生态系统的政府精准决策、互联网公共服务平台、"互联网＋教育培育人才"、即时反馈系统等。明确"互联网＋"战略带来的影响与变化，并将新一代信息技术和平台应用到信息化与工业化融合机制中，正是本书有别于前人研究的创新之处。

### 1.3.2 需进一步完善之处

本书主要存在以下不足：第一，产业融合理论与生态组织理论的有效结合程度还有待于进一步加强。在实际研究过程中，尝试性地将生态组织理论应用到两化融合的内在机理中，构建了企业个体、产业群落和生态系统的融合机理，但在相关机理分析与生态组织理论的结合方面，有待进一步加强。第二，实证分析部分有待加强。本书研究涉及的数据范围广、规模大，虽然查阅了相关年份的《中国统计年鉴》《中国科技统计年鉴》《中国互联网络发展状况统计报告》以及中华人民共和国国家统计局网站等，在尽量减少样本损失又力求准确，并运用适当预测与平滑处理的情况下，进行两化融合绩效的测度研究与分析。受限于目前能够获得的数据，测度指标体系仍有待进一步完善，准确性有待进一步提升。

# 第 2 章

# 文献综述与理论基础

本章旨在对信息化与工业化融合绩效和机制研究中涉及的重要文献和依托的理论基础进行梳理与归纳，为下文对信息化与工业化融合的机理、绩效等方面的研究奠定理论基础。其中，文献综述主要涉及两化融合绩效、机制、现状及问题、影响因素及推进对策等方面；理论基础主要包括产业融合理论、生态组织理论和技术经济范式理论。

## 2.1 信息化与工业化融合绩效测度研究

近年来，我国信息化与工业化的不断推进，对生产效率的提升越来越明显，因此，两化融合绩效引起了越来越多学者的关注，并涌现出较多的成果，目前主要集中在信息化与工业化融合绩效测度指标、测度方法和实证分析等方面。

### 2.1.1 两化融合绩效测度指标体系

自从党的十六大提出两化融合，我国学者便开始对两化融合绩效测度指标进行相关研究，但形成系统的研究成果时间相对较晚。易法敏、符少玲、兰玲（2009）以广州市作为研究对象，运用修正后的信息化指数法构建信息化与工业化融合程度的测算指标体系，包括融合广度评价指标、融合深度评价指标。其中，前者又包括两化融合普及率、信息技术应用普及率、信息技术设备装备率、电子商务交易率；后者又包括融合创新度、融合对创新力及竞争力的贡献率、信息化对产业绩效的贡献率。蔡伟杰、王颖东、辛竹（2010）以上海市两化融合绩效作为研究对象，从三个层面构建了两化融合绩效测度体系，包括社会层面、大型企业层面和中小企业层面，并运用层次分析法确定了各指标的权重大小。胡新、惠调艳、梁思妤（2011）从社会环境的视角出发，建立了陕西省两化融合绩效测度指标体系，主要包括两化融合环境和带动产业优化两个层面。其中，前者又包括信息资源、信息应用、信息人才等子指标；后者又包括工业基础、电子信息产业、高技术产业等子指标。杜昊、郑建明（2011）从理论角度出发，指出两化融合绩效测度指标体系的构建理论依据，主要包括从系统工程理论、市场经济学、产业经济学、科学发展观等，并对当时构建的两化融合绩效测度体系进行判析。葛晓滨（2012）针对企业两化融合绩效测度指标进行了研究，从保障度、融入度、提升度三个维度建立了测度指标体系，并进一步拓展为12个子指标，形成了较具特色的测度指标体系。

周剑、陈杰（2013）则从制造企业的角度出发，构建了两化融合绩效测度的指标体系，包括水平与能力、效能与效益两个大的方面，以及产品、企业管理、价值链三个维度。黄群慧、李晓华（2015）在评估我国"十二五"期间工业发展时，对两化融合的评估采用了"主要行业大中型企业数字化设计工具普及率"及"主要行业关键工艺流程数控化率"等指标。潘竟虎、胡艳兴（2015）在测度我国城市群"四化"协调发展效率时，分别建立了我国工业化发展指数和信息化发展指数。其中，前者测度指标有非农产业比重、工业就业比重、工业劳动生产率和制造业产出比重；后者包括邮电业务指数、固定电话普及度、移动电话普及度和互联网普及度。秦燕磊、朱玉杰（2017）从两化融合能力和两化融合绩效分析其评价指标。其中，前者又分为工业化基础、信息化基础、信息化应用与集成、数据管理与分析等方面；后者又包括业务效率、市场竞争力和经济效益等方面。

### 2.1.2　信息化与工业化绩效测度方法

信息化与工业化的融合发展是一项较为复杂的系统工程，对其绩效测度的方法要求也较高。经过十余年的研究积累，目前我国已经形成了一套较为完整的信息化与工业化绩效测度方法。戴兆斌（2003）最先针对两化融合绩效测度问题开展针对性研究，其以南通市两化融合绩效作为测度对象，运用信息经济学的分析方法，初步对区域两化融合绩效进行测度。相对来说，其测度方法较为基本，通过直接对基本信息指标数据进行判析，明确南通市两化融合绩效。龚炳铮（2008）结合当时对两化融合绩效测度的进展，在从融合广度、融合深度和融合效果三个层面设计出测度指标后，进一步构建了单项指标及总体的两化融合评价方法；2010年，进一步完善该测度体系，将两化融合影响因素划分为融合环境、融合水平和融合效益，也对应地构建了各单项指标及总体的两化融合评价方法，形成了较为完整的测度体系。应该说，龚炳铮的相关研究，对我国两化融合绩效测度意义重大，其提出的测度指标体系、测度方法，与中国工业电子信息产业发展研究院每年发布的《中国区域两化融合发展水平评估报告》较为相近，可以认为是其测度的前期研究基础。

之后，学者们进一步拓宽两化融合绩效的测度方法。王晰巍、安超、初毅（2011）提出了信息化与工业化融合的五级成熟度模型，通过综合层次分析法与主成分分析法确定指标权重，较为客观地测度了各区域的两化融合绩效。张新、马建华、刘培德等（2012）在构建了两化融合绩效测度指标的基础上，运用不一致层级结构的层次分析方法确定各指标权重，进而计算得到了我国各省（区、市）的两化融合绩效值。白雪、雷磊（2014）同样是在建立两化融合绩效测度指标体系的基础上，综合采用德尔菲法和熵权法确定其权重，进而对当时我国17个两化融合典型地区进行绩效测度，并分析了城市群"两化"融合水平时空动态演变过程。杨蕙馨、焦勇、陈庆江（2016）构建了两化融合的协同演化共生模型，通过合作系数的乘积，实现两化融合的理论测度。丁志伟、张改素等（2016）以当前"五化"作为研究对象，运用熵权法明确指标权重，以耦合度、耦合协调度计算协调水平，以空间分类与探索性空间数据分析进行空间分析，并运用SLM、SEM、GWR等进行时空分异，形成了较为完整的测度方法体系。秦燕磊、朱玉杰（2017）梳理了两化融合的评估方法。其中，主观赋权评价方法有层次分析法、专家打分法等；客观赋权评价方法包括灰色关联法、主成分分析法、数据包络分析法等。

### 2.1.3 信息化与工业化绩效测度实证分析

信息化与工业化融合绩效测度一直是我国学者较为关注的研究热点，

近年来涌现出了一批研究成果。施罗特（Schroth，2007）以信息服务网络作为研究对象，通过分析其对工业化的作用与影响发现，通过信息服务网络能够有效降低资源浪费，从而提高工业部门的生产效率。英格尔迈勒（Englmaier，2008）从博弈论的视角出发，运用全局博弈模型对两化融合问题进行实证分析，发现通过补贴促进信息化与工业化的融合发展作用较为显著。徐盈之、孙剑（2009）计算了主要国家制造业与信息业融合度，并利用面板数据回归明确了两化融合对制造业绩效带来的作用。张亚斌、金培振（2012）发现，我国信息化与工业化融合环境正趋于改善但提升速度较慢，且东中西部融合环境水平呈纺锤形区域差异化分布。张轶龙、崔强（2013）发现，我国两化融合水平越来越高，但融合效率却越来越低，存在"大而不强，多而不精"的问题。在产业层面，支燕、白雪洁（2012）研究发现，制造业行业融合度差异较大，资本与技术密集型制造业明显高于劳动密集型产业，两极分化的现象已初见端倪；在区域层面，张新、马建华（2012）等研究发现，东部经济发达地区两化融合水平较高，而中西部省份两化融合比较落后；在城市群层面，白雪、雷磊（2014）研究发现，区域性城市群整体两化融合处于初级阶段，城市群分异和融合程度指数空间分异明显。杜传忠、杨志坤（2015）运用协调发展模型具体测度了我国2001~2013年间信息化与工业化融合水平，发现我国工业化、信息化发展较快，二者的融合水平在不断提升；两化融合水平表现出一定的区域差异性，东部地区明显优于中部及西部地区，并且三大区域内部各省份之间两化融合水平也存在一定的差异。

部分学者还从其他角度对两化融合进行了相关评价研究。胡新、惠调艳（2011）从社会环境角度对我国各省（区、市）两化融合进行评价研究，发现东南沿海和环渤海区域水平较高。谢康、肖静华等（2012）得出，信息化带动工业化与两化融合的相关性高于工业化促进信息化、工业化和信息化对各自理想水平的偏离交替波动。张亚斌、金培振（2014）认为，较高的重化工业化水平有助于信息化与工业化的匹配与融合。刘力强、冯俊文（2014）考察了使用粗糙集和神经网络模型对区域两化融合进行评价的合理及其泛化能力。杜昊（2015）围绕两化融合测度指标体系的需求分析、功能定位和理论依据三个方面来探讨，明确了两化融合测度指标体系的目标、方向和基础。张向宁、孙秋碧（2015）根据诺兰阶段模型、生产率悖论，提出两化融合具有界限的假设，并运用单位根检验及格兰杰因果检验进行实证研究，发现信息化对工业化具有促进作用，同时两化融合存在界限。张龙鹏、周立群（2016）基于企业价值链的视角，通过回归分析发现工业化与信息技术的融合能够提高企业流程创新，质量控制、流程管理、员工培训等方面的提升将增加企业新产品产值。陈伟陶、长琪（2017）建立了工业化、信息化以及辅助因素的两化融合"三元"复合协同模型，测算了1991～2013年的两化融合水平，并分析了其与产业结构优化升级的关系。

## 2.2 信息化与工业化融合机制的研究

信息化与工业化的融合发展是一个典型的系统工程，不仅涉及信息化、工业化自身的发展，还包括两者的相互作用和影响。从当前的研究来看，两化融合战略的前期推进阶段，主要集中在信息化对工业化带动机制的研究方面，这主要是因为我国工业化战略时间已久，自身体系已经较为完善，而新提出的信息化战略相对较新，其对工业化的带动作用迫切需要研究。近年来，随着两化融合战略的不断推进和深入，学者们不再局限于信息化对工业化的带动，更加关注两者的互动、融合。

### 2.2.1 信息化与工业化融合机制的内涵

信息化与工业化融合涉及企业、产业、社会经济等诸多层面，因此其融合机制也涉及以上方面。随着学者们研究的不断深入，两化融合机制的内涵也不断丰富。安筱鹏（2008）提出信息化与工业化的融合涉及产品融合、生产方式融合、产业融合和体制融合，因此，其融合机制也包含以上方面。金江军（2009）认为，信息化与工业化的融合机制主要涉及采购、生产设计、销售及客服等环节，与信息技术相互融合而形成一套较为完整的系统，具体包括技术融合、产品融合、业务融合和衍生产业。龚炳铮（2008）从三个层面构建两化融合机制：企业层面通过信息技术实现智能化；产业层面依靠信息技术实现产业升级；宏观层面实现经济、社会的信息化。史炜、马聪卉、王建梅（2010）将信息化与工业化融合机制归纳为产业升级，集中体现在四个层次：技术融合、产品融合、业务融合和产衍生。王金杰（2012）提出，两化融合机制包括四个层面，依次为生产要素融合、产品融合及业务流程融合、产业融合与新产业衍生、社会价值模式与经济运行方式变化。目前，关于两化融合机制还没有形成统一的界定，但学者们的相关表述存在一定的共性。信息化与工业化融合机制是指信息技术在技术、产品、市场、管理、服务等多层次、多环节的全面融合与联动过程，最终实现信息化带动工业化，工业化促进信息化，不断提升产业竞争力。焦勇、杨蕙馨（2016）认为两化融合不仅仅要关注融合状态的高低，更要重视融合效果的好坏，而后者一方面取决于两者耦合程度的高低；另一方面则取决于两者各自的发展水平。

### 2.2.2 信息化对工业化的带动机制

在早期的两化融合机制研究中，学者们集中研究了信息化对工业化的带动机制，涌现出了一批研究成果。彭鹏、朱翔等（2002）以湖南省信息化带动工业化发展为例，提出了其内在机制：信息技术通过系统的优化和传播，导致工业生产过程产生新的、极大的飞跃，改善技术状态和管理水平；计算机、网络等因素可以改善工业流通，加强与消费环节的联系；信息产业带动微电子、半导体等产业发展，进而带动新能源、仪器仪表制造等产业，促进工业发展；信息技术改造传统产业以衍生出新的产业形态。靖继鹏、吴扬、郑荣（2002）指出了信息化与工业化的相互关系：信息化推动和提升工业化，工业化支撑信息化；进一步指出信息化对工业化具有三大效应，即拉动效应、倍增效应和渗透效应；信息技术将改造传统产业生产方式，创新管理模式，重构产业结构，进而带动工业化发展。蓝庆新、韩晶（2004）提出了信息化带动工业化的实现机制：强化信息化对工业化的激励，完善信息化的高效运作，扩大信息化对工业的传导作用。郭洪强、王珊（2005）研究、提出了信息化带动工业化的途径机制，包括直接发展途径和间接发展模式。前者又包括单步直接作用、双步串行作用和三步连动作用三种模式；后者主要指通过影响资源供给、外部环境、市场需求间接作用于工业化。王展祥、吕敏（2005）从企业个体、中观产业、宏观国民经济和社会发展三个层面，提出了信息化对工业化的带动机制：企业信息化改造、提升其营销方式、管理方式、生产方式、组织方式带动工业化；信息化带动产业结构优化，并使之向着高度化方向提升；国民经济信息化不断提升，政府信息化普及程度提升。吴丁娟（2016）引入技术效率的概念，通过构建技术效率的自组织演化模型，挖掘序参量驱使下技术驱动演化的机理，进而提出对制造业的提升作用，发现调整趋同力度可以提高制造企业绩效。林魁（2017）分析了两化融合对我国智能制造的促进作用，通过变革理念、转型模式、全面创新、升级改造等方式，推进我国智能制造快速提升。杜伟锦、宋颖等（2018）实证分析了信息化对企业创新绩效的影响，发现产品设计信息化对企业创新绩效有显著正向影响，而采购、营销的信息化对其创新绩效影响不显著。

### 2.2.3 信息化与工业化融合的互动机制

近年来，学者们在实际研究过程中，不再单单局限于信息化对工业化的带动机制，而是更加重视信息化与工业化的互动发展，通过相互作用、相互融合，实现整体的更快、更优发展。王晓燕、李美洲（2009）利用协整技术及误差修正模型，对信息化与工业化的互动机制进行了实证分析，发现信息化是我国工业化发展的重要动力，而工业化是我国信息化推进的基础条件和必要保证。俞立平（2011）对我国信息化与工业化发展的优先度及两者的相互关系进行了研究，指出当前我国信息化与工业化的互动关系较弱，两者的相互促进、相互推动并没有很好的发挥出来；同时指出信息化发展相对滞后于工业化的发展，信息化是制约两化融合推进的重要因素。张维（2012）提出信息化与工业化之间存在互动机制：信息化对工业化的带动机制，工业化对信息化的促进机制。其中，前者具体指信息化促进传统工业结构升级，提高传统工业生产效率，推动传统工业管理创新，加快企业融入经济全球化进程；后者指工业化为信息化提供物质基础、产业依托和技术支撑。王瑜炜、秦辉（2014）首选通过耦合协调度模型研究发现，我国信息化与新型工业化系统整体上仍处于中低耦合阶段，进而运用灰色关联度模型等研究两化融合的耦合内外部机制，明确其两个机制的主要影响因素。茶洪旺、唐勇（2014）采用固定效应模型实证分析发现，我国工业化对信息化的促进作用大于信息化对工业化的带动作用，因而下一步应加大对工业化促进信息化的支持力度。李继文（2015）从"四化"同步的角度出发，研究了信息化和工业化的融合机制，即不断推广和加深融合广度和深度，改造推进理念，夯实体制机制基础。王锰、郑建明

(2015）根据协同学的相关理论，研究了信息化与工业化的融合动力机制，即信息技术推动、市场需求拉动和政府政策引导。李兆琦（2015）指出，工业化直接导致信息化，信息化又以工业化为手段；信息化主导工业化方向，使之向高附加值化发展，工业化是信息化的基础，提供物资、能源、资金人才等支持。谷唐敏（2016）指出，两化融合通过变革生产制造模式、创新生产制造模式、升级产业结构、推动创新方式变革等机制，推进我国制造业转型升级。吴丁娟、孙延明、丁绒（2016）基于主成分选取序参量的方法，建立了制造企业两化融合的动态演化模型，获得序参量对两化融合的役使方式，帮助制造企业定量地制定发展规划建设提供依据。

## 2.3 信息化与工业化融合的其他相关研究

除了对信息化与工业化融合的绩效及机制研究之外，学者们对两化融合的现状及问题、影响因素和推进对策也进行了相关研究，并涌现出了一批研究成果，为我国不断深化、全面推进两化融合奠定了良好的理论基础。

### 2.3.1 我国信息化与工业化融合现状及问题

从党的十六大提出两化融合以来，伴随着两化融合的不断推进，我国学者针对不同地区以及全国整体的发展状况及存在的问题进行长期针对性研究。就前期阶段来说，主要集中在对各地区两化融合水平和问题的研究上。例如，王述英（2003）以天津市信息化与工业化作为研究对象，分别对天津市的工业化、信息化状况进行了说明，并针对当时的发展水平提出了针对性的发展对策。韦宁、陶丽峰（2004）针对盐城市信息化带动工业化的实际情况进行了研究，发现盐城市企业信息化得到稳步推进，信息化发展环境逐步改善，但也存在企业信息化总体水平低，企业信息化投入力度小、结构不合理，政策贯彻不力等问题。潘安敏、张金海（2007）分析了湖南省制造业的信息化发展状况，研究发现"十一五"期间湖南省制造业信息化的"软环境"基本形成，技术服务体系初步建成，人才培训机制基本建立，投入力度加大且效益明显，但也存在信息化发展水平不平衡，对推动企业创新力度不够，专业高端人才缺乏等问题。杨新民、郑丽兰、陈民等（2009）针对上海市浦东新区的两化融合水平进行了研究，通过与其他地区的对比分析发现，浦东新区企业信息化处于初步阶段，总体水平相对较低；两化融合发展不均衡，信息化投入不足；宏观政策环境优良，但缺乏针对性政策。庄宇（2010）对江苏省两化融合现状进行了研究，发现江苏借助其经济水平优势、区位优势、人才优势等，两化融合获得了较为显著的提升，但也存在一定问题，如信息化的拉动与派生作用不强，制度环境不适应两化融合发展，技术创新能力不强等。

伴随着两化融合在全国范围的不断深入，学者们开始从全国的角度和层次出发研究其推进状况及存在问题。张成芬、李娟（2011）指出，我国不同行业信息化与工业化融合水平差异较大，国家级示范区融合效果明显，节能减排效果明显，对企业的生产经营水平具有一定提升作用。但是，创新能力不足，缺乏统筹规划和组织制度，复合人才供给不足，融资环境不够合理，缺乏通信标准体系等，限制了我国两化融合的进一步推进。郭利（2012）对当时我国两化融合状况进行分析发现，当时我国两化融合正向综合集成应用过渡，助推区域产业转型升级效果明显，有效促进了节能减排，并推动生产性服务业迅速发展，但存在融合发展还不平衡，缺乏核心技术和自主知识产权产品，生产性服务业支撑作用不够，体制机制不够顺畅等问题。倪萍、徐雯雯（2013）通过主成分分析和因子旋转法对我国省域两化融合进行分析，发现经济发达地区两化融合水平普遍较高，宏观经济体系与科技信息发展对两化融合的影响显著。刘绍武（2014）指出当前我国两化融合存在的主要问题，包括缺乏"需求指向"的管理信息系统，人才严重匮乏且对外流失，信息孤岛现象依然存在，服务应用平台体系不完善等。杜传忠、杨志坤（2015）从省域、全国两个层面分析了我国当前两化融合的发展水平，并进行了东中西部的对比分析，明确了当前我国两化融合的发展状况。肖琳琳、陈杰（2016）以我国工业企业作为分析对象，构建了工业企业两化融合评估体系，采集5万多家企业进行实证分析，发现接近90%的企业两化融合处于单项覆盖和起步建设阶段，集成提升和创新突破阶段的企业仍是少数，大多数企业还有极大的提升空间。

## 2.3.2 信息化与工业化融合影响因素

目前，国内针对两化融合影响因素的学术研究较少。胥军（2008）提出了两化融合的影响因素可以分为政府治理体系、中介服务体系、咨询企业能力、软件应用服务、专业人才等方面，据此提出了推进两化融合的产业政策和策略建议。王晰巍、靖继鹏等（2010）运用五级成熟度模型和系统动力模型，从动力、政策和支撑三个方面，确定了两化融合的关键要素。张星（2011）对天津市企业两化融合效率的影响因素进行了分析，通过 VAR 回归发现产品管理制度与两化融合效率显著相关，但企业管理层的重视情况和管理实践关联性不强。张戈、王洪海（2011）运用结构方程模型，对山东省企业两化融合影响因素进行了实证分析，发现管理信息化、信息安全技术水平、信息化意识和信息化基础设施对其两化融合有显著的正向影响。魏磊（2013）对高密市两化融合影响因素进行了 OLS 回归分析，发现信息技术成为其经济增长的第二贡献因素，信息化是工业化的强有力支撑。许轶旻（2013）从信息化维、工业化维和融合维三个维度，利用结构方程模型进行了区域两化融合影响因素的实证分析，分析了人均 GDP、人均专利数、软件与信息服务、嵌入式装备和芯片设计等对两化融合的影响。吕永卫、巴利伟（2014）从系统论的视角出发，构建了两化融合影响要素系统模型，从动力要素、支撑要素和环境要素等方面进行了分析。张宏远、吴价宝（2014）同样运用结构方程模型，对连云港企业的两化融合影响因素进行了实证分析，发现体系保障、基础设施、设计研发、生产制造等指标，对融合效益的贡献率显著。

还有部分学者从其他方面对两化融合的影响因素进行了研究。俞立平、潘云涛（2009）探讨了信息化与工业化的互动关系，通过向量自回归模型的实证分析发现，我国工业化发展的波动受信息化的影响较为显著，但反之并不成立。徐盈之、孙剑（2009）分析了两化融合对制造业绩效的影响，发现市场结构水平、所有权结构与产业融合对制造业绩效共同起推动作用。董梅生、杨德才（2014）研究工业化、信息化、城镇化和农业现代化的互动关系，通过 VAR 模型的实证分析，发现它们相互影响、互为支撑、同步发展，说明两化融合受到城镇化和农业现代化的影响。尤骁（2015）较为全面地梳理了区域两化融合影响因素，涉及微观、中观、宏观三个层次，包括企业内部、企业外部、产业影响、区域影响等方面。

### 2.3.3 我国信息化与工业化推进路径

在研究了我国两化融合的现状、问题及影响因素的基础上，诸多学者从多个层面、多种角度，提出了我国推进信息化与工业化融合的对策。英格尔迈勒（2008）指出，信息化与工业化的融合对策主要有两点：一是加强信息技术对传统制造业的改造升级，在其研发、生产、销售等环节强化应用，提高产品的功能；二是依托新一代的信息技术，与传统产业融合发展并衍生出新的产业形态，加速新旧产业的替代发展。万建香（2009）从微观企业的角度出发，提出了信息化与工业化的融合路径，指出建立企业层面的信息管理系统能够有效规避两化融合偏差，推进信息化与工业化的融合。张劲（2010）从区域产业结构升级的角度出发，指出软件应用和信息服务产业能够有效改造传统产业而推进两化融合。周鹏（2011）指出，企业个体在技术、产品和业务等方面的融合发展构建两化融合的微观基础，并通过产业、制度等因素扩展到宏观层面，进而推进两化融合的整体步伐。

郝华勇（2012）以新型工业化作为提升对象，从两化融合的角度分析了我国各省（区、市）的新型工业化差异，并提出依靠两化融合是缩小省域间新型工业化差异的重要途径。陈潮昇（2012）提出了推动两化深度融合的对策，包括创新融合思路和方法、强化信息技术的渗透、重视信息技术与生产性服务业融合、加强信息技术对制造业生产环节改造、依托信息化完善企业管理等。王君（2013）分析了两化融合对我国经济增长的影响，并提出信息化进一步推进我国传统产业升级的路径，包括改造生产方式、改造传统产品、改造生产管理方法、改造营销模式等。荣宏庆（2013）提出了推进两化融合的路径选择，即创新信息化管理体制，推动企业信息化，建立相关配套措施，提高信息技术应用水平，重视人才培养工作。周维富（2014）分析了当前我国工业化的进展及问题，指出信息化与工业化的融合发展是推进我国工业化的重要措施。姜晓阳（2015）初步建立了战略一致性分析、应用管理分析、资源管理分析等5个分析模型，发现两化融合建设和管理中的弱项,并制定针对性的优化提升方案。周剑(2015)构建了基于技术、业务流程、组织结构和数据四要素的两化融合互动创新和持续优化路径,以及管理职责、基础保障、实施过程和评测与改进四个管理域闭环联动和持续改进的基本框架。张辽、王俊杰(2017)分析了两化融合对我国制造业生产组织、竞争优势、资源约束等方面的影响,进而提出两化融合的推进模式、关键领域、基本手段和制度安排。付丽娜、杨丽莎(2017)以湖北省作为分析对象,提出其两化融合实现路径,包括强化政务信息资源开发、布局物联网与物流信息、推进农业信息化建设、完善信息基础设施等。

## 2.4 信息化与工业化融合的相关理论基础

任何经济问题都有其理论基础,而在研究该问题之前,充足的理论知识准备是保证有效研究的基础和保障。对于信息化与工业化融合来说,在研究过程中主要遵循了产业融合理论、生态组织理论和技术经济范式理论。这些理论从不同角度、不同层面为信息化与工业化的融合发展提供了经济学解释和理论基础。

### 2.4.1 产业融合理论

产业融合最早源于19世纪罗森博格(Rosenberg, 1963)对美国机械设备产业的演化研究。随着一体化生产的推进,机械设备的需求越来越高,不同类型的机械设备也被制造出来,但并没有形成机械制造产业。直到19世纪中期,机械设备制造业才以独立的产业门类存在,罗森博格据此定义技术融合为通过与其他产业的相互作用,最终获得独立的技术发展过程。伴随着数字信号在不同产业之间相互流通与交流的实现,穆勒(Muller, 1997)提出了"数字融合",它是产业融合的重要基础。我国学者也对产业融合进行了相关界定。马健(2002)指出,产业融合是指由于技术改革或管制放松,不同产业之间发生技术的相互融合和交叉,进而使原有的产品特征和市场环境发生显著的变化,导致企业个体之间的竞争、合作关系发生变化,进而使企业边界、产业边界越来越模糊,甚至发生重构、重组，衍生出新产业形态的过程。产业融合的实质，是产业间分工内部化的过程，而信息技术是这个过程中的驱动力。

对于融合因素来说，阿方索（Alfonso，1998）指出，产业融合是技术融合、业务融合与市场融合的连续发展过程。斯蒂格利茨（Stieglitz，2003）认为产业融合由外部因素驱动的，如技术创新、管制放松等，进而推进技术融合和产品融合。柯利（Curran，2011）进一步构建了产业融合框架，将产业融合的因素划分为科研融合、技术融合、市场融合和产业融合四个方面，且遵循依次递增的融合关系。可见，产业融合的要素涉及诸多方面，如技术、产业、市场、制度等。对于信息化与工业化的融合来说，其是工业化发展到高级阶段的产物，是一系列因素相互作用的结果，具体包括技术、产品、市场、产业、制度等因素，它们之间的替代效应和补充效应等不断推进两化融合实现。

对于融合动力来说，产业融合的动力包括内在动力和外在动力两个方面。其中，前者主要指通过分工重组降低交易成本；后者主要是指市场变化与制度变迁。对于内在动力来说，伴随着信息技术的不断创新与发展，社会分工进一步细化，产业间的分工逐步向着产业内分工转变，使企业专业分工将逐步通过职能分工转变，企业内部化生产将逐步扩大范围。这种内部化的分工体系，将使科斯的交易成本理论面临挑战，原本由交易成本决定的企业边界将逐步模糊甚至消失。对于外在动力来说，一是市场需求的驱动，即消费者的需求变化引致市场结构变化，进而导致企业的生产过程发生相应变化；二是制度创新驱动，如管制放松等，它们为不同企业、产业融入其他领域打开了通道，使两化融合不断推进。

对于融合路径来说，产业融合在很大程度上与信息技术的创新、发展保持同步关系，伴随着科学领域、技术及产品的边界日趋模糊，市场之间的融合发生，进而导致产业间发生融合。周振华（2004）指出，信息化与工业化的融合基础是产业融合，而产业融合发生在技术、产品、业务、市场等方面，因而其融合路径也涉及这些方面。对于信息化与工业化融合来说，其融合路径也包括信息技术的融合，并打破传统的大规模生产方式，沿着"技术融合—业务融合—市场融合—产业融合"的融合路径得以不断推进。在弗里曼所提出的全方位多层次产业创新基础上，许轶旻（2013）进一步提出了信息化与工业化的融合路径，如图2-1所示。

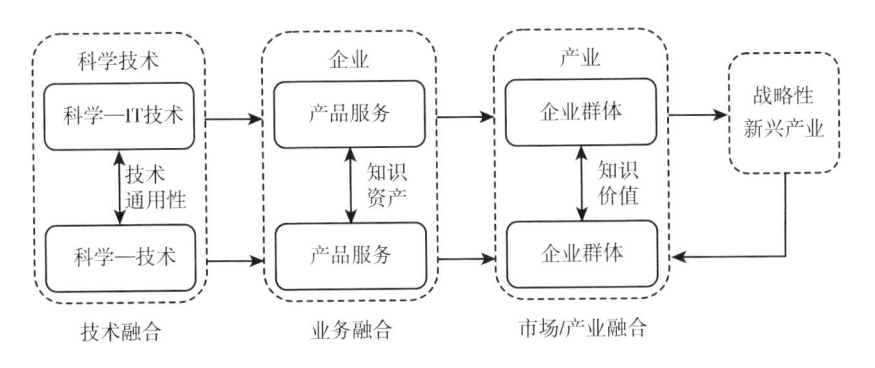

图 2-1 信息化与工业化的融合路径示意

资料来源：许轶旻，《信息化与工业化融合的影响因素研究》，南京大学博士学位论文，2013年。

### 2.4.2 生态组织理论

组织生态学是基于组织种群生态理论和新兴组织理论发展起来的交叉学科，自20世纪70年代被提出以来，生态组织理论经历了三个阶段的发展。第一阶段，汉南和弗里曼（Hannan and Freeman, 1977）首次将传统组织理论应用到生态系统中，创建了生态组织理论。1983年，他们将其应用在企业发展过程中，分析了企业组织多样性的内在原因；1989年，进一步研究了生态组织类型和环境依附，系统总结组织生态理论、方法和经验，形成了企业集群演进的生态组织系统。第二阶段，标志是辛格（Singh, 1990）出版的《组织演化：新方向》一书，分析了外部环境对企业组织形态变化的影响，以及内部调整过程的影响，提出了差异化战略、群落生态、演化经济学等新内容。汉南和卡罗尔（Hannan and Carroll, 1992）对企业种群的演进动力进行了实证与模拟，形成了较为完整的体系。第三阶段，标志是鲍姆和辛格（Baum and Singh, 1994）出版的《组织演化动力》一书，提出了组织演化的四个递进层次，即组织内演化、组织演化、种群演化和群落演化。卡罗尔和汉南（1995）对产业群落的演进进行了实证与仿真，明确了产业群落演进的影响因素和内部动力。之后，迈克和威廉（Micah and William, 1998）将组织生态理论的工具、原则，如信息流动和能量流动应用到产业生态分析中。可见，此时种群的整体演化与局部或内部演化成为学者分析的重点，并据此建立了多层次的生态组织理论体系。

目前，组织生态理论已经形成了企业个体、产业群落和生态系统等多个层面的理论体系。对于企业个体生态组织理论，其研究对象即企业个体，通过将其与生物个体进行类比分析，分析企业个体的演化、发展。爱迪思等国外学者提出了企业生命周期理论，认为企业如同生物个体，会经历诞生、成长、成熟、衰退、消亡的生命历程。借助生物生命周期分析企业个体，明确企业成长的内在动力。罗纳德（Ronald，2001）对企业和生物学进行比较，将企业内部组成部门与生物体的器官进行比较分析，倡导进行有机组织促进企业个体成长。国内学者也进行了积极的探索。苗泽华、彭靖（2012）研究指出，企业个体之间的共生涉及诸多方面的因素，不仅包括企业个体之间的相互作用和共生模式，还要考虑企业个体与外部环境的相互联系，如政策、制度等。辛杰（2015）针对企业生态系统社会责任互动问题，构建了基于制度契约约束的企业生态系统社会责任互动治理机制，提出生态位成员的社会责任互动定位以推进企业个体成长。

对于产业群落生态组织理论，其研究对象是行业或产业群落。一方面，产业内部的企业个体存在一定的替代作用；另一方面，上下游产业之间也存在相互作用。大卫·芬戈尔德（David Finegold，1999）提出了高技能生态系统，并具体分析了由各企业个体组成的产业群落的知识创造及扩散行为。卡列尼娜（Kortelainen，2005，2008）将产业活动产生的环境绩效称为"生态效率"，运用数据包络分析等方法，考察了相对生态效率和环境技术变化对产业群落的影响。国内学者范保群（2006）对产业群落生态系统进行相关研究，提出了基于生态系统的竞争力分析框架，全面分析了生态链上产业群落的相互竞争问题。张雄化、邓翔（2012）以我国石油产业作为研究对象，提出了石油产业群落的生态效率，并运用Malmquist方法进一步进行了分解，发现目前效率值偏低，且省域差距较大。袭希、孙冰（2015）基于产业群落演替的视角，通过回声模型建立了产业技术演化仿真模型，发现随着演化的不断深入，产业主体之间的竞争合作关系逐步复杂化，且环境选择、排斥与吸引等作用具有路径依赖的特点。

对于生态系统生态组织理论，其站在整个系统的更高层面，研究生态系统内的企业个体、产业群落之间的相互关系，以及外部环境与生态系统之间的相互作用，并揭示系统内部的自适应调节机制和演进规律。洛伦宗（Lorenzon，1998）对国际上典型的产业集群生态系统进行了实证，总结生态系统的发展规律及特点，并据此提出多企业、多产业构成的生态系统的差异化竞争策略。卡罗尔和汉南（2000）针对产业集群生态系统的进化问题，探讨了在遗传和变异的情况下，从生态系统的角度考虑，探讨如何利用生态进化，提出了在遗传和变异的条件下，产业群落生态系统如何保持持续的竞争优势。戈麦斯、拉奎尔和塞尔吉（Gomez, Raquel, and Sergio, 2014）运用生态组织理论中的竞争模型，分析了放松管制的情况对生态系统内竞争格局的影响，发现放松管制的影响与生态系统中的竞争者水平、市场竞争强度等相关，且伴随着管制的放松竞争会逐步集中到业务方面。钦齐亚、阿尔贝托和罗伯特（Cinzia, Alberto, and Roberto, 2015）以产业生态系统的技术转移为重点，建立了技术转移模型，确定了技术转移对产业群落生态系统影响的渠道和机制。张运生（2008）针对产业生态系统的创新问题进行了研究，提出通过系统内企业个体、产业群落的互利共生、共同进化的创新体系，使系统内部边界逐步模糊、交易费用逐步降低，形成自身的竞争优势。赵进、刘延平（2010）提出产业集群生态系统由中小企业构成，因而培养企业网络、发展企业合作是生态系统发展的重要方面，并且需要提供有效机制推进企业个体、公共部门与非政府组织之间的互联互通。陈晓红、周源、许冠南等（2013）以广东省昭信科技园区作为研究对象，对其产业集群生态系统的创新集群升级进行调研与研究，发现地理临近性、开放式创新、龙头企业以及集群政策等对其有重要的影响。纪承（2015）从创新集群与产业集群的关系出发，从协同共生、自组织和开放包容驱动创新活动，进而推进产业群落的"环—链—节"式提升与发展。

### 2.4.3 技术经济范式理论

弗里曼和佩雷斯（1986）最先提出了技术经济范式理论，指出通过经济系统的传播，技术将对企业、产业等所有经济部门产生重要的影响。之后，弗里曼和佩雷斯（1997）提出了技术经济范式理论发生的关键要素和内部动力，并进一步指出技术革命与产业革命、关键要素、技术经济范式理论之间的因果关系：技术经济范式理论比技术革命具有更广的内涵，它是关键要素首先发生变革之后，产生"破坏性创新"使技术群落发生变革，应用到主导产业中而引致产业革命的爆发，引发投入、产品、产业基础设施的变化，进而产生人流、物流和信息流的传递方式提升和可替代性新能源的增长，使生产效率出现爆发式快速提升，进而引致整个生产方式、经济增长、社会文化等发生一系列变化。技术经济范式形成之后，将会在较长时间内主导经济运行与增长，直到下一次技术革命爆发带来新技术。目前，历史上已发生三次产业革命和五次技术革命，每一次产业革命都是技术创新推动的，遵循技术经济范式的发展规律。总结起来，历次技术革命和产业革命的重大技术突破、典型技术特征和生产方式变化等如表2-1所示。

表2-1　　　　　三次工业革命与六次技术革命浪潮

| 技术革命及其起始年份 | 核心国家（地区） | 重大技术突破 | 典型技术特征 | 生产方式 | 工业革命及其区间 |
| --- | --- | --- | --- | --- | --- |
| 第一次技术革命：近代物理时代（1771年） | 英国 | 阿克莱特在英国设厂 | 水力纺纱机、蒸汽机；运河和水道、收费公路、铁路、邮政系统；水力、蒸汽动力 | 工厂化、机器生产 | 第一次工业革命（1771~1875年） |
| 第二次技术革命：机械革命（1829年） | 英国 | 蒸汽动力机车诞生 | | | |
| 第三次技术革命：电力和运输革命（1875年） | 美国、德国 | 卡内基酸性转炉钢厂成立 | 电力及内燃机；标准化、规模化、自动化的流水线；世界范围内的航运、铁路、大型桥梁、电话、电报、高速公路；电力、石油 | 大规模、标准化生产 | 第二次工业革命（1875~1971年） |
| 第四次技术革命：相对论和量子论革命（1908年） | 美国、欧盟 | 底特律福特工厂设立 | | | |
| 第五次技术革命：电子和信息革命（1971年） | 美国、欧盟、亚洲 | 英特尔微处理器问世 | 计算机及互联网技术；数字远程通信、综合高速运输体系；核能、生物能、太阳能等，能源体系多样化；新生物技术及再生技术 | 大规模、个性化定制 | 第三次工业革命（1971~至今） |
| 第六次技术革命：新生物和再生革命（2020~2030年） | 美国、日本、欧盟 | 暂无 | | | |

资料来源：作者根据相关资料整理列示。

弗里曼和佩雷斯（1992）进一步提出了"信息技术范式"，将其定义为采用芯片作为关键生产要素而逐步替代"电气化"的发展方式。之后，凯特丝（Catells，1996）进一步提出信息技术作为技术革命的重要产物，其代表信息处理与输送方面实现了重大创新和突破，使信息成为重要的生产要素，具备强烈的渗透性和网络化特点，对经济和社会产生了重塑作用，并且对相关技术具备较强的整合性。海克斯（Heeks，2008）指出信息技术对经济、社会产生了巨大的影响，这也说明传统的技术经济范式理论逐步被信息技术范式所取代，引领全球逐步进入信息社会。

国内学者也意识到技术经济范式理论向信息技术范式的逐步转变，进行了一定的研究，但成果相对较少。鄢显俊（2004）提出信息技术范式是技术经济范式理论发生"质变"而产生的，其关键因素已经逐步转变为"芯片"，计算机和互联网成为促进社会、经济发展的主要技术，对各层面的经济结构和运行模式都产生重大变革，组织结构的扁平化、网络化和虚拟化凸显，传统制造业被改造，显著提升了其生产效率和能量。王金杰（2012）在分析信息技术对两化融合的影响时，提出信息技术范式是信息社会的主导范式，此时信息技术已经成为促进经济、社会发展的关键技术，计算机、互联网等信息技术将带来产业效率的显著提升。许轶旻（2013）运用 Logistic 模型等计量方法研究了信息技术范式发展的阶段性，发现信息技术范式发展存在较为明显的阶段性规律，且各阶段有其适应性；支撑环境、政策引导对信息技术范式的发展作用明显。

## 2.5　对已有研究的评述

总体来看，目前针对两化融合的融合机理、绩效测度、机制构建等内容，国内外学者进行了积极探究，并涌现出一批有益的成果，但也存在较多问题。在两化融合机理方面，目前研究集中于对两化融合具体内容的分析，以及企业、政府推进两化融合的具体策略，缺乏从新视角进行系统研究；生态组织理论虽然已经在企业管理、产业集聚等方面得到一定应用，但目前却没有应用在两化融合问题上。为此，本书从生态组织视角出发，构建两化融合生态系统，建立体系完整、层次鲜明的融合机理理论体系。

在两化融合绩效测度方面，测度的指标体系偏向于传统的统计指标，缺乏结合最新发展实际的指标体系；测度方法在前期基本统计方法的基础上，近年来虽然部分学者运用五级成熟度模型、熵权法等定量测度方法进行实证分析，但仍然是相对初级、简单的方法，测度结果的准确性有待进一步提升。为此，本书运用数据包络分析、倾向得分匹配、随机前沿分析、协调发展模型、可拓物元模型等，构建多层面两化融合绩效测度理论体系并进行实证分析。

在两化融合机制方面，目前研究集中于信息化对工业化的带动机制、信息化与工业化融合的互动机制等，虽然在一定程度上推进了我国两化融合的步伐，但与最新的"互联网+"等国家发展战略联系不大，没有很好地针对我国当前两化融合发展的实际情况和具体需求。为此，从"互联网+"战略的角度出发，针对企业个体、产业群落、生态系统分别构建新型的两化融合推进机制。

# 第 3 章

# 基于生态系统协同演化模型的信息化与工业化融合机理分析

两化融合涉及信息化、工业化及其相互发展,是一个较为复杂的系统性任务,明确其融合的内在机理十分重要。本章在梳理两化融合一般机理的基础上,拟从生态组织理论角度出发分析两化融合机理。该理论经过较长时间的发展,现已形成相对完整的理论框架体系,其主要优势是能够较好地从生物个体、物种群落和生态系统等多个层面分析生态组织的演化机理。本章借鉴组织生态理论的相关原理,从企业个体、产业群落和生态系统三个层面,构建较为系统、完整的两化融合生态系统体系,并运用系统动力学的有关原理对各层面作用机理进行仿真模拟,以更具体、细致地揭示两化融合的内在机理。

## 3.1 信息化与工业化融合的一般机理分析

### 3.1.1 信息化的主要内涵

信息化有着多重含义,涉及经济、技术等诸多领域范畴,并处于不断发展、变化的动态变动之中。整体上来说,其内涵主要包括以下四个方面。

第一,信息化的实现要求信息技术在国民经济和社会的诸多领域得到广泛、深层的应用,并有效推动经济、社会的发展。当前,主要推进的信息技术包括物联网、大数据、云计算等,与之匹配的硬件设施包括 RFID、嵌入式设备、新一代通信设备、Spark、云平台等。另外,信息化还包括各种信息技术标准的制定和相关法律的确立;信息技术支撑建立的经济、社会等数据库,能够有效反映经济运行态势;信息技术在其他产业得到应用与融合,对其他产业的生产方式产生促进与提升作用。

第二,信息化要求信息产业自身进一步发展,产值及其比重不断提升,对国民经济发展贡献不断增强。对于信息产业来说,其发展包括基础设施、信息技术、信息人才、信息环境等多个方面的提升与发展。其中,基础设施是信息产业发展的基础和支撑;信息技术是信息产业发展的主要驱动力,引领其发展方向;信息人才是信息产业得以发展的主体力量,是其主要的推进者;信息环境是保证信息产业健康、快速发展的重要保障。信息化的实现要求信息产业各个要素全面提升、共同发展,使信息产业成为国民经济发展的支柱与主导产业。

第三,信息化的实现不是针对某个企业个体或产业群落,而是要求整个国民经济实现信息化。信息化的实现,必然伴随着经济、社会体系的各个组成部门及其企业个体,实现部门之间、企业之间的信息交流与共享。信息技术对各个参与主体进行技术改造,显著提升生产效率;进而在整个经济、社会层面,优化产业结构、降低资源消耗、提升经济效益,使各个部门、企业获得普遍性发展与提升。

第四,信息化的实现必然伴随着智能型、现代化社会信息体系的构建。在工业化的发展过程中,信息化的实现要求信息技术得到广泛、深层的推广与应用,对各个经济部门、企业个体进行有效改造与提升,进而创造智能型社会生产力;信息资源实现及时、有效、低耗的快速传递,进而能够有效衔接设计、生产、销售、服务等各个生产环节,并将消费者的反馈信息及时融入其中,显著提升各个部门及企业的生产力,进而提升整个社会的劳动生产率,加快推进现代化社会信息体系的建立。

根据以上分析,在此提出信息化的主要含义:信息化是指信息技术得到广泛、深层的推广与应用,并逐步成为主导技术;信息产业获得快速发展,基础环境、信息技术、信息人才、信息环境得到改进与提升,逐步成为主导和支柱产业;在整个经济、社会层面,优化产业结构、降低资源消耗、提升经济效益,传统生产方式借助信息技术实现改造升级,最终形成智能型、现代化的社会信息体系。

### 3.1.2 (再)工业化的主要内涵

工业化的实现主要体现在两个方面:第一,制造业活动及第二产业的产值在整个国民经济收入中的比重得到提高（经济周期波动造成的比重变化除外）；第二，制造业和第二产业的就业劳动人口比重增加。这是《新帕尔格雷夫经济学大辞典》中对工业化的定义，也是目前普遍接受的工业化含义。这种对工业化的内涵界定，主要是从产业结构、就业结构的角度出发，将工业化看作一个动态发展、不断变化的推进过程，并将工业或第二产业在经济总量中的比重作为工业化的最基本特征。另外还指出，伴随着工业化进程的推进，不仅制造业及第二产业获得发展，而且会带动这个国民经济的发展，居民收入、消费水平会伴随工业化的推进而不断提升，说明工业化将会带来这个社会、经济体系的全面发展。

以上是工业化较为狭义的内涵界定，从更广意义上来说，工业化的内涵不仅限于工业产值和就业人口的比重增长。较为有代表性的工业化广义内涵由我国学者张培刚（2008）提出，即工业化是"一系列基本生产函数连续发生变化的过程"，[①] 这个过程可能最初发生于某一个生产单位，之后逐步扩散到其他生产单位而逐步成为社会主导的生产函数。工业化不仅包括了工业的发展，也涵盖了"工业化的农业"。创新引致的技术更新，改造了传统生产函数，进一步强化了现代工厂制度、市场结构及银行制度等变化，成为工业化的重要特征。

20世纪80年代以后，张培刚进一步修订了工业化的内涵，即工业化是"国民经济中一系列基要的生产函数（或生产要素组合方式）连续发生由低级到高级的突破性变化（或变革）的过程。"[②] 可见，对工业化的完善体现在两个方面：第一，工业化的变化过程是由低级到高级而转型升级、不断前进的动态过程；第二，工业化的实现必须有突破性的变化发生，并逐步成为社会生产力（包括一定的生产组织形式）的革命或者变革。张培刚（2002）进一步概括了工业化的内涵特征：第一，生产技术发生突出变化，机器生产方式逐步替代手工劳动方式；第二，国民经济的层次经济结构发生变化，制造业及第二产业产值、就业人口比例不断上升，而对其他产业比重造成影响；第三，生产组织形式发生变化，更加系统化、流程化的生产流程逐步替代传统流程；第四，经济制度和文化的相应变化；第五，国民社会的经济制度、自身文明等因素也将发生变化。[③]

---

① 张培刚：《工业化的理论》，载于《社会科学战线》2008年第7期。
② 张培刚：《农业国工业化问题（发展经济学通论·第一卷）》，湖南出版社1991年版，第190~192页。
③ 张培刚：《农业与工业化（中下合卷）》，华中科技大学出版社2002年版，第4~8页。

根据以上分析，在此提出工业化的主要含义：工业化是由工业技术创新主导和引领的，工业产业产值、吸纳就业人口数量不断增长，且各自比重同步提升；同时其他产业共同发展，生产组织、经济制度、社会文化全面发展的动态过程。工业化的不断推进，使国民经济结构不断发生变化，倒逼工业技术革新向高级形态跃迁，促进社会制度与文化不断优化，是一国或地区发展的重要途径之一。

20世纪50年代以来，以美国为首的发达国家逐步开始关注再工业化，以期重振自身制造业，避免出现产业空心化。根据韦伯斯特词典（1968）的解释，再工业化是指通过政府引导实现旧工业部门的复兴和现代化，鼓励新兴工业部门的衍生和发展，以此刺激经济增长的政策。兰登书屋乌纳桥词典（2006）进一步对再工业化进行了阐述：再工业化是指通过政府帮助和扶持，如税收激励等，推进工厂、机器的现代化，进而实现工业及工业社会复兴的发展战略和过程。目前，对再工业化普遍认可的含义是：再工业化是一种典型的刺激经济增长政策，是在政府扶持的条件下实现旧工业部门复兴和新工业部门增长的发展过程。

### 3.1.3 信息化与（再）工业化的相互作用关系

工业化是人类社会由农业社会向工业社会发展、演进的过程，历经几百年时间；信息化是人类社会由工业社会向信息社会发展、演进的过程，只有数十年时间。因此，从整个人类社会发展的角度来看，信息化是在工业化的发展基础上产生和发展的，工业化的不断发展衍生出了信息化，而信息化的发展又反过来推动了工业化的发展，两者相互影响、相互促进。

从国外的实际发展来看，发达国家在信息化与工业化发展方面，基本上走了"先工业化后信息化"的道路。对于主要发达国家来说，早在18世纪就逐步进入工业化时代，而信息化大约始于20世纪50年代，伴随着现代工业和信息技术的逐步发展，信息化渗透到经济、社会、生活等诸多领域。60年代后，再工业化被发达国家所重视，原因是伴随着国际贸易和世界经济一体化的发展，部分发达国家的传统制造业外移使其主体经济"空洞化"。受到2008年金融危机冲击后，发达国家为了维持本国经济的稳定而推行再工业化战略，它是工业化与信息化的结合。从我国的信息化与工业化发展来看，我国尚处于工业化中后期阶段，而信息化更是处于初期发展阶段，相对来说，工业化进程超过信息化进程。但是，我国积极利用后发优势，力求实现信息化与工业化的相互促进、共同发展。自从党的十六大提出"信息化带动工业化，工业化促进信息化"，我国政府就致力于信息化与工业化的协同推进。

信息化和工业化的作用关系，概括起来主要有两种观点。第一种观点认为，信息化与工业化之间存在相互融合发展的关系，即工业化是信息化的物质基础，信息化则是工业化的推进器。只有实现了两者的协同、融合发展，才能快速地推进整体发展水平。第二种观点认为，信息化是工业化发展之后的新阶段，即信息化的发展必须在工业社会的基础上，它是后工业化的社会形态——信息社会，是工业化的进一步延伸和深化。

根据以上分析，在此提出信息化与工业化的相互作用关系：工业化是信息化的物质基础和重要载体，信息化是工业化的技术支撑和提升动力；工业化与信息化相互融合、相互促进、共同发展，最终实现社会生产力的跨越式发展（见图3-1）。

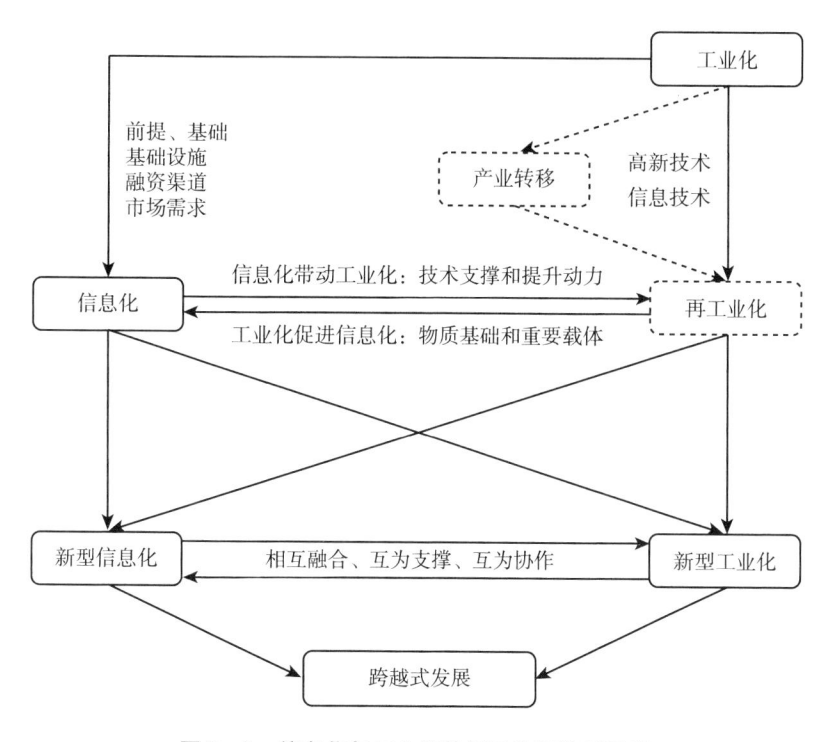

图3-1 信息化与工业化的相互作用关系示意

资料来源：作者整理绘制。

工业化是信息化的物质基础和重要载体。从社会发展规律来说，信息化是工业化之后的产物，即工业化社会发展达到一定阶段之后才会步入信息化社会。第一，工业化发展的成果为信息化提供基础设施，如电子设备、大规模集成电路、通信设备等，为信息化的实现奠定硬件基础；第二，工业化积累了大量的剩余资本，形成资本市场，为信息化筹资拓展了投融资渠道；第三，工业化的发展为信息化创造了广阔的市场需求，保证信息化的产品及服务能够得到有效应用，并倒逼信息技术不断创新与发展，推进信息化的深化和加速发展。

信息化是工业化的技术支撑和提升动力。信息化的实质是社会生产力变革，它是在工业化达到一定程度上的深化和扩展，并通过技术创新实现生产力的跃迁。因此，对于工业化来说，一方面，信息化为其转型升级提供有效的技术支撑，依靠前导的、先进的信息技术引领工业转型升级；另一方面，信息化的不断发展，也赋予了工业化新的内容，使工业经济向信息、知识经济过渡、转型，为工业化的再次发展提供了新的空间与方向，成为提升工业化再次发展的重要动力。

信息化与（再）工业化实现协同互动、融合发展。信息化的发展取决于人均收入及其消费结构，而收入增长由工业化水平及效率保证。同时，工业化要实现技术更新、产业升级，需要信息化的技术支持。另外，从作用形式来看，（再）工业化是基础，直接影响和推动社会、经济发展，而信息化是在其基础上，通过推动（再）工业化进程，间接影响社会、经济发展。可以说，（再）工业化是信息化的重要载体，而信息化是（再）工业化的有力推进工具。因此，只有信息化与工业化实现了协同、互动和共同发展，才能真正推动社会、经济的发展与进步，实现跨越式发展。

对于我国来说，离开了信息化的工业化，无法实现工业转型升级，"先工业化后信息化"的道路行不通；离开了工业化的信息化，缺乏必要的物质基础和市场需求支撑，片面发展信息化的道路也走不通。因此，必须坚持"以信息化带动工业化，以工业化促进信息化"，通过信息化与工业化融合发展，才能真正实现我国工业化、信息化的协同、全面、有效推进与发展。

### 3.1.4 信息化与工业化融合的主要内容

信息化与工业化融合是全方位、多层次、跨领域、动态化的发展过程，通过两者的相互作用实现螺旋式、递进式的推进。两化融合首先以微观企业个体为主体，实现诸多生产要素，如技术、设备、业务、产品等方面的融合，进而使得企业个体之间的边界趋向于模糊，逐步向产业融合、新兴产业衍生等产业层面的融合发展，最终在企业个体和产业层面融合的基础上，推进经济社会的社会价值、运行方式、生活方式等方面发生变化，进而实现整体、全面融合（见图3-2）。

图3-2 信息化与工业化融合的主要内容

资料来源：作者整理绘制。

### 1. 生产要素融合

两化融合首先以信息技术与工业技术融合作为基础与切入点，继而带动人力资本、生产设备、自然资源等生产要素发生变化，实现合理配置和产生效率提升。

第一，技术融合。两化融合在技术方面的融合涉及诸多方面，其中信息技术与工业技术的融合是最主要的技术融合。信息技术自身的特点决定了其具有强渗透、广辐射的优势，能够与多个工业产业的相关技术发生融合；工业技术作为载体，能够为信息技术提供坚实的硬件基础，也能够与信息技术实现融合发展。信息技术与工业技术的融合又分为两个层面：第一层面，信息技术与工业技术渗透融合，具体来说即是信息技术向传统工业的生产、设计等相关技术渗透，如通过计算机辅助设计、仿真等信息技术，与工业设计、生产技术相互融合，从而提升工业设计、生产效率；第二层面，信息技术与工业技术融合后产生新的技术，具体来说即是基于两化融合的技术平台，孕育、产生出能够满足工业发展新需求的新技术，如工业控制技术、IPV6 技术等，进而实现更高层次的技术融合。①

第二，人力资本融合。两化融合的实现需要人力资本的支持。一方面，需要高素质的劳动力，以适应两化融合衍生出的新技术、新设备的生产要求；另一方面，需要具备信息技术、工业技术的高端复合型人才，能够将信息技术与工业技术进行融合、研发，进而推进两化融合。因此，要实现两化融合，必须在人力资本方面推进信息化人才、工业化人才的相互融合，通过培养高级复合型人才推进信息技术与工业技术的融合，并将知识、技术等生产要素有效融入两化融合实践中，实现全面推进。

第三，生产设备变化。对于工业生产来说，生产设备对制造产业来说至关重要，是重要的生产要素。同时，制造设备通常价格较高，盲目更换会造成较高的沉没成本。两化融合要求生产设备与信息技术实现有效融合，即将信息技术运用在制造设备中，使制造设备向着智能化、数字化及网络化方向转型升级，进而为两化融合奠定坚实的硬件基础。例如，目前较为典型的有关生产设备是数控机床，其内含程序控制系统，将计算机技术与制造技术有效融合，使设备的智能化、数字化水平得到显著提升，不仅生产效率明显提升，且实现柔性生产能够更好地把握客户个性化需求以及时调整制造流程与工艺，提高生产精度。

第四，自然资源融合。具体来说，两化融合过程中涉及的自然资源融合包括两个方面：一是信息技术与自然资源的开发和利用相互融合。例如，对于能源工业及能源技术所需的材料——材料能源来说，其正是将信息资源与自然材料等工业自然资源进行有效融合，从而改善生产流程与工艺，显著地节约自然材料，更好地实现可持续、低能耗、高效率制造。二是信息技术改造传统自然资源的配置方式，进而提升资源利用效率。具体来说，两化融合要求将更多的信息开发和应用技术应用到工业生产中，制造设备的技术含量提高，进而对原材料的使用情况发生变化，传统的高能耗生产方式所需的生产资源得以重新配置，向着更高效率、更高盈利的部门或产业转移，进而提升自然资源的利用效率。

### 2. 产品与业务融合

在生产要素进行融合的情况下，传统的研发设计、生产制造、销售模

---

① 夏波涌、张克平：《信息化与工业化融合内容初探》，载于《制造业自动化》2009 年第 5 期。

式、管理方式等诸多环节逐渐发生变化，数字化、智能化、网络化的发展趋势愈加明显，进一步催生产品与业务的融合。

第一，产品融合。对于两化融合的产品融合，具体分为三个方面，分别是信息产品与工业产品的融合、信息技术与产品融合、信息技术催生新产品。具体来看，其一，信息产品与工业产品的融合，是指直接运用信息产品，加入工业产品的生产、制造中，从而提升工业产品的品质、功能等，进而提升其附加值。例如，部分制造企业将电子芯片应用到自身生产制造环节，将 EPR 系统应用到企业管理环节等，都是信息产品与工业产品融合的典型例子。其二，信息技术与产品的融合，是指在信息产品、工业产品的研发设计、生产制造等环节中，应用相应的信息技术，进而增加产品的功能，提升产品性能，增加产品的技术附加值。例如，目前较为典型的增材制造——3D 打印，正是运用快速成型技术，将不同的制造材料层层积累、叠加构造零件，进而显著提升生产效率，减少产品的开发和生产周期，提升产品品质和技术附加值。其三，信息技术催生新产品，是指在融合信息技术而具备更强的扩展性、应用性之后，工业产品为满足不断变化的实际需求而进一步催生出新产品的过程。例如，在互联网技术的支持下，数字电视信号源进一步拓展，用户对数字电视的需求不断高涨，进而衍生出了新一代数字电视——智能电视，如创维、康佳等都已经推出自身的智能电视。

第二，业务融合。两化融合引致的业务融合，是指信息技术和产品对传统工业生产环节的改造升级，包括设计研发、生产制造、市场销售、企业管理等，从而有效、及时地满足客户个性化需求，提升生产效率，保证产品质量，增加技术附加值，最终形成兼备工业化生产、信息化生产特点的新生产方式，如精益生产、敏捷制造、大规模个性化定制等。具体来说，对于设计研发环节，通过应用计算机辅助设计等软件，能够帮助制造企业明显提升产品设计周期，提升研发效率；对于生产制造环节，主要是通过应用信息技术对传统的制造生产方式进行改造升级，建立新制造方式，如大规模个性化定制等，通过信息化与工业化的融合推进生产方式的转变；对于市场销售环节，目前典型应用互联网平台而开发的电子商务，即运用网络营销、关系营销，与传统营销相结合，同时利用大数据等技术，在满足消费者时刻变动的现实需求的基础上，进一步提前预测消费者潜在需求，提前布局销售渠道。对于企业管理环节，又分为组织结构融合及管理方式融合两个方面。组织结构融合是指通过两化融合实现网络化、扁平化的管理组织，避免传统金字塔式组织结构带来的弊端，提高管理效率，改善管理效果，较为典型的案例即 ERP 系统，能够显著缩短管理层级，实现扁平化管理。管理方式融合主要是指运用采购与库存系统、制造资源计划、物流管理系统、决策系统等具体的管理系统与方法，对企业管理方式进行改造与转型。例如，部分制造企业通过应用计算机决策支持系统、供应链管理系统等，有效地提升了资源配置与运用效率，提升了自身的决策准确度和敏捷度，使企业科学决策、运营水平得到显著提升。

### 3. 产业融合

产业融合的概念提出较早，目前较为普遍的含义是不同产业或同一产业不同行业之间，通过相互渗透、交叉和重组，进而融为一体形成新业态的动态发展过程。对于两化融合来说，产业融合包括两个方面的内容，即信息产业与工业产业的融合，以及由两者融合而衍生出新产业形态。

信息化与工业化融合不仅仅是信息产业与工业产业之间的相互渗透和融合，更是技术融合、产品融合、业务流程融合的不断推进，产品、业务的功能边界逐步被打破，进而导致产业边界被打破，推进产业融合及新产业衍生。第一，信息产业与工业产业融合。两化融合首先在企业个体层面开展，通过生产要素融合、产品与业务融合等，使产品的功能边界被打破，逐步形成新的产品边界，进而扩展到整个产业边界趋向于模糊化，出现信息产业与制造产业的融合。例如，信息产业中部分企业开始涉及制造领域，如乐视网推出"超级电视"，涉足家电产业。第二，两化融合衍生新产业。目前，伴随着信息技术在居民生活、工作各个方面的全面渗透，具备信息技术新特征的产品需求不断高涨；同时，信息产业具备强结联性、强渗入能力，与制造业融合发展，衍生出一批新兴产业业态，如工业电子产业等。

### 4. 高级阶段融合

在生产要素、产品、业务以及产业融合的基础上，两化融合最终将实现社会价值与经济运行的变化，这也是信息化与工业化融合最高级别的体现。

第一，社会价值改变。信息社会作为工业社会之后的社会发展阶段，其社会价值也将发生转变，而新的社会价值将是两化融合发展的根本动力。在工业社会中，土地、资本和劳动是最基本的生产要素，因而社会价值也来源于各个生产要素的投入及产出。但是，在信息社会中，两化融合的不断推进使信息技术也成为核心的生产要素之一。另外，两化融合带来的技术融合、产品融合等使生产的中间环节逐步淡化与消失，实现了对物质资源的高效运用，显著降低了社会生产成本，并且信息技术不存在边际递减效应而表现出边际效应递增的新价值规律，因而表现出优于资本等传统生产要素的显著优势而逐步成为社会价值的主要来源。因此，在信息社会中，信息技术将不断向工业等其他产业传递其价值，并将其创新带来的优势结合到其他产业中，进而推进整个社会的不断进步。而社会的不断进步，又会对信息技术产生更大的需求，倒逼信息化的进一步发展。因此，信息社会中社会价值的变化，将显著地推进两化融合的进一步发展。

第二，经济运行方式变化。两化融合的不断推进，一方面，在微观层面通过生产要素融合、产品及业务融合实现了对企业个体的改造升级；另一方面，在中观层面通过产业融合改造和提升了传统产业，并衍生出新产业形态。通过两化融合使传统企业生产工艺改善、资源配置高效、能源消耗降低，同时培育国民经济的新增长点，将传统的规模经济运行方式转变为网络经济、互联网经济运行方式，实现经济运行方式的升级与提高。

第三，生活方式变化。通过技术融合、产品与业务融合、产业融合等方式，两化融合影响了传统的企业运营和产业结构，而这又改变了人类的生活方式。伴随着电子商务、互联网交易平台的不断出现，市场形态发生了显著的变化，虚拟市场正在迅速挤占实体市场的份额；消费用户体验越来越重要，消费者对消费主权的控制力度越来越大，消费方式也随之改变；教育、公共事业等部分也积极应用两化融合成果，如新东方、好未来、学大教育等陆续推出自身的移动互联网教育平台，摩拜单车、滴滴打车等改变了人们的出行方式等。可见，两化融合在诸多方面打破了传统的居民生活习惯，而且今后还会在更广的范围、更深的维度继续改变人们的生活方式。

## 3.2 两化融合生态系统协同演化模型构建

在生态系统中，生物个体及物种群落的协同演化，是通过它们之间的相互影响和作用，同时与外部环境进行互动、共生，从而实现共同成长、协同进化的过程。从演化经济学的视角出发，两化融合系统同样具有生态系统的特性，它的实现也是通过系统中企业个体、产业群落不断相互影响和作用,同时与外部环境进行互动,不断改变自身结构和行为方式,适应内部与外部环境的变化,进而实现企业个体的协同发展和良性进化,推进产业群落的发展与优化,最终实现整个两化融合系统的共生优化。

### 3.2.1 两化融合生态系统相关概念及内涵界定

**1. 信息化、工业化的主要内涵**

对于信息化的内涵,国内外学者已进行了很多研究。总结已有研究成果,信息化的含义需从多个层面加以界定:信息化是指信息技术得到广泛、深层的推广与应用,并逐步成为主导技术;信息产业获得快速发展,基础环境、信息技术、信息人才、信息环境得到改进与提升,逐步成为主导和支柱产业;在整个经济、社会层面,优化产业结构、降低资源消耗、提升经济效益,传统生产方式借助信息技术实现改造升级,最终形成智能型、现代化的社会信息体系。

工业化是由工业技术创新主导和引领,工业产业产值、吸纳就业人口数量不断增长,且各自比重同步提升,同时其他产业共同发展,生产组织、经济制度、社会文化全面升级与发展的动态过程。工业化的不断推进,使国民经济结构不断发生变化,倒逼工业技术革新向更高级的形态跃迁,并进而促进社会制度与文化的不断优化。在当今经济、技术条件下,工业化是一国或地区实现经济发展的主导性力量。

**2. 两化融合生态系统协同演化的概念及内涵**

作为自然界中生物个体、群落进化的基本规律,协同演化是诸多经济行为的重要规律。在两化融合生态系统中,企业个体、产业群落不是孤立发展的,它们有可能作用于其他企业个体或产业群落,进而发生适应性的变化,进一步引起相关企业个体、产业群落的进一步变化,同时与外部环境变化互动发展,形成典型的协同演化系统。据此,在此提出两化融合生态系统协同演化的概念:两化融合生态系统中的企业个体、产业群落,为了适应系统内其他企业个体、产业群落的不断变化和进化,以及外部环境的不断变化,首先实现自身的不断进化,同时与系统内的其他企业个体、产业群落发生相互作用,通过协同发展实现共同进化,最终使整个两化融合生态系统走向更高级的进化现象。

两化融合生态系统的协同演化包含以下三个方面的内涵。第一，两化融合生态系统协同演化首先强调系统中企业个体自身的进化。在两化融合生态系统中，企业个体是整个演化过程的最基本单元，也是最根本的驱动单元。在企业个体自身适应生态系统内外的环境而不断发展的过程中，其自身获得了从低级到高级、从简单到复杂的进化。对于两化融合生态系统来说，整体的系统进化会比较缓慢，但对于各企业个体来说，其进化历程往往较短，进化速度较快。两化融合生态系统的企业个体面临的环境具有更大的不确定性，当外界环境发生变化时，部分企业个体受到的影响较大，企业个体会根据自身特点采取相应的发展战略，因而更容易发生突变而进化。企业个体在受到环境变化的影响时，往往会表现出对环境的影响和改变能力，也会对环境产生一定的影响。

第二，两化融合生态系统协同演化，是系统中各产业群落相互作用、相互影响的结果。在两化融合生态系统中，在企业相互作用和影响的基础上，产业群落之间也存在普遍的竞争与合作关系。在这种相互关系的作用下，各产业群落在自身进化的同时也影响其他产业群落，最终在整个系统层面实现协同演化，成为相互促进、共同发展的整体生态系统。两化融合生态系统中包含制造产业、信息产业等群落，不同群落之间会相互融合而产生新产业群落。新产业群落与原产业群落之间同样存在着竞争与合作的关系，共同作用于整个两化融合生态系统。在两化融合生态系统中，任何产业群落的进化必然会引起其他产业群落而做出改变，甚至会产生新的产业群落，而这些变化又会反馈给原有的产业群落，又引起原有产业群落的进一步变化，从而形成相互作用、共同发展的协同反馈系统，因而产业群落协同演化，使整个两化融合生态系统更加稳定和协调。

第三，两化融合生态系统的协同演化，强调外部环境对整个演进过程的影响与作用。在两化融合生态系统的协同演化中，企业个体和产业群落都处于不断变化的外部环境中，因而不管是对于企业个体还是产业群落，其不断进化必须要适应外部环境变化的影响，不断提高自身竞争力，在与外部环境作用的同时，在一定程度上改变外部环境，使之向着有利于自身生存和发展的方向改变。因此，两化融合生态系统的演进过程，是与外部环境不断作用、影响的过程，最终状态是达到与外部环境的协调共生，实现长远进化和发展。

## 3.2.2 两化融合生态系统协同演化的理论模型

通过对两化融合生态系统协同演化的概念及内涵的分析，在此借鉴勒温（Lewin，1999）提出的"企业—产业—环境"共演分析框架的理论模型，提出两化融合生态系统的协同演化理论模型（见图3-3）。在该理论模型中，两化融合生态系统由企业个体、产业群落与其共同所处的外部环境构成，它们相互影响、彼此作用，共同构成两化融合生态系统的协同演化体

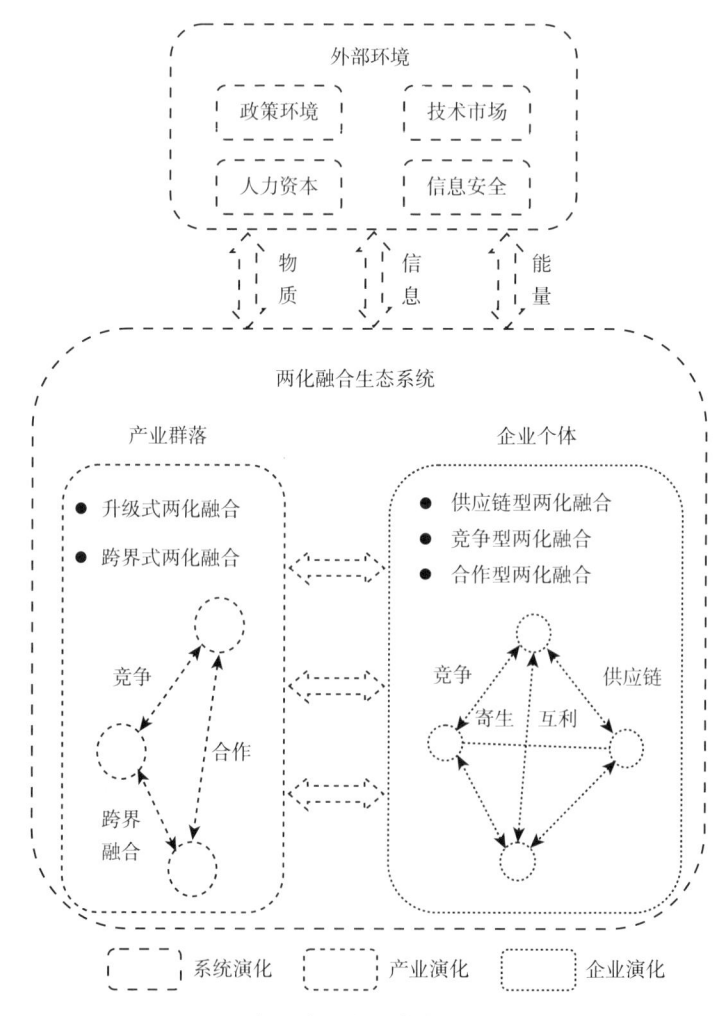

图3-3 两化融合生态系统协同演化机理示意

资料来源：作者整理绘制。

系。两化融合生态系统的协同演进是多层次、多主体的系统协调融合发展过程，形成多层嵌套、多项因果、相互作用、共同影响的协同演化体系。

在此，进一步说明在企业个体层面和产业群落层面中，各主体相互关系的确定标准。在生态组织学中，将生物个体及群落之间的关系总结为8个方面，具体如表3-1所示。

表3-1 种群相互关系示意

| 种间关系类型 | 种群X | 种群Y | 主要特征 |
| --- | --- | --- | --- |
| 竞争 | − | − | 种群X、Y彼此互相抑制 |
| 捕食 | + | − | 种群X兼并种群Y中的部分个体 |
| 寄生 | + | − | 种群X寄生于种群Y并有害于后者 |
| 中性 | ○ | ○ | 种群X、Y彼此互不影响 |
| 共生 | + | + | 种群X、Y彼此互相有利，分开后不能生存 |
| 互利 | + | + | 种群X、Y彼此互相有利，分开后也能生存 |
| 偏利 | + | ○ | 对种群X有利，对种群Y无影响 |
| 偏害 | − | ○ | 对种群X有害，对种群Y无影响 |

注："+"表示对生长、存活或其他种群特征有益；"−"表示种群生长或其他特征受抑制；"○"表示两种群之间没有相互影响。

资料来源：作者根据尚玉昌，《普通生态学》，北京大学出版社2002年版整理列示。

类比于生态组织学中的生物个体及群落的相互关系，本书提出两化融合生态系统内企业个体和产业群落的关系。在企业个体层面来说，不同企业个体之间存在捕食关系、竞争关系、互利关系和寄生关系。具体来看，对于捕食关系来说，两化融合生态系统内存在上游企业与下游企业共同发展的供应链，这类似于自然界的食物链；对于竞争关系来说，两化融合生态系统内企业个体之间往往面临着相似的发展环境，共同利用一定的公共资源，因而存在相互竞争的关系；对于互利关系来说，两化融合生态系统中的企业个体，尤其是对制造企业与信息企业来说，两者往往可以借助对方的技术优势、基础设施等实现自身更好发展，同时反过来也促进对方的发展，因而存在互利关系；对于寄生关系来说，两化融合生态系统中的企业个体可以将自身的部分业务外包给其他企业个体进行生产，类似于自然界的寄生现象。

在产业群落层面来说，不同产业群落之间存在竞争合作和外来种群入侵等相互关系。具体来看，对于竞争合作关系来说，两化融合生态系统内的产业群落之间，一方面，不同群落争夺生存与发展的公共资源，包括生产原材料、产品销售市场等,因而存在竞争关系;另一方面,由于不同产业群落具有各自的发展优势,不同产业群落通过合作发展,能够相互利用对方优势促进自身发展,因而存在合作关系。对于外来种群入侵,在表3-1中并没有列出,因为它偏向于一种生物行为和现象,但这种行为也会引起生物群落关系的变化。对于两化融合生态系统来说,由于制造产业群落和信息产业群落的融合发展积累到一定程度后,会衍生出新的产业群落,如工业电子产业,它类似于"外来物种",对原来的产业群落造成了一定的威胁,但在一定程度上也推进了整个两化融合生态系统的进化。

### 3.2.3 两化融合生态系统协同演化的层次分析

由于生物系统本身具有一定的层次性,因而其协同演化的过程也必然是多层次的发展过程。与此类似,两化融合生态系统的主体也具有多层次性,其协同演化过程也具有明显的层次性。借鉴生态组织系统的划分,基于企业个体、产业群落和外部环境,分别提出企业个体层次、产业群落层次和生态系统层次的两化融合机理,如图3-4所示。

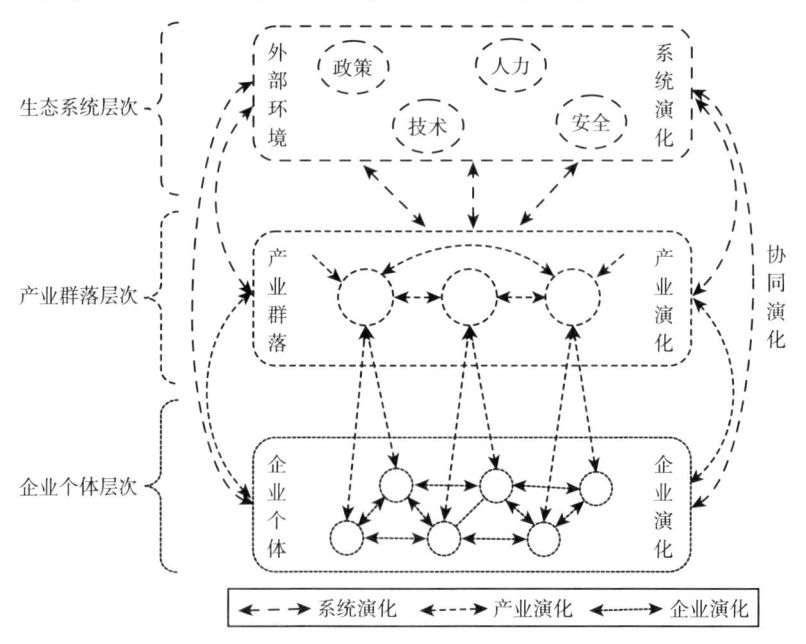

图3-4 两化融合生态系统协同演化层次示意

资料来源:作者整理绘制。

在企业个体层面上，两化融合生态系统内的企业个体，通过供应链型两化融合、竞争型两化融合、共生型两化融合，实现各企业个体之间的相互影响和作用，协调运用既有的公共资源，共同应对外部环境的变化，为产业群落层面的两化融合奠定良好的微观基础。

在产业群落层面上，两化融合生态系统内的产业群落，通过升级式两化融合和跨界式两化融合，实现产业群落之间两化融合的推进。具体来说，产业群落之间的升级式两化融合，主要是指产业群落之间通过竞争、合作发展，使各产业群落得到进化，如生产方式转变、生产效率提升、运营模式升级，但各产业群落的自身属性没有发生变化，仍是之前的产业群落；产业群落之间的跨界式两化融合，则是指由于不同产业群落，如制造产业群落和信息产业群落，它们相互融合发展到一定程度后，产业群落属性发生变化而衍化产生出新的产业群落，新产业群落对原产业群落造成威胁，推进整个两化融合生态系统的进化。

在生态系统层面上，两化融合生态系统与外部环境之间也存在着协同演化的关系。目前，影响我国两化融合生态系统的外部因素较多，主要包括政策环境、技术市场、人力资本、信息安全等。作为典型的开放系统，两化融合生态系统具有开放系统的复杂特性，其内部的企业个体、产业群落与外界环境具有相互作用的协同演化关系，不断变化的外部环境将提升企业个体、产业群落的适应能力，以及将自身适应性变化反馈给外部环境的互动能力，形成协同共生、共同发展的系统融合态势。

## 3.3 基于企业个体层面的两化融合机理分析

企业个体是两化融合发展的微观基础，只有明确企业个体的两化融合机理，才能进一步分析产业群落和生态系统层面的两化融合机理。类似于自然生态系统中生物个体的发展、演化机理，本节从供应链、竞争及共生三个角度，对企业层面的两化融合机理进行数理分析和模拟仿真。

### 3.3.1 供应链型企业个体两化融合机理分析

**1. 供应链型企业个体两化融合机理理论分析**

在自然生态系统中，食物链是最为基本的构成要素，它将生态系统的生产者、消费者和分解者等生物个体结合起来，形成循环、有机的生态系统（见图3-5）。

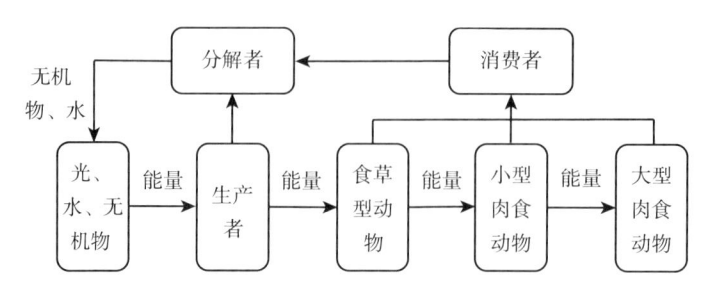

**图3-5 自然生态系统食物链示意**

资料来源：作者整理绘制。

类比于生态系统的食物链，在此提出企业个体的两化融合供应链机理，即参与两化融合的企业个体，从其研发设计、原材料供应、生产制造与市场销售等整个产业供应链，通过运用对方企业的信息、设备等，形成相互依赖、相互发展的融合态势。供应链融合通过对整条产业链的整合，能够有效地将上游供应商、下游销售商结合起来，实现供应链的协同共生，两化融合在其中发挥了催化剂和加速剂的作用，推进整个供应链的发展与提升。具体来看，基于企业个体的自身属性，供应链型两化融合包括以下两种类型。

第一，对以制造企业个体为主体的情况（见图3-6），其两化融合供应链融合关键在于制造企业个体之间的信息交流速度与准确性。通过两化融合实现供应链中企业个体的信息交流与共享，一方面，帮助制造企业个体更快速、更准确地把握消费者的需求变化，提升整条供应链的运营效率，各合作企业之间合作更加默契，对市场的反映速度更快，进而能够进行个性化、柔性化的生产，建立整个供应链的综合竞争优势；另一方面，信息技术对制造企业供应链各企业具有提升和改进作用，如建立原材料信息化管理系统、线上线下协调营销系统等，通过对各供应链环节的作用和促进，使整个工业化水平得到提升。

第二，对以信息产业企业个体为主体的情况（见图3-7），其两化融合供应链融合关键在于将工业化带来的高水平技术、基础设施应用在信息产业企业中。通过两化融合，一方面，将工业化发展带来的制造技术应用到信息产业中，使信息制造水平明显提升，信息设备向着智能化、大容量

## 第 3 章
### 基于生态系统协同演化模型的信息化与工业化融合机理分析

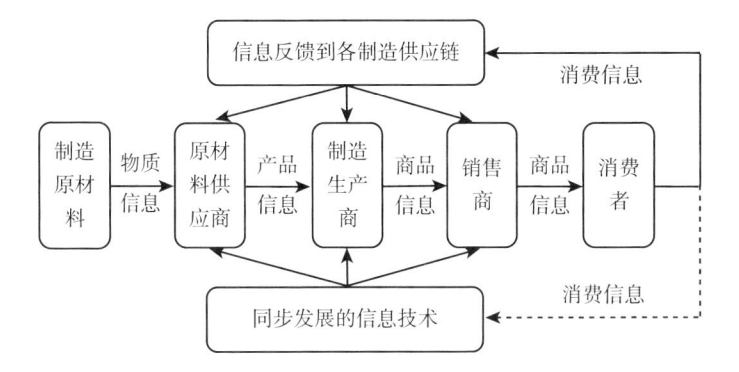

**图 3-6 两化融合供应链（制造企业为主体）融合机理示意**

资料来源：作者整理绘制。

化、高速化方向发展，促进信息化提升；另一方面，工业化推进使制造业水平得以提升，为信息化的普及提供更多的基础设施和硬件环境的支撑，如智能手机的有效制造、供应，使我国手机普及率明显提升，推进了信息化的发展进程。

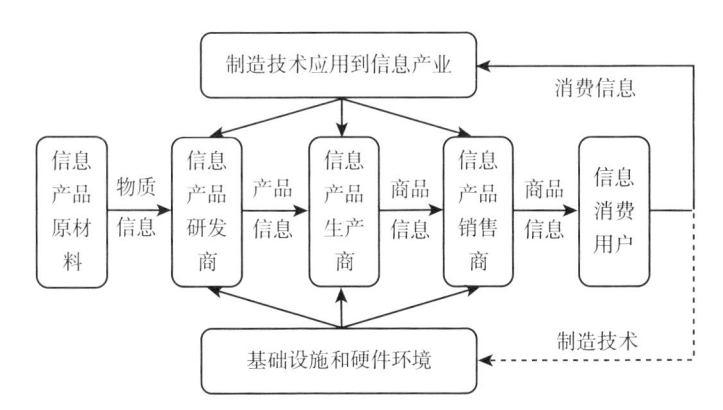

**图 3-7 两化融合供应链（信息企业为主体）融合机理示意**

资料来源：作者整理绘制。

### 2. 供应链型企业个体两化融合模型构建及分析

通过供应链型两化融合，实现供应链整体竞争力的提升，能够充分发挥各环节的作用，并依靠信息技术、制造技术的支撑，为制造产品、信息产品的终端客户提供个性化、针对性的产品，使整条供应链互动、良性发展。为了进一步考察供应链两化融合的内在机理，建立如下数学模型。

47

(1) 模型构建。

本部分根据 A. J. 洛特卡（A. J. Lotka）和 V. 沃尔泰拉（V‑Volterra）提出的"捕食—被捕食"数学模型，假设两化融合生态系统中存在上游企业个体和下游企业个体，两者形成供应链系统。制造企业应用信息技术，信息企业依靠制造技术，两者相互作用实现两化融合水平的提升，并将信息技术或制造技术转化为自身发展资源。据此思想，建立供应链型两化融合模型，公式如下所示：

$$dq_1/dt = q_1(\alpha C q_1 + r_1) \quad (3.1)$$
$$dq_2/dt = q_2(\beta C q_2 + r_2) \quad (3.2)$$

其中，$q_1$、$q_2$ 分别是两化融合供应链系统中上游企业和下游企业的营业额；$r_1$、$r_2$ 分别是两个企业个体的自然成长率，在此可以理解为两个企业各自营业额的增长率；假设两个企业个体在同一条供应链上必须共存才能生存，因而该系数为负值；$C$ 为两个企业个体的两化融合指数；$\alpha$、$\beta$ 分别为两个企业个体的资源转化率，即将对方的信息技术或制造技术转化为提高自身竞争力资源的能力。

进一步运用线性化方法，以求得方程平衡解。令 $dq_1/dt = dq_2/dt = 0$，则：

$$q_1(\alpha C q_2 + r_1) = 0 \quad (3.3)$$
$$q_2(\beta C q_1 + r_2) = 0 \quad (3.4)$$

对式（3.3）和式（3.4）组成的方程组求解，求得两个平衡点，即 $E_1(0, 0)$、$E_2(-r_2/\beta C, -r_1/\alpha C)$。

(2) 平衡点稳定性讨论。

根据微分方程稳定性理论[①]，对以上均衡点的稳定性进行分析。对于 $E_1(0, 0)$ 来说，其雅可比矩阵为：

$$R = \begin{pmatrix} r_{up} & 0 \\ 0 & r_{dn} \end{pmatrix} \quad (3.5)$$

由于 $T = r_{up} + r_{dn} < 0$、$\Delta = r_{up} r_{dn} > 0$，说明 $E_1$ 在系统中是稳定的。在此供应链两化融合过程中，上游企业和下游企业的营业额均为 0 时，系统会达到长期均衡稳定下来。但显然这种情况并不切合实际，仅是数学模型的一个

---

① 微分方程稳定性理论，指的是利用微分方程描述物质运动特点时，为了避免初值的偏差而造成微分方程特点不稳定的问题，而进行的对微分方程特解稳定性进行验证的理论。具体的推导过程见附录一。

方程解而已。

对于 $E_2\left(-\dfrac{r_{dn}}{\beta C}, -\dfrac{r_{up}}{\alpha C}\right)$ 来说，其雅可比矩阵为：

$$R = \begin{pmatrix} 0 & -\alpha/\beta \\ -\beta/\alpha & 0 \end{pmatrix} \tag{3.6}$$

可见，$T=0$、$\Delta=-C<0$，这说明 $E_2$ 不是该系统的稳定点，对于供应链的两化融合过程来说，在达到该点的状态时系统没有稳定下来，而是在出现一定波动之后，在企业所在市场的竞争下，两个企业个体的两化融合程度会随着信息技术、制造技术的发展而变动。

### 3. 供应链型企业个体两化融合仿真分析

在两化融合生态系统中，供应链关系对于制造企业和信息企业来说都具有重要的作用，利用供应链融合有效推进上下游企业协同发展，提升整体两化融合水平。在此，运用 Matlab 软件对供应链型两化融合过程进行仿真。

（1）当 $dX_1/dt>0$、$dX_2/dt>0$，即满足 $X_2>-r_1/\alpha$ 和 $X_1>-r_2/\beta$ 时，说明在该假设条件下，上游企业个体和下游企业个体都具有较强的竞争力，能够较好地实现资源的充分利用。具体来看，上游企业个体具有价格、技术、生产、物流等优势，下游企业个体具有市场份额大、竞争力较强等优势。各参数设置如下数值：$\alpha=0.5$，$\beta=0.3$；$r_1=-0.7$，$r_2=-0.1$；$X_1=1$，$X_2=2$，仿真结果如图 3-8 所示。

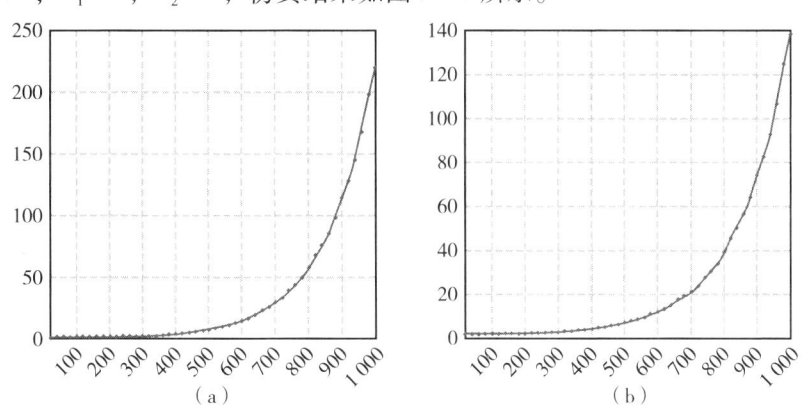

**图 3-8 企业个体生态链两化融合仿真结果（1）**

注：图中横坐标表示仿真次数（即时间）；纵坐标表示企业个体市场营业额。下同。
资料来源：作者整理绘制。

从图 3-8 看出，经过 1000 次方程迭代之后，得到企业个体营业额的增长趋势。对于供应链上游企业来说（见图 3-8a），在初始值 $X_1=1$ 的基础上，随着与下游企业个体的融合发展，供应商企业个体的信息化能力较强，供应市场、技术水平得到提升，因而企业个体营业额出现平稳上升。在达到 600 次迭代时，呈现指数型增长，可能的原因是，在规模经济作用下，借助前期积累出现爆发式增长。最终，在迭代 1000 次后，上游企业个体营业额达到了 $X_1=220.22$。

对于供应链下游企业来说（见图 3-8b），其同样保持了良好的增长态势，也在 600 次迭代之后，出现了指数型的爆发式增长。究其原因，通过两化融合发展加强与上游企业个体的协作水平，同时发挥自身规模经济的效应而得到快速增长。在迭代 1000 次时，营业额达到了 $X_2=138.39$。可以看到，下游企业个体虽然同样保持了类似的增长趋势，但其增长的幅度没有上游企业个体大。这主要是因为在此对参数的设定不同；$\alpha=0.5$、$\beta=0.3$，即上游企业个体资源转化率较高。

（2）当 $dX_1/dt>0$、$dX_2/dt<0$，即满足 $X_2>-r_1/\alpha$ 和 $X_1<-r_2/\beta$ 时，说明作为供应商的上游企业个体的竞争力较弱，通过信息化实现资源转化的能力较弱，没有形成价格、技术、生产、物流的优势，但下游企业个体的营业额较大，自身竞争力较强。因此，设置参数为：$\alpha=0.5$，$\beta=0.06$；$r_1=-0.7$，$r_2=-0.1$；$X_1=1$，$X_2=3$。仿真结果如图 3-9 所示。

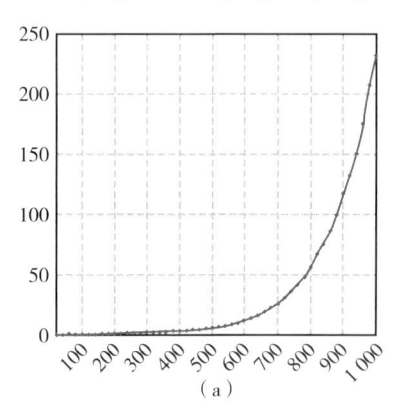

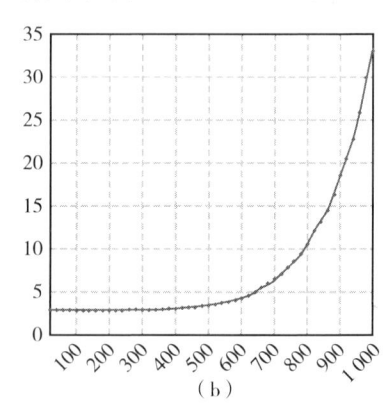

图 3-9　企业个体生态链两化融合仿真结果（2）

资料来源：作者整理绘制。

从图 3-9 看出，对于上游企业个体来说，整体发展趋势与图 3-8 趋势类似，即保持稳步上升的态势，在 600 次迭代之后则出现指数型增长。

这主要是因为下游企业个体营业额较大，自身竞争力较强，对上游供应需求量大，倒逼上游企业进行信息化以提升以满足客户需求。在迭代1000次后，上游企业个体营业额达到了 $X_1 = 233.00$，略超过图 3-6 的仿真终值。

但对于下游企业来说，却受到了较为严重的冲击。虽然从图 3-9 的曲线形状来看与图 3-8 差别不大，但其企业个体发展规模却明显下滑。在迭代 1000 次后，下游企业个体营业额仅为 $X_2 = 33.11$，仅为图 3-8 最终值的 23.93%。可见，由于上游企业个体没有形成价格、技术、生产等优势，通过信息化实现资源转化的能力较弱，使下游企业个体受到明显制约。但长期来看，随着上游企业个体竞争力的逐步增强，下游企业个体还会保持良好的发展趋势。

（3）当 $dX_1/dt < 0$、$dX_2/dt > 0$，即满足 $X_2 < -r_1/\alpha$ 和 $X_1 > -r_2/\beta$ 时，供应链上游企业个体竞争力较强，具有自身的价格、技术、生产的优势，能够较好地利用两化融合带来的信息技术为下游企业个体提供充足支持。但下游企业个体的营业额较小，消纳能力有限，自身竞争力不够理想。因此，仿真参数设置如下：$\alpha = 0.1$，$\beta = 0.2$；$r_1 = -0.7$，$r_2 = -0.1$；$X_1 = 2$，$X_2 = 6$。仿真结果如图 3-10 所示。

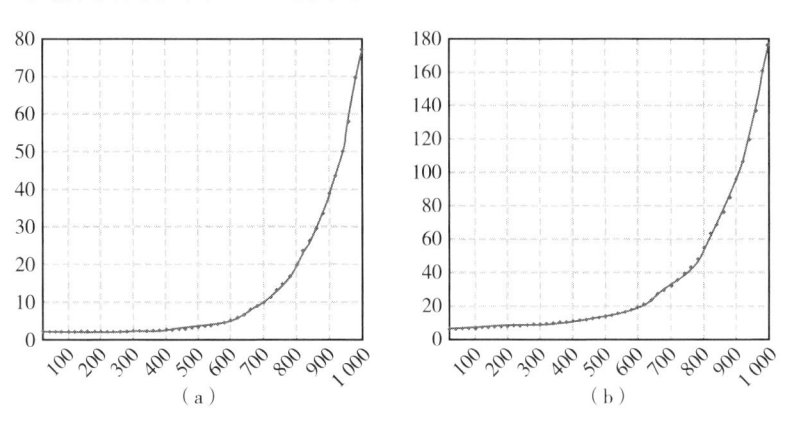

图 3-10　企业个体生态链两化融合仿真结果（3）

资料来源：作者整理绘制。

从图 3-10 看出，对于上游企业个体来说，由于下游企业个体竞争力较低，无法有效消纳上游企业个体提供的生产资料，使上游企业个体发展受到限制。虽然整体的发展趋势与图 3-8 类似，但规模却明显下滑。迭代到 1000 次时，上游企业个体的规模仅为 $X_1 = 77.11$，是图 3-8 终值的 35.10%。整体来看，上游企业保持了指数型增长，后期仍会保持较好的发展态势。

对于下游企业个体来说，由于模型假定上游企业个体具有较强的竞争力，能够较好地运用信息技术开展生产，为下游企业个体发展提供充足的资料，使下游企业个体获得更好发展。在600次迭代之后，进入指数型增长阶段，截至1000次迭代时，营业额已经达到 $X_2 = 176.22$，超出图 3 – 8 终值达 27.36%。

### 3.3.2 竞争型企业个体两化融合机理分析

**1. 竞争型企业个体两化融合机理理论分析**

在自然生态系统中，竞争关系非常普遍。不同种群在领地、食物等自然资源方面存在竞争关系，而且同一种群内部的个体之间也存在着竞争关系，或为食物等自然资源，或为种群内地位等"社会"资源。总之，自然系统的个体无时无刻不面临着种群内外的各种竞争压力。

在企业个体的两化融合生态系统中，两个或多个企业个体面临着竞争压力。类似于自然态势系统中的竞争关系，在相互关联的企业个体之间，也会因为市场、资源等方面的竞争而产生相互干扰或抑制（Perry, Ong, 2004）。总体来看，两化融合企业个体的竞争分为产业群落内和种群外的两种竞争，如图 3 – 11 所示。

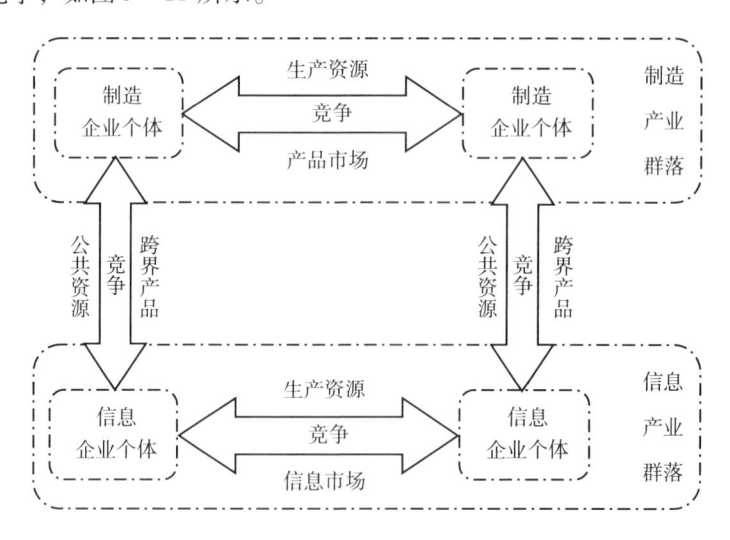

图 3 – 11 竞争型企业个体两化融合机理示意

资料来源：作者整理绘制。

从单个产业群落内部的企业个体来看，同一产业内的企业个体面临的原材料、生产、销售等环境相似，因而在生产资源、产品市场等方面存在竞争，迫使没有竞争优势的企业个体逐步退出市场。无论是制造企业个体还是信息制造个体，都面临着在本行业内其他企业个体竞争的威胁。

从产业群落之间的企业个体来看，制造产业群落与信息产业群落的企业个体也存在竞争关系。随着"互联网＋"等战略的不断推进，目前跨界融合发展已经成为我国产业发展的重要方面，其中制造业与信息产业的跨界发展较为突出，已经初见端倪。例如，我国著名家电制造商海尔推出"全流程并联交互创新生态体系"，着手建立开放式网络创新平台而不单进行家电设计。这些两化融合衍生出的新业态，融合信息产业与制造业，对传统企业产生竞争压力。

**2. 企业个体竞争型两化融合模型构建及分析**

在生态组织学中，目前研究种群或生物个体竞争协同演化的经典模型是洛特卡－沃尔泰勒（Lotka－Volterra）模型。本部分将 Lotka－Volterra 模型应用在企业个体两化融合竞争演进中，分析其协同演化发展规律。

（1）两企业个体 Lotka－Volterra 模型构建。

假设两化融合生态系统中存在两个企业个体，它们面临着相同或相似的发展环境，使用相同或相似的生产资料，生产相同或相似的产品，因而在生产资源、产品市场等方面存在竞争关系。在此基础上，竞争型两化融合模型如下：

$$f(q_1, q_2) = dq_1/dt = r_1 q_1 (1 - q_1/K_1 - J_{12} q_2/K_1) \tag{3.7}$$

$$g(q_1, q_2) = dq_2/dt = r_2 q_2 (1 - q_2/K_2 - J_{21} q_1/K_2) \tag{3.8}$$

其中，$q_1$、$q_2$ 分别是两化融合生态系统中企业个体 1 和企业个体 2 的营业额；$K_1$、$K_2$ 分别是企业个体 1 和企业个体 2 在不发生竞争的情况下的营业额；$r_1$、$r_2$ 分别是企业个体 1 和企业个体 2 的营业额增长率，假设 $r_1$、$r_2$ 均大于 0；$J_{12}$ 和 $J_{21}$ 是两企业个体之间的竞争系数，$J_{12}$ 表示企业个体 2 对企业个体 1 的竞争效应，$J_{21}$ 表示企业个体 1 对企业个体 2 的竞争效应。

进一步运用线性化方法，以求得方程平衡解。令 $f(q_1, q_2) = g(q_1, q_2) = 0$，则：

$$r_1 q_1 (1 - q_1/K_1 - J_{12} q_2/K_1) = 0 \tag{3.9}$$

$$r_2 q_2 (1 - q_2/K_2 - J_{21} q_1/K_2) = 0 \qquad (3.10)$$

对式 (3.9) 和式 (3.10) 组成的方程组求解,求得四个平衡点,即 $E_1(0, 0)$、$E_2(K_1, 0)$、$E_3(0, K_2)$、$E_4(K_1(1-J_{12})/(1-J_{12}J_{21}), K_2(1-J_{21})/(1-J_{12}J_{21}))$。

(2) 平衡点稳定性讨论。

为了便于简化矩阵表现形式以便于讨论,现设定以下变量。

$$\begin{aligned} (\partial f/\partial q_1)_0 &= \lambda_{11} = (r_1 - 2r_1 q_1/K_1 - r_1 J_{12} q_2/K_2)_0 \\ (\partial f/\partial q_2)_0 &= \lambda_{12} = (-r_1 J_{12} q_1/K_2)_0 \\ (\partial g/\partial q_1)_0 &= \lambda_{21} = (-r_2 J_{21} q_2/K_1)_0 \\ (\partial g/\partial q_2)_0 &= \lambda_{22} = (r_2 - 2r_2 q_2/K_2 - r_2 J_{21} q_1/K_1)_0 \end{aligned} \qquad (3.11)$$

① $E_1(0, 0)$ 稳定性判定。

对应式 (3.11) 设定的变量,代入数值求得各变量值,分别为 $\lambda_{11} = r_1$、$\lambda_{12} = 0$、$\lambda_{21} = 0$、$\lambda_{22} = r_2$,进而得到矩阵 $|J - \omega I| = 0$ 的特征方程为:

$$\begin{vmatrix} \lambda_{11} - \omega & \lambda_{12} \\ \lambda_{21} & \lambda_{22} - \omega \end{vmatrix} = 0, \text{代入数值得:} \begin{vmatrix} r_1 - \omega & \lambda_{12} \\ \lambda_{21} & r_2 - \omega \end{vmatrix} = 0 \qquad (3.12)$$

求得,$\omega_1 = r_1 > 0$,$\omega_2 = r_2 > 0$,则 $T = \omega_1 + \omega_2 > 0$,说明 $E_1(0, 0)$ 是不稳定的。这与现实情况也相符,如果两个企业个体存在竞争关系,其各自的营业额不可能为零,否则没有实际意义。

② $E_2(K_1, 0)$ 稳定性判定。

对应式 (3.11) 设定的四个变量,其数值分别为:

$$\begin{aligned} \lambda_{11} &= (r_1 - 2r_1 q_1/K_1 - r_1 J_{12} q_2/K_2)_0 = -r_1 \\ \lambda_{12} &= (-r_1 J_{12} q_1/K_2)_0 = -r_1 J_{12} K_1/K_2 \\ \lambda_{21} &= (-r_2 J_{21} x_2/K_1)_0 = 0 \\ \lambda_{22} &= (r_2 - 2r_2 q_2/K_2 - r_2 J_{21} q_1/K_1)_0 = r_2 - r_2 J_{21} \end{aligned} \qquad (3.13)$$

代入求得矩阵 $|J - \omega I| = 0$ 的特征方程为:

$$\begin{vmatrix} -r_1 - \omega_1 & -r_1 J_{12} K_1/K_2 \\ 0 & r_2 - r_2 J_{21} - \omega_2 \end{vmatrix} = 0 \qquad (3.14)$$

解得 $\omega_1 = -r_1 < 0$,$\omega_2 = r_2(1 - J_{21}) \begin{cases} >0, J_{21} < 1 \\ <0, J_{21} > 1 \end{cases}$。因此,在这种情况下,当 $J_{21} > 1$ 时,满足 $T = \omega_1 + \omega_2 < 0$ 且 $\Delta > 0$,说明 $E_2(K_1, 0)$ 是稳定

的；当 $J_{21}<1$ 时，$E_2(K_1,0)$ 是不稳定的鞍点。这说明，企业个体1对企业个体2的竞争作用大于1时，整个两化融合系统在该点达到平衡，且能够长期稳定。

③ $E_3(0,K_2)$ 稳定性判定。

对应式（3.11）设定的四个变量，其数值分别为：

$$\lambda_{11}=(r_1-2r_1q_1/K_1-r_1J_{12}q_2/K_2)_0=r_1-r_1J_{12}$$

$$\lambda_{12}=(-r_1J_{12}q_1/K_2)_0=0$$

$$\lambda_{21}=(-r_2J_{21}q_2/K_1)_0=-r_2J_{21}K_2/K_1$$

$$\lambda_{22}=(r_2-2r_2q_2/K_2-r_2J_{21}q_1/K_1)_0=-r_2$$

代入求得矩阵 $|J-\omega I|=0$ 的特征方程为：

$$\begin{vmatrix} r_1-r_1J_{12}-\omega_1 & 0 \\ -r_2J_{21}K_2/K_1 & -r_2-\omega_2 \end{vmatrix}=0 \quad (3.15)$$

解得 $\omega_1=r_1(1-J_{21})\begin{cases}>0, & J_{21}<1 \\ <0, & J_{21}>1\end{cases}$，$\omega_2=-r_2<0$。因此，在这种情况下，当 $J_{21}>1$ 时，满足 $T=\omega_1+\omega_2<0$ 且 $\Delta>0$，说明 $E_2(K_1,0)$ 是稳定的；当 $J_{21}<1$ 时，$E_2(K_1,0)$ 是不稳定的平衡点。这说明，企业个体1的信息对企业个体2的竞争作用大于1时，整个两化融合系统在该点达到平衡，且能够长期稳定。

④ $E_4(K_1(1-J_{12})/(1-J_{12}J_{21}),K_2(1-J_{21})/(1-J_{12}J_{21}))$ 稳定性判定。

对应式（3.11）设定的四个变量，其数值分别为：

$$\lambda_{11}=(r_1-2r_1q_1/K_1-r_1J_{12}q_2/K_2)_0=r_1(J_{12}-1)/(1-J_{12}J_{21})$$

$$\lambda_{12}=(-r_1J_{12}q_1/K_2)_0=-r_1J_{12}K_1(1-J_{12})/K_2(1-J_{12}J_{21})$$

$$\lambda_{21}=(-r_2J_{21}q_2/K_1)_0=-r_2J_{21}K_2(1-J_{21})/K_1(1-J_{12}J_{21})$$

$$\lambda_{22}=(r_2-2r_2q_2/K_2-r_2J_{21}q_1/K_1)_0=r_2(J_{21}-1)/(1-J_{12}J_{21})$$

由于上式较长，首先求其 $\Delta$，即：

$$\Delta=\lambda_{11}\lambda_{22}-\lambda_{12}\lambda_{21}=r_1r_2(J_{12}-1)(J_{21}-1)/(1-J_{12}J_{21}) \quad (3.16)$$

由附录一对微分方程稳定性的讨论知道，平衡点满足稳定的条件是 $\Delta>0$ 且 $T<0$，首先讨论 $\Delta$ 与0的关系：当 $J_{12}>1$、$J_{21}>1$ 时，$\Delta<0$，此时 $E_4$ 不可能是该系统的稳定平衡点；当 $J_{12}<1$、$J_{21}<1$ 时，$\Delta>0$，此时 $E_4$ 可能是该系统的平衡稳定点，但须同时满足以下条件，即 $T=\lambda_{11}+\lambda_{22}=r_1(J_{12}-1)/$

$(1-J_{12}J_{21})+r_2(J_{21}-1)/(1-J_{12}J_{21})<0$，则该平衡点才是稳定的。

（3）系统稳定性讨论总结。

根据对以上四个平衡点的稳定性讨论，现总结、梳理如下：

① 当 $J_{12}<1$、$J_{21}<1$ 时，两化融合系统向 $E_4$ 点逐步演化，如图 3-12 所示。此时，在两化融合生态系统中，对企业个体 1 与企业个体 2 之间的影响较小，双方彼此竞争却又无法完全压过对方，最终在 $E_4$ 点达到共生稳定的状态。此时，两个企业个体的营业额依次为 $q_1=K_1(1-J_{12})/(1-J_{12}J_{21})$、$q_2=K_2(1-J_{21})/(1-J_{12}J_{21})$，整个两化融合生态系统实现协调共生。

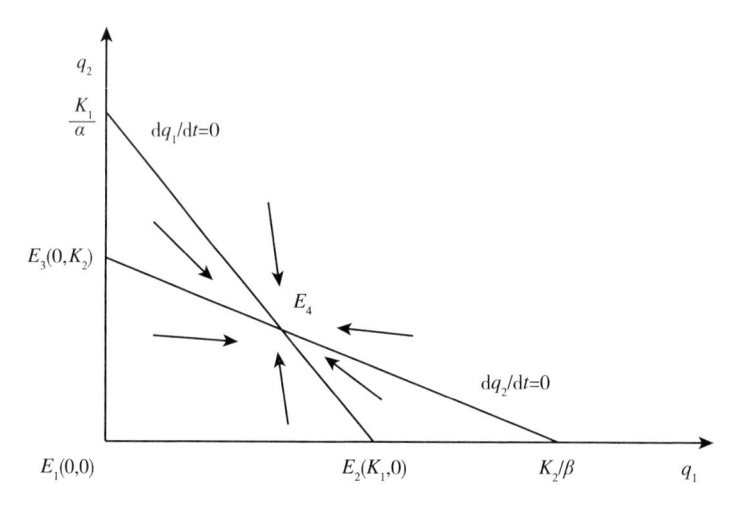

图 3-12　互补共生型两化融合稳定状态示意（$J_{12}<1$、$J_{21}<1$）

资料来源：作者整理绘制。

② 当 $J_{12}<1$、$J_{21}>1$ 时，两化融合生态系统向 $E_2(K_1,0)$ 点逐步演化，如图 3-13 所示。其经济学意义在于，$J_{12}<1$ 说明在两化融合发展资源的竞争中，企业个体 2 对企业个体 1 的竞争影响较弱；$J_{21}>1$ 说明企业个体 1 对企业个体 2 的竞争影响较强。总体来看，企业个体 1 的竞争力要强于企业个体 2。因而，在发展过程中，企业个体 2 逐步处于劣势，最终消亡；企业个体 1 趋向于整个种群的最大容量，即 $E_2(K_1,0)$。

③ 当 $J_{12}>1$、$J_{21}<1$ 时，两化融合系统向 $E_3(0,K_2)$ 点逐步演化，如图 3-14 所示。$J_{12}>1$ 说明在两化融合发展资源的竞争中，企业个体 1 对企业个体 2 的竞争影响较弱；$J_{21}<1$ 说明企业个体 2 对企业个体 1 的竞争

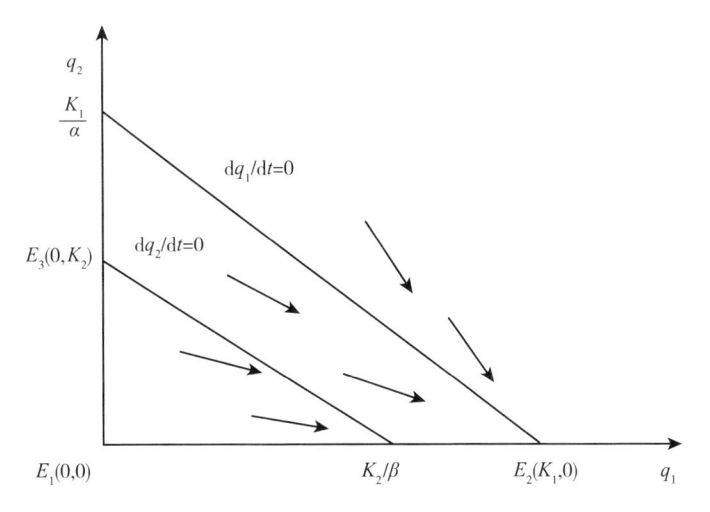

**图 3-13 互补共生型两化融合稳定状态示意 ($J_{12}<1$、$J_{21}>1$)**

资料来源：作者整理绘制。

影响较强。总体来看，企业个体 2 的竞争力要强于企业个体 1。在发展过程中，企业个体 1 由于无法竞争过企业个体 2 而逐步处于劣势，最终消亡；企业个体 2 将趋向于整个种群的最大容量，即 $E_3(0, K_2)$。

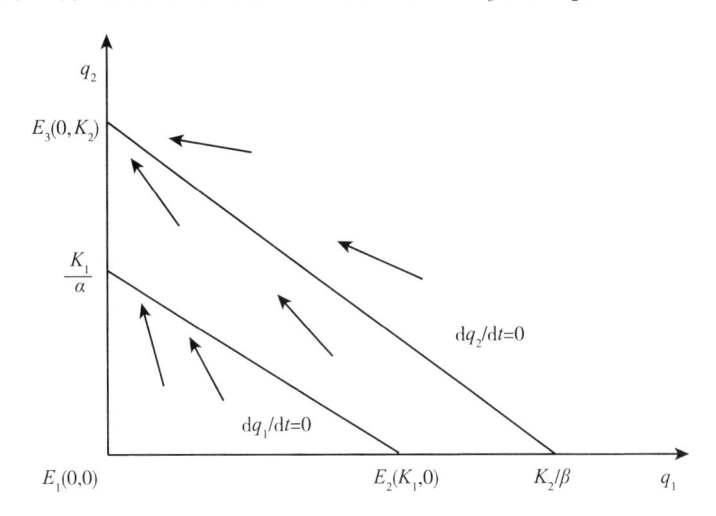

**图 3-14 互补共生型两化融合稳定状态示意 ($J_{12}>1$、$J_{21}<1$)**

资料来源：作者整理绘制。

④当 $J_{12}>1$、$J_{21}>1$ 时，$\Delta<0$，说明在该条件下系统不可能达到稳定的状态。从具体演化路径来看，系统首先从 $E_1(0, 0)$ 点开始演化，随着

企业个体发展逐步出现分化，企业个体1或企业个体2中某一个企业个体变强而成为主导，逐步向 $E_2(K_1, 0)$（企业个体1）或 $E_3(0, K_2)$（企业个体2）演化，如图3-15所示。

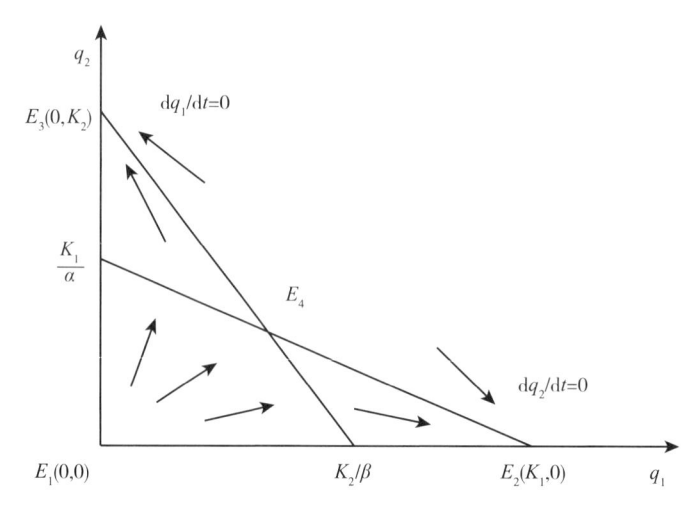

图3-15 互补共生型两化融合稳定状态示意（$J_{12}>1$、$J_{21}>1$）

资料来源：作者整理绘制。

（4）多企业个体模型拓展。

当产业群落内部的企业个体数量多于两个时，企业个体间的协同演化关系仍然符合Lotka-Volterra模型，其方程为：

$$\begin{aligned}
dp_1/dt &= r_1 q_1 (1 - q_1/K_1 - J_{12} q_1/K_1) \\
dp_2/dt &= r_2 q_2 (1 - q_2/K_2 - J_{21} q_2/K_2) \\
&\cdots \\
dp_i/dt &= r_i q_i (1 - q_i/K_i - J_{ij} q_i/K_i)
\end{aligned} \quad (3.17)$$

其中，$i \neq j$。当式（3.17）处于平衡状态时，满足 $dq_i/dt = 0$，此时平衡点满足 $x_i^* = K_i - \sum J_{ij} x_j^* (i \neq j)$。限于篇幅，各平衡点的稳定性在此不做讨论。

### 3. 竞争型企业个体两化融合仿真分析

随着我国市场经济建设的不断推进，目前我国已经初步建立了以市场为基础的经济体制，竞争成为每一个企业个体必须面临的挑战。对于制造企业个体、信息企业个体等两化融合参与企业主体来说，同样面临着激烈的竞争压力。为了便于进行仿真分析，假设在两个共生的企业个体中，其中一方的规模与实力较大，另一方规模与实力相对较小，故设定初始值为 $X_1=2$、$X_2=6$。本部分利用 Matlab 软件，对两化融合生态系统中企业个体竞争演化过程进行仿真。

（1）假设随着两化融合的不断推进，两企业个体之间的竞争激烈程度进一步加剧，设置参数如下：$k_1=2$，$k_2=6$；$r_1=0.08$，$r_2=0.08$；$J_{12}=0.8$，$J_{21}=0.8$。此时系统的平衡点为：$X_1=0.71$，$X_2=2.81$，如图 3-16 所示。

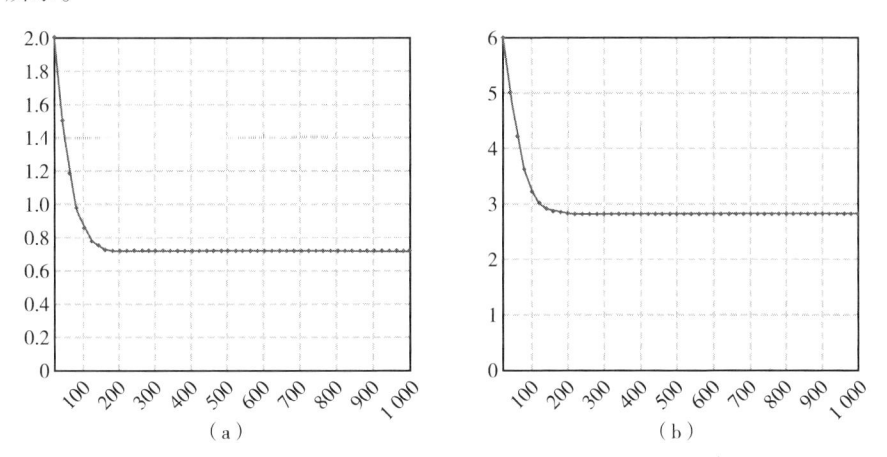

**图 3-16　竞争型企业个体两化融合仿真结果（1）**

资料来源：作者整理绘制。

从图 3-16 可以看出，当两化融合产业群落中的企业个体之间的竞争效应都为正，即两个企业个体的存在和发展都会给对方造成一定的威胁时，长期来看由于两个企业个体对生产资源、产品市场等方面的竞争，使企业成本上升，企业营业额下降，企业个体遭受一定的损失。从企业个体的前期规模来看，规模较大的企业个体受竞争效应的影响较小，其经营额度的下滑幅度比规模较小的企业个体更小，这说明在同一市场内，相同竞争环境下规模更小的企业更有可能灭亡。

（2）假设规模较小企业个体对规模较大企业个体的竞争作用是正效应，而较大规模企业个体对规模较小企业个体的竞争作用是负效应，设置参数为：$k_1=2$，$k_2=6$；$r_1=0.06$，$r_2=0.06$；$J_{12}=0.6$，$J_{21}=-0.6$。此时的两化融合系统平衡点为：$X_1=3.11$，$X_2=2.22$，如图 3-17 所示。

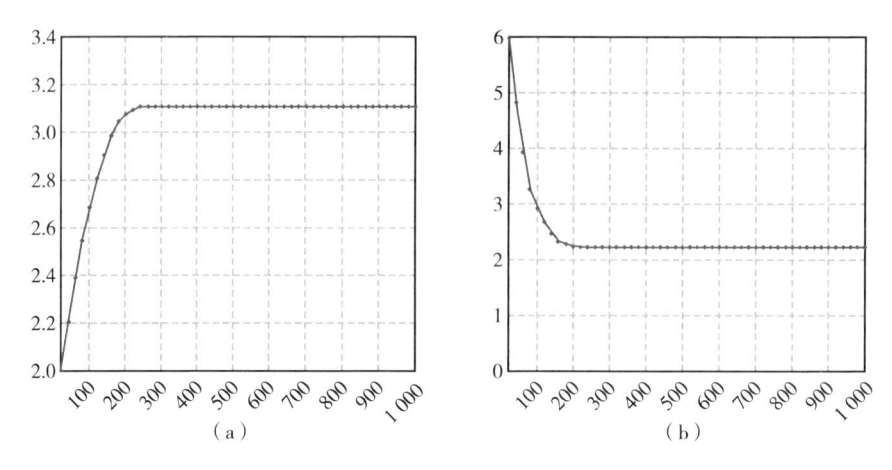

图 3-17  竞争型企业个体两化融合仿真结果（2）

资料来源：作者整理绘制。

当规模较小的企业个体采取新的信息技术等方法，使其产品质量提升、品种增加或成本下降时，对规模较大的企业个体产生较为明显的竞争效应；而规模较大的企业个体由于没有得到提升，无法与采用新信息技术的小企业个体竞争，被迫让出一定的市场份额，因而其对规模较小企业的竞争效应为负。在这种情况下，规模较小企业个体的经营额获得了较为显著的提升，而规模较大企业个体的经营额则出现一定的下滑。如果设定更大的竞争作用系数，很可能会在达到某个临界点后，未采用新信息技术的规模较大企业个体逐步灭亡，而采用新信息技术的规模较小企业个体逐步占领整个市场份额。

（3）假设规模较大企业个体对规模较小企业个体的竞争作用是正效应，而规模较小企业个体对规模较大企业个体的竞争作用是负效应，则设置参数为：$k_1 = 2$，$k_2 = 6$，$r_1 = 0.06$，$r_2 = 0.06$，$I_{12} = -0.6$，$I_{21} = 0.6$。此时两化融合系统的平衡点为：$X_1 = 0.15$，$X_2 = 7.62$，如图 3-18 所示。

在这种假设情况下，规模较大企业个体发挥自身的资金、技术优势，率先研发、使用新信息技术而使自身生产效率提升、生产成本下降，获得更强的市场竞争力，对规模较小企业个体的竞争作用进一步加强。而对于规模较小企业个体，受到规模较大企业个体的竞争压力进一步加大，市场份额被进一步挤占，经营额度下滑较为明显。在达到一定的临界值后，规模较大企业个体会完全排挤出规模较小企业个体，逐步占领整个市场。

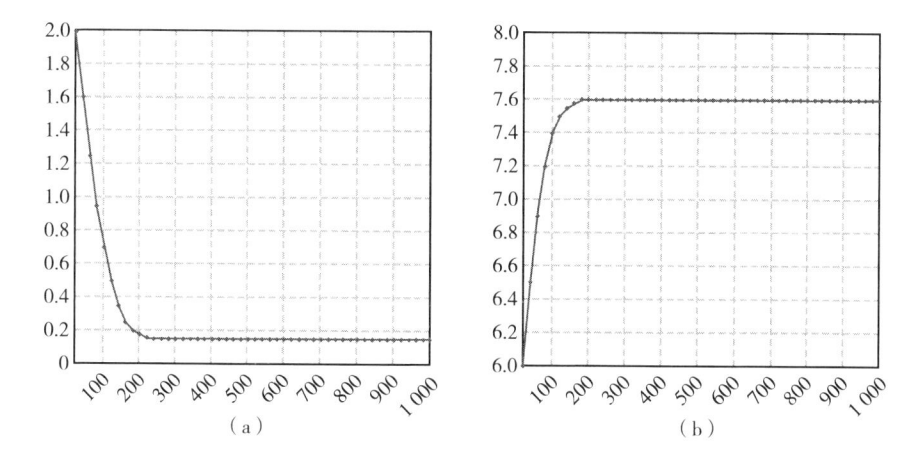

图 3-18　竞争型企业个体两化融合仿真结果（3）
资料来源：作者整理绘制。

### 3.3.3　共生型企业个体两化融合机理分析

**1. 共生型企业个体两化融合机理理论分析**

在自然生态系统中，生物个体之间的共生关系主要有两种方式，即互利关系和寄生关系。其中，互利关系是指两个生物个体通过相互作用，双方都从中获利，进而获得更好的生存环境和发展条件。这种互利关系是相对松散的关系，如果没有合作也不至于使单个的生物个体灭亡。寄生关系从生物学上说是指某一方生物个体在与另外一方生物个体的相互作用中获益，并对另一方生物个体造成损害的行为。显然，在生物学中的寄生关系中，必定是寄生方获益，而被寄生方受损；寄生方如果没有找到寄主就会灭亡，而被寄生方则会获得更好的生存和发展环境。但在实际中，部分寄生方生物可能对被寄生方产生有益的作用，例如，寄生在肉食动物体内的部分细菌，能够消化部分寄主难以消化的食物，帮助寄主更好的生存。在下文的分析中，将"寄生"作为有益于双方的行为进行分析。

类比于自然界的共生关系，在此提出两化融合生态系统中企业个体的共生关系，它是指功能互补的企业个体，通过相互作用和融合，使企业个体能够更好地对外部环境做出反应，实现共同进步和发展。具体来看，共生型企业个体两化融合也包括互利型两化融合和寄生型两化融合两个方面，如图3-19所示。

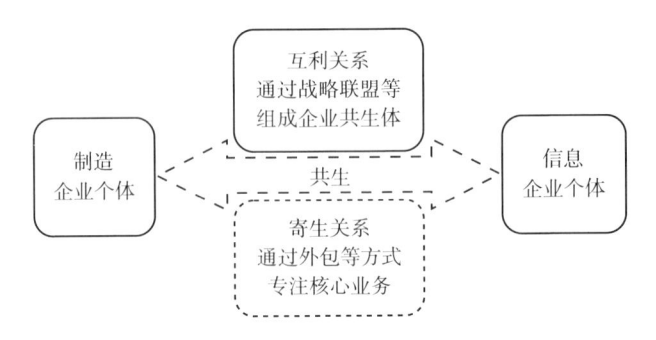

图3-19 共生型企业个体两化融合机理示意

资料来源：作者整理绘制。

对于互利型两化融合，主要是指制造企业个体与信息产业个体之间不存在明显的相互竞争关系，企业个体涉及的领域不尽相同却又联系紧密。企业个体通过结盟等方式组成企业共生体，加强相互之间的合作，从而增强彼此的核心竞争力，借助共生体发挥整体优势而迅速抢占各自市场。

对于寄生型两化融合，主要是指制造企业个体与信息产业个体专注于自身的核心业务，非核心的业务通过外包的方式由其他企业进行。通过企业的分工合作，发挥各自核心业务的竞争力，提升两化融合系统的整体竞争力。目前，寄生性两化融合主要形式有研发外包、生产外包、销售外包等，具体外包流向依据各企业个体的实际需求而定。

需要指出的是，共生型企业个体两化融合与前文分析的供应链式融合是不同的。共生型两化融合是一种暂时性的联盟发展方式，企业个体之间不存在形成联盟的可置信威胁，企业个体可能会退出联盟，其生存不会受到致命的打击，单独的企业个体仍可继续生存。供应链式两化融合是一种更加深入、全面的融合发展方式，同一供应链内的企业个体之间，存在关乎彼此生存的紧密联系，单个企业个体一般不会退出供应链，否则该企业个体将面临灭亡的危险。

### 2. 共生型企业个体两化融合模型构建及分析

俄罗斯数学家柯尔莫戈洛夫（Kolmogorov）对 Lotka-Volterra 模型进行进一步推广，得到更具有普遍意义的两种群 Kolmogorov 系统，其中包括"互惠模型"。之后，学者们在此基础上开展深入研究，包括建立积分微分互惠系统、自治时滞互惠系统等,进一步完善了互惠模型。在前人基础上,建立了共生型企业个体两化融合模型。

(1) 两企业个体模型构建。

假设两化融合生态系统中包含两个共生的企业个体1和企业个体2,其共生协同演化模型为:

$$\mu(q_1,q_2) = dq_1/dt = r_1q_1(1 - q_1/K_1 + I_{12}q_2/K_1) \quad (3.18)$$

$$\nu(q_1,q_2) = dq_2/dt = r_2q_2(1 - q_2/K_2 + I_{21}q_1/K_2) \quad (3.19)$$

其中,$q_1$、$q_2$分别是两化融合生态系统中企业个体1和企业个体2的营业额;$K_1$、$K_2$分别是企业个体1和企业个体2在不发生合作的情况下的营业额;$r_1$、$r_2$分别是企业个体1和企业个体2的营业额增长率,设$r_1$、$r_2$均大于0;$I_{12}$和$I_{21}$是协同系数,$I_{12}$指企业个体2对企业个体1的协同促进作用,$I_{21}$指企业个体1对企业个体2的协同促进作用。

进一步运用线性化方法,以求得方程平衡解。令$\mu(q_1,q_2) = \nu(q_1,q_2) = 0$,则:

$$r_1q_1(1 - q_1/K_1 + I_{12}q_2/K_2) = 0 \quad (3.20)$$

$$r_2q_2(1 - q_2/K_2 + I_{21}q_1/K_1) = 0 \quad (3.21)$$

对式(3.20)和式(3.21)组成的方程组求解,求得四个平衡点,即$E_1(0,0)$、$E_2(K_1,0)$、$E_3(0,K_2)$、$E_4(K_1(1+I_{12})/(1-I_{12}I_{21}), K_2(1+I_{21})/(1-I_{12}I_{21}))$。

(2) 平衡点稳定性讨论。

根据微分方程稳定性理论,对四点的稳定性进行分析。为了便于简化矩阵表现形式以便于讨论,现设定以下变量。

$$\begin{aligned}
(\partial\mu/\partial q_1)_0 &= \lambda_{11} = (r_1 - 2r_1q_1/K_1 + r_1I_{12}q_2/K_2)_0 \\
(\partial\mu/\partial q_2)_0 &= \lambda_{12} = (r_1I_{12}q_1/K_2)_0 \\
(\partial\nu/\partial q_1)_0 &= \lambda_{21} = (r_2I_{21}q_2/K_1)_0 \\
(\partial\nu/\partial q_2)_0 &= \lambda_{22} = (r_2 - 2r_2q_2/K_2 + r_2I_{21}q_1/K_1)_0
\end{aligned} \quad (3.22)$$

① $E_1(0,0)$稳定性判定。

对应式(3.22)设定的四个变量,其数值分别为$\lambda_{11}=r_1$、$\lambda_{12}=0$、$\lambda_{21}=0$、$\lambda_{22}=r_2$。进而推出矩阵$|J-\omega I|=0$的特征方程为:

$$\begin{vmatrix} \lambda_{11}-\omega & \lambda_{12} \\ \lambda_{21} & \lambda_{22}-\omega \end{vmatrix} = 0, \text{代入数值得:} \begin{vmatrix} r_1-\omega & \lambda_{12} \\ \lambda_{21} & r_2-\omega \end{vmatrix} = 0$$

$$(3.23)$$

求得 $\omega_1 = r_1 > 0$、$\omega_2 = r_2 > 0$，则 $T = \omega_1 + \omega_2 > 0$，说明 $E_1(0, 0)$ 是不稳定的。这说明如果两个企业个体都不进行生产而市场份额为零，即便存在共生关系，也没有实际意义。

② $E_2(K_1, 0)$ 稳定性判定。

对应式（3.22）设定的四个变量，其数值分别为：

$$\lambda_{11} = (r_1 - 2r_1q_1/K_1 + r_1I_{12}q_2/K_2)_0 = -r_1$$
$$\lambda_{12} = (r_1I_{12}q_1/K_2)_0 = r_1I_{12}K_1/K_2$$
$$\lambda_{21} = (r_2I_{21}x_2/K_1)_0 = 0$$
$$\lambda_{22} = (r_2 - 2r_2q_2/K_2 + r_2I_{21}q_1/K_1)_0 = r_2 + r_2I_{21}$$

代入求得矩阵 $|J - \omega I| = 0$ 的特征方程为：

$$\begin{vmatrix} -r_1 - \omega_1 & r_1I_{12}K_1/K_2 \\ 0 & r_2 + r_2I_{21} - \omega_2 \end{vmatrix} = 0 \quad (3.24)$$

解得 $\omega_1 = -r_1 < 0$，$\omega_2 = r_2(1 + I_{21}) > 0$。因此，在这种情况下，$\omega_1 + \omega_2$ 与 0 的大小关系无法确定，说明 $E_2(K_1, 0)$ 是不稳定的鞍点。这说明，当企业个体 2 的营业额为 0 时，企业个体 1 无法与其进行互利或寄生共生，整个两化融合生态系统难以实现协同促进发展，在 $E_2(K_1, 0)$ 无法达到长期稳定的状态。

③ $E_3(0, K_2)$ 稳定性判定。

对应式（3.22）设定的四个变量，其数值分别为：

$$\lambda_{11} = (r_1 - 2r_1q_1/K_1 + r_1I_{12}q_2/K_2)_0 = r_1 + r_1I_{12}$$
$$\lambda_{12} = (r_1I_{12}q_1/K_2)_0 = 0$$
$$\lambda_{21} = (r_2I_{21}q_2/K_1)_0 = r_2I_{21}K_2/K_1$$
$$\lambda_{22} = (r_2 - 2r_2q_2/K_2 + r_2I_{21}q_1/K_1)_0 = -r_2$$

代入求得矩阵 $|J - \omega I| = 0$ 的特征方程为：

$$\begin{vmatrix} r_1 + r_1I_{12} - \omega_1 & 0 \\ r_2I_{21}K_2/K_1 & -r_2 - \omega_2 \end{vmatrix} = 0 \quad (3.25)$$

解得 $\omega_1 = r_2(1 + I_{21}) > 0$，$\omega_2 = -r_2 < 0$。因此，在这种情况下，$\omega_1 + \omega_2$ 与 0 的大小关系无法确定，说明 $E_3(0, K_2)$ 是不稳定的鞍点。这说明，当企业个体 1 的营业额为 0 时，企业个体 2 无法与其进行互利或寄生共生，整

个两化融合生态系统难以实现协同促进发展，在 $E_3(0, K_2)$ 无法达到长期稳定的状态。

④ $E_4(K_1(1+I_{12})/(1-I_{12}I_{21})$、$K_2(1+I_{21})/(1-I_{12}I_{21}))$ 稳定性判定。

对应式（3.22）设定的四个变量，其数值分别为：

$$\lambda_{11} = (r_1 - 2r_1q_1/K_1 + r_1I_{12}q_2/K_2)_0 = -r_1(I_{12}+1)/(1-I_{12}I_{21})$$

$$\lambda_{12} = (r_1I_{12}q_1/K_2)_0 = r_1I_{12}K_1(1+I_{12})/K_2(1-I_{12}I_{21})$$

$$\lambda_{21} = (r_2I_{21}q_2/K_1)_0 = r_2I_{21}K_2(1+I_{21})/K_1(1-I_{12}I_{21})$$

$$\lambda_{22} = (r_2 - 2r_2q_2/K_2 + r_2I_{21}q_1/K_1)_0 = -r_2(I_{21}+1)/(1-I_{12}I_{21})$$

由于上式较长，首先求其 $\Delta$，即：

$$\Delta = \lambda_{11}\lambda_{22} - \lambda_{12}\lambda_{21} = r_1r_2(I_{12}+1)(I_{21}+1)/(1-I_{12}I_{21}) \quad (3.26)$$

由于 $I_{12}$、$I_{21}$ 介于（0, 1），因此 $\Delta > 0$ 肯定成立。由附录对微分方程稳定性的推导知道，平衡点满足稳定的条件是 $\Delta > 0$ 且 $T < 0$。对于 $T$ 来说：

$$T = \lambda_{11} + \lambda_{22} = -r_1(I_{12}+1)/(1-I_{12}I_{21}) - r_2(I_{21}+1)/(1-I_{12}I_{21})$$
$$= -[r_1(I_{12}+1) + r_2(I_{21}+1)]/(1-I_{12}I_{21}) < 0$$

可见，该平衡点是两化融合系统的稳定均衡点。

（3）系统稳定性讨论总结。

根据对以上四个平衡点的稳定性讨论，发现只有 $E_4$ 是共生型两化融合生态系统的稳定均衡点，即两化融合系统向 $E_4$ 点逐步演化，如图 3-20 所

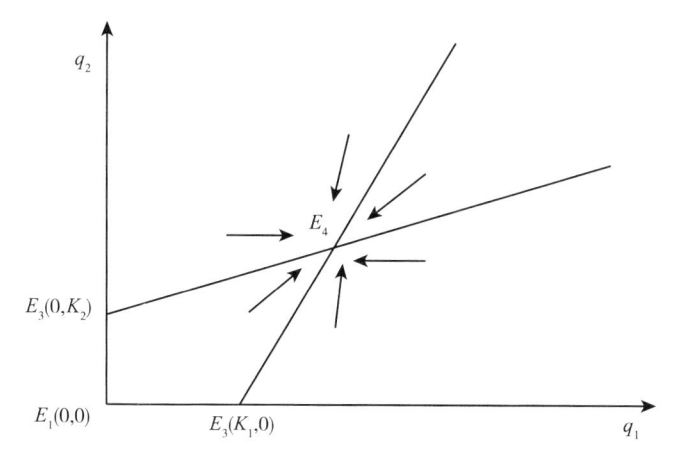

图 3-20 共生型两化融合稳定状态示意（$I_{12} < 1$、$I_{21} < 1$）

资料来源：作者整理绘制。

示。此时，两个企业个体由于互利或寄生的协同效应扩大各自的企业生产规模。这种协同效应主要是由制造企业个体和信息企业个体，在资源、技术、信息等方面的合作和共享带来的。可见，具有互利或寄生共生合作关系的两化融合企业个体，通过协同演化能够获得更大的收益，推进自身和整个系统的两化融合发展程度。

（4）多企业个体模型拓展。

当两化融合生态系统中的企业个体数量多于两个时，个体间的共生协同演化关系仍然符合互惠模型，其方程为：

$$\begin{cases} \mathrm{d}q_1/\mathrm{d}t = r_1q_1(1 - q_1/K_1 + I_{12}q_1/K_1) \\ \mathrm{d}q_2/\mathrm{d}t = r_2q_2(1 - q_2/K_2 + I_{21}q_2/K_2) \\ \cdots \\ \mathrm{d}q_i/\mathrm{d}t = r_iq_i(1 - q_i/K_i + I_{ij}q_i/K_i) \end{cases} \quad (3.27)$$

其中，$i \neq j$。当式（3.27）处于平衡状态时，满足 $\mathrm{d}q_i/\mathrm{d}t = 0$，此时达到稳定的平衡点满足：$q_i^* = K_i + \sum I_{ij}x_j^* (i \neq j)$。限于篇幅，对于各平衡点的稳定性，在此不做进一步讨论。

**3. 共生型企业个体两化融合仿真分析**

通过制造企业与信息企业的共生发展，不仅能够促进共生企业的自身发展，而且能够有效推进我国两化融合水平。为了便于进行仿真分析，假设在两个共生的企业个体中，设定初始值依次为 $X_1 = 2$、$X_2 = 6$。

（1）当两化融合对双方企业个体都存在合作正效应时，设置参数为：$k_1 = 2$，$k_2 = 6$；$r_1 = 0.08$，$r_2 = 0.08$；$I_{12} = 0.8$，$I_{21} = 0.8$。此时两化融合生态系统的平衡点为：$X_1 = 352.34$，$X_2 = 423.69$，如图 3 - 21 所示。

从图 3 - 21 看出，互补共生的两个企业个体能够较好地发挥整体协同发展的外部效应，利用对方提供的技术、设备等生产资源要素，使两个企业个体的产品质量、生产效率、市场占有率、企业竞争力等都得到显著提升，使各自的市场份额得到快速增长。可见，对于共生型的企业个体来说，通过两化融合能够更好地发挥系统整体优势，参与共生的企业个体能够获得更好的生存和发展，两个企业个体达到长期稳定、共同发展的状态。

第 3 章
基于生态系统协同演化模型的信息化与工业化融合机理分析

(a)

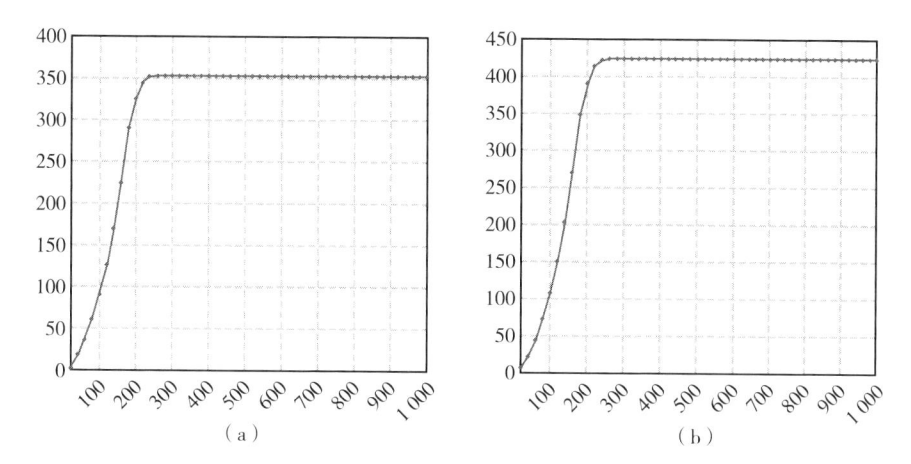

(b)

**图 3-21 共生型企业个体两化融合仿真结果（1）**

资料来源：作者整理绘制。

（2）当两化融合对规模较小企业个体是正促进，而对规模较大企业个体是负效应时，设置仿真参数为：$k_1 = 2$，$k_2 = 6$；$r_1 = 0.06$，$r_2 = 0.06$；$I_{12} = -0.6$，$I_{21} = 0.6$。此时系统平衡点为：$X_1 = 107.20$，$X_2 = 4.76$，如图 3-22 所示。

(a)

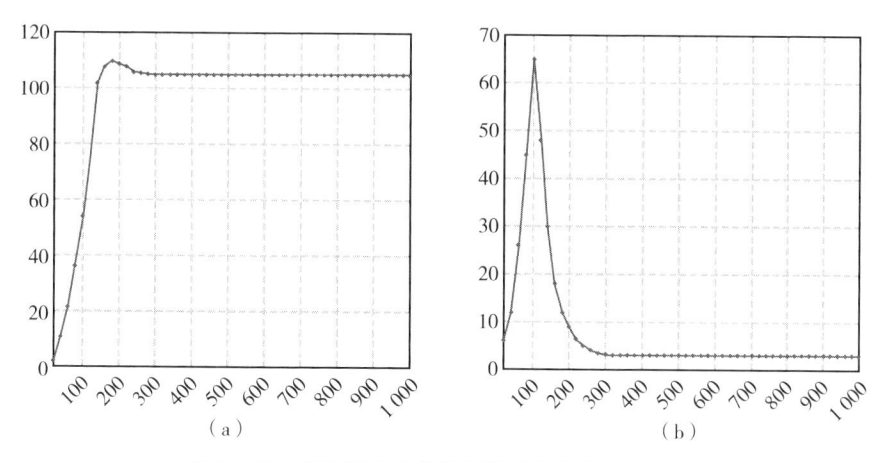

(b)

**图 3-22 共生型企业个体两化融合仿真结果（2）**

资料来源：作者整理绘制。

从图 3-22 看到，当两化融合对规模较小企业个体有正的协同效应时，小企业的技术能力、市场表现、市场份额不断上升，保持良好的发展态势；规模较大企业个体在前期阶段对小企业的依赖程度并不大，能够基于自身的基础条件保持增长态势；长期来看，由于得不到小企业相关的资源与信息，大企业市场表现和市场份额下滑，但一般情况下不会致使大企业遭受致命性的打击而灭亡，只是在较低的市场份额状态与快速成长起来的小企业达到长期稳定的状态。

（3）当两化融合对规模较大企业个体是正促进，而对规模较小企业个体是负效应时，设置仿真参数如下：$k_1 = 2$，$k_2 = 6$；$r_1 = 0.06$，$r_2 = 0.06$；$I_{12} = 0.6$，$I_{21} = -0.6$。此时两化融合系统的平衡点为：$X_1 = 0.01$，$X_2 = 126.43$，如图3-23所示。

从图3-23看出，当互补共生体中信息融合对规模较小、信息化程度较低的企业个体作用为负时，说明两化融合使市场中的生产资源更加向着规模较大企业个体集中，小企业对大企业的依赖性进一步强化，自身竞争力进一步弱化，最终很可能会导致小企业逐步走向灭亡。规模较大企业个体受益于小企业依附带来的资源与市场，使其市场份额进一步扩大，企业规模得到进一步提升。但随着小企业逐步趋向于灭亡，大企业的增长态势也逐步放缓，最终趋于稳定。

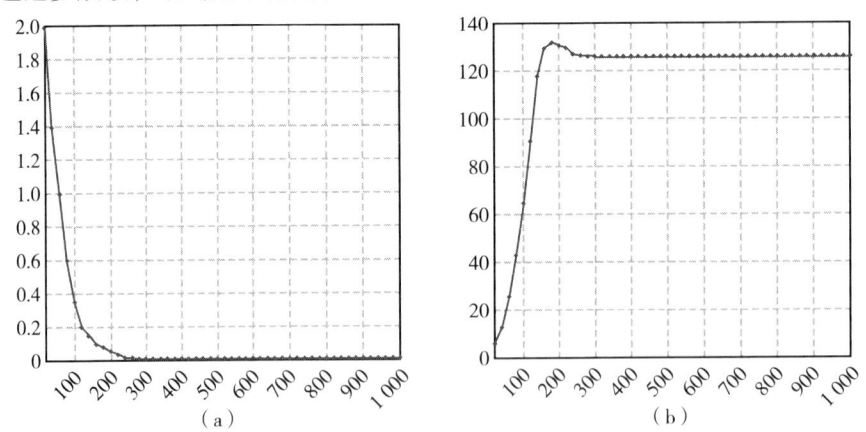

图3-23 共生型企业个体两化融合仿真结果（3）

资料来源：作者整理绘制。

## 3.4 基于产业群落层面的两化融合机理分析

对于两化融合生态系统来说，在企业个体进行融合发展演化的基础上，进一步形成产业群落。按照产业或行业划分的话，两化融合生态系统能够细化出很多产业群落，为了便于进行理论分析，在此仅假设系统中只包含制造产业群落和信息产业群落。产业群落进一步发展融合、演化,使单个产业群落的成长发生变化,出现升级式和跨界式两化融合。本节就未发生融合的单个产业群落成长,以及升级式和跨界式两种形式融合下的产业群落演进发展进行理论和仿真分析。

### 3.4.1 产业群落两化融合基础模型构建

#### 1. 单一产业群落成长机理模型构建

假设仅存在一个产业群落,其由若干数量的、规模大致均等的、具有相似特征的企业个体组成。在没有发生群落融合发展之前,单个产业群落也会经历诞生、成长、成熟、衰退、死亡的发展演进过程,达到单个产业群落的均衡状态。

目前,研究生物物种成长进化的模型,最为典型的是斯缔增长模型(Logistic Population Growth Model)。借鉴该模型,建立两化融合生态系统的单个产业群落演进模型,其最基本思想是,产业群落在某一时间点的变化率由其群落瞬时增长率、群落内个体密度和密度制约因素共同决定,其数学模型为:

$$dN/dt = rN(1 - N/K) \quad (3.28)$$

其中,$N$ 代表产业群落内的个体数量;$r$ 代表产业群落的自然增长率;$K$ 代表在既定条件下的环境容纳量,即在既定环境条件下产业群落能够容纳企业个体的最大数量,受到群落内部资源水平以及企业个体适应能力、协调能力等因素的影响。为了便于更好地从理论上进行分析,斯缔增长模型做出了以下假设:第一,假设产业群落不可能无限制的发展壮大,受到既定环境条件的限制,产业群落内的企业个体数量达存在一个最大值,也就是该产业群落的环境容纳量。当产业群落内的企业个体数量达到环境容纳量时,产业群落就无法继续增长,而是通过企业个体的诞生和消亡达到稳定状态。第二,假设产业群落内企业个体的密度不断增加,会对企业个体增长率产生负向的影响,且该影响会立即发生而不存在时滞性。第三,假设产业群落内部的企业个体不存在年龄结构差异及迁出和迁入现象,整个产业群落不与其他产业群落发生关系,获得长期稳定的发展状态。

## 2. 单一产业群落成长阶段分析

斯缔增长模型表明，在有限的条件下，产业群落的成长过程不是线性的，而是随着时间的不断推进呈现"S"形增长，如图 3-24 所示。随着时间的不断推进，整个产业群落会达到其环境容纳量，即 $N = K$ ($t \rightarrow +\infty$)，进而达到长期的稳定状态。具体来看，产业群落的增长过程可分为四个阶段，如图 3-24 所示。

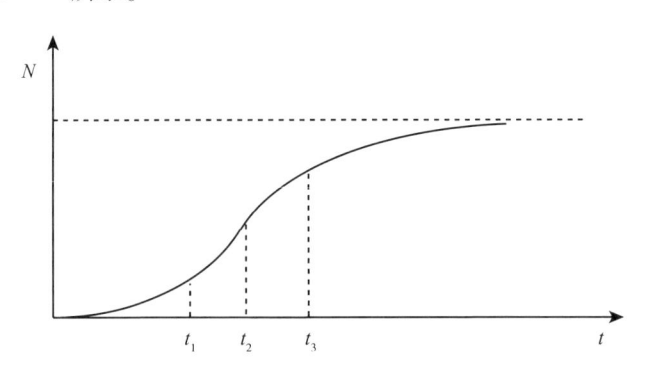

**图 3-24 外部环境约束下的产业种群增长曲线**

注：图中横坐标表示时间，纵坐标表示产业群落中企业个体数目。
资料来源：作者整理绘制。

第一阶段（$0 < t < t_1$），该阶段是产业群落发展的开始期。在该阶段，产业群落内部的企业个体数量很少，密度低且增长缓慢，产业群落内大部分资源没有得到充分利用，企业个体之间竞争不够激烈，群落发展空间较大。

第二阶段（$t_1 < t < t_2$），该阶段是产业群落发展的加速期。在前期开始期的积累上，该阶段产业群落内的企业个体数量开始爆发式增长，企业个体密度明显上升，且企业个体数量的增长率呈现不断加速提升的态势，并在 $t_2$ 时达到最高的增长率，整个产业群落达到了最快的增长水平。

第三阶段（$t_2 < t < t_3$），该阶段是产业群落发展的减速期。在经历了加速期的快速增长后，整个产业群落的增长速度逐步放缓，但仍然保持着增长的态势，产业群落内部企业个体之间的竞争逐步加剧，部分企业个体开始消亡，整个产业群落开始向稳定状态过渡。

第四阶段（$t_3 < t < +\infty$），该阶段是产业群落发展的饱和期。在该阶段，产业群落内部的企业个体增长速度进一步降低，企业个体的竞争压力日益增大，数量增长越来越慢，逐步接近市场饱和水平。最后，随着时间

的不断延长，整个产业群落的增长几乎停止，达到长期稳定的发展水平。

可见，斯缔增长模型所描绘的单一产业群落成长演进过程，是在产业群落没有与其他产业群落发生关系而自身发展演化的结果，是单个产业群落发展的一般规律，也是群落间相互融合发展演进的基础，产业群落之间的协同演化路径都是在单个群落发展基本路径上演化而来的。

### 3.4.2 升级式产业群落两化融合机理分析

在单个产业群落发展演化的基础上，当存在两化或两个以上的产业群落相互融合发展时，产业群落的发展方式将发生变化。为了便于进行理论分析，假设两化融合生态系统中仅存在制造产业群落和信息产业群落，具体分析两个产业群落之间的相互融合发展演化。

**1. 升级式产业群落两化融合机理理论分析**

本节分析升级式的发展机理，即通过两化融合发展，制造产业群落和信息产业群落本身的群落属性没有发生变化，但两个产业群落由于相互作用而发生融合发展，使产业群落的生产方式发生转变、生产效率得到提升、运营模式不断升级、管理方式有效改造，两个产业群落发展水平得到明显提升，如图 3-25 所示。

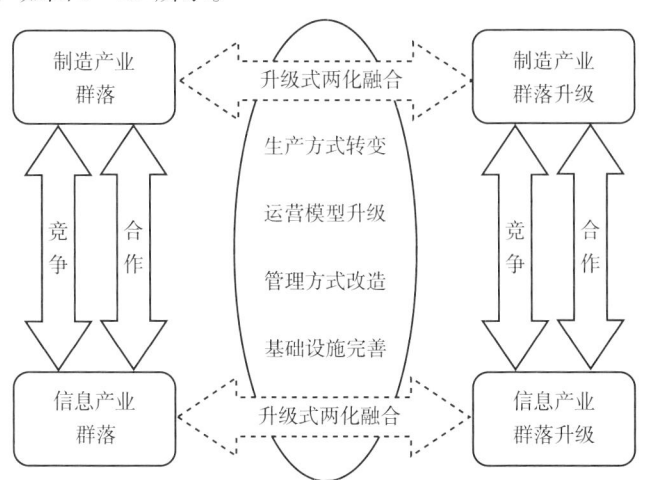

图 3-25 升级式产业群落两化融合机理示意

资料来源：作者整理绘制。

对于制造产业群落来说，通过与信息产业群落的融合发展，将先进的信息技术应用到制造生产中，对自身的生产过程、运营模式、管理方式等诸多方面产生影响，实现自身的转型升级，但仍是制造产业群落的组成部分，只是得到了进一步提升。随着部分信息产业业务逐步拓展，信息产业也开始借助自身的技术优势进军制造领域，对传统制造产业群落造成竞争与威胁，但从另一个层面来看，也是对制造产业群落的督促与改进，倒逼制造产业群落进行转型升级。

对于信息产业群落来说，与制造产业群落的融合发展使两者的合作进一步加强，制造产业群落的发展不仅形成对信息技术的广泛需求，为信息产业群落的发展提供了良好的市场环境；而且能够提供坚实的硬件支撑，优化信息产业群落的发展环境。但是，制造产业群落的快速发展，也对信息产业群落构成一定竞争，伴随着制造产业群落的不断发展，其积累的信息技术越来越丰富，部分制造企业个体开始进行自我研发而减少了对信息技术方面的外包，造成信息技术需求下降；另外，部分制造产业群落的业务侵占了信息产业群落的业务，使信息产业群落受到挤压。

### 2. 升级式产业群落两化融合模型构建及分析

在竞争共生型产业群落两化融合过程中，两个产业群落既存在相互竞争的关系，又存在相互合作的关系。根据生态组织理论的竞争合作模型，结合两化融合过程中产业群落的实际推进情况，建立如下竞争合作模型：

$$\phi(q_1, q_2) = dq_1/dt = r_1 q_1 (1 - q_1/K_1 - J_{12} q_2/K_1 + I_{12} q_2/K_1) \quad (3.29)$$

$$\varphi(q_1, q_2) = dq_2/dt = r_2 q_2 (1 - q_2/K_2 - J_{21} q_1/K_2 + I_{21} q_1/K_2) \quad (3.30)$$

其中，$q_1$、$q_2$ 分别是产业群落1和产业群落2的企业个体数量；$K_1$、$K_2$ 分别是产业群落1和产业群落2在不发生竞争合作的情况下的企业个体数量；$r_1$、$r_2$ 分别是产业群落1和产业群落2的企业数量的自然增长率；$J_{12}$ 表示产业群落2对产业群落1的竞争效应；$J_{21}$ 表示产业群落1对产业群落2的竞争效应；$I_{12}$ 是产业群落2的信息协同系数，指产业群落2的信息对产业群落1的协同促进作用；$I_{21}$ 是产业群落1的信息协同系数，指产业群落1的信息对产业群落2的协同促进作用。

采用线性化方法对方程的平衡点进行分析，令 $\phi(q_1, q_2) = \varphi(q_1, q_2) = 0$，则：

$$r_1q_1(1 - q_1/K_1 - J_{12}q_2/K_1 + I_{12}q_2/K_1) = 0 \quad (3.31)$$

$$r_2q_2(1 - q_2/K_2 - J_{21}q_1/K_2 + I_{21}q_1/K_2) = 0 \quad (3.32)$$

对式（3.31）和式（3.32）组成的方程组进行求解，得到四个平衡点，即 $E_1(0, 0)$、$E_2(K_1, 0)$、$E_3(0, K_2)$、$E_4\left(\dfrac{K_1 - (J_{12} - I_{12})K_1}{1 - (J_{12} - I_{12})(J_{21} - I_{21})}, \dfrac{K_2 - (J_{12} - I_{12})K_2}{1 - (J_{12} - I_{12})(J_{21} - I_{21})}\right)$。

（1）平衡点稳定性讨论。

根据微分方程稳定性理论，对四点的稳定性进行分析。为了便于简化矩阵表现形式以进行讨论，现设定以下变量：

$$\begin{aligned}
(\partial\phi/\partial q_1)_0 &= \lambda_{11} = (r_1 - 2r_1q_1/K_1 - r_1J_{12}q_2/K_2 + r_1I_{12}q_2/K_2)_0 \\
(\partial\phi/\partial q_2)_0 &= \lambda_{12} = (r_1(I_{12} - J_{12})q_1/K_2)_0 \\
(\partial\varphi/\partial q_1)_0 &= \lambda_{21} = (r_2(I_{21} - J_{21})q_2/K_1)_0 \\
(\partial\varphi/\partial q_2)_0 &= \lambda_{22} = (r_2 - 2r_2q_2/K_2 - r_2J_{21}q_1/K_1 + r_2I_{21}q_1/K_1)_0
\end{aligned} \quad (3.33)$$

① $E_1(0, 0)$ 稳定性判定。

对应式（3.33）设定的四个变量，其数值分别为 $\lambda_{11} = r_1$、$\lambda_{12} = 0$、$\lambda_{21} = 0$、$\lambda_{22} = r_2$。进而推出矩阵 $|J - \omega I| = 0$ 的特征方程为：

$$\begin{vmatrix} \lambda_{11} - \omega & \lambda_{12} \\ \lambda_{21} & \lambda_{22} - \omega \end{vmatrix} = 0, \text{代入数值得：} \begin{vmatrix} r_1 - \omega & \lambda_{12} \\ \lambda_{21} & r_2 - \omega \end{vmatrix} = 0 \quad (3.34)$$

求得 $\omega_1 = r_1 > 0$、$\omega_2 = r_2 > 0$，说明 $E_1(0, 0)$ 是不稳定的。这说明，如果两个产业群落都不进行生产而市场份额为零，则无法开展竞争或合作以促进两化融合。

② $E_2(K_1, 0)$ 稳定性判定。

对应式（3.33）设定的四个变量，其数值分别为：

$$\lambda_{11} = (r_1 - 2r_1q_1/K_1 - r_1J_{12}q_2/K_2 + r_1I_{12}q_2/K_2)_0 = -r_1$$

$$\lambda_{12} = (r_1(I_{12} - J_{12})q_1/K_2)_0 = r_1(I_{12} - J_{12})K_1/K_2$$

$$\lambda_{21} = (r_2(I_{21} - J_{21})q_2/K_1)_0 = 0$$

$$\lambda_{22} = (r_2 - 2r_2q_2/K_2 - r_2J_{21}q_1/K_1 + r_2I_{21}q_1/K_1)_0 = r_2(1 - J_{21} + I_{21})$$

代入求得矩阵 $|J - \omega I| = 0$ 的特征方程为：

$$\begin{vmatrix} -r_1 - \omega_1 & r_1(I_{12} - J_{12})K_1/K_2 \\ 0 & r_2(1 + I_{12} - J_{12}) - \omega_2 \end{vmatrix} \quad (3.35)$$

解得 $\omega_1 = -r_1 < 0$，$\omega_2 = r_2(1 - J_{21} + I_{21})$。进一步判定其稳定性，此时满足 $T = \omega_1 + \omega_2 = r_2(1 + I_{12} - J_{12}) - r_1 = (r_2 - r_1) + r_2(I_{12} - J_{12})$，其与 0 的大小关系无法确定，说明 $E_2(K_1, 0)$ 是不稳定的鞍点。这说明，当产业群落 2 的营业额为 0 时，产业群落 1 无法与其进行合作共生，整个两化融合系统难以实现协同促进发展，在 $E_2(K_1, 0)$ 无法达到长期稳定的状态。

③ $E_3(0, K_2)$ 稳定性判定。

对应式（3.33）设定的四个变量，其数值分别为：

$$\lambda_{11} = (r_1 - 2r_1q_1/K_1 - r_1J_{12}q_2/K_2 + r_1I_{12}q_2/K_2)_0 = r_1(1 - J_{12} + I_{12})$$

$$\lambda_{12} = (r_1(I_{12} - J_{12})q_1/K_2)_0 = 0$$

$$\lambda_{21} = (r_2(I_{21} - J_{21})q_2/K_1)_0 = r_2(I_{21} - J_{21})K_2/K_1$$

$$\lambda_{22} = (r_2 - 2r_2q_2/K_2 - r_2J_{21}q_1/K_1 + r_2I_{21}q_1/K_1)_0 = -r_2$$

代入求得矩阵 $|J - \omega I| = 0$ 的特征方程为：

$$\begin{vmatrix} r_1(1 - J_{12} + I_{12}) - \omega_1 & 0 \\ r_2(I_{12} - J_{12})K_2/K_1 & -r_2 - \omega_2 \end{vmatrix} \tag{3.36}$$

解得 $\omega_1 = r_1(1 - J_{12} + I_{12})$，$\omega_2 = -r_2 < 0$。在这种情况下，$\omega_1 + \omega_2$ 与 0 的大小关系无法确定，说明 $E_3(0, K_2)$ 是不稳定的鞍点。这说明，当产业群落 1 的营业额为 0 时，产业群落 2 无法与其进行合作共生，整个两化融合系统难以实现协同促进发展，在 $E_3(0, K_2)$ 无法达到长期稳定的状态。

④ $E_4\left(\dfrac{K_1 - (J_{12} - I_{12})K_1}{1 - (J_{12} - I_{12})(J_{21} - I_{21})}, \dfrac{K_2 - (J_{12} - I_{12})K_2}{1 - (J_{12} - I_{12})(J_{21} - I_{21})}\right)$ 稳定性判定。

对应式（3.33）设定的四个变量，其数值分别为：

$$\lambda_{11} = (r_1 - 2r_1q_1/K_1 - r_1J_{12}q_2/K_2 + r_1I_{12}q_2/K_2)_0 = -\frac{r_1(1 - J_{12} + I_{12})}{1 - (J_{12} - I_{12})(J_{21} - I_{21})}$$

$$\lambda_{12} = (r_1(I_{12} - J_{12})q_1/K_2)_0 = -\frac{r_1K_1}{K_2} \times \frac{(J_{12} - I_{12})(1 - J_{12} + I_{12})}{1 - (J_{12} - I_{12})(J_{21} - I_{21})}$$

$$\lambda_{21} = (r_2(I_{21} - J_{21})q_2/K_1)_0 = -\frac{r_2K_2}{K_1} \times \frac{(J_{21} - I_{21})(1 - J_{21} + I_{21})}{1 - (J_{12} - I_{12})(J_{21} - I_{21})} \tag{3.37}$$

$$\lambda_{22} = (r_2 - 2r_2q_2/K_2 - r_2J_{21}q_1/K_1 + r_2I_{21}q_1/K_1)_0 = -\frac{r_2(1 - J_{21} + I_{21})}{1 - (J_{12} - I_{12})(J_{21} - I_{21})}$$

进一步求出 $T$ 及 $\Delta$，以判断其稳定性。

$$T = \lambda_{11} + \lambda_{22} = -\frac{r_1(1 - J_{12} + I_{12}) + r_2(1 - J_{21} + I_{21})}{1 - (J_{12} - I_{12})(J_{21} - I_{21})} \tag{3.38}$$

## 第3章 基于生态系统协同演化模型的信息化与工业化融合机理分析

$$\Delta = \lambda_{11}\lambda_{22} - \lambda_{12}\lambda_{21} = \frac{r_1 r_2 (1 - J_{12} + I_{12})(1 - J_{21} + I_{21})}{1 - (J_{12} - I_{12})(J_{21} - I_{21})} \quad (3.39)$$

为了进一步讨论 $E_4$ 的稳定性，需要对 $(1 - J_{12} + I_{12})$ 和 $(1 - J_{21} + I_{21})$ 的大小进行分类分析，如表3-2所示。

表3-2　　　　产业群落两化融合均衡点 $E_4$ 稳定性判断

| 条件 | 子条件 | 稳定性判析 |
| --- | --- | --- |
| $(1 - J_{12} + I_{12}) < 0$ 且 $(1 - J_{21} + I_{21}) < 0$ | 无 | $\Delta < 0$，说明该 $E_4$ 为系统的鞍点，两个产业群落之间存在一定的过度竞争问题，群落之间合作效率不高，没有达到两化融合降低产业运营成本、提升运营效率的目标，无法推进工业产业群与信息产业群的"双赢"，无法达到稳定状态 |
| $(1 - J_{12} + I_{12})$ $(1 - J_{21} + I_{21}) < 0$ | $1 - (J_{12} - I_{12})$ $(J_{21} - I_{21}) > 0$ | $\Delta < 0$，说明 $E_4$ 为系统的鞍点，说明在该产业群落的两化融合体系中，产业群落1和产业群落2的合作导致负效应，产业群落2对产业群落1的竞争过于激烈，而产业群落1对产业群落2的影响较小，使整个两化融合系统无法达到稳定状态 |
|  | $[1 - (J_{12} - I_{12})$ $(J_{21} - I_{21})] > 0$ | 如果 $r_1(1 - J_{12} + I_{12}) + r_2(1 - J_{21} + I_{21}) < 0$，则满足 $T < 0$ 和 $\Delta > 0$，说明该点是稳定的均衡点。说明，尽管产业群落1与产业群落2之间的竞争会带来负效应，两者的竞争较为激烈，但产业群落1对产业群落2的合作提升作用较大，产业群落1逐步引导整个两化融合体系发展，因而系统会稳定的存在 |
|  |  | 如果 $r_1(1 - J_{12} + I_{12}) + r_2(1 - J_{21} + I_{21}) > 0$，则 $E_4$ 不是两化融合系统的稳定点，这是因为，在该情况下，两个产业群落之间存在竞争关系，但产业群落1和产业群落2的合作效应不明显，使系统整体存在无效合作和过度竞争，系统无法达到稳定 |
| $(1 - J_{12} + I_{12}) > 0$ 且 $(1 - J_{21} + I_{21}) > 0$ | $(J_{12} - I_{12})$ $(J_{21} - I_{21}) \leq 0$ | $T < 0$ 且 $\Delta > 0$，说明该平衡点是稳定的。两个产业群落的两化融合推进较为有效，两个产业群落开展互补合作，因而两个产业群落实现"双赢"而得以长期共存，两化融合系统能够维持长时间的稳定 |
|  | $0 < (J_{12} - I_{12})$ $(J_{21} - I_{21}) < 1$ | $\Delta > 0$，但不能确定 $T$ 与0的大小关系，因而无法最终确定该点是否稳定。这主要是因为两个产业群落之间相互的竞争效应和合作效应都不够明显，两者没有明显的强弱差距，因而导致整个两化融合系统不稳定 |
|  | $(J_{12} - I_{12})$ $(J_{21} - I_{21}) > 1$ | $\Delta > 0$，但 $T > 0$，说明该点不是稳定的，主要是因为该点代表了两个产业群落竞争带来的负效应超过合作带来的正效应，使整个两化融合系统难以稳定存在 |

资料来源：作者整理绘制。

**(2) 多产业群落模型拓展。**

当两化融合产业群落数量多于两个时，群落间的协同演化关系仍然符合 Lotka – Volterra 模型，其方程为：

$$dp_1/dt = r_1q_1(1 - q_1/K_1 - J_{12}q_1/K_1 + I_{12}q_1/K_1)$$
$$dp_2/dt = r_2q_2(1 - q_2/K_2 - J_{21}q_2/K_2 + I_{21}q_2/K_2)$$
$$\cdots \qquad (3.40)$$
$$dp_i/dt = r_iq_i(1 - q_i/K_i - J_{ij}q_i/K_i + I_{ij}q_i/K_i)$$

其中，$i \neq j$。当式（3.40）处于平衡状态时，满足 $dq_i/dt = 0$，此时达到稳定的平衡点满足：$q_i^* = K_i - \sum J_{ij}x_j^* + \sum I_{ij}x_j^* (i \neq j)$。

### 3. 升级式产业群落两化融合仿真分析

制造产业群落和信息产业群落的发展演进较为复杂，两者既存在相互合作的关系，也存在相互竞争的关系，两者共同促进两个产业群落的升级发展。为了进一步明确两种作用对两个产业群落演化发展的影响，本部分利用 Matlab 软件，对升级式产业群落两化融合演化过程进行仿真。

（1）产业群落竞争合作共生模式中，两个产业群落进行信息化交流与合作，当合作带来的协同正效应大于竞争所引起的负作用之时，设置仿真参数如下：$x_1 = 2$，$x_2 = 6$；$k_1 = 6$，$k_2 = 6$；$r_1 = 0.08$，$r_2 = 0.08$；$I_{12} = 0.6$，$I_{21} = 0.6$；$J_{12} = 0.4$，$J_{21} = 0.4$。此时两化融合系统的平衡点为：$X_1 = 81.02$，$X_2 = 81.02$，如图 3 – 26 所示。

从图 3 – 26 的仿真结果（1）看到，当两个产业群落竞争合作共生时，两化融合合作带来的效益大于其引起的负效应时，两个产业群落所能达到的规模水平均会得到一定程度的提升。两个产业群落通过公用技术、信息等生产资源实现共享与合作，甚至能使其结成战略联盟，使彼此获得更大收益，最终达到较为一致的产业规模，实现长期稳定的共生发展。

（2）在产业群落竞争合作共生演化过程中，假设两化融合合作发展对产业群落 2 带来正协同效应，而对产业群落 1 带来负协同效应，同时假设两个产业群落对彼此竞争影响相当，不会对两个产业群落造成明显影响。据此设置参数为：$x_1 = 2$，$x_2 = 6$；$k_1 = 6$，$k_2 = 6$；$r_1 = 0.08$，$r_2 = 0.08$；$I_{12} = -0.8$，$I_{21} = 0.8$；$J_{12} = 0.5$，$J_{21} = 0.5$。此时系统的平衡点

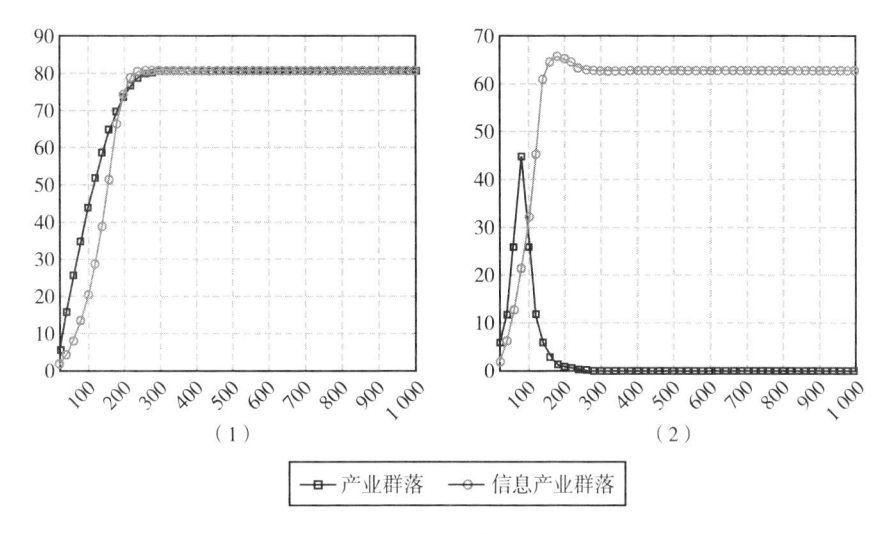

图 3-26 升级式产业群落两化融合仿真结果（1~2）

注：图（1）为排序较小仿真结果；图（2）为排序较大仿真结果。
资料来源：作者整理绘制。

为：$X_1 = 63.21$，$X_2 = 0.01$，如图 3-26 仿真结果（2）所示。在产业群落竞争合作中，两个产业群落间的协同效应相反时，对于获得正协同效应的产业群落，其群落规模会得到明显提升，市场占有率有所增加，但与对两者均有正协同促进作用的情况相比（$X_1 = 352.34$），仍然有较大的差距。对于得到负协同效应的产业群落，先前利用自身的规模优势虽然能够保持一定的规模增长，但由于后期没有获得两个产业群落发展的协同效益，同时还要承受对方产业群落的竞争影响，往往最终趋于灭亡。因此，在这种条件下，两个产业群落往往难以实现长期、稳定的共生发展。

（3）假设两个产业群落在竞争合作过程中，两者没有建立良好的合作信任机制，进而导致出现恶性竞争，对两者都带来了负效应，据此设定仿真参数为：$x_1 = 2$，$x_2 = 6$；$k_1 = 6$，$k_2 = 6$；$r_1 = 0.08$，$r_2 = 0.08$，$I_{12} = -0.6$，$I_{21} = -0.6$；$J_{12} = 0.5$，$J_{21} = 0.5$。此时系统的平衡点为：$X_1 = 0.01$，$X_2 = 68.24$，如图 3-27 所示。

从图 3-27 看出，在两化融合过程中，如果两个产业群落发生恶性竞争，那么规模较大产业群落往往会借助自身的先天优势，逐步抢夺规模较小产业群落的资源，进而吞噬小产业群落的生存空间，最终往往会使规模较小产业群落灭亡。虽然较大规模的产业群落占据了小产业群落的市场规模，但并没有达到两者相互合作达到稳定时的最大规模，说明在其他产业群落的竞争与作用下，单个的产业群落没有两个合作产业群落发展的规模大。因此，两个产业群落也不会达到长期稳定状态，无法实现个体和整体群落规模的最大化。

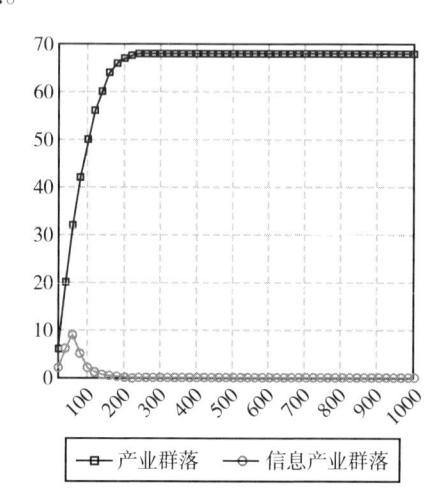

图 3-27　升级式产业群落两化融合仿真结果（3）

资料来源：作者整理绘制。

### 3.4.3　跨界式产业群落两化融合机理分析

**1. 跨界式产业群落两化融合机理理论分析**

在生态组织理论中，物种入侵是高度复杂的演进过程。汤森德（Towllsend，2003）指出外来种群入侵会对原生态系统造成多种生态影响，对种群的决策造成显著影响。林振山（2006）指出外来物种的竞争力对物种入侵行为有直接影响，建立数学模型分析入侵的动力机制。目前，还没有将物种入侵的思想或方法应用在两化融合领域，本部分借鉴物种入侵的思想和模型，对跨界式两化融合机理进行分析。

将产业群落两化融合分为升级式和跨界式两个方式。前者是对原有产业集群的进一步升级发展；而后者则是由于跨界融合产生新的产业群落，类似于生态组织理论中的外来物种入侵，对原来的产业群落形成新的竞争与合作影响，进而推进两化融合水平，如图 3-28 所示。

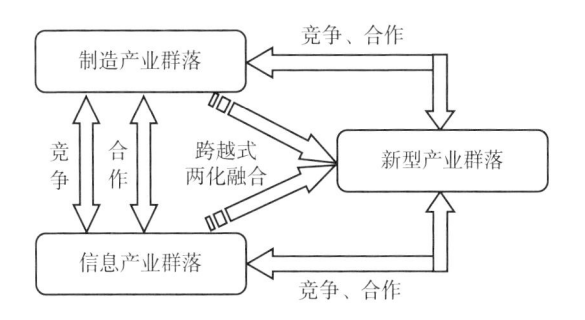

图 3-28　跨界式产业群落两化融合机理示意

资料来源：作者整理绘制。

如图 3-28 所示，制造产业群落与信息产业群落在竞争、合作的发展过程中，通过日益深化的融合发展，进一步衍生出新的产业群落，它既有制造企业群落和信息产业群落的特点，但又不完全与以上两个产业群落相同，而是开展新的业务领域，形成新的产业集群。类似于"外来物种"，新产业群落对原来的制造产业群落和信息产业群落构成威胁，也创造新合作领域，对整个两化融合生态系统产生显著影响。

跨界式两化融合与升级式两化融合最根本的区别在于是否产生了新的产业群落。在产生新的群落之前，制造产业群落和信息产业群落是两个独立的产业群落，两者合作往往是暂时性合作，它们拥有不同的关键技术和资源，彼此市场紧密联系但又有明显区别，两个产业出于自身利益的考虑，保护核心信息或技术不被对方获得，仅通过暂时合作相互利用资源，形成发展合力。可见，两个产业群落仍存在明显的竞争关系，当对方业务侵入自身领域时，这种合作关系往往难以为继。但是，如果产生新产业群落，之前的制造产业群落和信息产业群落就会被"内部化"，合作得到极大的发挥，避免相互竞争的问题，能够真正完全融合制造要素与信息要素于一体，不仅群落自身得到快速发展，也会显著提升两化融合水平。

## 2. 跨界式产业群落两化融合模型构建与分析

蒂尔曼（Tilman，1994，1997）在集合种群模型（Levins meta-population model）和两种异质集合种群模型（two-population meta-population model）的基础上，提出 $n$ 种异质集合种群模型（N-population meta-population model），据此研究多个种群共同相互作用时的演化过程。借鉴蒂尔曼的多种异质集合种群模型，将跨界式两化融合产生的新产业群落作为

"外来种群",进行融合机理分析。

借鉴多种异质集合种群模型的假设条件,本书提出产业群落跨越式融合数学模型的前提假设条件:第一,两化融合生态系统中的两个产业群落,即制造产业群落和信息产业群落,具有相同的企业个体死亡率,即 $m_i = m$;第二,设 $q$ 为竞争力最强产业群落对资源的占有率,在既定外部资源下,各产业群落的资源占有率分别为 $p_i|_{D=0} = q(1-q)^{i-1}$,服从几何指数分布;第三,假设在外部资源未固定的条件下,两个产业群落的增长率为 $c_i = m_i/(1-q)^{2i-1}$,同样服从几何指数的分布。

根据蒂尔曼的 $n$ 种异质集合种群模型,在环境因素固定的条件下,$n$ 种异质集合种群的协同演化规律为:

$$\mathrm{d}p_i/\mathrm{d}t = c_i p_i \left(1 - D - \sum_{j=1}^{i} p_j\right) - m_i p_i - \sum_{j=1}^{i-1} p_j c_j p_j \quad i = 1, 2, \cdots, n \quad (3.41)$$

其中,$i$ 代表产业群落的竞争力(按照资源占有率大小)排序;$p_i$ 代表产业群落 $i$ 的资源占有率,其能够较好地刻画产业群落的发展规模;$c_i$ 代表产业群落 $i$ 的增长率;$m_i$ 代表产业群落 $i$ 的企业个体死亡率;$D$ 代表外部环境变化引起的原来产业群落资源变化量占资源总量的比率。那么,当 $\mathrm{d}p_i/\mathrm{d}t = 0$ 时,两化融合生态系统处于稳定状态,进而求得 $n$ 种异质集合种群模型的通解:

$$p_i^e = \begin{cases} \hat{p}_i & \text{如果 } \hat{p}_i > 0 \quad \left[\hat{p}_i = 1 - D - \frac{m_i}{c_i} - \sum_{j=1}^{i} p_j^e \left(1 + \frac{c_j}{c_i}\right)\right] i = 1, 2, \cdots, n \\ 0 & \text{如果 } \hat{p}_i \leq 0 \quad D \geq 1 - m_i/c_i = 1 - (1-q)^{2i-1} \end{cases}$$

(3.42)

由于假设两化融合生态系统中原来仅有制造产业群落和信息产业群落,因此,该系统处于稳定状态时满足以下条件:

$$\begin{cases} \mathrm{d}p_1/\mathrm{d}t = c_1 p_1 (1 - p_1) - m p_1 \\ \mathrm{d}p_2/\mathrm{d}t = c_2 p_2 (1 - p_1 - p_2) - m p_2 - c_1 p_1 p_2 \end{cases} \quad (3.43)$$

进一步假设,通过跨越式两化融合,该生态系统产生了新的产业群落,则其入侵干扰模型为:

$$\begin{cases} \mathrm{d}p_1/\mathrm{d}t = c_1 p_1 (1 - p_1) - m p_1 \\ \mathrm{d}p_2/\mathrm{d}t = c_2 p_2 (1 - p_1 - p_2) - m p_2 - c_1 p_1 p_2 \\ \mathrm{d}p_3/\mathrm{d}t = c_3 p_3 (1 - p_1 - p_2 - p_3) - m p_3 - c_1 p_1 p_3 - c_2 p_2 p_3 \end{cases} \quad (3.44)$$

其中，$p_3$ 代表新产业群落的发展规模。新产业群落进入后，它对原来的产业群落，即制造产业群落和信息产业群落的资源进行争夺，进一步加剧了整个两化融合生态系统的竞争压力；同时，新产业群落为整个生态系统提供新的活力和发展方向，有利于原来的两化融合生态系统突破"瓶颈"获得进一步发展。

另外，对于新产业群落自身来说，在进入原来的两化融合生态系统时，新的产业群落可能无法适应原来的生态系统环境，同时受到原来制造产业群落和信息产业群落的竞争和排挤，可能会逐步没落而消亡；也可能在进入两化融合生态系统中，在经历了前期适应之后，逐步扩散和定局后，打破原来的生态系统平衡而逐步成长为主导群落，进而引领整个两化融合生态系统的进一步发展。具体的发展情况，通过以下不同的参数设置进行模拟来加以说明。

### 3. 跨界式产业群落两化融合机理仿真分析

在没有"外来"产业群落的情况下，原本的制造产业群落和信息产业群落通过竞争与合作发展，进行协同演化达到平衡，如图 3-29 所示。

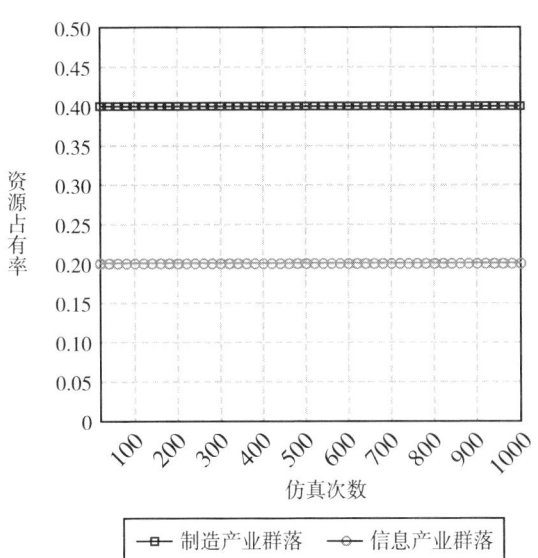

图 3-29　无外来群落入侵情况下系统协同演化示意

资料来源：作者整理绘制。

此时，两化融合生态系统的两个产业群落，即制造产业群落和信息产业群落，处于长期稳定的平衡状态。在此假定制造产业群落的规模较大，其资源占有率为 0.4；信息产业群落的规模相对较小，设其资源占有率为 0.2；新产业群落为工业电子产业群落，由于其处于生命周期的起始阶段，产业规模最小，设其资源占有率为 0.1。当有新产业群落"入侵"时，整个两化融合生态系统的协同演化过程进行数值拟合如图 3-30 所示。

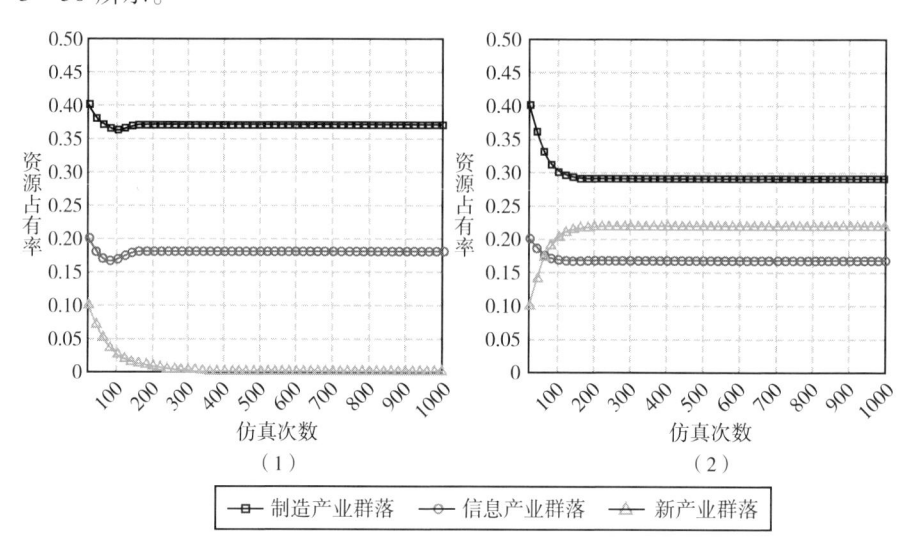

图 3-30　新产业群落进入的多种群协同演化示意（1～2）

资料来源：作者整理绘制。

（1）假设 $c_3 = 0.1$，$m_3 = 0.03/t$，$p_3 = 0.06$，其他参数保持不变，拟合结果如图 3-30 的仿真结果（1）。可见，新产业群落进入后，侵占了原来存在的制造产业群落和信息产业群落的资源，使其资源占有率出现一定下滑，产业群落规模出现一定的缩小。但是，由于工业电子产业群落的竞争力不足，无法与以上两个原来的产业群落竞争，其资源占有率不断下滑，产业群落规模不断缩小，最终被原来的产业群落所吞并而灭亡，整个生态系统重新归于稳定。可见，如果新产业群落不具有较强竞争力，在"诞生"后往往也无法得到长期成长。

（2）假设 $c_3 = 0.15$，$m_3 = 0.03/t$，$p_3 = 0.06$，其他参数保持不变，拟合结果如图 3-30 的仿真结果（2）。可见，对于具有较强竞争和扩张能力的新产业群落，在发生"入侵"之后，会对原来的制造产业群落和信息产业群落造成较为严重的影响，抢占其生产资源和产品市场，使产业群落规模出现下滑；新产业群落则借助抢占的资源获得一定的增长，甚至超过原来产业群落的规模，进而达到一种原先产业群落与新进产业群落共同存在、长期稳定的状态。另外，原有产业群落受到新进产业群落影响的大小，与其自身的竞争力直接相关，具体表现出来则是产业规模较小的产业群落会受到更大的影响。

（3）假设 $c_3 = 0.20$，$m_3 = 0.03/t$，$p_3 = 0.06$，其他参数保持不变，拟合结果如图 3-31 所示。可见，当新进产业群落，即工业电子产业群落的竞争力进一步提升，以至于已经明显超过原产业群落的竞争力，如信息产业群落的竞争力时，工业电子产业群落"入侵"原来的两化融合生态系统后，能够有力地争夺原有产业群落的市场份额与生存资源，尤其是两者中竞争力相对较差的信息产业群落，最终使该产业群落逐步趋向于灭亡，最终的稳定状态是工业电子产业群落与原来的制造产业群落实现长期的共生发展。

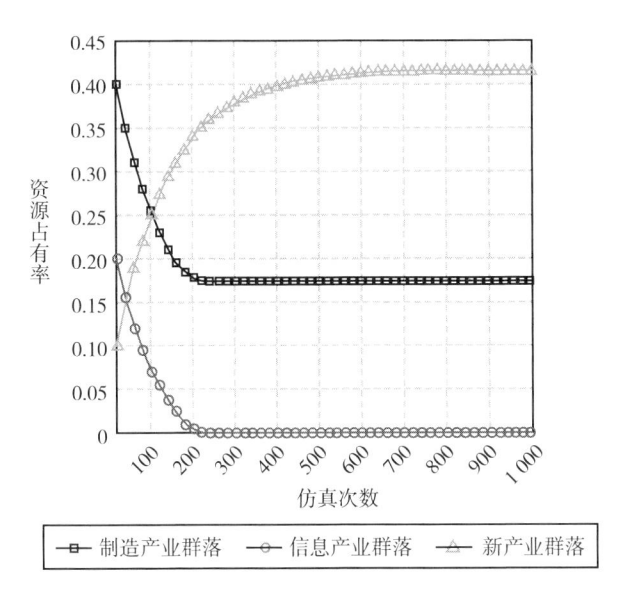

图 3-31　新产业群落进入的多种群协同演化示意（3）

资料来源：作者整理绘制。

综合以上三种情况可以看出，新产业群落的"入侵"会对整个两化融合生态系统的发展演化产生显著的影响，其对原来产业群落的影响程度与其及原来产业群落的竞争能力有关。如果原来产业群落竞争力很强，则会排斥新产业群落而使其灭亡；如果新产业群落竞争力很强，则会使原来产业群落逐步萎缩、灭亡；当新产业群落与原产业群落的竞争力相当时，它们会共同存在于同一个生态系统中，共同生存和发展。

## 3.5 基于生态系统层面的两化融合机理分析

### 3.5.1 两化融合生态系统的外部环境因素分析

在生态学中，环境通常泛指在一定的生存空间内，某一特定生物个体或生物种群生存和发展面临的各种直接、间接条件的总和。环境生态因子指对于一定的生物个体或群落，影响其生长、发育、生殖和分布等生存和发展的直接或间接环境要素，如食物、温度、氧气等，它们是生物个体或群落不可或缺的条件。生态环境，是各种生态因子的综合，是影响特定生物个体或群落的各种环境因子的综合。一般来说，生态环境分为内部环境和外部环境。其中，前者是指生物个体或群落内部的，影响自身生存与发展的环境因素的总和；后者是指生物个体或群落之外的，所有与其生存与发展相关环境因素的总和。

本节借鉴生态学中对环境生态因子及生态环境的分析逻辑与框架，在前文分析企业个体和产业群落两化融合机理的基础上，分析区域系统层面两化融合的外部影响因子，以及在外部环境影响下的两化融合机理，并运用系统仿真模拟外部环境下产业群落两化融合演进过程。对于两化融合生态系统来说，其外部环境因子主要是指影响企业个体和产业群落两化融合发展的各种直接或间接影响因子，具体包括政策环境、技术市场、人力资本、信息安全等。这些外部因子之间具有密切的相互关系，共同组成两化融合生态系统的外部环境，不断影响着企业个体和产业群落两化融合的演进与发展。

**1. 政策环境因子**

政策环境因子主要是指我国政府为两化融合发展提供的政策及制度环境。自2002年党的十六大提出"以信息化带动工业化，以工业化促进信息化"，多年来我国政府致力于推进两化融合发展，颁布了一系列推进两化融合发展的政策与规划，成立了专门负责推进两化融合的部门与组织，使政府成为推进两化融合的重要催化剂。另外，多个地区也积极响应中央号召，陆续颁布结合自身发展实际的两化融合发展规划，在此不再一一列示。相关政策的制定与颁布，一方面，为两化融合指明发展方向，如提出重点发展行业、典型示范企业，制定具体的发展政策等，直接推进两化融合进程；另一方面，进一步优化两化融合的发展环境，并辅之以资金、技术支持，间接地促进两化融合水平的提升。

**2. 技术市场因子**

两化融合推进过程中，关键步骤之一是信息技术与制造技术的融合，只有实现技术层面的融合，才能进一步实现产品、产业层面的融合。信息技术与制造技术能够发生融合的前提，是该地区拥有较好的技术市场，以保证信息技术与制造技术进行自由、有效的流通，进而为进一步的融合奠定基础。当前，快速发展的信息技术，如物联网、大数据、云制造等，已经开始与传统的制造技术进行融合，对生产流程进行改造升级提升制造效率。随着我国积极推行信息化建设，信息化基础设施进一步完备，各信息化相关技术初步形成了交易市场，也使其应用水平得到不断提高，对两化融合绩效提升的作用进一步凸显。但由于我国各地区的经济社会发展水平不同，其信息技术的市场化程度也存在较大的差异，部分信息技术市场滞后地区的两化融合水平提升受到了较明显的制约。

**3. 人力资本因子**

人力资本因素对于我国两化融合的实现同样非常重要。两化融合对先进信息技术和制造技术有着较高的要求，需要高层次、高素质的人才引领其发展。从社会层面来讲，相关劳动力素质的提高，能够提升公众对两化融合相关企业的信息，进而有更多的劳动力愿意投入两化融合相关产业，进而提供更为充足的人力资源；教育水平的提高有利于居民更好地认可两化融合战略，乐于接受两化融合带来的新技术、新产品，能够为两化融合发展提供更加广阔的需求市场。

在企业层面，人力资本对于信息技术与制造企业的有效融合，能够有效提升企业的生产效率，改进生产流程。对于制造企业来说，随着人力资本的不断累积与发展，能够掌握先进的制造技术，并将之与信息技术相关融合，实现跨越式发展；能够及时把握制造业的发展动态和趋势，为企业发展决策和战略选择提供有力的智力支撑。对于信息业企业来说，其自身知识密集型的特点决定了技术因素对企业发展的决定性作用，因而较好的人力资本能够有效帮助信息企业实现技术创新，掌握自主核心技术，形成较强的企业核心竞争力，保证企业的长远发展。

**4. 信息安全因子**

目前，随着信息技术的快速发展，其在制造领域的应用范围不断扩展，应用程度逐步深化，但也暴露出一定的问题，其中，信息安全是一个重要的方面。信息安全是指构成信息系统的所有数据、软件和硬件能够得到有效保护，不会因偶然或恶意因素而遭到破坏、泄露和更改，整个信息系统能够有效、正常运行，相关指令能够有效传达，生产活动能够顺利进行。对于两化融合生态系统来说，如果不能保证信息系统的隐私性、可靠性及稳定性，制造企业等企业无法保证自身的核心技术信息，那么必然将降低制造企业运用信息技术的积极性。

### 3.5.2　两化融合生态系统与外部环境协同演化模型

两化融合生态系统是开放的、复杂的生态系统，其内部的企业个体、产业群落均与外界环境之间相互作用。不断变化的外部环境提升企业个体和产业群落的自身适应能力，同时将自身的适应性变化反馈和影响外部环境，形成协同共生、共同发展的态势。作为复杂的生态系统，两化融合具有以下两个显著特点。

第一，两化融合生态系统内的企业个体具有自组织性和主动适应性。两化融合生态中的产业集群内部的企业个体具有自组织性和适应性，它们能够对外部环境进行适应性的调整和变化，实现企业个体的变革以及种群规模的调节，具备两化融合生态系统与外部环境协同演化的微观基础。

第二，两化融合生态系统内的企业个体、产业群落能够与环境发生相互作用。随着外部环境的不断变化，两化融合生态系统内的企业个体、产业群落也处于不断发展、变化之中，通过物质、能量和信息等要素的流入与流出，实现与外部环境的有效互动，如图 3-32 所示。

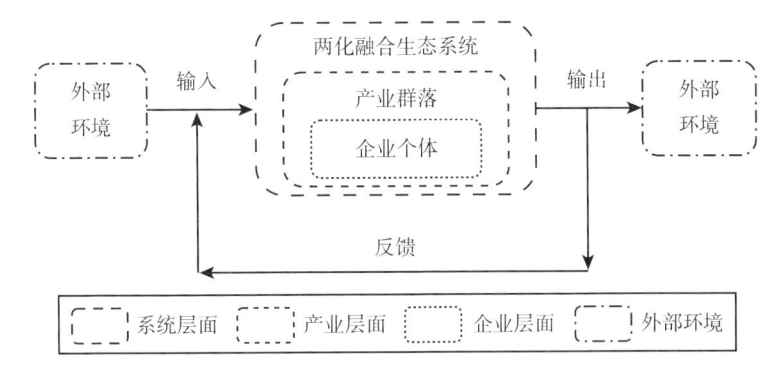

图 3-32 产业集群与外部环境的相互作用示意

资料来源：作者整理绘制。

两化融合生态系统与外部环境的相互作用过程，就是生态系统内的企业个体和产业群落与外部环境进行物质、能量和信息等要素交换的过程。企业个体、产业群落从外部环境中摄取所需的物质、能量和信息，以满足自身生存和发展的需要，实现自身的进化与发展；同时，企业个体、产业群落在经过自身的使用之后，输出一定的物质、能量和信息到外部环境，实现外部环境的改善与进化。当两者达到长期稳定状态时，两化融合生态系统与外部环境系统进入更高层次的大系统稳定状态。因此，两化融合生态系统内的企业个体与产业群落，与外部环境发生物质、能量和信息交换，使两化融合生态系统的结构和功能得到不断发展与升级，产业群落规模得到扩大，保持良好的发展、演化态势。

本书基于以上的理论分析，结合沃博达、勒温（Volberda, Lewin, 2003）提出的协同演化动力学模型，构建两化融合生态系统与外部环境的协同演化模型，如图 3-33 所示。在外部环境的影响下，两化融合生态系统内的企业个体会发生进化，进而引起产业群落的发展与进化，最终导致整个两化融合生态系统的进化；与此同时，两化融合生态系统的不断进化，对外部环境产生一定影响，对外部环境给予反馈，形成整个生态系统的协同演化与进化。可见，在这个模型中，企业个体、产业群落和两化融合生态系统，既不是被动地接受外部环境的变化，也无法完全主动地选择外部环境，而是在与外部环境不断影响、互动、作用的过程中，逐步实现协同而达到动态的演化、进化过程。外部环境具有极大的不确定性，有的外部环境变化能够促进两化融合生态系统的进化，但也有的变化会恶化两化融合生态系统，使其发展出现倒退。据此，下一节分有利环境因素和不利环境因素，对两化融合生态系统的演进过程进行仿真研究。

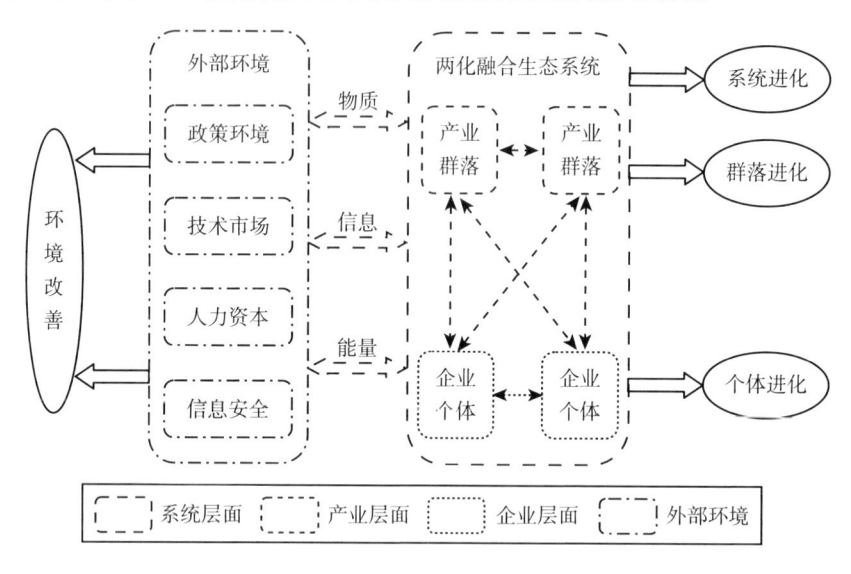

图 3-33　两化融合生态系统与外部环境协同演化模型

资料来源：作者整理绘制。

### 3.5.3　两化融合系统与外部环境协同演化仿真分析

在对两化融合外部环境变化对生态系统协同演进进行仿真时，本部分仍然借鉴蒂尔曼（1994）的集合种群模型，但与分析跨界式产业群落两化融合机理时的模型有所不同。在此通过改变产业群落占两化融合生态系统资源总量的比例，与系统内最强产业群落对资源的占有率之间的关系，模拟出外部环境变化时系统内产业群落的演进过程，模型的基本公式仍为：

$$dp_i/dt = c_i p_i (1 - D - \sum_{j=1}^{i} p_j) - m_i p_i - \sum_{j=1}^{i-1} p_i c_j p_j \qquad i = 1,2,\cdots,n \tag{3.45}$$

其中，各字母代表的含义与式（3.41）一致，在此不做赘述。当外部环境变化时，各产业群落的协同演化状态随之变化，但各自变化趋势却不同，这主要取决于外部环境对各产业群落影响程度的差异。对于具体产业来说，一定的外部环境对其是否有利，取决于外部环境变化引起的原来产业群落资源变化量占资源总量的比率（$D$）与各产业群落对资源的占有率（$p_i$）

之间的大小关系。

假设产业群落数量 $n=3$，假设制造产业群落 $p_1$ 的规模和资源占有率最大，信息产业群落 $p_2$ 的规模和资源占有率居中，新产业群落 $p_3$ 的规模和资源占有率最小；各产业群落的资源占有比率按几何级分布。对于各产业群落来说，不同外部环境对其是否有利如表 3-3 所示。在此，分别对第1、2、3、5、7 五种情况进行讨论，第 4 种与第 6 种情况与第 2 种类似，限于篇幅，在此不一一列示。

表 3-3　　　　不同外部环境对各产业群落发展影响示意

| 序号 | 条件 | 对三个产业群落发展的影响（$p_1 > p_2 > p_3$） |||
|---|---|---|---|---|
| | | 制造产业群落 $p_1$ | 信息产业群落 $p_2$ | 新产业群落 $p_3$ |
| 1 | $D > p_1 > p_2 > p_3$ | 不利 | 不利 | 不利 |
| 2 | $p_1 = D > p_2 > p_3$ | 中性 | 不利 | 不利 |
| 3 | $p_1 > D > p_2 > p_3$ | 有利 | 不利 | 不利 |
| 4 | $p_1 > p_2 = D > p_3$ | 有利 | 中性 | 不利 |
| 5 | $p_1 > p_2 > D > p_3$ | 有利 | 有利 | 不利 |
| 6 | $p_1 > p_2 > p_3 = D$ | 有利 | 有利 | 中性 |
| 7 | $p_1 > p_2 > p_3 > D$ | 有利 | 有利 | 有利 |

资料来源：作者整理列示。

**1. $D > p_1 > p_2 > p_3$ 条件下产业群落演进仿真分析**

在 $D > p_1 > p_2 > p_3$ 的条件下，外部环境极端恶化，导致资源的减少量比最强种群的资源占有量还要高，对三个产业群落的生存和发展都产生不利的影响，其演化过程如图 3-34 的仿真结果（1）所示。可见，外部环境的不利因素，使两化融合生态系统内三个产业群落生存和发展的资源不断减少，使三个产业群落同时出现资源占有率的下滑，以及产业群落规模的缩小。与此同时，三个产业群落之间的竞争激烈程度进一步加剧，各产业群落更加激烈地争夺既有资源。最终，整个生态系统会重新归于稳定，但各产业群落的规模都明显下滑。

**2. $p_1 = D > p_2 > p_3$ 条件下产业群落演进仿真分析**

在 $p_1 = D > p_2 > p_3$ 的条件下，外部环境较为恶劣，导致资源的减少量

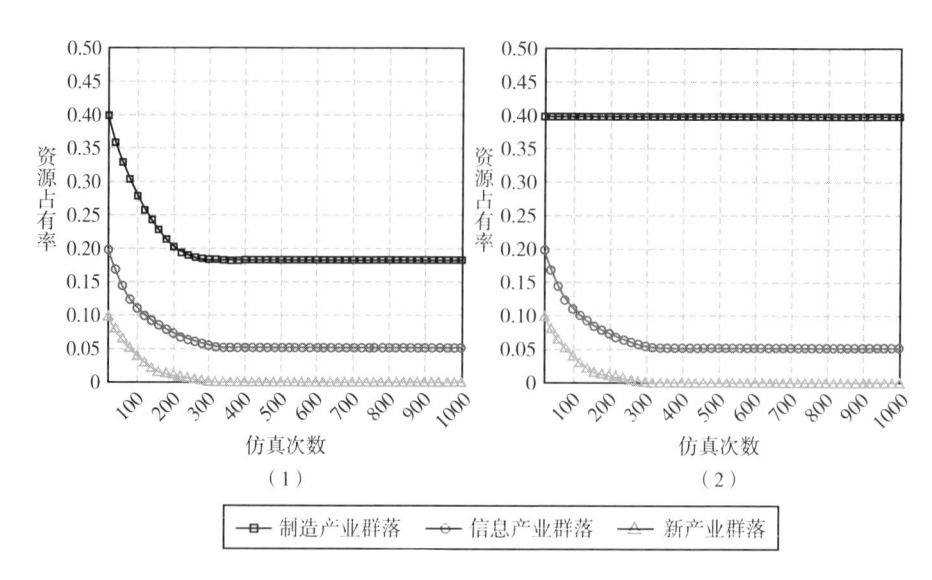

图 3-34 外部环境与多产业群落协同演化仿真结果（1~2）

资料来源：作者整理绘制。

与最强种群（制造产业群落）的资源占有量相同，这导致两化融合生态系统内各产业群落受到不同影响，如图 3-34 的仿真结果（2）所示。可见，由于外部环境恶化导致资源的减少量与制造产业群落资源占有量相同，制造产业群落的资源占有率及群落规模基本不受影响，但将资源减少的不良影响转嫁到其他较弱的产业群落上，即信息产业群落和工业电子产业群落，使两个群落资源占有率逐步下降，产业群落规模不断缩小，甚至会逐步走向灭亡。

**3. $p_1 > D > p_2 > p_3$ 条件下产业群落演进仿真分析**

在 $p_1 > D > p_2 > p_3$ 的条件下，外部环境恶化导致资源的减少量比最强种群的资源占有量要低，但比其他两个产业群落要高，各产业群落的演化过程如图 3-35 的仿真结果（3）所示。可见，当环境变化引起资源数量减少但比制造产业群落资源占有量要小时，制造产业群落能够发挥自身的竞争优势，较好地规避外部环境恶化带来的影响；但对于信息产业群落和工业电子产业群落，其自身规模较小，资源占有率不及环境变化引起的资源减少量，因而会受到影响而出现资源占有率下降，产业群落规模随之下降。与此同时，制造产业规模由于基本没有受到环境变化的不利影响，自身竞争力依然较高，同时强化对信息产业群落和工业电子产业群落的进一步竞争，自身的资源占有率、群落规模反而得到提升。最终，工业电子产业群落由于受到外部环境和其他产业群落的竞争，逐步趋于灭亡；制造产业群落和信息产业群落逐步平衡，达到系统的长期稳定状态。

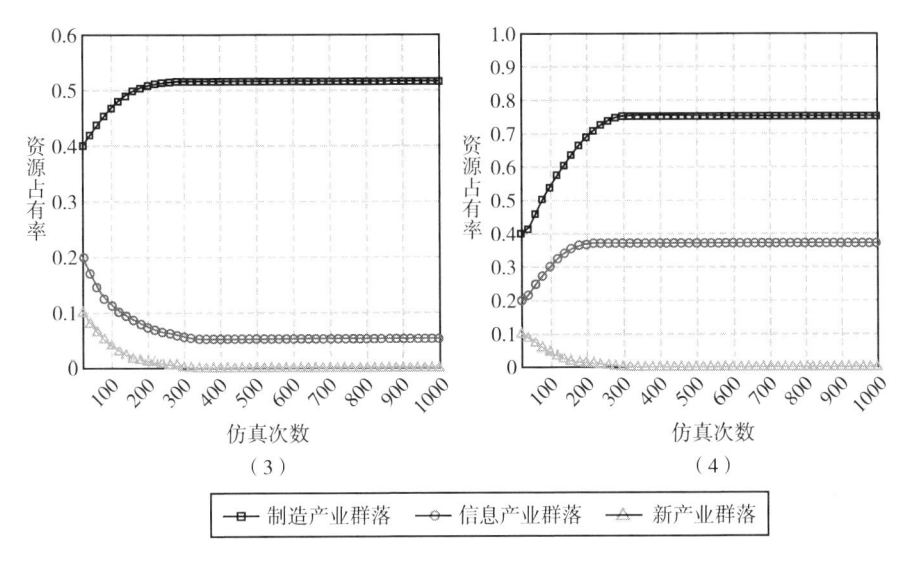

图 3-35 外部环境与多产业群落协同演化仿真结果（3~4）

资料来源：作者整理绘制。

### 4. $p_1 > p_2 > D > p_3$ 条件下产业群落演进仿真分析

在 $p_1 > p_2 > D > p_3$ 的条件下，外部环境恶化导致资源的减少量比最强及次强种群的资源占有量都要低，但比最弱产业群落要高，各产业群落的演化过程如图 3-35 的仿真结果（4）所示。可见，当环境变化引起资源数量减少比制造产业群落、信息产业群落的资源占有量都小时，制造产业群落、信息产业群落基于自身的群落规模和竞争优势，较好地规避外部环境恶化带来的影响；提高对两化融合生态系统内其他产业群落的竞争力度，争夺到更多的资源，产业群落的资源占有率出现一定幅度的提升而最终达到稳定状态。对于竞争力最弱的工业电子产业群落，不仅面临外部环境变化引起的资源数量下降，还面临其他产业群落竞争而导致的资源数量减少，并逐步趋于灭亡。最终，整个两化融合生态系统将是制造产业群落与信息产业群落共存而达到稳定。

## 5. $p_1 > p_2 > p_3 > D$ 条件下产业群落演进仿真分析

在 $p_1 > p_2 > D > p_3$ 的条件下，外部环境变化导致资源的减少量比最弱产业种群的资源占有量还低，各产业群落的演化过程如图 3-36 所示。可见，当整个两化融合生态系统的外部环境明显改善，以至于对于市场份额最小、竞争力最弱的产业群落来说，同样能够得益于外部环境的改善而获得自身规模的增长与市场份额的提升。但由于各产业群落的竞争力不同，各产业群落通过两化融合实现自身规模提升的速度和程度也有所差异。从仿真结果来看，规模较大、市场竞争力较强的产业群落会获得更快、更大幅度的提升，如制造产业群落的规模提升速度和幅度要大于信息产业群落，而信息产业群落又大于新产业（如工业电子）群落。总体来看，各产业群落均获得提升与发展，最终实现长期稳定的共存与发展。

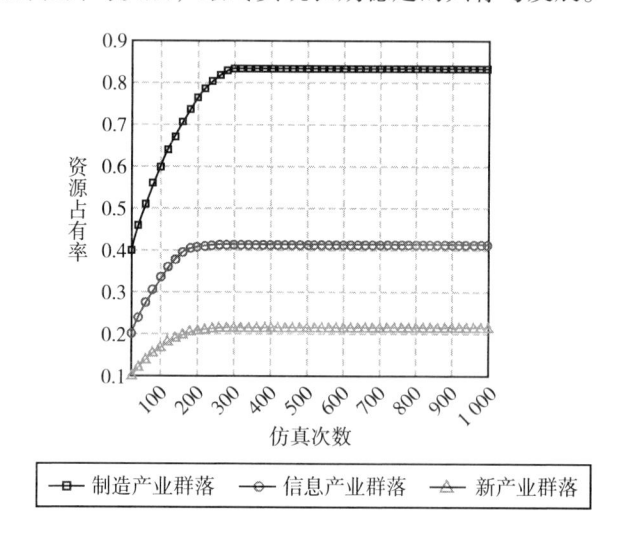

**图 3-36 外部环境与多产业群落协同演化仿真结果（5）**
资料来源：作者整理绘制。

## 3.6 本章小结

本章主要从组织生态理论的视角出发，从企业个体、产业群落和生态系统三个层面，构建了信息化与工业化融合的机理理论体系。从整体层面来说，两化融合系统具有生态系统的特性，其系统中的企业个体、产业群落不断相互影响和作用，同时与外部环境进行互动，不断改变自身结构和行为方式，适应内部与外部环境的变化，进而实现企业个体的协同发展和良性进化，推进产业群落的发展与进化，最终实现整个两化融合系统的共同进化。

从企业个体层面来看，两化融合生态系统内的企业个体之间通过供应链、竞争、生型等方式，发生相互作用和影响，协调运用既有的公共资源，共同应对外部环境的变化。通过对各融合机理模型的仿真分析，发现企业个体的规模（营业额）、发展速度（自然成长率）、相互竞争程度（竞争系数）、相互合作程度（合作系数）对企业个体的融合发展有着显著影响。

从产业群落层面来看，制造产业群落、信息产业群落，一方面发生升级式两化融合，即因自身发展水平的提升而推进两化融合；另一方面发生跨界式两化融合，即衍化产生新的产业群落，如电子工业产业群落等，共同发展达到新的系统平衡而推进两化融合。通过对两个融合机理的仿真分析，发现产业群落的规模（企业个体数量）、发展速度（自然增长率）、竞争效应、协同效应等因素，对产业群落的融合效果有显著影响。

从生态系统层面来看，两化融合生态系统与外部环境，包括政策环境、技术市场、人力资本、信息安全等，发生相互影响和作用，进而将会提升企业个体、产业群落对外部环境的适应能力，同时将自身的适应性变化反馈给外部环境，形成协同共生、共同发展的系统融合态势。通过对不同外部环境的仿真分析，得出产业群落自身竞争力较大时，能够更好地适应外部环境的变化，不断提升自身的发展能力，推进两化融合生态系统整体的发展。

# 第 4 章

# 我国信息化与工业化融合的历史演进及推进现状

两化融合是一项典型的系统性工程,需要企业个体、产业群落和生态系统的相互作用和共同影响,才能真正实现信息化与工业化的有效融合。我国两化融合提出已经十余年,在企业个体、产业群落和生态系统等层面进行了积极的探索和推进,并根据现实发展情况和需求进行了有效调整,取得了较为显著的成效。本章梳理我国两化融合的历史演进历程,结合实践情况分析内在推进层次及逻辑,明确在企业个体、产业群落和区域系统三个层面的推进现状及制约因素,为下文进行绩效测度和机制设计奠定基础。

## 4.1 我国两化融合演进历程及推进逻辑

根据第 3 章融合机理分析可知,两化融合的推进与演化是企业个体、产业群落和生态系统多个层面共同发展和作用的过程。我国信息化与工业化的融合发展是逐步推进、循序渐进的系统性发展过程,既经历时间维度的不断演进,也推进实施层面的逐步升级;通过将时间维度的不断演进落实在各实施层面,并结合实施层面的有效反馈与调整,全面推进两化融合进程。

### 4.1.1 我国两化融合的历史演进阶段

自 2002 年党的十六大报告提出"以信息化带动工业化,以工业化促进信息化"以来,我国两化融合战略已推进十余年。为了更好地研究两化融合的发展历程,本节梳理了我国政府推进两化融合的具体演进过程。总体来说,从政府政策演进角度来看,我国两化融合战略发展经历了四个阶段,即前期建设阶段、战略提升阶段、试点发展阶段和全面深化阶段。

**1. 第一阶段:前期建设阶段(1993~2001年)**

在该阶段,我国尚未正式提出两化融合,但政府非常重视信息化建设。在此期间,通过"三金工程""九五规划"等,先后成立了国家信息产业部、国家信息化工作领导小组和国家信息化专家咨询委员会,全力推进信息化的基础设施建设,并在党的十五届五中全会把信息化建设列为国家战略。通过这个阶段的努力,我国基本实现了个人计算机、网络、移动电话的普及,为之后两化融合战略的推进奠定了良好的信息化基础。

**2. 第二阶段:战略提升阶段(2002~2007年)**

在该阶段,我国正式提出两化融合战略,并提升为国家发展战略,将其作为我国长期发展的重要方向之一。从党的十六大提出"以信息化带动工业化,以工业化促进信息化,走新型工业化道路",到党的十七大提出"大力推进信息化与工业化融合,促进工业由大变强"的战略部署,两化融合作为我国国家发展战略的地位得以确认。

期间,我国进一步推进了信息化建设,提出电子政务工程,确定了"以重点大型企业信息化应用为龙头,带动制造企业的电子商务发展"的思路。总体来看,该阶段我国政府更侧重依靠信息化对工业化的带动作用来推进两化融合战略,以"大企业"率先应用信息技术,带动"小企业"信息化进程,鼓励从企业层面逐步向产业层面、政府层面推广,逐步推进两化融合进程。

**3. 第三阶段:试点发展阶段(2008~2011年)**

在该阶段,我国政府进一步通过试点发展的方式,在全国范围的相关企业、地区率先深化两化融合,带动全国两化融合整体水平的提升。

具体来看，在十一届全国人民代表大会成立"工业和信息化部"，以此作为全力推进两化融合的根据地，各地政府也建立工业和信息化相关部门。工业与信息化部分三步推行两化融合的试点工作：第一，在全国批准了60家两化融合促进节能减排示范企业，贯彻实施"以重点大型企业信息化应用为龙头，带动制造企业的电子商务发展"的政策方针；第二，在2009年批准8个首批国家级两化融合试验区，分别是南京市、上海市、重庆市、内蒙古呼包鄂地区、珠三角地区、广州市、青岛市、唐山暨曹妃甸地区，率先深化推进两化融合，先行试点，积累相关经验；第三，在2011年进一步批准第二批国家级两化融合试验区，分别是沈阳市、西安－咸阳地区、兰州市、郑州市、合肥市、长株潭城市群、昆明市、广西柳桂地区，在总结首批试验区经验基础上，进一步拓广试点范围，扩大影响力度和范围。

在试点深化的带动下，各地开始进行两化融合实践探索，出台多项两化融合推进政策方针，构建多种形式的两化融合服务平台。例如，沈阳市成立"两化融合企业联盟"，便于联合、分享区内企业的相关资源；河南省开展由互联网、电信网、广电网组成的"三网融合"工程等。在该阶段，我国初步实现了在典型企业、重点区域的两化融合深化推进目标，形成了各具特色的两化融合推进机制，并取得了较为显著的成效，为在全国范围内推广、深化两化融合奠定了良好的基础。

### 4. 第四阶段：全面深化阶段（2012年至今）

在该阶段，我国政府进一步深化推进两化融合战略：第一，验收前期多个两化融合试点工作，总结试点经验，为在全国推进两化融合提供借鉴与指导；第二，进一步深化两化融合战略，拓展、演变出相关发展战略，如"互联网＋"战略、"中国制造2025"等，多角度、全方位深化两化融合战略。

在总结前期两化融合试点工作方面，2013年5月工业与信息化部推进司对全国16个两化融合试验区进行首次验收，各地积极探索并取得显著成效。首先，钢铁、石化、电子、航空等行业中，诸多企业初步实现关键业务的综合集成应用，在产销一体化、管控衔接、基础业务集成等方面达到国际领先水平；装备、汽车、家电、纺织、船舶、有色等行业中，部分骨干企业在研发、生产、管理等环节开始应用信息集成系统。其次，在工业软件、电子装备、集成系统等领域，涌现出一批重大技术突破，充分发挥科学技术的支撑作用，显著推进制造方式革新与升级。再其次，制造企业信息化服务体系得到不断完善，截至2012年已有45个城市设立信息化管理服务中心，信息化辅导站已覆盖所有地级市。最后，我国电子商务得到快速发展，2013年全国电子商务交易额超过10万亿元，电子商务也成为工业企业购销的重要渠道之一。

在进一步深化两化融合工作方面，2013年9月工业与信息化部、科学技术部、财政部、商务部和国有资产监督管理委员会联合印发《关于加快推进信息化与工业化深度融合的若干意见》，提出"信息化与工业化深度融合"，要求创新发展、绿色发展、智能发展和协调发展，以信息化创新研发设计手段促进自主创新能力提升，以加快生产装备智能化和生产过程自动化建立现代生产体系，以加快企业管理信息系统的综合集成建立现代经营管理体系，以信息化推动绿色发展提高资源利用和安全生产水平，提升信息产业支撑两化深度融合的能力。2015年以来，随着国际信息化的不断推进以及国际制造业格局的不断演变，我国也相继提出了"互联网+"战略、"中国制造2025"等国家战略。这些战略一方面是对两化融合战略的深化和延伸，是两化融合战略中关键部分的强化与深化；另一方面，这些战略的实现又要依靠两化融合战略，以两化融合作为突破口才能实现。可见，目前我国已经形成了以两化融合作为基础和根本，全面推进"互联网+"、智能制造等多项战略的全面深化发展阶段。

### 4.1.2 我国两化融合各推进阶段演进分析

**1. 战略提升阶段演进分析**

步入21世纪，全球信息化发展更加迅猛，信息技术日益成为各国经济发展的主要驱动力。在党的十六大提出两化融合后，中国政府希望借力前期信息化建设成果，依靠信息化与工业化的协调推进，实现自身经济的快速发展。在该阶段，中国推进两化融合主要体现在以下方面（见图4-1）。

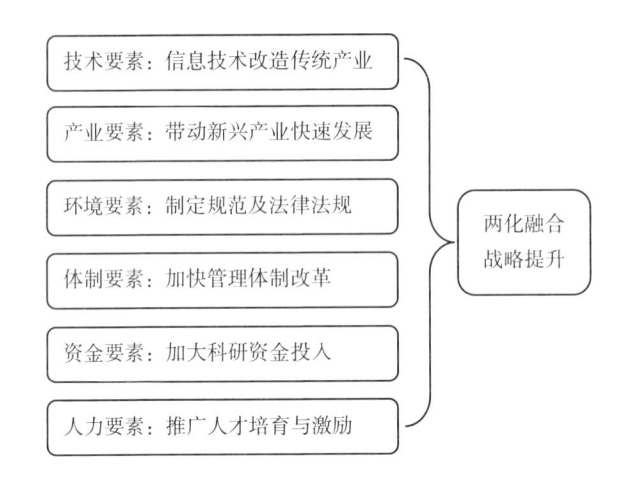

```
技术要素：信息技术改造传统产业
产业要素：带动新兴产业快速发展
环境要素：制定规范及法律法规         →  两化融合战略提升
体制要素：加快管理体制改革
资金要素：加大科研资金投入
人力要素：推广人才培育与激励
```

图4-1　党的十六大期间两化融合演进示意

资料来源：作者整理绘制。

（1）运用信息技术对传统产业进行改造升级。

在该阶段，信息技术集中于计算机辅助设计（CAD）、计算机辅助制造（CAM）、计算机辅助工程（CAE）等，运用这些计算机辅助系统对传统制造业进行改造。在传统产业中，尤其是装备制造业，亟待进行转型升级：以数控机床、重要基件为重点，依托重点技术和重大项目，增强自主研发能力，为其他行业提供成套技术装备，全力推进中国机电一体化水平。加入世界贸易组织后，中国装备制造业面临更大的挑战和机遇，着眼于国际和国内两个市场，依靠信息技术改造以实现进一步发展。通过大力推广，截至2007年，中国30多个省（区、市）、10多个行业已经较为广泛地应用CAD技术，尤其是在工程设计单位，其普及率已经超过80%，帮助企业顺利摆脱了图版设计的限制，不仅显著提升了设计产品的品质和价值，而且使企业经营手段进一步丰富，应对市场变化的能力进一步增强。从长远来看，该阶段信息技术的应用与推广，有利于实现工业生产的高加工度、高附加值和自动化，有利于节能降耗、节约成本，减少环境污染，提高经济效益和生态效益；最终使传统产业结构优化、技术升级、管理改善，提高工业的整体素质和国际竞争力，使信息化与工业化融为一体，互相促进，共同发展。

（2）加快两化融合带动新兴产业的发展。

在该阶段，通过两化融合带动新兴产业发展主要体现在电子信息产业和电子商务的发展上。在电子信息产业方面，一方面，积极推进信息产业面向市场需求开发各种信息产品,不断培育新的经济增长点,促进信息产业的快速发展,优化中国整体的产业结构;另一方面,该阶段中国政府还有效推进了信息中介服务产业,尤其以电子政务为代表,提高全体人民的文化素质,加快推进社会发展和生活水平提升;另外,该阶段还建立了多个中小企业电子商务服务平台,为中小企业提供数据库建设、信息技术咨询及培训、数据网络维护等服务,在服务其他产业的同时,自身的发展水平也得到了较为显著的提升。在电子商务方面,该阶段进行了积极推进,如建立了针对居民需求的农产品配送中心,基于邮政网络,建立起覆盖全国范围的物流配送体系;不断扩大电子商务业务范围,初步渗入制造业销售领域,增强制造业的竞争力;依靠电子商务推进其他新兴服务业,优化产业结构,进一步扩大经济增长点范围。

(3) 制定国家信息化发展规范和法律法规。

由于该阶段尚处于信息化发展的初级阶段,中国的诸多信息化测度方法和规范还没有完全形成,因此,政府制定了国家信息化测度方法与认证的规范和标准,尤其在电信技术体制和广播电视技术体制方面进行了积极的探索;积极促进电信和广电运营商、电子产品制造商及系统集成商等参与者的协作与联合;加强条码和代码等信息标准化基础工作,为之后的二维码等技术的全面推广奠定了良好基础;鼓励发展具有自主知识产权的信息系统,全面增强国家信息化的可持续发展能力。另外,该阶段中国积极推进了信息化的立法进程,针对电信、广播电视、互联网、软件、信息安全等方面,进行了相关研究并提出相关法律及实施措施,尤其是完善了电子商务安全交易、网上知识产权、公共信息资源管理、数据保护等方面的法律法规,预防和严厉打击计算机犯罪和网络犯罪。因此,通过对信息化的发展规范和法律法规的制定与完善,较为显著地提升了中国信息化水平,为两化融合的进一步推进奠定了良好基础。

(4) 不断加大对两化融合科研的资金投入。

两化融合的推进与发展需要较高的投入,是典型的高风险投资,尤其是在发展初期阶段。为了有效鼓励两化融合发展,国家明显加大了对工业化、信息化发展的资金支持力度:建立国家信息产业风险投资基金,保障信息产业能够得到足够的资金支持,推动核心技术不断突破;积极引导制造企业应用信息技术,并加大自身对相关技术研发的投入,要求企业以自身的技术创新作为发展的核心;支持两化融合相关企业与科研院所、高等学校进行广泛合作，依靠外部智力推进企业研发的提升；积极运用社会资金进行信息化基础建设，探索网络运营和信息服务发展的新模式。通过资金方面的大力支持，中国信息化、工业化的快速发展得到进一步巩固，并呈现出了更好的融合趋势，双方对另外一方的需求不断提升。

另外，在这一阶段，我国一方面加大了对两化融合人才的培养力度；另一方面通过建立健全相关激励机制，培养和引进了大量两化融合方面的人才，有力促进了这一时期两化融合的发展。

### 2. 试点发展阶段演进分析

党的十七大报告提出了全面认识工业化、信息化、城镇化、市场化、国际化深入发展的新形势新任务，大力推进信息化与工业化融合，促进工业由大变强。党的十七大之后，中国大力推进两化融合发展步伐，有效地提升了两化融合水平。具体来看，该阶段的演进如图4-2所示。

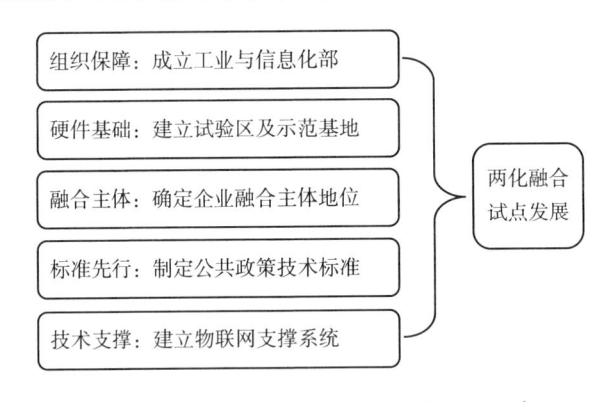

图4-2 党的十七大期间两化融合演进示意

资料来源：作者整理绘制。

（1）成立工业与信息化部专门负责推进两化融合。

工业和信息化部于2008年3月成立，是国务院直属部门，其基本职责为：拟订并组织实施工业行业规划、产业政策和标准，监测工业行业日常运行，推动重大技术装备发展和自主创新，管理通信业，指导推进信息化建设，统筹推进国家信息化工作，组织制定相关政策并协调信息化建设中的重大问题，协调维护国家信息安全。在贯彻落实党的十七大两化融合战略决策中，工业与信息化部对工业领域两化融合进行了有益的探索，取得了一定成果。初步明确了两化融合的进一步切入点，先后推动了企业技改造及信息技术深化应用,在钢铁、化肥、造纸、棉纺织、肉制品加工、重型矿山、轿车等七个行业开展企业两化融合发展水平评估评价,确定一批国家新型工业化产业示范基地及国家级两化融合试验区。信息化与研发设计融合,成为产品创新能力的重要手段;信息化与工业装备、生产过程相融合,促进了工业的精益化生产;信息化与企业经营管理融合,成为企业核心竞争力的重要组成部分;电子商务与采购和营销体系创新融合,提高了市场的响应速度和服务水平;基于信息技术的生产性服务业快速发展,正在重构价值链体系;信息化与区域内支柱产业、优势产业和新兴产业相融合,有效提升了区域内工业的发展质量。

(2) 进一步确定企业作为两化融合主体的地位。

党的十七大以来,中国在推进两化融合的过程中,进一步强调了企业作为两化融合主体的地位和作用。不论是技术、产品的融合,还是生产流程、管理、销售等环节的融合,两化融合都离不开企业,制造企业和信息产业企业才是两化融合的真正主体。中国政府在两化融合战略推进中的作用以引导、拉动为主,目的是能够有效地为企业推进两化融合提供良好的环境与基础,两化融合的真正实现仍然由企业体现;进一步强调市场机制的决定性作用,指出政府在两化融合发展过程中的根本是做好服务工作,使两化融合的发展更加切合社会、经济发展的实际需求,使企业进行两化融合的效益能够落到实处,能够切实给企业带来好处,激发企业自身推进两化融合的积极性。

(3) 依靠物联网系统提高两化融合水平。

在党的十七大期间,物联网技术得到了极大的重视,并得到了快速发展。中国政府积极鼓励制造业运用物联网相关技术,采用智能化的管理理念,构建高效、扁平、负责的政府决策体系,进而有效推进两化融合进程。具体来说,利用物联网技术的相关智能功能,使企业能够实现全面感知、高速可靠传输和智能处理,避免了信息孤岛、采集误差大、受人为干扰、不能互连互通等问题。具体来看,全面感知主要运用的技术包括二维码、GPS、摄像头、射频识别、传感器等信息技术和手段,帮助企业对整个生产过程的信息进行采集和获取,实现对整个过程的连续感知;高速可靠传输是指企业通过各种通信网络,实现自身网络与互联网的有效衔接和融合,把自身生产产品的相关信息接入网络,进而实现实时、可靠的信息交互和共享;智能处理则是指企业利用云计算、普适计算、网格计算等智能计算技术，能够实现对跨地域、跨行业、跨部门的海量数据和信息，进行快速、精确的智能化分析和处理，进而能够对产品生产、营销、服务等环节，甚至对经济社会对产品需求的变化进行智能化决策，帮助企业既能对自身生产进行有效管理，又能较好地把握和预测与产品相关的社会、经济信息，实现科学、综合的决策。

另外，这一时期，我国还依托试验区及示范基地统筹推进两化融合，并取得了明显成效；同时，通过制订实施两化融合的公共政策及技术标准，有效规范和推进了两化融合进程。

### 3. 全面深化阶段演进分析

在新的历史时期，中国政府在推进两化融合工作方面，不论是在政策环境的营造方面，还是在引导、推动和支持等方面，都发挥了不可替代的重要作用，有效指导和拉动了两化融合的发展。该阶段具体的推进路径如图4-3所示。

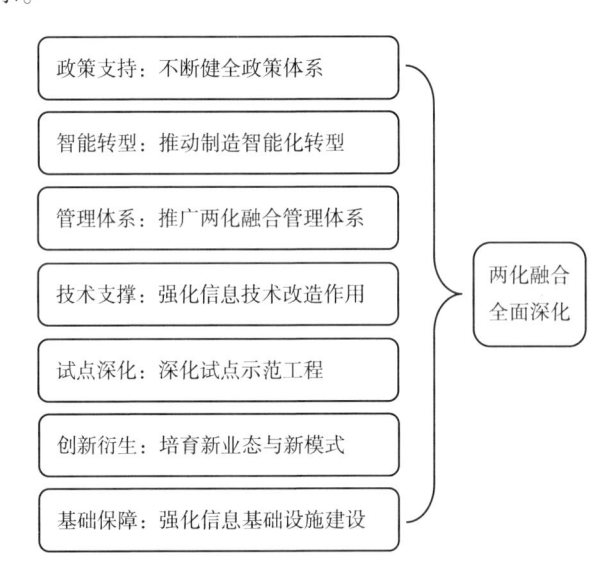

```
政策支持：不断健全政策体系 ┐
智能转型：推动制造智能化转型 │
管理体系：推广两化融合管理体系 │ 两化融合
技术支撑：强化信息技术改造作用 ├ 全面深化
试点深化：深化试点示范工程 │
创新衍生：培育新业态与新模式 │
基础保障：强化信息基础设施建设 ┘
```

图4-3 党的十八大期间两化融合演进示意

资料来源：作者整理绘制。

（1）依靠重大工程推动制造业智能化转型。

为了有效推进中国制造业向价值链高端跃升，中国政府在部分制造业开展了智能化转型的重大工程推进计划，集中推进制造产品的优化升级。

例如，高档数控机床重大专项、智能制造装备专项、"数控一代"装备创新工程行动计划、物联网发展专项等诸多制造业智能化发展等重大专项，积极将新一代的先进通信技术与重大装备制造进行融合，部分制造产品的技术含量得到了显著提升，制造方式的智能化水平显著提升。在重大工程的积极推动下，中国的重大装备自主创新能力不断提升，部分重大装备制造达到了世界一流水平，成功打破了发达国家的垄断市场，如智能化煤炭综采成套装备、千万吨级炼油控制系统、大型枢纽机场行李分拣系统等。

（2）进一步强化以信息技术改造提升传统产业。

党的十八大以来，随着两化深度融合的不断推进，中国进一步强化以信息技术改造传统产业，呈现出了多业务综合、产业链协同、全流程再造的发展趋势，重点支持制造业研发设计、生产装备、流程管理、物流配送等环节，帮助制造企业向柔性化、智能化、数字化、网络化方向转变。分行业来看，航空航天、机械、船舶、汽车、轨道交通装备等行业，其数字化设计工具的普及率已经超过85%，基本实现了数字化设计；钢铁、石化、有色、煤炭、纺织、医药等行业，其关键工艺流程数控化率超过65%，实现了企业大多数工艺流程的数字化控制与管理，且其企业资源计划（ERP）装备率也超过70%，大幅度地提高了制造企业的精准制造、极端制造、敏捷制造能力。

（3）深化试点示范工程引领生产方式持续变革。

党的十七大之后，中国重点推进了两化融合的实验区发展，分两批推进了国内16个地区的两化融合步伐，有效提升了中国两化融合水平。通过国家的积极推动，试点工程已取得显著成绩，家电、服装、家具等行业积极尝试大规模个性化定制的新型生产方式，部分企业成功应用该生产模式获得了快速增长，如青岛红领集团等；工程机械、电力设备、风机制造等行业，其制造业的服务化转型获得明显推进，企业的新业务不断涌现，成为拉动企业乃至地方经济发展的重要动力，如徐工集团等，其全生命周期管理、融资租赁业务等已经成为其利润的重要来源。

（4）进一步培育新业态与新模式。

伴随着新一代信息技术的快速发展，以及新产业革命的酝酿及爆发，新的制造业态和模式不断出现，推动着世界工业化、信息化的发展。党的十八大以来，中国按照"积极推进、逐步规范、加强引导"的总体发展原则，鼓励信息企业、制造企业进行创新，妥善处理创新与监管的辩证关系；通过深化改革、简政放权，积极组织两化融合重大项目、电子商务示范城市、信息消费试点城市、小微企业创业创新示范基地等一批项目的建设，加快依靠两化融合培育新业态和新模式。例如，电子商务得到了进一步发展，2014年交易额已经达到约13万亿元，其中网络零售规模已经达到2.8万亿元，比重达到了21.54%，体现出良好的发展态势；钢铁、石化、冶金、汽车等行业，初步形成了百亿级、千亿级第三方电子商务交易平台，传统的B2C、C2C逐步向C2B转型，大规模个性化定制发展趋势愈加明显，电子商务的应用范围从交易平台逐步向生产平台深化。

（5）进一步强化信息基础设施建设支撑两化融合。

自1993年实施"三金工程"以来，中国进行信息化基础设施建设已经超过20年，成果显著。但信息技术本身的生命周期较短，新一代的信息技术不断涌现，这也对中国信息基础设施建设提出了新的要求。党的十八大以来，中国紧紧把握新一代信息通信技术的发展机遇，进一步完善新一代网络基础设施，组织实施"宽带中国"专项行动，推进下一代互联网示范城市建设；提出"互联网+"战略，从国家层面全面推进互联网对其他产业的推进和提升作用。信息网络基础设施成果日益凸显，以无线、移动、宽带、泛在为特点的下一代国家网络基础设施得到快速推进。2014年6月国务院发布《国家集成电路产业发展推进纲要》，成立国家集成电路产业发展投资基金；截至2018年2月，三家基础电信公司的固定互联网宽带接入用户总数已经达到3.55亿户，中国已是全球规模最大的4G网络；在移动互联网、大数据、云计算等先进信息领域，初步形成了一批国际领军企业。目前中国已经具有2200多个信息化服务机构、近10万名专业人员、60万家专业开发商和合作伙伴的中小企业服务网络，有效地推进了中国两化融合水平。信息化设施的不断完善，为中国两化融合提供了坚实基础。

另外，这一时期，我国还通过进一步建立健全相关政策体系、完善相关管理体系，有力促进了两化深度融合。

### 4.1.3 我国两化融合演化的推进层次及逻辑

我国两化融合经历了四个阶段的发展，这个推进过程具有多层次、跨行业、全方位和一体化等特点，不仅包括企业个体微观层面的变化，也体现在产业和区域等层面；与此同时，各层之间又存在层层递进、相互影响和促进的关系，形成微观、中观和宏观的协同推进发展逻辑，如图4-4所示。

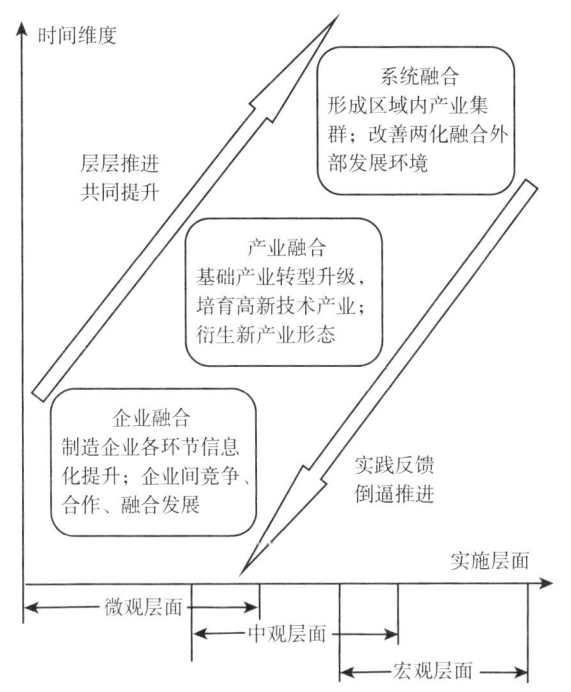

图 4-4 我国两化融合历史演化的总体推进逻辑理论分析

资料来源：作者整理绘制。

具体来说，企业的制造技术机械化升级到自动化，这是信息技术融合于制造技术的成果与表现；伴随着信息技术应用的逐步深化，制造企业的产品具有更高的技术附加值，此时推进实施层级主要由企业层面实现；随着信息技术的不断发展，产品融合程度不断加深，两化融合逐步扩展到企业的生产、经营、管理等各环节，生产自动化向精益化提升，此时实施层级逐步向产业层面扩展，产业内部不同类型企业和行业的分工合作日益加深；随着信息技术更进一步的深化与推进，云计算、大数据、互联网等新一代信息技术水平不断提升，以网络化、数字化、智能化为特征的现代集成制造系统逐步替代之前精益化的制造方式，产业间的融合水平进一步提升，进而推进各区域、国家之间的分工合作。与此同时，在各层面发展的同时，多层面的融合会产生新的需求和变化，反过来倒逼企业个体融合的进一步发展，形成协同推进的关系。可见，信息化与工业化融合发展的推进逻辑，是技术、产品、企业、产业、区域层面逐级展开，点、线、面、体逐步深入，各环节相互影响、共同作用、协同推进的发展过程。

可见，我国两化融合在推进演化过程中，涉及微观、中观和宏观多个层面的系统融合。其中，微观层面涉及技术融合、产品融合、企业融合；中观层面涉及产业融合；宏观层面涉及区域融合等内容。随着企业、产业等两化融合推进主体的快速发展，各层面之间的界限也越来越模糊，部分要素往往在不同层面有所涉及，各层面之间的融合往往有所交叉。

**1. 微观层面两化融合推进逻辑**

两化融合在微观层面的融合，主要包括技术、产品和企业等方面的融合。

第一，技术融合。即不断发展的信息技术在工业生产的制造等环节得以应用，能够与当前的工业技术较好地融合，进而推进技术创新产生新的更高层次的相关技术，全面提升生产效率和产品质量，推进产业技术层面的进步。技术层面的融合，是两化融合推进路径的起始点，也是整个两化融合过程的基础，只有首先突破了技术层面的融合，才能保证后期两化融合的有效推进。

第二，产品融合。即将具有较高知识附加值的信息技术或产品，有效地融合到工业产品中，进而增加工业产品的技术含量，提高工业产品的内在附加值；同时，由于工业发展产生对信息产品更大的需求，反过来也推进了信息产品自身的进一步发展与提升，以更好地与工业产品融合发展。产品层面的融合，既是技术层面融合的成果与体现，也是企业进行各环节信息化提升的基础，只有通过有效的产品融合获得一定的竞争优势和经济利润，才能进一步全面推进企业层面两化融合进程。

第三，企业融合。即随着在技术和产品层面信息化与工业化的不断融合，使制造企业的各环节，如设计、研发、生产、经营、管理与服务等，均得到信息化提升，实现企业核心业务的数字化、网络化、智能化，全面提升自身的核心竞争力；另外，企业层面的融合还体现在信息企业逐步向工业企业转型，部分信息企业自身也从事制造业务，企业边界逐步模糊化。企业层面的融合，一方面是整个微观层面两化融合的集中反映和最终体现，是技术融合、产品融合的整体体现；另一方面，企业作为行业的微观主体，其两化融合水平也直接关系到整个行业的水平，是行业层面两化融合得以实现的微观基础。

**2. 中观层面两化融合推进逻辑**

就中观层面来说，两化融合主要体现在产业融合上，也就是产业群落的升级式两化融合和跨界式两化融合。具体来说，中观层面两化融合一方面是指两化融合使传统产业结构得到突破，通过自身的升级换代，实现传统产业的转型升级，同时培育高新技术产业等新兴业态，进而实现集约型产业发展方式，由工业经济逐步向信息经济过渡；另一方面是指随着信息产业经营范围的不断拓广，信息行业不再局限于信息技术研发等自身特定业务，呈现出逐步涉猎制造业领域的发展趋势，如阿里巴巴进军智能电视领域等，这在一定程度上也促进了产业层面的两化融合。产业层面的融合，一方面是企业推进两化融合的整体反映，是相关企业集聚发展、共同推进两化融合的具体体现；另一方面也是在整个区域、社会实现信息化与工业化深度融合的基础与保证。

**3. 宏观层面两化融合推进逻辑**

两化融合在宏观层面的融合，主要体现在区域或国家整体的两化融合，即整个两化融合生态系统与外部环境之间发生相互作用，在一定区域内形成特定的产业发展竞争优势，聚集更多的相关企业实现产业集群，发挥规模经济效应，更好地推进两化融合；同时，由两化融合衍生出的相关产品及服务，逐步在整个社会层面扩散，使居民的传统生活模式逐步改变，更加深化信息化对生活的影响与作用，进而改变整个社会的生产方式、生活观念及思维方式。区域或国家层面的融合，是整个两化融合推进路径的最终目标，是两化融合的最终体现；同时，通过两化融合在整个区域层面应用效果的反馈，能够更好地指导之前融合发展的过程，及时调整出现的不足与缺陷，实现两化融合的协调、持续、长期发展。

## 4.2 我国两化融合推进现状及发展环境

### 4.2.1 我国信息化与工业化融合整体推进现状

**1. 企业个体升级改造向集成提升阶段稳步迈进**

（1）企业两化融合向集成提升阶段稳步迈进。

根据国家《工业企业信息化和工业化融合评估规范》，企业两化融合发展水平划分为起步建设、单项覆盖、集成提升和创新突破四个等级。2014年，我国处于集成提升及以上阶段的企业比例达16.9%，46.6%的企业仍处于单项覆盖阶段，只是初步解决了信息技术应用在企业内的普及问题。在处于单项覆盖的企业中，19.9%的企业关键业务环节信息化已基本实现，为开展信息化环境下的业务集成运作提供了良好基础条件。[①] 在当前显著增大的国内外竞争压力下，我国企业将以信息化为实现突破的途径，不断从单项覆盖阶段向集成提升阶段过渡，实现企业能力的全面提升。产品设计与制造集成、管理与控制集成、产供销集成、财务与业务集成等内容的关键系统和系统集成服务将具有较大市场需求。在企业的基础上，产业层面也由以数字化为特征的单项应用阶段，逐步向以网络化为特征的集成应用阶段过渡，且在部分信息化水平较高的工业部门，如装备制造业工业，已经开始进行异地研发设计和生产制造，集成提升的成效初步体现。

（2）信息技术对传统制造企业改造升级成效显著。

在"互联网+"战略提出之后，我国信息技术快速发展，由传统的CAD、CAM、CAE等升级为云计算、大数据、企业互联网等新一代信息技术。在云计算方面，我国已搭建涵盖弹性云计算、分布式海量储存的云服务平台，为成千上万的企业个体提供规范化云服务，助力企业转型升级。在大数据方面，在北京成立国际大数据交易中心，规范数据的搜集、统计和使用；为相关企业提供科技支持，改造企业制造生产流程。在企业互联网方面，以用友企业互联网运营平台为例，其在北京就与400多家创新创业企业开展合作，帮助企业实现自身业务流程优化与再造。可见，我国已经开始将云计算、大数据、物联网等新一代信息技术应用在制造业重点领域和关键环节，帮助企业个体提升其创新研发、协同制造、流程优化、经营管理的能力，新产品、新模式、新业态不断出现，制造业转型升级获得新动能。

（3）企业个体两化融合管理体系得到推广普及。

2013年我国工信部推进司颁布的《工业企业信息化和工业化融合评估规范》，是我国信息化与工业化融合发展中积累的技术应用成果和创新管

---

① 杜平：《经济信息绿皮书：中国与世界经济发展报告（2015）》，社会科学文献出版社2016年版，第238~249页。

理经验，涉及数据、技术、业务流程与组织结构四个要素，涵盖管理职责、基础保障、实施过程及评测改进四个管理领域。自实施以来，在企业个体中得到广泛应用，基于中国两化融合咨询服务平台，企业个体可以查阅两化融合评估系统，利用数万家企业的评估动态数据，通过共享与分析，为企业个体，乃至政府、行业、服务机构等提供决策支持。企业可以使用该系统进行两化融合自我评估，可以依据给出的诊断结果，分析关键指标情况，针对性地进行改善与提高，使企业在精益管理、风险管控、供应链协同、市场即时响应等方面获得提升。

（4）试点示范企业引领生产方式持续变革。

随着新一轮产业革命、技术革命的爆发，制造业的生产方式又发生显著的变化，亟待在我国加以推广。由于前期发展基础各异，目前很难在全国范围内依靠推进两化融合实现新的制造方式，需要通过示范项目、典型企业，率先将两化深度融合应用到自身的生产中，培育出新流程、新模式及新业态，进而再带动我国整体两化融合的发展。党的十八大以来，通过国家的积极推动，已经在两化深度融合试点工程方面取得了较为显著的成绩：家电、服装、家具等行业，部分企业成功应用该生产模式获得了快速增长，如青岛红领集团有限公司、维尚家具制造有限公司、小米科技有限责任公司等，初步形成了大规模个性化定制的新型生产方式；工程机械、电力设备、风机制造等行业，服务化转型获得明显的进展，新业务不断涌现，如西安陕鼓动力股份有限公司、徐州工程机械集团有限公司、中联重科股份有限公司、中国东方电气集团有限公司等，其全生命周期管理、融资租赁业务等，成为其利润的重要来源。

**2. 信息技术改造传统产业并形成融合创新模式**

（1）信息技术改造传统产业成效显著。

随着两化深度融合的不断推进，我国进一步强化以信息技术改造传统产业，多业务综合、产业链协同、全流程再造等方式逐步成为主导，制造业研发设计、生产装备、流程管理、物流配送等环节得到全面改造与升级，柔性化、智能化、数字化、网络化的发展趋势日趋明显。部分制造业企业已经建立起全球协同研发体系，如华为技术有限公司、三一重工股份有限公司、潍柴动力股份有限公司、浙江吉利控股集团等，成为制造业依靠信息技术实现国际化转型的成功代表，起到了示范作用。

(2) 初步形成互联网与工业融合创新模式。

近年来，我国掀起了互联网思维热潮，尤其是2015年提出的"互联网+"行动计划，进一步促进了互联网对消费领域的深刻变革，并加速向传统工业领域渗透，工业云服务、众包模式、订制化服务等新模式层出不穷。在互联网技术及互联网思维驱动下，工业领域正在从小范围合作向全球范围高效协同转变，从以同质化为特征的规模经济向以个性化为特征的范围经济转变，从生产者主导向客户全程参与导向转变。目前，互联网与工业融合创新模式初显成效，互联网技术对传统产业的影响和变革，从产业链下游的消费品行业向产业链中游的装备行业和产业链上游的原材料行业扩展，从价值链中的交易、服务等环节向研发、设计、加工、制造等环节扩展，进而对传统生产组织方式产生全面影响。

(3) 重点行业典型工程试点推动两化融合。

通过高档数控机床重大专项、智能制造装备专项、"数控一代"装备创新工程行动计划、物联网发展专项等诸多制造业智能化发展重大专项，有效促进了新一代先进通信技术与我国重大装备制造的全面融合，部分制造产品的技术含量得到了显著提升，制造方式的智能化水平显著提升。在重点工程、重点企业的带动下，我国智能制造、高速轨道工程等高端装备制造业水平获得显著提升，占装备制造业比重已超过10%，尤其是智能机器人、智能仪表等水平提升非常显著。截至2014年，我国国产数控机床在国内市场的占有率达到62%，这是制造业智能化发展的典型成果，同时也有力地推进了我国两化融合进程。

(4) 制造业、信息业的产业结构不断优化。

两化融合的不断推进，一方面，改造和提升了我国传统制造业，使以智能化、数字化、网络化为代表的现代制造业获得快速发展；另一方面，工业产业与信息技术的不断融合发展，衍生出诸多新型的产业业态，如工业电子产业等，它们与我国其他新兴产业，如新材料产业、新能源产业、航空航天产业等都得益于快速发展的信息技术的支撑。可见，得益于两化融合的推进，我国工业产业结构从区域布局、发展重点、价值提升、价值链重构等方面，均有了较大的突破与转变。

另外，由于工业产业的快速发展对信息技术的需求进一步上升，反过来也倒逼信息产业进一步发展与提升。近年来，我国信息产业保持了高速增长的态势，增加值由2010年的6.39万亿元增长到2017年的13.93万亿元（见图4-5），增速比2016年加快3.8个百分点。信息产业的快速增长也在一定程度上改善了我国的产业结构，产业升级保持了良好态势。

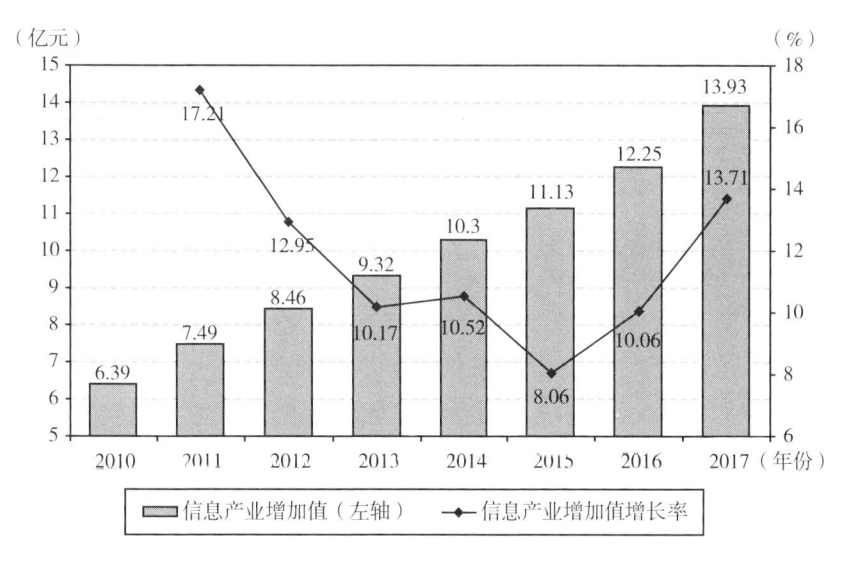

**图4-5 2010~2017年我国信息产业增长趋势**

资料来源：作者根据历年《电子信息产业统计公报》相关数据整理而得。

### 3. 政策、管理、评估、人才等外部环境明显改善

（1）两化深度融合政策体系不断健全。

自从党的十七大上将两化融合确定为国家战略，我国政府不断出台一系列的政策文件，如《工业转型升级规划（2011—2015年）》《关于大力推进信息化发展和切实保障信息安全的若干意见》《国务院关于积极推进"互联网+"行动的指导意见》《中国制造2025》《信息化和工业化融合发展规划（2016—2020年）》等。在中央的积极带动下，各地方政府也纷纷出台发展规划与落实计划，大企业"双创"热潮兴起，智能制造全面推进，"互联网+制造业"创新模式出现，新型业态不断涌现。中央政府的顶层设计、地方政府的有力落实、组织体系的全面保障以及工作机制的不断创新，使两化融合的政策体系不断健全，为全面推进奠定了良好的基础。

（2）评定管理体制改革营造公平的发展环境。

2014年工信部印发《信息化和工业化融合管理体系评定管理办法（试行）》，从适用范围、评定管理组织、评定机构要求、评定人员要求、评定

管理平台、评定程序、评定证书、监督与管理等十部分，全面构建了两化融合管理体系的评价管理方法。通过不断深化管理体制，规范市场行为，构建公平市场环境，为企业进行自身两化融合的评估提供了统一的标准和平台。通过两化融合管理体系评定管理办法，我国政府能够更有效地组织、实施、改进对企业个体两化融合的统一考察和管理，系统、全面地提升管理绩效，从侧面为两化融合营造了更好的发展环境。

（3）形成具有中国特色的两化融合评估标准。

在工信部软件和信息化服务司的指导下，中国电子信息产业发展研究院信息化研究中心建立了一套体系完整、覆盖广泛、适用性强的两化融合评价指标体系。通过在全国范围内开展相关调研、搜集相关数据，该研究院已进行了五次两化融合区域发展水平评估，成为我国各地政府认可的评估标准。就具体指标来说，其评价指标包括一个两化融合总发展指数，下分三个子指数，即基础环境、工业应用和应用效益，三个子指数由23个具体指标计算得到。其中，基础环境涉及网络基础设施建设、移动电话和互联网应用普及、两化融合政策环境建设等指标；工业应用涉及电子商务应用、生产装备信息技术应用、工业园区信息化应用等指标；应用效益涉及工业生产效益和水平、创新能力、节能减排水平等指标。

（4）初步形成两化融合专业人才培育机制。

自党的十六大提出两化融合，我国就注重相关人才的培养。通过前期的积累，我国已经初步形成了两化融合的人才培育机制。第一，用友等软件专业学院与高等院校开展广泛合作，开设"管理软件应用工程"等特色专业，采用"企业进校园"的实习模式，将真实业务流程通过真实ERP系统展示、教学，深化校企合作，强调产学研结合，运用多学科交叉，注重教学－实习并重，建立了信息化人才的培养机制。第二，政府引导企业与高等院校、专业院校、科研机构等人才培养主体开展广泛合作，探索多种联合培养方式，通过政府、企业、高校、科研机构的协同创新，建立了多方参与、共同培养的人才培养机制，打通了两化融合新型人才的培养通道。第三，通过网络平台等线上渠道，为中小企业用户提供两化融合的相关知识，培养企业员工用户的基本两化融合知识体系，构建了与高级人才培养相互补充、共同推进的专业人才培育机制。

（5）两化融合试验区及示范基地成效显著。

我国政府在2009年和2011年分两批次批准了16个国家级两化融合试

验区,并分别于2012年、2013年对两批国家级两化融合试验区进行验收。试验区分别建立了各自的专门组织领导体系,出台了具体政策文件,全面落实、积极开展两化融合的培训工作,并联合社会各界力量共同推进,取得了经济效益和社会效益的"双提升"。通过两批试验区的推进实践,我国不仅培育了一批两化融合龙头企业,各个试验区的两化融合水平得到显著提升,同时积累了宝贵的推进经验,对两化融合的目标、路径、方法都有了更全面、更深入的认识,为之后在全国范围内开展两化融合更深层次、更广范围的推进奠定了有力基础。

### 4.2.2 我国典型区域两化融合推进模式对比分析

目前,我国几乎各个省份都在积极推进两化融合战略,由于各地前期基础、发展环境、特色产业等诸多方面的差异,其两化融合发展也各具特色,形成独特的推进模式,如表4-1所示。

表4-1　　　　　　　我国典型区域两化融合发展模式对比

| 区域 | 省份 | 模式 | 发展逻辑 | 主要策略 |
| --- | --- | --- | --- | --- |
| 东部地区 | 北京、上海 | 服务业主导型 | 北京、上海的服务业比重高,服务业成为拉动经济发展最主要的动力,其对两化融合需求更高,如北京金融业、上海商贸业等 | 重点提升服务业两化融合水平;注重培养两化融合创新能力;强化对制造业的改造升级;构建多层次、全方位服务平台 |
| 东部地区 | 深圳 | 协同创新型 | 深圳不仅信息技术基础好,而且形成了"全市创新"的良好氛围,成为驱动两化融合的主要因素 | 成立深圳市两化融合研究院;建立两化融合公共服务基地;依托服务平台提升创新能力 |
| 中部地区 | 呼包鄂乌 | 资源依托型 | 该地区羊绒、煤炭、稀土等资源丰富,形成了特色的工业体系,对两化融合需求较为迫切 | 依托当地资源发展特色工业;迅速成立针对性领导体系;成立区域信息化服务平台 |
| 西部地区 | 西安 | 项目带动型 | 西安围绕商用汽车、电力电子等五大支柱产业,依托大企业、大项目龙头带动,全面推进产业集群发展,进而推进两化融合 | 构建"省市共建"推进组织体系;注重典型示范项目和企业带动;建立两化融合公共服务平台;促进相关产业集群发展 |
| 西部地区 | 贵州 | 大数据引领型 | 贵州集中资源大力推进大数据产业,并以此带动两化融合 | 借助国家政策扶持全力推进;因地制宜改造传统龙头企业 |

资料来源:作者整理。

对于东部地区来说，其经济、社会发展水平较高，工业化、信息化程度较高，信息技术在企业、社会中的应用程度较高，其两化融合水平一般处于全国前列，较有代表性的省份有北京、上海、深圳等。具体来看，各个省份的两化融合发展模式各有不同，这主要与各个省份的前期基础有关。北京、上海服务业较为发达，两化融合需求较为旺盛；而深圳的技术创新水平较高，成为两化融合的主要驱动力。虽然东部地区的两化融合水平较高，但与美国、芬兰等信息化发达的国家相比，仍然有一定差距。

东部地区两化融合下一步推进的重点主要包括以下方面：第一，进一步深化企业两化融合贯标执行，形成自身的标准体系；第二，进一步完善公共信息、数据等服务平台，利用大数据、云计算等新一代信息技术拓展功能，提升服务质量、扩大服务范围；第三，建立具有国际先进水平的研发中心和制造基地，研发具有自主知识产权的核心信息技术，培育智能制造的国际核心竞争力；第四，进一步完善两化融合的标准体系，规范各个地区、各园区、各企业之间的相互合作，引领中西部地区两化融合发展，从全国层面提高两化融合水平。

对于中西部地区，其经济、社会发展水平较东部地区来说较为落后，工业化、信息化水平有待进一步提升，尤其是对于西部地区来说，其工业化程度尚处于初级阶段，信息化程度更是处于起步阶段。因此，对于西部地区来说，集中优势资源，选择重点产业实现两化融合的突破发展，进而带动整体水平的提升是较为可行的方式。呼包鄂乌地区、西安、贵州等地区，是目前中西部地区两化融合发展较好的地区，值得其他地区学习。具体来看，呼包鄂乌地区主要依靠其丰富的自然资源，形成特色产业之后，进行针对性地两化融合重点提升；西安经过前期发展积累了丰富资源，培育了一批龙头企业，选择依靠大项目、大企业率先推进两化融合，进而带动整体水平的提升；贵州自身条件决定其难以发展传统工业，其集中力量突破大数据产业，从侧面推进两化融合，取得了显著成效。可见，虽然各个地区发展方式有所差别，但基本都是在借助自身优势资源的基础上，选择在部分地区、部分产业或部分企业重点发展，进而带动整体两化融合水平的提升。

借助于两化融合是中西部地区实现跨越式发展的重要途径，中西部地区下一步两化融合的发展重点主要包括以下方面：第一，进一步强化信息化基础设施建设，力求实现互联网在中小企业的普及，为两化融合奠定坚实的硬件基础；第二，对于传统产业，制定切合自身发展实际水平的数字化设计与信息技术应用标准，鼓励企业应用 CAD、CAM 等信息技术，逐步拉近与东部地区的差距；第三，结合各个地区的实际发展水平和需求，细化各个地区的两化融合发展规划，从宏观层面布局中西部两化融合；第四，进一步强化企业管理信息化标准，从部分企业、部分产业开始推进，逐步融入东部地区的相关标准。

### 4.2.3 我国信息化与工业化融合发展环境

当前，国内外经济发展正在发生重大的调整与转变。国际上看，全球工业格局正在重构，技术革命令工业发展产生根本性变革；国内来看，党的十九大背景下中国经济发展步入新时代，建设制造强国任务艰巨而紧迫，抓住新一代技术革命、工业革命的机遇，实现赶超式发展迫在眉睫。在这样的大背景下，中国必须要依靠全面提升两化融合，有效地将先进的信息技术与工业融合起来，并以此抓住新一代技术革命、工业革命的发展机遇，突破当前发展"瓶颈"，占据世界制造业高地。

**1. 党的十九大背景下我国两化融合发展环境分析**

第一，"工业新常态"时代来临，两化融合可以有效适应新常态下工业的发展需求。目前，中国经济发展进入新常态，"工业新常态"也随之而来。在今后一段时期内，中速增长和生态可持续发展将是工业发展的总体特征，中国工业将要进入速度稳健、结构合理、动力多元的新时期。在向"新常态"演变的过程中，部分领域产能过剩、技术创新能力不足、综合素质不高等诸多问题会逐步显现出来。两化融合可以有效提高企业的技术创新能力和综合素质，实现整体经济结构的优化升级，更好地适应宏观经济的发展需求。今后，中国的"工业新常态"会表现出以下具体特征：进入中速增长区间，传统产业与新兴产业协调发展，以高投资效率和多元消费结构作为增长动力，以生态化和可持续发展为路径。因此，两化融合为了适应"经济新常态"，特别是"工业新常态"的发展需求，以促进产业升级和产业结构的优化为手段，实现劳动生产效率的提高。通过两化融合，可以使信息化与工业化互相促进、互相带动，催生一大批新兴产业，不断地培育出新的经济增长点，不断地提高经济的增长质量和效益。

第二，中国信息行业发展迅猛，为信息化进一步提升奠定有力基础。近年来，中国信息行业发展迅速，不仅在产业规模方面明显提升，更是涌现出了一批世界一流的IT企业，为中国进一步提升两化融合水平奠定了有力基础。目前，中国已经成为全球最大的电子信息产品制造基地，而且在通信、高性能计算机、数字电视等领域取得重大技术突破，具备了较强的核心竞争力。在IT企业方面，中国已经具有一批国际知名的信息技术企业，截至2018年2月，在全球企业市值排名中，腾讯已经跃居第五位，阿里巴巴占据第八席，另外，百度、联想、华为、小米等发展迅猛的IT企业，也逐步成为推动中国经济转型、结构优化的中坚力量，为中国两化融合的进一步提升创造了有利的条件。

第三，两批国家级试验区顺利验收，积累了较为丰富的提升经验。2013年工业与信息化部推进司对中国两批国家级两化融合试验区进行验收，各地在推进两化融合方面进行了积极的探索和实践，并取得了良好的成效，顺利地通过了验收，初步形成了具有自身特色的两化融合提升经验，为进一步在全国范围提升两化融合奠定了良好的基础。具体来说，在钢铁、石化、电子、航空等行业，形成了一批关键业务高水平综合集成应用，在产销一体化、管控衔接、基础业务集成等方面达到国际领先水平；部分制造企业在研发、生产、管理等环节的单项信息化应用已经较为熟练，关键业务的信息系统集成应用逐步发展；在工业软件、电子装备、集成系统等领域均有重大技术突破，较好地发挥了科技的支撑作用，有力地促进了生产方式的革新。

第四，制造业价值链亟待进一步提升，两化融合提供了有效途径。随着两化融合的不断推进，信息技术向企业的研发设计、生产制造、市场营销、售后服务等各个环节不断渗透；与此同时，两化融合进一步突破价值传递媒介的角色，逐步转变为价值创造工具，促进我国制造业价值链的重构和提升。从国内产业链来看，一方面，两化融合能够打通全产业链环节，加速各个产业链环节的互动和交流，并且利用大数据、信息物理系统等信息技术，实现对制造设备的远程控制，进而改造制造方式，优化制造流程，提升生产效率，为企业创造更大的价值；另一方面，两化融合能够建立跨越不同企业甚至不同产业的平台，进而能够将产业链中的参与主体整合到同一个平台中，建立供应商、制造企业、消费者之间相互对接的平台，拉近制造端和供给端、消费端的相互联系，不仅能够有效结合用户的实际需求，还能提升与供应商的互动与交流，避免信息不对称造成的成本上升。从国际价值链来看，一方面，两化融合建立的网络平台能够帮助国内制造企业进入国际营销链中，进而为我国制造业向国际价值链渗透奠定基础；另一方面，国内企业通过两化融合使自身产品与服务的附加值得以提升，产品的品质得以提升，进而能够提升我国制造业的国际竞争力，为向国际价值链高端跃升奠定了良好基础。

第五，新一代信息技术突飞猛进，为进一步提升两化融合提供有力支撑。新一代信息技术与制造业深度融合，正在全球范围内引发影响深远的产业变革，形成新的工业生产方式、制造产业形态、管理模式、商业模式和经济增长点。各国都在加大科技创新力度，推动3D打印、移动互联网、云计算、大数据、生物工程、新能源、新材料等领域取得新突破。例如，美国的"工业互联网"战略、德国的"工业4.0"战略，强调依靠物联网、信息物理系统等先进的信息技术，进而推进智能装备、智能工厂等变革制造方式；依靠网络众包、协同设计、大规模个性化定制等提高用户的满意度；依靠精准供应链管理、全生命周期管理等升级制造企业管理模式，依靠互联网平台、电子商务等重塑产业价值链体系；依靠可穿戴智能产品、智能家电、智能汽车等智能终端产品不断拓展制造业新领域，抢占世界制造市场。可见，新一代信息技术的快速发展，也为中国进一步提升两化融合战略带来了重大机遇。

第六，"互联网+"等诸多国家战略不断颁布，与两化融合战略互促互进。随着美国"工业互联网"、德国"工业4.0"等战略的逐步发布和实施，近年来中国也提出了"互联网+"战略、"中国制造2025"等国家战略，以期能够抓住新一代技术革命和工业革命的发展机遇，在国际制造格局中抢占制高点。这些国家战略，一方面，是对两化融合战略的深化和延伸，是两化融合战略中关键部分的强化与深化。例如，"互联网+"战略强调依靠无处不在的互联网技术，改造传统产业、培育新兴产业，这是对两化融合中信息化建设的深化。另一方面，这些战略的实现又要依靠两化融合战略，以两化融合作为突破口才能实现。例如，"中国制造2025"战略非常强调智能制造对中国制造业的重要意义，而智能制造的实现离不开先进的信息技术的支持，这就需要通过推进两化融合来实现。

第七，全球工业格局正在发生重大调整与转变，两化融合成为把握历史机遇的重要途径。当前，随着工业革命、科技革命的不断推进和深入，全球产业竞争格局正在发生重大调整与转变，中国在新一轮发展中面临巨大的挑战和机遇。国际金融危机发生后，发达国家纷纷实施"再工业化"战略，例如美国的"再工业化"战略、德国的"工业4.0"战略、英国的"英国制造2050"战略等，各个国家希望重塑工业竞争新优势，加速推进新一轮全球产业发展新格局的形成。与此同时，部分发展中国家也在加快谋划和布局，积极参与全球产业再分工，承接产业及资本转移，拓展国际市场空间。在此背景下，中国工业面临发达国家和其他发展中国家"双向挤压"的严峻挑战，必须放眼全球，加紧战略部署，着眼建设制造强国，固本培元，化挑战为机遇，抢占制造业新一轮竞争制高点。当前，新一轮科技革命和产业变革与中国加快转变经济发展方式形成历史性交汇，国际产业分工格局正在重塑。必须紧紧抓住这一重大历史机遇，按照"四个全面"战略布局要求，依靠两化融合战略推进制造强国建设，加强统筹规划和前瞻部署，把中国建设成为引领世界制造业发展的工业强国，实现中华民族伟大复兴的目标。

**2. 我国两化融合与相关发展战略协同关系分析**

目前，我国提出了"互联网+""中国制造2025"等与两化融合相关的国家发展战略，它们同两化融合协同推进，共同发展。这些国家战略是对两化融合战略的深化和延伸，是两化融合战略中关键部分的强化与深化；同时这些战略的实现又要依靠两化融合战略，以两化融合作为突破口。为此，需要深入明确两化融合与当前我国主要相关发展战略的协同关系。

（1）两化融合与"互联网+"战略的协同关系。

2015年3月，李克强总理首次在政府工作报告中提出"互联网+"；2015年7月，国务院印发《关于积极推进"互联网+"行动的指导意见》，大力推进"互联网+"战略。"互联网+"战略的提出与推进，对我国两化融合产生了重要的影响（见图4-6）。

第一，"互联网+"与两化融合一脉相承，符合社会发展规律。从人类社会发展的普遍规律来看，人类社会遵循农业社会—工业社会—信息社会的发展规律。就目前的发展实际来看，部分发达国家已经初步迈入了信息社会，如美国等，而我国正处于工业社会阶段，距离信息社会仍然有一

第 4 章 我国信息化与工业化融合的历史演进及推进现状

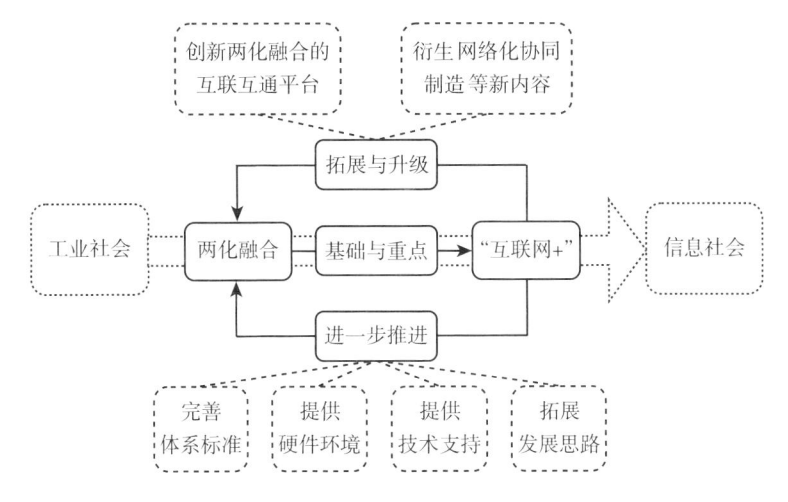

图 4-6 两化融合与"互联网+"战略的协同关系示意

资料来源：作者整理绘制。

定的差距。两化融合战略的本质是依靠信息化与工业化的融合发展，推进我国工业化的发展，并为向信息社会发展奠定一定的基础；"互联网+"战略的根本出发点则是依靠互联网技术及平台等资源，推进我国向信息化社会跃迁。可见，两化融合与"互联网+"都是我国在遵循人类社会发展基本规律的基础上，为促进我国社会向更高阶段发展的有力推进，只是两化融合更加偏重于工业社会的进一步提升，"互联网+"更加偏重向信息社会的跨越式跃迁。

第二，两化融合是"互联网+"战略的基础和重点。我国"互联网+"战略的提出，是建立在我国已经具备的信息化基础之上的，而我国前期信息化的不断推进，得益于我国两化融合战略的不断推进。信息化作为两化融合的重要方面，在两化融合推进过程中得到了不断推进。在 2015 年 7 月国务院印发《关于积极推进"互联网+"行动的指导意见》时，我国的网民规模已经达到 6.68 亿，互联网普及率达到了 48.8%；手机网民规模达到 5.94 亿，手机商务使用率达到 88.9%；中国域名总数达到 2231 万个，网址总数为 357 万。[①] 可见，初见成效的信息化进程，为我国提出及推进"互联网+"战略奠定了良好的基础。另外，两化融合是"互联网+"战

---

[①] 作者根据中国互联网络信息中心发布的《第36次中国互联网发展状况统计报告》整理而得。

略的重点。目前，我国互联网的应用集中在服务业领域，制造业领域的应用范围相对较窄，深度相对较浅。但是在世界主要国家纷纷推进再工业化，以及我国处于工业化后期阶段的基本国情，决定了未来一段时间内我国必然要依靠提升制造业来获得发展，这一点在"互联网＋"行动计划中得到了充分体现。2015年3月，工业与信息化部发布《关于继续开展互联网与工业融合创新试点工作的通知》，以先行试点的方式重点推进互联网与工业的融合。可见，"互联网＋工业"的重点与关键正是两化融合，只有实现了信息化与工业化的有效融合，才能真正实现"互联网＋制造业"。

第三，"互联网＋"是两化融合战略的拓展与升级。"互联网＋"是两化融合战略的拓展与升级，主要体现在以下方面：其一，相对于"互联网＋"，两化融合更加偏重于企业、产业或者局部区域的信息化与工业化发展，更加偏向于"孤岛模式"。例如，一个企业或一个区域的政府机构等，通过购买相关软件、引进有关技术等进行内部的信息化管理，进而提升生产效率和管理水平，但是相对来说这些是闭塞的，限于技术等原因无法与更大的系统建立联系。对于"互联网＋"来说，它更加强调互联互通，通过互联网平台将多种技术、系统、子平台等因素联接起来，组成规模更大、范围更广、应用更多的大平台，进而从更加宏观、整体层面来推进两化融合。其二，"互联网＋"包含诸多先进的信息技术，如云计算、大数据、物联网等，而这些信息技术的推广和应用将进一步提升两化融合的深度和广度。借助于这些新一代的互联网技术，能够有效改造传统制造业的研发设计、生产制造、市场销售等环节，带动数字化、智能化、网络化制造的发展，并出现了大规模个性化定制、网络化协同制造、云制造等新的内容，进一步拓展了两化融合的内涵。

第四，"互联网＋"有力地推动了我国两化融合进程。"互联网＋"对两化融合的推进作用主要体现在以下方面：其一，"互联网＋"将有利于进一步完善我国两化融合体系标准。随着"互联网＋"行动计划的有力实施和不断落实，将有利于构建基于新一代互联网技术的两化融合管理体系标准，有效指导企业、产业乃至区域层面的两化融合进程。其二，"互联网＋"将进一步提升我国信息化水平，为两化融合创造更好的硬件环境。"互联网＋"提出到2018年建成一批全光纤网络城市，直辖市、省会主要城市宽带用户平均接入速率达到30Mbps；加快部署工业互联网，夯实产业网络基础。通过实施信息技术产业支撑能力的提升行动，能够进一步提升和完善我国信息化建设的基础设施,为两化融合的进一步推进奠定良好的硬件基础。其三,"互联网+"将为两化融合提供强大的技术支持。"互联网+"战略非常重视工业互联网、信息物理系统、软件技术等对我国发展的作用,而这些技术的推广和应用能够很好地促进我国智能制造的实现,为两化融合的进一步推进奠定良好的技术支撑。其四,"互联网"将改变传统的两化融合发展思路。目前,两化融合在我国主要表现在信息技术与制造业的重组融合和创新变革上,依靠信息技术突破传统制造业的发展"瓶颈"。而在"互联网+"时代,互联网思维将进一步打开两化融合的发展思路,以创新要素、创新体系、创新理念为主的互联网发展模式将改变传统两化融合的发展思路,更加平台化、网络化的方式将逐步凸显。

(2)两化融合与"智能制造"的协同关系。

2015年5月,国务院印发《中国制造2025》,提出"智能制造"作为建设制造强国的主攻方向,重点发展智能装备和智能产品,推进生产过程智能化,全面提升企业研发、生产、管理和服务的智能化水平。"智能制造"的提出与推进,对我国两化融合产生了重要的影响(见图4-7)。

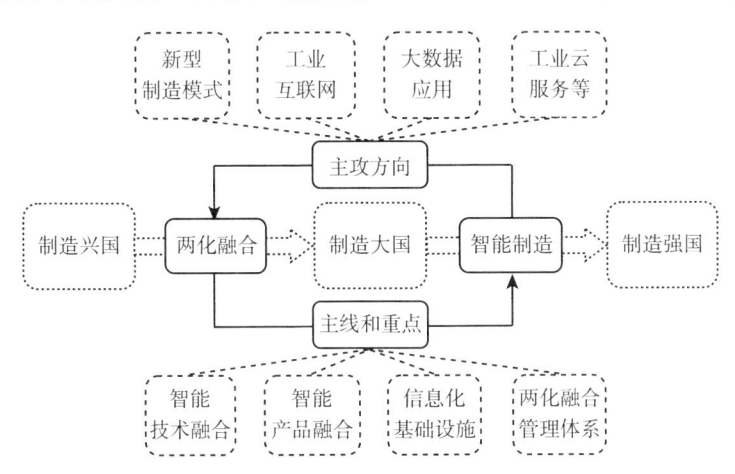

图4-7 两化融合与"智能制造"战略的协同关系示意

资料来源:作者整理绘制。

第一,两化融合与智能制造是我国实现制造强国的必由之路。自从2002年我国提出两化融合之后,我国积极推进信息化与工业化融合发展,利用信息技术促进我国制造业的转型提升,推进了我国制造业快速发展。如图4-8所示,自2010年以来我国制造业增加值保持了较好的增长态势,虽然近年来受国家经济进入新常态的影响而出现了下滑，但是总体的增长趋势没有改变。2016年，我国制造业增加值更是达到了24.79万亿元，连续保持世界第一大国地位。可见，我国已经建立并巩固了世界制造大国的地位，但是远非制造强国。劳动生产率低、核心技术缺乏、竞争优势层次低、产业组织不合理等问题，尤其是创新能力不足的问题，使我国距离德国、美国等工业强国存在较大差距。在这样的背景下，我国提出智能制造，正是希望在借助两化融合前期的发展基础上，运用工业互联网、大数据、人工智能、3D打印等新技术改造传统制造业，不断提升自主创新能力以塑造核心竞争力，从而实现向制造强国的跨越。

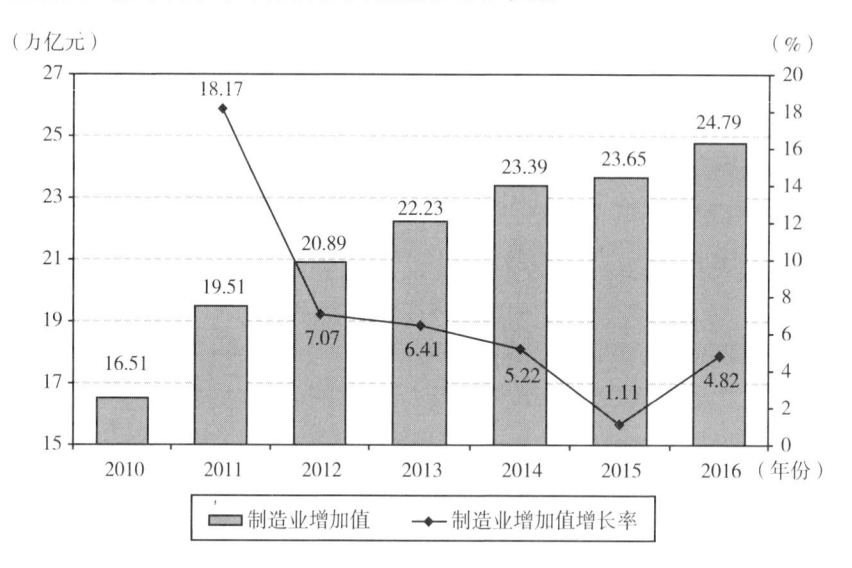

图4-8 2010~2016年我国制造业增长情况

资料来源：作者根据国家统计局网站相关数据整理而得。

第二，信息化与工业化融合是智能制造的主线和重点。在智能制造的推进过程中，信息技术在制造领域的应用不断深化，并已成为重要的生产工具和技术创新手段，促进了生产力的提升与进步，对智能制造的推进和实现发挥着越来越明显的作用；而与此同时，信息技术是信息化建设的重要组成部分，信息技术在工业领域的推广和应用正是两化融合的发展重点。因此可以说，两化融合是智能制造的主线和重点。伴随着两化融合的不断推进，个性化定制、众包设计、云制造等新型制造模式逐步出现；工业互联网功能进一步完善，智能检测、远程诊断、全产业链追溯得以实现；大数据应用能够更好地把握消费者需求变动，提前预测引导制造生产环节；工业云服务平台逐步建立，整合关键技术、平台资源和开放标准于一体等。这些两化融合的重点内容，都有效地推进了我国智能制造进程，它们也构成了智能制造的主线和重点。

第三，智能制造是两化深度融合的主攻方向。我国两化融合战略发展已有十余年的时间，并且取得了显著的进展。但是，总体来说，之前两化融合主要集中在信息基础设施改进、工业应用的深化和工业效益的提升，对智能制造涉及的较少。伴随着"工业新常态"的到来，传统的两化融合发展逐步难以适应国内外制造业的发展需求。智能制造的提出，为两化融合进一步的发展指明了方向：加快新一代信息技术与制造技术的融合步伐，依靠制造业智能化的不断提升促进制造生产力的发展；开发、应用物理信息系统，通过智能控制系统、工业应用软件等，深化信息技术的工业应用水平；在重点领域建设智能工厂，依靠工业机器人、人机智能交互、3D打印等技术装备传统制造业，提升两化融合的应用深度和广度；全面提升企业在设计研发、生产制造、企业管理、市场销售等环节的智能化水平，推进"中国智造"的前进步伐；科学规划、布局工业互联网技术设施，加快光纤网、移动通信网和无线局域网的部署和建设，进一步强化新一代信息技术基础设施建设；深入推广两化融合管理体系，研制标准体系总体框架和路线图。

## 4.3 我国信息化与工业化融合的制约因素

经过十余年的发展与积累，我国两化融合取得了举世瞩目的成效，成为推进我国产业转型升级、促进经济稳定增长的重要力量。但是，目前我国两化融合仍然存在诸多制约因素，限制了两化融合的进一步发展。

### 4.3.1 企业个体合作程度不高且信息化改造进程缓慢

**1. 两化融合企业个体的相互合作程度较低**

两化融合的不断推进，需要作为微观基础的两化融合企业个体的相互合作、相互影响和相互促进，才能保证两化融合产业群落和生态系统的不断发展。目前，我国两化融合企业个体推进两化融合的方式，更多的是利用新一代的信息技术，对自身的研发设计、生产制造、市场销售、售后服务等环节进行改造升级，提升自身效率，降低生产成本，进而培育自身核心竞争力，在各自市场中占据较大的市场份额。但是，这种合作方式是一种"间接"合作，没有形成企业的"直接"合作。制造企业与信息企业之间应该更多地形成一种直接合作，将传统需要通过外部企业合作的业务，通过制造企业与信息企业的直接合作，实现企业的"内部化"，从而进一步降低两个企业个体的成本，提升两个企业的核心竞争力，同时也显著推进企业个体层面的两化融合程度。

### 2. 信息化对企业生产环节的改造进程较为缓慢

目前，我国诸多企业个体尚处于信息技术应用的初级阶段，远没有达到通过信息化实现经营模式和流程再造的目标。从实际来看，目前我国企业个体的信息化应用存在两个主要问题：第一个问题主要集中在CAD、CAM等计算机辅助系统和ERP等企业管理软件方面，且由于国有企业、私营企业、乡镇企业总体分布较为分散，这对信息化的推进提出了更高的要求，部分需要一定规模要求的信息技术或软件，如ERP等，对规模过小的企业无法推广和应用。第二个问题是对最新的信息技术，如物理信息系统、物联网、大数据等，应用程度较浅、应用范围较窄，远没有达到当前两化融合的发展要求。

### 3. 企业个体的信息化管理水平不高

在两化融合相关技术的渗透和融合中，目前我国制造企业、信息企业个体仍然存在不重视信息技术对企业管理模式和思维改造的问题。党的十六大提出两化融合以来，我国政府积极鼓励相关企业个体推进自身的信息化管理，部分企业也意识到信息化的企业管理思维和模式，能够有效地优化企业发展战略，提升组织管理效果，优化既有业务运营绩效，尤其是针对突破跨业务部门、跨管理层级的多个相关企业个体的"综合集成"，信息化管理将有效实现技术与管理的协调发展。但是，受限于我国当前信息化与工业化的既有发展水平，我国诸多两化融合相关企业个体，没有树立其信息化管理的理念和意识，同时受到信息化管理成本较高的影响，信息化、现代化、规范化的管理模式尚没有形成,且发展基础相对薄弱,进一步发展仍然受到较为明显的限制和制约。2015 年,我国仍有 49.8% 的企业尚处于基础建设阶段,35.6% 的企业处于单项应用阶段,两者占比已经接近 90%,[①] 可见,我国企业两化融合水平仍有很长的路要走。

### 4.3.2 信息产业创新能力不足且制造业智能化水平不高

**1. 制造业数字化、网络化、智能化水平不高**

在《中国制造 2025》中,我国政府明确指出制造业向着数字化网络化智能化方向转型升级,这也是我国两化融合的重要发展方向。但是,目前我国制造业的数字化网络化智能化发展水平不高,这在一定程度上制约了我国两化融合的推进。对于数字化来说,诸多制造企业还不能有效地将复杂多变的制造生产等相关信息,转变为可度量的数字和数据;基于这些搜集的数字和数据建立数字化模型的能力有待提升;针对模型得到的数据进行统一处理的计算机平台不够完备,需要依靠新一代信息技术及平台予以完善。对于网络化来说,一方面受限于当前我国信息化基础设施和网络协议的限制;另一方面受限于企业个体的计算机技术和通信技术的掌握水平,目前还没有形成能够整合大范围企业个体的、有效连接各地计算机和电子终端设备的互联网络体系。对于智能化来说,目前制造企业自身的技术水平有限,且没有很好地利用新一代信息技术、计算机技术等装备自身的生产制造过程,限制了两化融合的推进。

**2. 创新能力不足导致难以推进跨界式两化融合**

在以信息技术为代表的新一轮技术发展中,存在创新等多方面能力不足的问题。当前,以信息技术为代表的新一轮技术创新演进速度持续加快,互联网、物联网、云计算、大数据、3D 打印等技术不断演进发展,其在产业领域的快速渗透和深入应用,将为我国两化融合推进带来新的发展模式,激发新的业态和经济增长点出现。但是,我国信息技术创新成果产业化能力不足,工业电子和工业软件的核心技术严重依赖引

---

① 中国两化融合服务联盟:《全国两化融合发展数据地图》,2016 年 4 月 9 日。

进，缺乏行业整体解决方案，网络基础设施及应用服务远不能满足工业发展的需要，因而难以衍生出新的产业业态，长期受限于既有产业群落，难以找寻到新的两化融合推进点。另外，信息技术综合集成、整合共享面临重重阻力，跨行业、跨部门资源整合和协同共享停留在低端层次，大国大市场优势未能得到充分发挥，也制约了新业态的形成，影响跨界式两化融合的推进。

### 3. 信息产业"重硬件轻软件"难以支撑升级式两化融合

在信息化发展模式方面，目前我国的信息化还存在重硬件轻软件的现象，信息化的推进，需要购进大量的硬件、软件和相关服务。在发达国家，用户硬件、软件、服务的采购比例一般是各占1/3；而我国IT用户进行采购，硬件的比重达到了70%以上，软件比重仅为20%，而服务的比重更是低至10%。这说明我国软件技术发展相对落后，难以与工业企业的设备、产品、流程、管理、经营等环节进行有效融合。目前，我国基础软件开发能力薄弱，尤其在多核CPU、高效能计算机的操作系统、嵌入式软件等方面与国外存在较大差距，难以为制造业信息化提供有力支撑。另外，我国软件服务业发展相对滞后，难以为制造企业提供有效的信息技术解决方案，对其业务重组、再造和优化能力远远不够，阻碍了信息化与工业化的融合发展。信息产业"重硬件轻软件"的发展方式，使得制造业等产业群落难以实现对自身的改造升级，两化融合发展受到明显制约。

### 4. 产业国际价值链"低端锁定"制约两化融合推进

凭借劳动力、土地和自然资源等生产要素的成本优势，我国成为全球最具吸引力的制造加工地，制造企业以外包接受者的身份，通过代工（OEM、ODM）生产方式，积极融入全球价值链分工体系中，成为整个分工体系的重要组成部分。目前，我国已经成为全球最大的代工基地，家电、五金、纺织、皮革、玩具、陶瓷、计算机信息、集成电器、通信设备、运输设备等诸多产业代工规模相当可观，也为我国成为世界制造第一大国奠定了基础。但是，我国的诸多加工产业长期以来被锁定在全球价值链低端环节，即加工、制造环节，它们附加价值较低，盈利空间非常有限，且对资源、环境的压力较大，处于"微笑曲线"的中低端部分。在这样的背景下，我国两化融合的进一步推进受到了明显的制约和影响，亟待依靠我国产业的国际价值链跃升推进进一步发展。

### 4.3.3 政府决策、人才培养等外部环境有待进一步提升

**1. 两化融合地区差距较大提升了决策难度**

通过我国两化融合现状的梳理和绩效的测度，发现我国两化融合发展存在较大的差异性，这不仅体现在产业群落层面，如金融、钢铁、制造等处于工业化进程前端的产业，它们与信息技术、平台的融合程度较深；同时也体现在区域层面，如上海、北京等经济发展水平较高的地区，其计算机辅助设计、辅助制造和管理等在企业个体中的应用较多，部分大型工业企业通过信息技术改善自身的生产、管理和流通等环节，提高自身效益。相比之下，大部分经济发展相对落后的中西部地区，两化融合还处于相对较低的水平。这样的发展现实情况，对我国政府进行科学、有效的两化融合规划和决策提出了极高的要求。如何既能够充分把握各地区的经济、社会发展实际，又能够充分考虑当地目前的两化融合水平，是中央政府、地方政府亟待解决的问题。

**2. 两化融合高端复合人才相对匮乏**

两化融合战略落实的关键——复合型人才和全民信息素养有待提高。两化融合是发展方式转型、发展理念竞争的具体体现。两化融合人才队伍不仅是两化融合的开拓者，而且是两化融合理念落到实处的实践者。目前，两化融合人才的缺乏是其重要的制约因素之一。两化融合人才具有创新型人才、复合型人才和技能型人才的特点，需要建立科学的两化融合人才培育体系，促进高校、企业和政府三方联动，共同推进教育体系和社会培养机制改革，转变人才培养思路和观念，增强高等教育学科设置调整的灵活度，形成人才供需一体化机制，加强创新型人才、复合型人才培养。因此，当前的两化融合高端复合人才匮乏问题在一定程度上制约了两化融合的进一步推进。

**3. 两化融合评估系统准确性、及时性难以保证**

目前，我国政府非常重视两化融合的评估工作，在国家整体层面上，

成立中国电子信息产业发展研究院，每年发布全国及各省（区、市）的两化融合水平评估报告，明确当前我国两化融合发展水平；诸多地方政府结合自身的发展实际，也提出了两化融合的评估体系和方法，部分地区还将其作为政绩考核的重要指标加以推进。应该说，当前我国已经形成了较为完整的两化融合评估系统。但是，目前的两化融合评估系统存在一定的问题：第一，评估指标虽然较为全面，但没有及时调整，对新技术、新形态没有进行评估，因而评估的准确性受到影响；第二，评估存在一定的时滞性，评估的往往是去年的两化融合水平，无法实现及时性评估。因此，当前的两化融合评估系统在一定程度上无法准确、及时地评估两化融合水平，限制了两化融合的推进。

**4. 信息安全水平较低制约两化融合推进**

目前，我国信息安全水平相对较低，这一方面体现在信息安全投资分布上，我国投资集中在基础设施更新，硬件产品性能和功能已经能够与国外相关产品相抗衡，而在信息安全软件方面距离国外存在较大的差距；另一方面，我国信息安全市场的服务体系不够完善，不仅信息服务产值比重较低，而且信息安全规划、测度等环节较为薄弱，没有为信息安全的持续提升与发展提供有效支撑。另外，在互联网时代，移动办公已经越来越普及，但随之而来的移动安全问题也逐步凸显，例如，没有加密的无线网络导致的外来入侵；恶意手机App引致的信息安全隐患等。目前，我国企业在移动安全市场上仍处于起步阶段，部分企业率先部署自身移动平台，之后再实施安全保护，部分企业则同时部署应用和安全；总体上主要集中在身份管理、访问控制、移动设备管理及数据保护等方面。在这样的背景下，使我国两化融合推进受到了较为明显的限制。

## 4.4 本章小结

本章对我国信息化与工业化融合的历史演进和推进现状进行定性分析，并提炼出制约我国两化融合发展的主要因素。研究发现，我国信息化与工业化的融合发展，是逐步推进、循序渐进的系统性发展过程，既经历时间维度的不断演进，也推进实施层面融合层级的逐步升级；通过时间维度的不断演进落实在各实施层面，有效地推进两化融合进程。自2002年提出两化融合以来，我国两化融合发展经历了四个阶段，即前期建设阶段、战略提升阶段、试点发展阶段和全面深化阶段，各阶段两化融合的发展侧重点也有所不同。

就当前我国两化融合的推进现状来看，企业个体两化融合向集成提升阶段稳步迈进，信息技术对传统企业改造升级成效显著，两化融合管理体系得到推广普及，试点示范企业引领生产方式持续变革；传统制造产业受信息技术改造成效显著，初步形成互联网与工业融合创新模式，重点行业典型工程试点推动两化融合，制造业、信息业的产业结构不断优化；区域层面来看，我国两化深度融合政策体系不断健全，营造公平有序市场环境，形成具有我国特色的评估技术标准，初步形成两化融合人才培育与激励机制，试验区及示范基地建设成效显著。各地区结合自身的发展实际情况，进行了积极探索，并形成了各具特色的发展模式。

目前，我国两化融合发展的环境发生明显变化，全球工业格局正在发生重构，技术革命对工业发展产生根本性变革；中国经济发展步入"新时代"，建设制造强国任务艰巨而紧迫，抓住新一代技术革命、工业革命实现赶超式发展迫在眉睫。只有将两化融合战略融入国际发展大环境，并与国内"互联网+""中国制造2025"等战略协同推进，才能取得良好的发展成效。

目前，我国两化融合推进仍受到部分因素的制约，如企业个体相互合作程度较低，信息化对企业生产环节的改造进程较为缓慢，信息化管理水平不高；制造业数字化网络化智能化水平不高，创新能力不足，信息产业"重硬件轻软件"，产业国际价值链"低端锁定"；地区两化融合水平差距较大提升决策难度，高端复合人才相对匮乏，评估系统准确性、及时性难以保证，信息安全水平较低等。

# 第 5 章

# 我国信息化与工业化融合绩效实证分析

从第 4 章的推进现状分析可以看出,自 2002 年以来我国在两化融合推进方面进行积极尝试,并取得了较为突出的成效,但这只是从定性方面的分析,缺乏定量方面的进一步考察与佐证。因此,本章通过多种数理模型等定量分析方法,分别测度企业个体、产业群落和区域系统三个层面的两化融合绩效水平;进一步运用相关计量回归模型,验证第 3 章融合机理的相关结论。

## 5.1 我国信息化与工业化融合绩效水平统计分析

为了能够从统计角度对我国两化融合绩效水平进行分析,本节利用中国电子信息产业发展研究院在两化融合测度方面统计的相关数据,对 2011 年以来我国两化融合绩效进行综合分析。[①]

### 5.1.1 我国两化融合整体绩效水平分析

如图 5-1 所示,2011~2016 年我国两化融合绩效水平得到持续提升,两化融合指数由 2011 年的 52.73 上升到 2016 年的 75.75,年复合增长率达

---

[①] 由于《中国信息化与工业化融合发展水平评估报告》自 2011 年才开始统计、发布,因此没有对在此之前年份的两化融合绩效进行统计分析。

到 7.51%，体现出良好的提升态势。从三个具体指数来看，基础环境指数由 2011 年的 52.93 上升到 2016 年的 85.44，年复合增长率达 10.05%，成为拉动我国两化融合绩效水平的最主要动力；工业应用指数由 2011 年的 50.26 上升到 2016 年的 66.80，年复合增长率达到 3.05%；应用效益指数由 2011 年的 57.47 上升到 2016 年的 83.97，年复合增长率达到 7.88%。

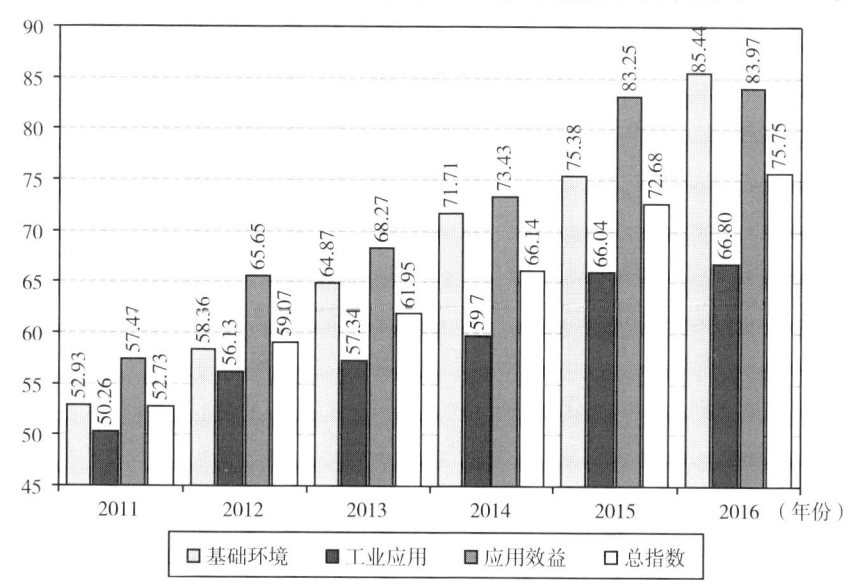

**图 5-1　2011~2016 年我国两化融合绩效指数提升趋势**

资料来源：作者根据中国电子信息产业发展研究院《中国信息化与工业化融合绩效水平评估报告》整理而得。下同。

虽然我国两化融合绩效保持良好的提升态势，但从内部各指数对两化融合绩效水平的提升作用来看，却存在着明显差距。

第一，基础环境指数是提升我国两化融合绩效的最主要因素，其年复合增长率超过两化融合增长率 2.54 个百分点。说明我国两化融合主要依靠基础硬件环境的完善与提升，如固定宽带普及率、移动电话普及率、互联网普及率、中小企业信息化服务平台数等。近年来我国出台的《"宽带中国"战略及实施方案》《关于促进信息消费扩大内需的若干意见》及工信部发布的《信息化和工业化深度融合专项行动计划（2013—2018 年）》等一系列发展战略，有效促进了两化融合基础环境的改善。在政府的大力推进下，我国开展了城市宽带提速、宽带体验提升等多项信息化基础设施提升行动，各地方政府积极响应中央号召，大力开展信息化配套基础设施建设。因此，我国两化融合基础环境获得显著提升，并成为拉动两化融合绩效水平的最主要驱动力。

第二，工业应用指数是限制我国两化融合绩效水平提升的主要因素，其年复合增长率比两化融合增长速度还要低4.46个百分点。说明虽然我国工业企业应用先进信息技术保持增长的态势，但却难以跟上两化融合基础环境和应用效益的发展需求，工业应用水平成为限制我国两化融合的主要"瓶颈"。具体来看，我国重点行业典型企业ERP普及率、MES普及率、PLM普及率、SCM普及率等增长速度不尽人意，亟待进一步提升。

第三，应用效益指数是拉动我国两化融合绩效水平的比较主要的因素，其年复合增长率超过两化融合增长速度0.37个百分点。说明我国工业企业通过应用先进的信息技术，较为明显地提升了自身经济效益，宏观表现出来就是工业增加值占GDP比重、第二产业全员劳动生产率、电子信息制造业主营业务收入等指标不断上升。虽然应用效益是提升两化融合绩效的重要因素，但其增长的速度接近两化融合增长速度，说明提升作用不够明显，还需要进一步提升。

总体来看，自2011年以来，我国两化融合基础环境明显改善，重要工业企业信息系统加速普及，信息化应用效益提升明显，两化融合绩效水平保持较好的提升态势。从内部拉动力来看，当前两化融合绩效水平提升主要是依靠基础设施的推动作用，应用效益也发挥了一定的推进作用，但工业应用是限制绩效提升的主要因素，今后应该针对如何提升工业企业的应用水平采取有效措施。

### 5.1.2 我国区域两化融合绩效水平分析

**1. 区域两化融合绩效水平整体差异分析**

（1）各省份两化融合绩效水平差异分析。

2015~2016年，我国全国及各省份两化融合总绩效指数如图5-2所示。

第一，总体绩效水平分析。2016年，我国两化融合绩效水平位于前列的省份有广东、浙江、江苏、北京、上海、山东、福建、安徽、天津等，它们是我国两化融合发展的第一梯队。这些省份大都是东部沿海省份，自身社会、经济发展水平较高，信息化建设水平较高，固定宽带普及率、移

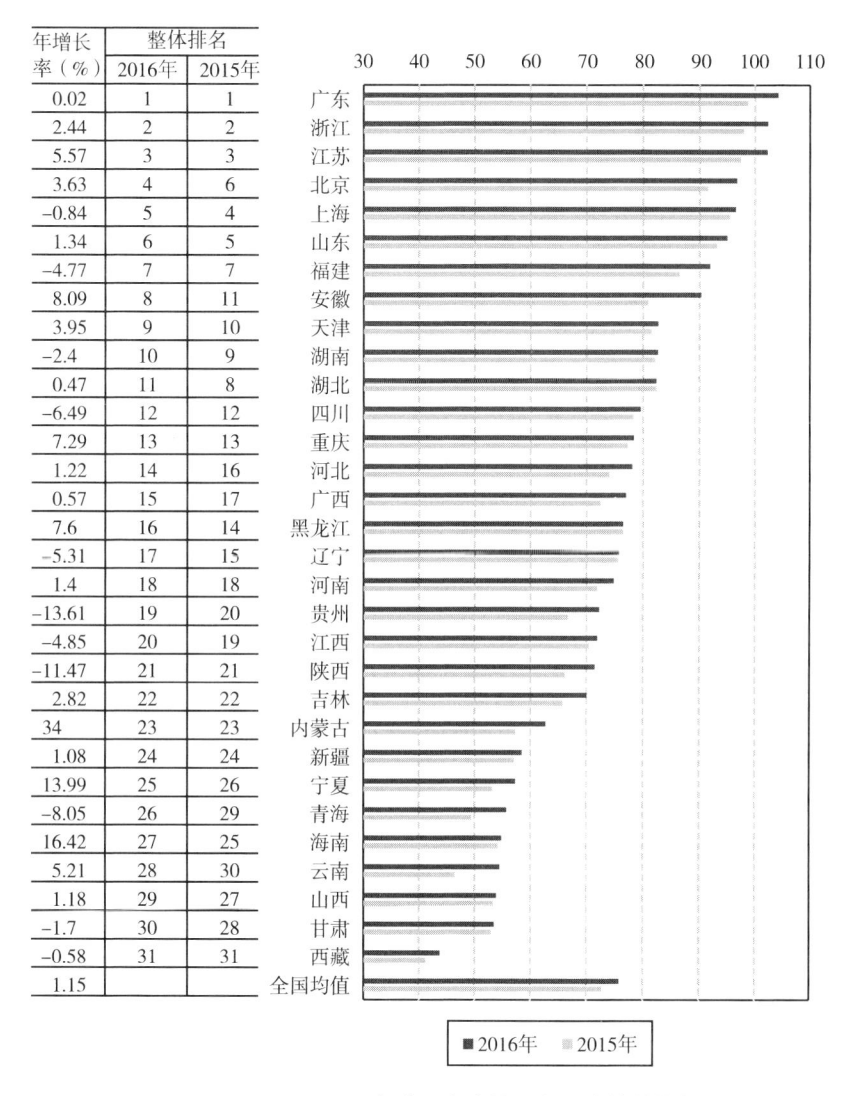

| 年增长率(%) | 整体排名 2016年 | 整体排名 2015年 | 省份 |
|---|---|---|---|
| 0.02 | 1 | 1 | 广东 |
| 2.44 | 2 | 2 | 浙江 |
| 5.57 | 3 | 3 | 江苏 |
| 3.63 | 4 | 6 | 北京 |
| -0.84 | 5 | 4 | 上海 |
| 1.34 | 6 | 5 | 山东 |
| -4.77 | 7 | 7 | 福建 |
| 8.09 | 8 | 11 | 安徽 |
| 3.95 | 9 | 10 | 天津 |
| -2.4 | 10 | 9 | 湖南 |
| 0.47 | 11 | 8 | 湖北 |
| -6.49 | 12 | 12 | 四川 |
| 7.29 | 13 | 13 | 重庆 |
| 1.22 | 14 | 16 | 河北 |
| 0.57 | 15 | 17 | 广西 |
| 7.6 | 16 | 14 | 黑龙江 |
| -5.31 | 17 | 15 | 辽宁 |
| 1.4 | 18 | 18 | 河南 |
| -13.61 | 19 | 20 | 贵州 |
| -4.85 | 20 | 19 | 江西 |
| -11.47 | 21 | 21 | 陕西 |
| 2.82 | 22 | 22 | 吉林 |
| 34 | 23 | 23 | 内蒙古 |
| 1.08 | 24 | 24 | 新疆 |
| 13.99 | 25 | 26 | 宁夏 |
| -8.05 | 26 | 29 | 青海 |
| 16.42 | 27 | 25 | 海南 |
| 5.21 | 28 | 30 | 云南 |
| 1.18 | 29 | 27 | 山西 |
| -1.7 | 30 | 28 | 甘肃 |
| -0.58 | 31 | 31 | 西藏 |
| 1.15 |  |  | 全国均值 |

**图 5-2　2015~2016 年我国各省份两化融合绩效指数**

动电话普及率、互联网普及率等均居于全国前列，两化融合基础环境良好；工业企业注重运用先进信息技术装备自身的生产和管理，地方政府重视强化工业应用实现产业转型升级，企业对 ERP、MES、PLM、SCM 等系统的应用普及率较高，电子商务绩效水平较高；与此同时，这部分省份的企业创新能力较强，敢于尝试先进的信息技术；信息产业发展水平较高，为两化融合应用效益提升提供坚实的基础。

处于发展第二梯队的省份有湖南、湖北、四川、重庆、河北、广西、黑龙江、辽宁、河南、贵州、江西、陕西等。这部分省份已经培育起具有自身特色的产业体系，经济发展水平处于全国中上水平，信息化建设成果较为显著，为两化融合发展提供较好的硬件支持。同时，地方政府重视企业对先进信息技术的运用，强调依靠信息技术推进自身产业的转型升级，提升工业企业运用先进信息技术的普及率。另外，各省市重视自身工业企业应用信息技术的效益，强调企业创新能力的培育，部分省份的信息产业发展态势良好，也为其两化融合绩效水平的提升奠定良好基础。

吉林、内蒙古、新疆、宁夏、青海、海南、云南、山西、甘肃、西藏，这10个省份两化融合绩效水平相对较低，融合绩效相对处于落后水平。这主要受三个方面因素的影响：其一，部分省份受限于前期的发展基础薄弱，经济、社会发展水平都有待于进一步提升，信息化建设成果虽然较为显著，但仍然无法全面满足工业企业的实际需求；其二，部分省份重点以农业、服务业作为发展重点，如海南的旅游业、新疆的农业等，对工业的发展动力不足，缺乏工业化与信息化融合发展的积极性，政府扶持力度有限；其三，部分省份自然环境相对较为恶劣，进行信息化、工业化建设的成本远高于其他地区，使其两化融合发展受到限制。

第二，绩效提升速度分析。从提升速度来看，2016年我国各省份两化融合绩效都取得了不同程度的提升，整体保持了较好的提升态势，但各省份的提升速度差距较大。具体来看，增长最快的省份是山西，其年增长率达17.09%，年增长率超过10%的省份还有青海和河北。山西积极发挥政策引领作用，通过两化融合推进自身去产能、调结构的改革要求；全面推进三网融合，大同、泉阳确定为推广阶段双向开展地区；软件产业发展环境进一步完善，成立了大数据发展领导小组；省内出口带宽指数和固定宽带端口平均速率大幅增长，并有9家企业通过两化融合管理体系贯标认定验收。青海提出五大"互联网+"工业创新示范工程，44项两化融合重点项目快速推进，带动投资达7亿元；7家企业列为省级两化融合贯标试点企业；成立全省两化融合发展水平评估指标体系，建设首个两化融合统计分析平台；协调基础电信运营商和软件服务企业服务工业企业。河北借力京津冀战略及雄安新区国家规划，两化融合基础环境得到大幅提升，同时推进电子信息产业、大数据云计算产业、物联网应用产业等发展，创建京津冀大数据综合试验区，中小企业公关服务平台数明显增加，支撑产业集聚发展。另外，超过全国年均增长率（4.22%）的省份还有新疆、天津、贵州、海南、吉林、西藏、江西、上海、江苏、广东、四川、北京、浙江，它们受益于国家大力推进信息化建设的趋势，各地方政府结合自身特点与优势，全面推进自身两化融合建设，在之前的基础上取得较为显著的提升。绩效提升速度慢于我国平均水平的省份有黑龙江、湖北、山东、广西、宁夏、辽宁、甘肃、内蒙古、陕西、福建、云南、重庆、安徽、河南、湖南。这部分省份两化融合发展速度较慢的原因较为庞杂，部分省份是因为前期两化融合基础相对较差，其发展速度受到限制；部分省份虽然前期发展良好，但在相对较高的两化融合绩效水平上遇到发展"瓶颈"。

（2）东、中、西部两化融合绩效水平差异分析。

按照我国东、中、西部省份的划分，进一步分析三个区域两化融合绩效水平的发展差异，如图5-3所示。2011~2016年，我国东、中、西部两化融合绩效水平都保持稳步提升的态势，但提升速度有所不同。按照年复合增长率来计算，东部地区2011年至2016年的增长率为6.71%，中部地区为7.18%，西部地区为8.41%。可见，虽然目前东部地区的两化融合绩效水平明显高于中部和西部地区，但后两者保持了更高的增速，尤其是西部地区，它们与东部地区的差距正在逐步缩小。

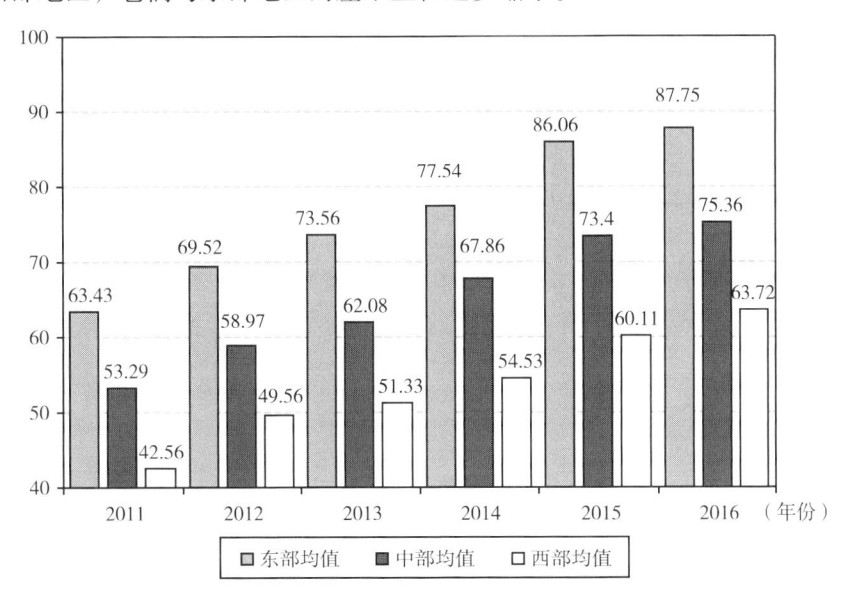

图5-3 2011~2016年我国东部、中部、西部两化融合绩效均值

## 2. 区域两化融合绩效水平内部差异分析

近年来，我国各省份两化融合绩效水平保持较好的提升态势，各省份虽然增长速度不一，但都获得了不同程度的提升与深化。在此，进一步根

据中国电子信息产业发展研究院的相关统计数据，从基础环境、工业应用和应用效益三个方面分析我国各省份两化融合绩效的提升情况。

（1）基础环境绩效差异分析。

如图5-4所示，2016年我国两化融合基础环境得到了较为显著的提升，由2015年的75.38提升到85.44，增长率达到了13.35%，远远超过工业应用指数和应用效益指数的增长速度。这是各地方政府积极响应中央政府信息化建设号召，全面推进城市宽带提速、宽带体验提升的真实反映。

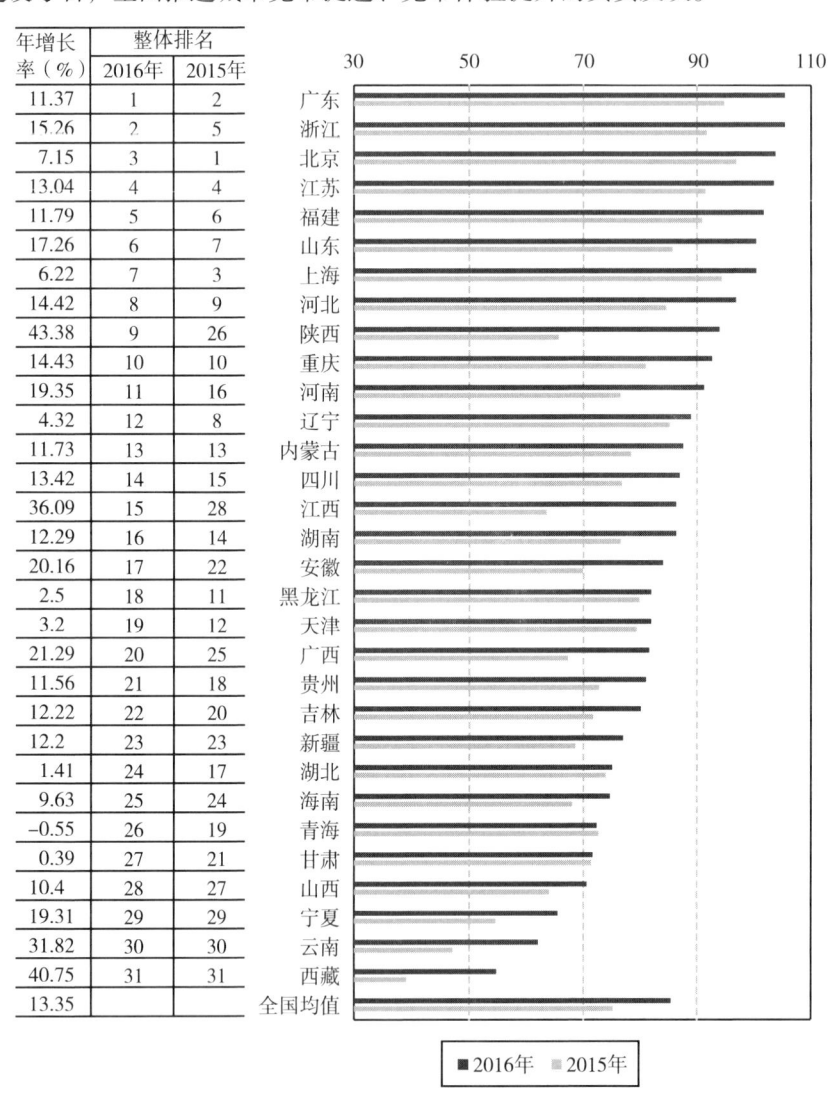

| 年增长率（%） | 整体排名 2016年 | 整体排名 2015年 | 省份 |
|---|---|---|---|
| 11.37 | 1 | 2 | 广东 |
| 15.26 | 2 | 5 | 浙江 |
| 7.15 | 3 | 1 | 北京 |
| 13.04 | 4 | 4 | 江苏 |
| 11.79 | 5 | 6 | 福建 |
| 17.26 | 6 | 7 | 山东 |
| 6.22 | 7 | 3 | 上海 |
| 14.42 | 8 | 9 | 河北 |
| 43.38 | 9 | 26 | 陕西 |
| 14.43 | 10 | 10 | 重庆 |
| 19.35 | 11 | 16 | 河南 |
| 4.32 | 12 | 8 | 辽宁 |
| 11.73 | 13 | 13 | 内蒙古 |
| 13.42 | 14 | 15 | 四川 |
| 36.09 | 15 | 28 | 江西 |
| 12.29 | 16 | 14 | 湖南 |
| 20.16 | 17 | 22 | 安徽 |
| 2.5 | 18 | 11 | 黑龙江 |
| 3.2 | 19 | 12 | 天津 |
| 21.29 | 20 | 25 | 广西 |
| 11.56 | 21 | 18 | 贵州 |
| 12.22 | 22 | 20 | 吉林 |
| 12.2 | 23 | 23 | 新疆 |
| 1.41 | 24 | 17 | 湖北 |
| 9.63 | 25 | 24 | 海南 |
| -0.55 | 26 | 19 | 青海 |
| 0.39 | 27 | 21 | 甘肃 |
| 10.4 | 28 | 27 | 山西 |
| 19.31 | 29 | 29 | 宁夏 |
| 31.82 | 30 | 30 | 云南 |
| 40.75 | 31 | 31 | 西藏 |
| 13.35 |   |   | 全国均值 |

图5-4　2015~2016年基础环境绩效指数发展情况

第一，绩效水平分析。虽然整体两化融合绩效水平保持较高的提升速度，但从不同省份来看，差距较为明显。从当前绩效水平来看，广东、浙江、北京、江苏、福建、山东、上海、河北等省份，两化融合基础环境明显优于全国平均水平，说明这些省份注重对两化融合基础设施的建设，经过信息化建设已拥有较为完整的网络基础设施体系，网络设施建设水平较高，宽带网络覆盖率较高，企业信息化服务平台较多，两化融合基础设施条件良好。陕西、重庆、河南、辽宁、内蒙古、四川、江西、湖南、安徽等省份处于中游水平，说明地方政府在两化融合基础设施建设方面进行了努力，但受限于各自发展环境和先前基础的影响，提升空间还有待于进一步扩大。青海、甘肃、山西、宁夏、云南、西藏等省份排名靠后，说明它们的两化融合基础环境提升缓慢，这可能是因为其目前的网络基础设施等建设水平本来就低于全国水平，且受限于自然条件的限制，进行基础设施建设的成本相对更高。

第二，提升速度分析。从增长率来看，基础环境指数增长最快的省份是陕西，年增长率达到了43.38%，指数排名由2015年的第26位跃升到2016年的第9位，实现了跨越式的提升与发展。究其原因，陕西在2016年全面实施两化融合项目引领和典型示范作用，综合服务平台、工业云平台、工业数据库等项目快速推进；省城域网带宽指数、固定宽带端口平均速率、固定宽带普及率等普遍大幅上升；设立两化融合专项引导资金，促进中小企业信息化服务平台指数快速提升。西藏、江西、云南、广西、安徽的增长率也达到了20%以上，体现出很好的发展态势。这些省份的共同特点就是之前的基础环境相对较差，在地方政府积极响应国家信息化建设号召采取大力支持后，信息化基础环境获得了明显改善。提升较为缓慢、没有达到10%的省份有海南、北京、上海、辽宁、天津、黑龙江、湖北、甘肃、青海等，其中一部分省份为当前两化融合基础环境较好的省份，它们经过前期的基础设施建设，具备较高的基础设备覆盖率，地方政府在进一步推进方面缺乏动力，使其提升效果不明显；另一部分则受限于自身的前期基础和环境条件，同时自身推进意识和能力也有所欠缺，造成两化融合基础环境改善不够显著。

（2）工业应用绩效差异分析。

如图5-5所示，我国两化融合工业应用指数由2015年的66.04，提升到2016年的66.8，年增长率为1.15%，保持了一定的提升态势。这主要得益于在中央政府的大力号召下,各省份积极推进企业信息化建设,全面开展"互联网+工业""云制造"等先进信息技术与工业企业融合发展的试点、重点工程,显著提升了企业信息化应用水平。但整体来看,工业应用指数是两化融合三个指数中增速较慢的,这也在一定程度上反映出当前企业应用信息技术范围不广、层次不高、深度不足等问题,是制约我国两化融合绩效水平的重要因素。

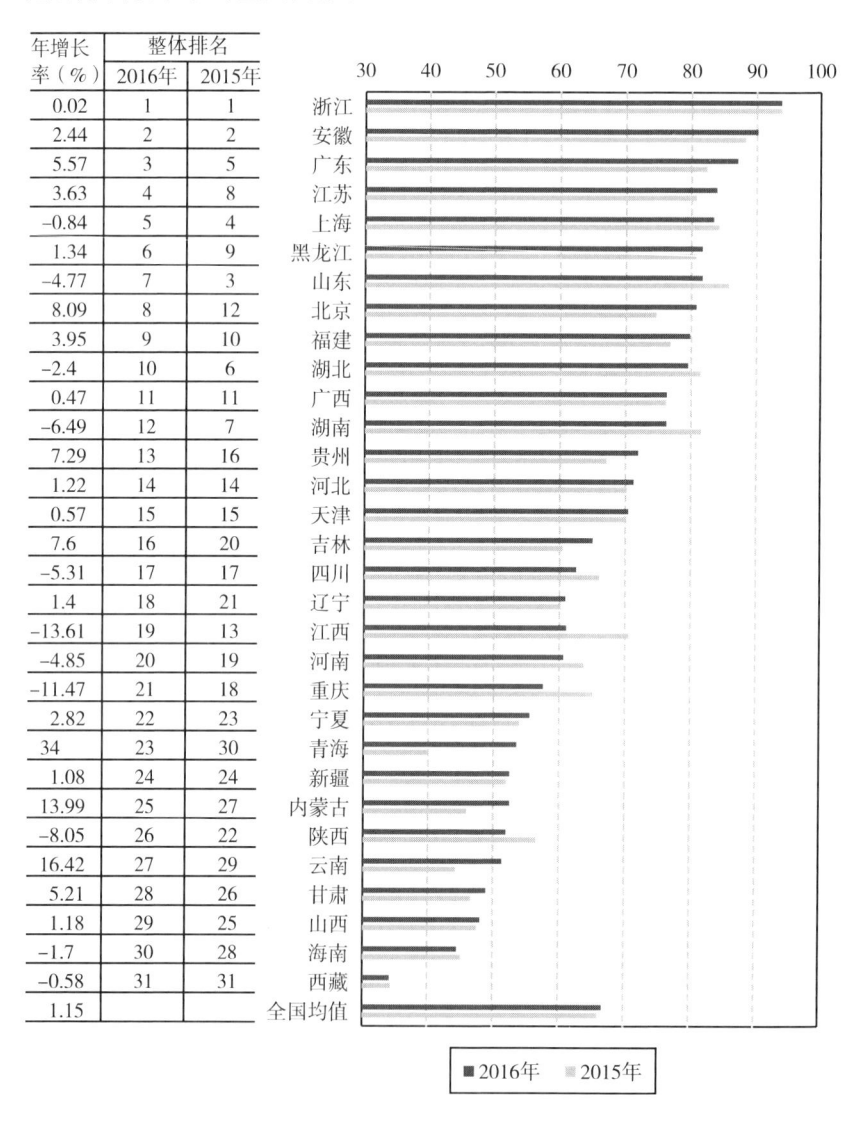

| 年增长率(%) | 整体排名 2016年 | 整体排名 2015年 | 地区 |
|---|---|---|---|
| 0.02 | 1 | 1 | 浙江 |
| 2.44 | 2 | 2 | 安徽 |
| 5.57 | 3 | 5 | 广东 |
| 3.63 | 4 | 8 | 江苏 |
| -0.84 | 5 | 4 | 上海 |
| 1.34 | 6 | 9 | 黑龙江 |
| -4.77 | 7 | 3 | 山东 |
| 8.09 | 8 | 12 | 北京 |
| 3.95 | 9 | 10 | 福建 |
| -2.4 | 10 | 6 | 湖北 |
| 0.47 | 11 | 11 | 广西 |
| -6.49 | 12 | 7 | 湖南 |
| 7.29 | 13 | 16 | 贵州 |
| 1.22 | 14 | 14 | 河北 |
| 0.57 | 15 | 15 | 天津 |
| 7.6 | 16 | 20 | 吉林 |
| -5.31 | 17 | 17 | 四川 |
| 1.4 | 18 | 21 | 辽宁 |
| -13.61 | 19 | 13 | 江西 |
| -4.85 | 20 | 19 | 河南 |
| -11.47 | 21 | 18 | 重庆 |
| 2.82 | 22 | 23 | 宁夏 |
| 34 | 23 | 30 | 青海 |
| 1.08 | 24 | 24 | 新疆 |
| 13.99 | 25 | 27 | 内蒙古 |
| -8.05 | 26 | 22 | 陕西 |
| 16.42 | 27 | 29 | 云南 |
| 5.21 | 28 | 26 | 甘肃 |
| 1.18 | 29 | 25 | 山西 |
| -1.7 | 30 | 28 | 海南 |
| -0.58 | 31 | 31 | 西藏 |
| 1.15 | | | 全国均值 |

图 5-5 2015~2016 年工业应用绩效指数发展示意

第一,绩效水平分析。从各省份的工业应用来看,浙江、安徽、广东、江苏、上海、黑龙江、山东、北京等省份的水平较高,远超全国平均水平,说明这些省份注重培养自身企业应用信息技术的能力,通过财政支持等方式鼓励企业使用、推广信息技术,如ERP、MES、PLM及SCM等,信息技术改造和提升传统产业效果较为显著,加快了我国工业转型升级的步伐,企业信息化应用水平发展态势良好,信息化技术覆盖率较高。贵州、河北、天津、吉林、四川、辽宁、江西、河南等省份的工业应用水平处于中等水平,说明在推进企业普及信息技术应用方面获得了一定的提升,但提升效果还应进一步深化。云南、甘肃、山西、海南、西藏等省份是工业应用靠后的省份,一方面,除了海南以发展旅游业等服务业为主,以及山西以能源和原材料为主的重型工业转型以外,其他地区受限于其本来就不发达的工业,难以为先进信息技术应用创造有效的市场需求,信息技术对传统工业改造提升的推进步伐较缓慢;另一方面,地方政府扶持力度不够,导致短期内很难快速提升企业工业应用能力。

第二,提升速度分析。从各省份的工业应用增长率来看,各省份表现出极大的反差。青海是工业应用提升最快的省份,其年增长率达到了34%,排名由2015年的第30位提升到第23位。这主要是因为青海省政府积极制定《关于深化制造业与互联网融合发展的实施意见》等十余个发展规划与文件,协调推动高新技术产业基地,国家软件、集成电路等企业快速发展;投入高额资金支持ERP生产管理平台等11个重点软件项目,全球首个藏文搜索引擎上线;多项电子信息制造重点项目启动,预计撬动投资近21亿元。云南、内蒙古的工业应用增长率也超过了10%,两省份紧紧围绕工业云、工业互联网、企业大数据等开展建设,借力龙头企业的带动,全面推进新一代信息技术在工业企业的研发设计、工业生产、经营管理等领域的应用力度和深度。北京、吉林、贵州、广东、甘肃、福建、江苏等省份,同样保持了较高的工业应用增长率,增速明显超过全国平均水平,对推进全国工业应用水平的提升做出了积极贡献。但是,工业应用指数在很多省份出现负向增长,包括江西、重庆、陕西、湖南、四川、河南、山东、湖北、海南等11个省份。究其原因,部分省份(如陕西等)在自身工业化建设的过程中,对已有和新建工业企业的信息化建设重视程度不够,投入的相关资金、人员不足,导致企业应用ERP、MES、PLM及SCM等信息系统的水平不高;伴随着市场环境竞争程度日趋激烈,部分省市（如重庆等）的信息技术开发与创新能力不足，导致应用信息技术企业面临破产等问题；另外，部分省份原本信息产业发展就相对落后（如江西等），导致其工业应用指数难以提升。

（3）应用效益绩效差异分析。

如图5-6所示，2016年我国两化融合应用效益指数得到一定提升，年增长率为0.72%。两化融合应用效益的发展得益于以下两个方面：一是电子信息产业、软件和信息服务业在政府的大力扶持下获得快速发展，这同时也提升了两化融合应用效益；二是我国工业企业的创新意识和创新能力不断增强，企业自身积极应用先进信息技术改造自身生产与管理。但是也应该看到，2015年我国两化融合应用效益指数增幅为9.82%，远超2016年的增幅，这主要是因为两化融合加快了我国制造业服务化的进程，导致服务业增加值占GDP电费比重不断提升；另外则是由于工业领域劳动力成本的不断攀升。

第一，绩效水平分析。从当前各省份的应用效益绩效水平来看，江苏、广东、北京、上海、浙江、山东、天津等省市的水平明显高于全国平均水平。这得益于以下三个方面：其一，这些东部地区省份的工业企业竞争力较强，具备较强的创新能力，能够运用先进的信息技术装备生产与管理；其二，这些地区的信息产业发展相对较好，为应用效益提升提供较为坚实的基础；其三，地方政府希望通过两化融合实现产业转型升级，借助于两化融合实现自身新旧动能转化，提高自身经济效益，因而加大对工业企业应用效益的支持。湖南、陕西、安徽、河南、江西、吉林等省份的应用效益水平处于全国平均水平，说明其在信息产业发展、工业企业自身创新能力方面有待进一步提升。海南、云南、宁夏、甘肃、西藏、青海等省份明显低于全国平均水平，这主要是因为其电子信息和软件业发展较慢，不仅产业规模小，且创新能力相对较差。

第二，提升速度分析。从增长率来看，各省份应用效益指数的增长较为平稳。增速最快的省份是重庆和贵州，两地的年增长率依次为7.65%和6.35%。重庆一直以来重视互联网与制造业的有效融合，已在汽车、（智能）装备制造、消费品等诸多领域实现融合渗透，使得其工业产值得到提升，同时促进了电子信息制造业的快速发展。贵州更具典型性，虽然地处西部，但是贵州统筹开展大数据战略行动，奠定其在全国大数据产品的标准制定地位；实施"千企改造"工程，要求企业积极运用新一代信息技术

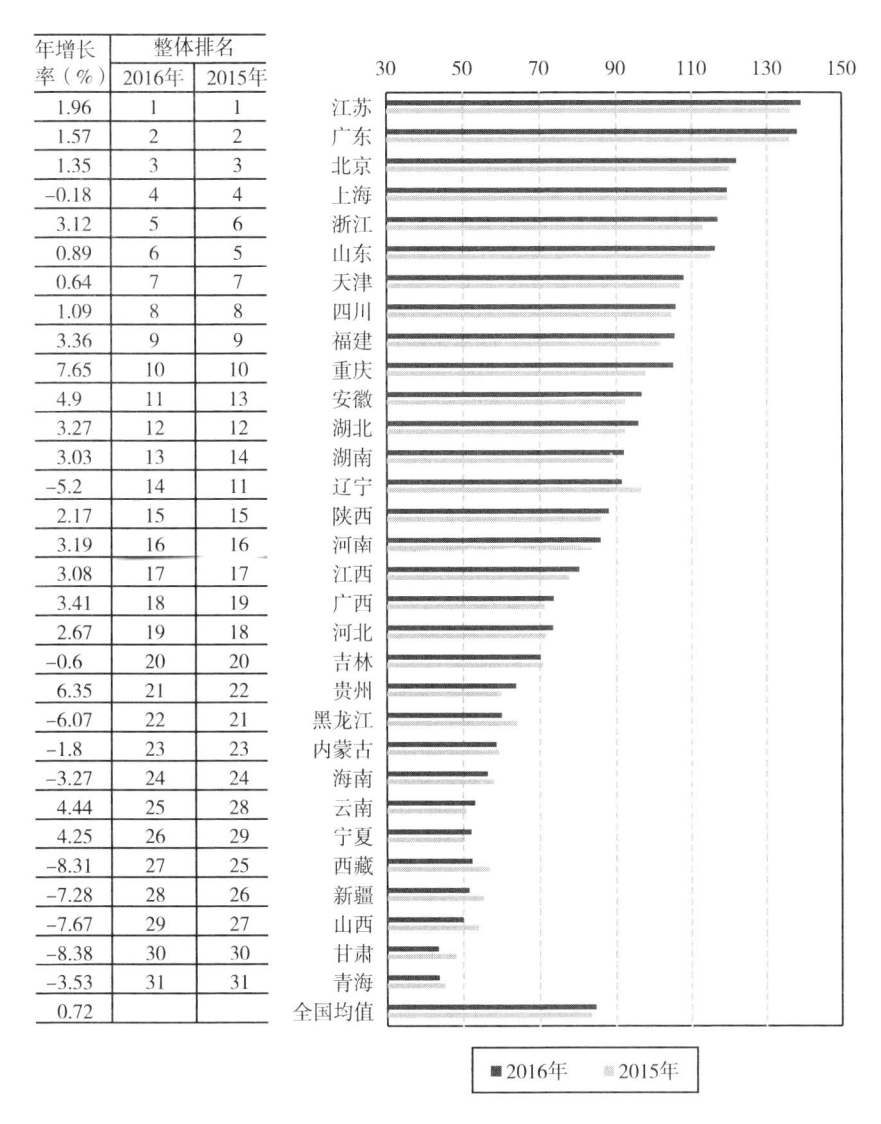

| 年增长率(%) | 整体排名 2016年 | 整体排名 2015年 | 地区 |
|---|---|---|---|
| 1.96 | 1 | 1 | 江苏 |
| 1.57 | 2 | 2 | 广东 |
| 1.35 | 3 | 3 | 北京 |
| -0.18 | 4 | 4 | 上海 |
| 3.12 | 5 | 6 | 浙江 |
| 0.89 | 6 | 5 | 山东 |
| 0.64 | 7 | 7 | 天津 |
| 1.09 | 8 | 8 | 四川 |
| 3.36 | 9 | 9 | 福建 |
| 7.65 | 10 | 10 | 重庆 |
| 4.9 | 11 | 13 | 安徽 |
| 3.27 | 12 | 12 | 湖北 |
| 3.03 | 13 | 14 | 湖南 |
| -5.2 | 14 | 11 | 辽宁 |
| 2.17 | 15 | 15 | 陕西 |
| 3.19 | 16 | 16 | 河南 |
| 3.08 | 17 | 17 | 江西 |
| 3.41 | 18 | 19 | 广西 |
| 2.67 | 19 | 18 | 河北 |
| -0.6 | 20 | 20 | 吉林 |
| 6.35 | 21 | 22 | 贵州 |
| -6.07 | 22 | 21 | 黑龙江 |
| -1.8 | 23 | 23 | 内蒙古 |
| -3.27 | 24 | 24 | 海南 |
| 4.44 | 25 | 28 | 云南 |
| 4.25 | 26 | 29 | 宁夏 |
| -8.31 | 27 | 25 | 西藏 |
| -7.28 | 28 | 26 | 新疆 |
| -7.67 | 29 | 27 | 山西 |
| -8.38 | 30 | 30 | 甘肃 |
| -3.53 | 31 | 31 | 青海 |
| 0.72 | | | 全国均值 |

图 5-6  2015~2016年应用效益指数发展情况

实现自身转型升级；积极开展智能制造试点，电子信息等产业提质增效明显。安徽、云南、宁夏、广西、福建、湖北、河南、浙江、江西、湖南、吉林等省份两化融合应用效益指数增幅也明显高于全国平均水平。它们注重依靠先进的信息技术改造自身工业，工业增值、第二产业全员劳动生产率、工业专利量等有明显提升；同时，部分省份，如安徽、江西等，积极发展信息产业，在一定程度上提升了应用效益指数。甘肃、西藏、山西、新疆、黑龙江、辽宁、青海、海南等11个省份两化融合应用效益指数出现了负增长，除了辽宁受限于制造业转型升级困境之外，其他省份的工业水平普遍相对较低，第二产业劳动生产率较低，且电子信息制造产业相对较为落后，这些因素都导致其两化融合应用效益指数的下滑。

## 5.2 基于企业及产业层面的信息化与工业化融合绩效测度

由第3章的工业化与信息化机理分析可知，企业个体、产业群落的相互作用和影响，对我国两化融合的推进至关重要。我们选择以天津市作为研究对象，从天津市八大支柱产业（除国防科技）①，以及两化融合产生的新兴业态，如工业电子产业，选择800家企业作为调研对象进行研究。首先，运用DEA测度各家企业在2016年的整体绩效值；之后，运用倾向得分匹配的方法，基于反事实匹配的思想，根据能够解释"进行两化融合"与"没有进行两化融合"企业个体差异的共同影响因素，选择出对照组企业个体样本；最后，将处理组与对照组的绩效值做差处理，明确由两化融合带来企业个体绩效的变动，即两化融合绩效值，具体的测度研究思路如图5-7所示。

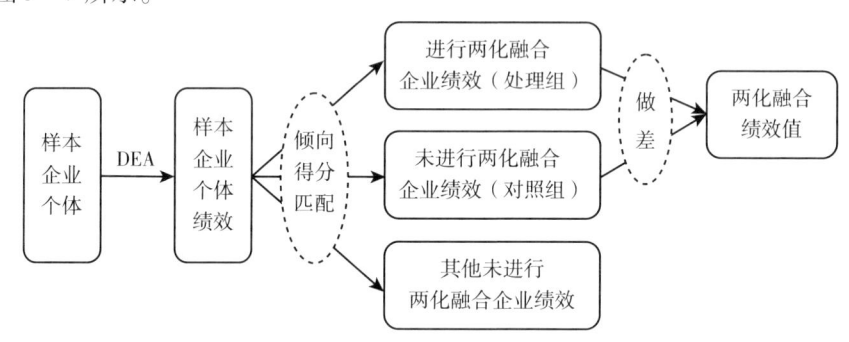

图5-7 企业个体层面两化融合绩效测度思路示意

---

① 2011年，天津市政府颁布《天津市工业经济发展"十二五"规划》，指出重点发展航空航天、石油化工、装备制造、电子信息、生物医药、新能源新材料、轻工纺织、国防科技八大优势支柱产业。由于国防科技产业中的部分企业涉及国家机密，在此没有对该产业的企业进行调研与分析。

## 第5章 我国信息化与工业化融合绩效实证分析

在此说明为什么将企业个体层面与产业群落层面的两化融合绩效放在一起分析。第一，企业个体是产业群落的基本构成单元，产业群落正是诸多企业个体集聚产生的。在进行调查分析时，对天津市主要产业的企业个体进行随机调查与绩效分析；同时，各产业内企业个体绩效的平均水平能较好地反映该产业的两化融合绩效水平。第二，从第3章看出，企业个体与产业群落的演化行为具有较大的相似性，例如竞争、合作等，便于结合起来分析各种行为对两化融合绩效的影响。

### 5.2.1 研究样本的统计性描述

为了能够较为客观地测度由两化融合引起的企业个体绩效水平值，随机选取800家天津市企业个体进行调查分析，以了解其两化融合基本发展状况并获得进行绩效测度的相关数据。

从企业个体的产业和地区分布来看，本着随机抽样的原则，一定程度上考虑各产业企业个体的总数量，从天津市八大支柱产业中除了国防科技以外的七大产业，以及由于推进两化融合而产生的新兴业态——工业电子产业，共8个产业中抽取，具体分布情况如图5-8所示；同时，一定程度上考虑天津市各行政区划的企业个体数量，在各行政区划随机抽取企业个体。

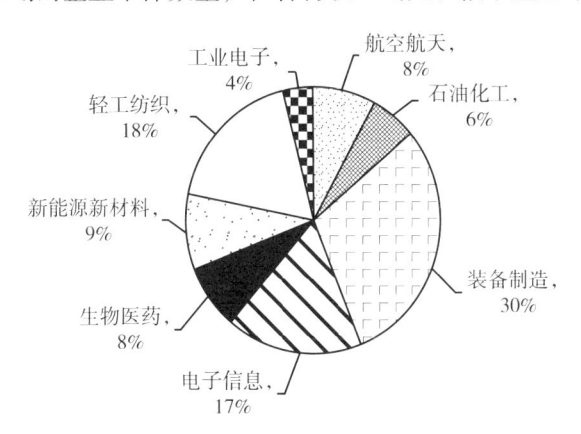

图5-8 调研企业个体产业分布情况

在对各调研企业个体的主要经济指标进行统计分析之前，首先对样本进行预处理，删除调查问卷存在问题以及企业营业时间跨度不足的企业个体样本，对合格的企业个体样本（共计764家）进行统计分析，其主要经济指标如表 5-1 所示。

表 5-1　　　　　　2016 年天津市企业个体经济指标统计特征

| 指标名称 | 均值 | 标准差 | 最大值 | 最小值 |
| --- | --- | --- | --- | --- |
| 固定资产（万元） | 4531.94 | 471394.37 | 3015300 | 60.34 |
| 流动资产（万元） | 6851.74 | 69543.71 | 4396100 | 68.76 |
| 投入成本（万元） | 893.63 | 9634.63 | 8534 | 26.41 |
| 从业员工数（人） | 2406 | 29413.81 | 61831 | 24 |
| 营业额（万元） | 14531.27 | 98321.94 | 1536300 | 379.14 |
| 净利润（万元） | 1726.74 | 17921.34 | 62340 | 59.89 |

### 5.2.2 企业个体绩效测度

**1. 测度指标选取及相关性分析**

（1）绩效测度指标选取。

在进行企业绩效测度指标方面，诸多学者进行相关探讨，其中不乏运用 DEA 模型进行测度的相关研究。目前，企业绩效测度涉及运营绩效、财务绩效、技术创新绩效、投资绩效、成本绩效、生态绩效等方面的内容。在研究过程中，主要考察调研企业的运营绩效，同时借鉴之前学者的测度指标选择经验，选择最基本但最能够有效反映企业运营绩效的相关指标进行测度。具体来看，输入指标包括固定资产、流动资产、投入成本和员工数，输出指标包括营业额和净利润，如表 5-2 所示。虽然八个产业的实物产品各不相同，产业形态、生产规模也有较大差别，但价值形态的投入产出加总数据能够消除这些差别造成的不可比性。

表 5-2　　　　　　企业个体绩效水平测度指标体系

| DEA | 指标 | 含义 |
| --- | --- | --- |
| 输入指标 | 固定资产 | 刻画企业为生产而投入的非货币性资产，存量概念 |
| | 流动资产 | 刻画企业在一个营业周期内能变现的资产，流量概念 |
| | 投入成本 | 刻画企业在一个营业周期内投入资金，流量概念 |
| 输出指标 | 员工数 | 刻画企业在一个营业周期内投入人力成本，流量概念 |
| | 营业收入 | 刻画企业在一个营业周期内的收入，流量概念 |
| | 净利润 | 刻画企业在一个营业周期内的净收入，流量概念 |

注：在此固定资产指标取总量（存量），而不是固定资产的增长额（流量），主要是基于企业生产中运用固定资源往往是之前所有时期的积累额，而不是之前一年的增加额。

(2) 指标相关性分析。

在选择的输入、输出指标中,如果指标之间存在相关性,会导致信息重复计算而影响测度效果。因此,根据主成分分析法分析各输入、输出指标的相关性,以消除指标之间的共线性。本节运用的分析工具为 SPSS17.0,输入三个输入指标进行运算之后,其相关系数矩阵如表 5-3 所示。

表 5-3    三个绩效输入指标相关矩阵

|  | $VAR_1$ | $VAR_2$ | $VAR_3$ | $VAR_4$ |
| --- | --- | --- | --- | --- |
| $VAR_1$ | 1.000 | -0.064 | -0.141 | -0.124 |
| $VAR_2$ | -0.064 | 1.000 | 0.241 | 0.102 |
| $VAR_3$ | -0.141 | 0.241 | 1.000 | -0.211 |
| $VAR_4$ | -0.124 | 0.102 | -0.211 | 1.000 |

进一步对其系数进行凯泽-迈耶-奥利金(Kaiser-Meyer-Olkin,KMO)检验及巴特利特(Bartlett)检验,结果如表 5-4 所示。

表 5-4    KMO 检验和 Bartlett 检验

| KMO 检验统计量 | | 0.325 |
| --- | --- | --- |
| Bartlett 球形检验 | Approx. Chi-Square | 46.214 |
|  | Df | 10 |
|  | Sig. | 0.000 |

从表 5-3 及表 5-4 的相关数据看出,三个输入指标之间的相关性较弱,KMO 统计量为 0.325,明显小于 0.5,说明三个指标相互独立,可以进行绩效测度。

同样地,对两个输出指标进行相关性检验,结果如表 5-5 及表 5-6 所示。

表 5-5    两个绩效输出指标相关矩阵

|  | $VAR_1$ | $VAR_2$ |
| --- | --- | --- |
| $VAR_1$ | 1.000 | 0.137 |
| $VAR_2$ | 0.137 | 1.000 |

表 5-6　　　　　　　　　KMO 检验和 Bartlett 检验

| KMO 检验统计量 | | 0.267 |
|---|---|---|
| Bartlett 球形检验 | Approx. Chi-Square | 33.711 |
| | Df | 3 |
| | Sig. | 0.000 |

从表 5-5 及表 5-6 看出，用于计算绩效的两个输出指标之间相关性不强；KMO 检验统计量为 0.267 也小于 0.5，两个输出指标具有一定的独立性，可以进行绩效测度。

### 2. 企业个体绩效测度模型构建

本部分运用数据包络分析法（DEA）模型对天津市企业个体绩效进行测度。数据包络分析法由美国运筹学家查恩斯（Charns，1978）教授提出，它基于相对效率的思想，针对多指标输入和输出经济系统，进行非参数的相对有效性测度，进而明确其绩效水平。目前，DEA 具有多种形式、不同功能的绩效评价模型，主要运用 Super-SBM 模型测度企业个体绩效值，具体思路如图 5-9 所示。

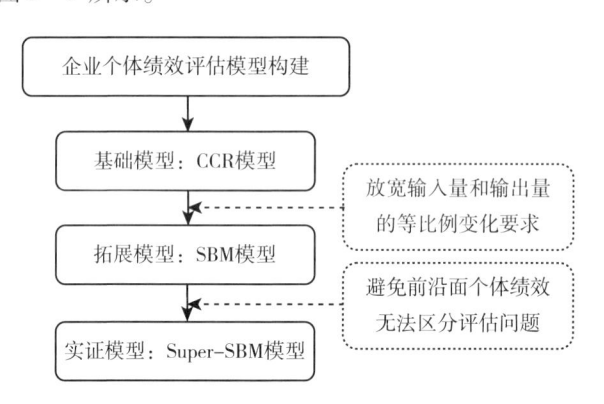

图 5-9　企业个体绩效测度模型构建思路

CCR 模型假设各家企业绩效的输入量和输出量必须是等比例的增加或减少，如果没有满足则绩效测度结果出现偏差。[①] SBM 模型虽然比 CCR 模

---

① 刘杰、谭清美：《科技投入产出效率评价模型的改进研究——以江苏省为例》，载于《科学管理研究》2011 年第 1 期。

型有所改进,但其求得的绩效值仍然介于 0 到 1 之间,如果有多个个体的绩效水平较高,会出现结果中绩效值为 1 的企业个体过多,而这样难以区分其绩效差异。

为了多个决策处于绩效前沿面而无法测度其绩效差异的问题,托尼(Tone,2002)对 SBM 模型进行修正,提出 Super – SBM 模型。Super – SBM 模型以 SBM 模型作为基础,进一步估计决策单元的超效率值,解决诸多前沿面个体绩效差异;同时,由于 Super – SBM 模型以非射线方式进行绩效值估计,不会出现无法估计问题。Super – SBM 模型的计算公式为:

$$\min\delta = \frac{\frac{1}{m}\sum_{i=1}^{m}\frac{\bar{x}_i}{x_{i0}}}{\frac{1}{s}\sum_{r=1}^{s}\frac{\bar{y}_r}{y_{r0}}} \quad \text{s.t.} \quad \bar{x} \geq \sum_{i=1,\neq 0}^{m}\lambda_i x_i \\ \bar{y} \leq \sum_{j=1,\neq 0}^{n}\lambda_j y_j \\ \bar{x} \geq x_0 \text{ and } \bar{y} \leq y_0 \\ \bar{y} \geq 0 \text{ and } \lambda \geq 0 \quad (5.1)$$

进一步将 Super – SBM 模型转化为线性规划方程以便于求解,即:

$$\tau^* = \min\tau = \frac{1}{m}\sum_{i=1}^{m}\frac{\bar{x}_i}{x_{i0}} \quad (5.2)$$

$$\text{s.t.} \quad 1 = \frac{1}{s}\sum_{r=1}^{s}\frac{\bar{y}_r}{y_{r0}}$$

$$\bar{x} \geq \sum_{i=1,\neq 0}^{m}\Lambda_i x_i$$

$$\bar{y} \leq \sum_{j=1,\neq 0}^{n}\Lambda_j y_j$$

$$\bar{x} \geq tx_0 \text{ and } \bar{y} \leq ty_0$$

$$\bar{y} \geq 0 \quad \Lambda \geq 0 \quad t > 0$$

对式(5.2)进行求解,得到 Super – SBM 模型的最适解,为:

$$\delta^* = \tau, \quad \lambda^* = \frac{\Lambda^*}{t^*}, \quad \bar{x}^* = \frac{x^*}{t^*}, \quad \bar{y}^* = \frac{y^*}{t^*} \quad (5.3)$$

同样地,将 Super – SBM 模型加入变动规模报酬,则模型转变为:

$$\min\delta = \frac{\frac{1}{m}\sum_{i=1}^{m}\frac{\bar{x}_i}{x_{i0}}}{\frac{1}{s}\sum_{r=1}^{s}\frac{\bar{y}_r}{y_{r0}}} \quad \begin{aligned} s.t. \quad & \bar{x} \geq \sum_{i=1}^{m}\lambda_i x_i \\ & \bar{y} \leq \sum_{j=1}^{n}\lambda_j y_j \\ & \sum \lambda_j = 1 \\ & \bar{x} \geq x_0 \text{ and } \bar{y} \leq y_0 \\ & \bar{y} \geq 0 \quad \lambda \geq 0 \end{aligned} \quad (5.4)$$

因此，Super - SBM 模型对企业个体绩效的测度，既解决了输入量和输出量的等比例变化要求，也避免了诸多前沿面个体绩效无法区分测度的问题，下面将以 Super - SBM 模型进行企业个体的绩效测度。

### 3. 企业个体绩效测度计算

基于调查问卷中得到的各家企业个体的输入与输出数据，运用 DEA - Solver Pro 5.0 软件，对 763 家有效样本企业个体进行绩效值得测算。由于样本较大难以一一列示，在此以八个产业的企业个体绩效均值进行列示，如表 5 - 7 所示。从均值来看，八个产业企业个体的绩效排名依次为：电子信息、航空航天、生物医药、装备制造、石油化工、工业电子、新能源新材料、轻工纺织。这说明电子信息、航空航天、生物医药、装备制造等产业的企业个体能够以较低的输入获得较高的输出，企业生产、运营效率较高，具有较强的竞争力；石油化工、工业电子、新能源新材料、轻工纺织的企业个体相对绩效较低，需要进一步提升。

表 5 - 7　　　　　　　　　　企业个体绩效值

| 产业 | 均值 | 最大值 | 最小值 | 标准差 |
| --- | --- | --- | --- | --- |
| 航空航天 | 0.757 | 0.907 | 0.443 | 20.54 |
| 石油化工 | 0.614 | 0.941 | 0.336 | 34.76 |
| 装备制造 | 0.635 | 1.159 | 0.334 | 80.83 |
| 电子信息 | 0.769 | 1.472 | 0.404 | 90.42 |
| 生物医药 | 0.687 | 0.981 | 0.334 | 31.76 |
| 新能源新材料 | 0.546 | 0.935 | 0.301 | 42.84 |
| 轻工纺织 | 0.397 | 0.653 | 0.194 | 27.31 |
| 工业电子 | 0.597 | 0.963 | 0.249 | 54.87 |

从极值和标准差来看，电子信息和装备制造产业的企业个体绩效差异较大，电子信息产业由于是典型的技术密集型产业，快速发展的信息技术使得产业内各企业个体的绩效差距较大；制造产业内的企业个体规模差距较大，企业个体之间的制造技术、生产规模等方面差距较大，因而导致绩效值差异较大。工业电子、新能源、新材料的企业个体差异也较大，这主要是由于两个产业处于发展初期，企业个体应用新技术、开展新业务的发展水平存在较大差异。石油化工、生物医药、航空航天和轻工纺织的企业个体绩效值差异较小，但原因却不同。对于石油化工和航空航天来说，行业具有垄断性，产业集中度较高，使得企业之间的绩效差异较小；生物医药产业目前属于前期发展阶段，且企业规模差距不是太大，因而绩效差距不大；轻工纺织的企业数量庞大但规模普遍较小，除了个别国有企业以外，其他民营企业的绩效水平都相对较低，因而总体差异不大。

### 5.2.3 两化融合绩效测度

进一步地，本节运用倾向得分匹配法，将有效样本分为"进行两化融合"的处理组与"未进行两化融合"的对照组，通过做差处理得到两化融合引起的企业绩效值的变化值，即两化融合绩效。

**1. 基于倾向得分匹配法的模型构建**

倾向得分匹配，就是从对照组中寻找与发生两化融合的企业发生两化融合概率最为接近的未发生两化融合的企业个体，以解决选择性偏差。如果不发生两化融合，这两组企业个体绩效提升的时间变化路径是平行的。倾向得分匹配法得到的两化融合绩效值，较好地避免了与其他变量之间的内生性问题，进而为之后进行影响因素的回归分析奠定了良好的基础。选择罗森鲍姆与罗宾（Rosenbaum and Rubin，1983）提出的倾向得分匹配法来进行匹配。

假设 $V_{it}$ 代表企业个体 $i$ 在 $t$ 时期的绩效值，$S_{it}$ 是二维虚拟变量，代表将原样本划分得到的两个子样本：处理组（$S_{it}=1$）指在 $t$ 时期进行两化融合的企业个体 $i$，对照组（$S_{it}=0$）指在 $t$ 时期未进行两化融合的企业个体 $i$。进一步假设，$V_{it}^1$ 代表在 $t$ 时期进行两化融合企业个体 $i$ 的绩效值，$V_{it}^0$ 代表在 $t$ 时期未进行两化融合企业个体 $i$ 的绩效值。那么，由两化融合引致的企业个体绩效的变化，即两化融合绩效 $IV_{it}$ 表示为：

$$IV_{it} = E(V_{it}^1 - V_{it}^0 | S_{it} = 1) = E(V_{it}^1 | S_{it} = 1) - E(V_{it}^0 | S_{it} = 1) \quad (5.5)$$

其中，$E(V_{it}^0 | S_{it} = 1)$ 表示进行两化融合企业个体在不进行两化融合时的绩效值，但它是不可观测的反事实结果。借鉴罗森鲍姆与罗宾（Rosenbaum and Rubin，1985）提出的用 $E(V_{it}^0 | S_{it} = 0)$ 来代替 $E(V_{it}^0 | S_{it} = 1)$，据此将对照组与处理组进行企业个体相互匹配，选出与处理组相近的对照组企业个体。这种匹配受到匹配维度的影响，即是说当对照组企业个体的特征变量（匹配维度）增加时，使得在寻找与处理组个体企业具有相似特征的未进行两化融合的企业个体的难度增加。为此，运用 Logit 模型，构建所有特征变量共同构成的"倾向值"，据此找到与进行两化融合企业（处理组）最相近的未进行两化融合企业个体（对照组）。

**2. 倾向得分匹配与检验**

（1）处理组企业选择。

在选择对照组之前，首先对企业个体是否发生两化融合进行界定，进而确定研究的处理组，作为选择对照组的对照样本。借鉴中国电子信息产业发展研究院的相关研究，将以下行为作为判断企业个体是否发生两化融合的标准（见表5–8）。

表5–8　　　　　　　　企业个体发生两化融合的标准

| 指标 | 发生两化融合 | 未发生两化融合 |
| --- | --- | --- |
| 人力资源管理系统（EPR） | 已采用或正准备上线 | 未采用 |
| 计算机辅助设计（CAD） | 已采用或正准备上线 | 未采用 |
| 产品数据管理（PDM） | 已采用或正准备上线 | 未采用 |
| 产品生命周期管理（PLM） | 已采用或正准备上线 | 未采用 |
| 财务管理系统软件（FMS） | 已采用或正准备上线 | 未采用 |
| 供需链管理（SCM） | 已采用或正准备上线 | 未采用 |
| 客户关系管理（CRM） | 已采用或正准备上线 | 未采用 |
| 办公自动化系统（OA） | 已采用或正准备上线 | 未采用 |
| 电子商务管理系统 | 已采用或正准备上线 | 未采用 |
| 组织部门设置 | 有专门部门或正在设置 | 无专门部门 |
| 信息数据库 | 已建立或正在建立 | 未建立 |
| 企业两化融合战略规划 | 已制定或正在制定 | 未制定 |

由于各产业对不同的两化融合要求不同，如计算机辅助设计（CAD）更倾向于对制造业企业而言；另外，部分企业只是开展了部分两化融合行为，以上两化融合行为全部发生对当前来说难度较大。因此，判断标准是只要发生表5-8中任意四种行为，即说明该企业发生了两化融合行为，属于处理组样本。通过统计调查问卷，处理组企业包括173家企业个体。

（2）倾向值预测。

令$X_{it}$代表控制企业两化融合特征的变量，企业个体$i$进行两化融合概率为：

$$p = pr(S_{it} = 1) = \phi(X_{it}) \tag{5.6}$$

其中，$p$为企业合体$i$进行两化融合的概率，$\phi(\cdot)$表示正态累积分布函数。据此得到每家企业个体进行两化融合的预测概率，进而将预测概率值相近的企业进行配对。在式（5.6）中，$X_{it}$为影响企业个体进行两化融合的因素，称为匹配变量。选用企业个体的主营业务收入、营业额增长率、信息化投入、计算机使用覆盖率、信息技术人才比重作为匹配变量。运用STATA 12.0中的logit命令进行处理，得到企业个体的倾向得分。

（3）对照组企业选择。

在得到各家企业的倾向值后，进一步进行匹配以明确与处理组相似的对照组企业。研究样本共有764家企业，其中173家为处理组，591家企业个体为控制组，对照组的企业个体即从中选择。由于倾向值是连续的，如果选择与处理组完全相同的对照组很难实现。因此，运用卡尺范围内最邻近匹配法进行配对处理。具体来说，如果进行两化融合企业个体$i$与未进行两化融合企业个体$j$的倾向值的差额处于$\varepsilon$内，且该差值优势是进行两化融合企业个体$i$在$\varepsilon$内与其他未进行两化融合企业个体差额绝对值中最小的，那么未进行两化融合企业个体$j$就是进行两化融合企业个体$i$所对应的匹配对象。至于$\varepsilon$的设定，借鉴罗森鲍姆与罗宾（Rosenbaum and Rubin，1985）的设定方法，即$\varepsilon \leq 0.25\sigma_p$，即卡尺范围为样本估计倾向值标准差的1/4。

进一步地，根据匹配的"独立性"及"共存性"对匹配进行检验，以判断匹配的有效性。对于"共存性"方面，需要每个进行两化融合的企业个体（处理组）都能够找到与之对应的未进行两化融合的企业个体（对照组）。如果没有找到对应的对照组样本个体，要删除处理组的相应个体。

通过检验发现，173家处理组中有21家企业个体没有找到与之匹配的对照组企业个体，在此予以删除。

在"独立性"方面，要求处理组与对照组在匹配变量上不能存在显著差异，即说明在控制特征变量后，处理组和对照组不存在显著差异，绩效水平差异只是由企业个体的两化融合行为导致的。如果处理组与对照组之间存在显著差异，说明选取的匹配变量、匹配方法不够合理，使得匹配结果失真。在此，对处理组与对照组企业个体的标准差及均值进行检验。对于均值来说，借鉴史密斯（Smith，2005）提出的检验标准，即如果匹配后的标准差绝对值超过20%，则说明匹配无效；标准差越小说明匹配效果越好。均值检验方面采用 $t$ 检验，据此检验进行两化融合企业个体与未进行两化融合企业个体在匹配前后的均值差异。如果 $t$ 值不显著，说明拒绝两组企业个体均值存在差异的原假设，即说明匹配过程有效。运用STATA 12.0实现对匹配的检验，结果如表5-9所示。

表5-9　　　　　　　　匹配平稳性检验结果

| 变量 | 样本 | 均值 处理组 | 均值 对照组 | 标准偏差（%） | 标准偏差减少幅度（%） | $t$ 统计量 | 相伴概率 $p>t$ |
|---|---|---|---|---|---|---|---|
| 主营业务收入 | 匹配前 | 12615 | 10299 | 18.6 | 84.8 | 0.79 | 0.441 |
| | 匹配后 | 12615 | 11957 | 2.1 | | 0.39 | 0.692 |
| 收益增长率 | 匹配前 | 12.3 | 10.7 | 15.5 | 94.4 | 0.57 | 0.469 |
| | 匹配后 | 12.3 | 11.9 | 1.6 | | 0.38 | 0.650 |
| 信息化投入 | 匹配前 | 2108 | 2451 | -10.1 | 89.72 | -1.51 | 0.185 |
| | 匹配后 | 2108 | 2173 | -1.9 | | 0.40 | 0.587 |
| 计算机覆盖率 | 匹配前 | 45.2 | 50.3 | -8.9 | 60.3 | -1.08 | 0.410 |
| | 匹配后 | 45.2 | 46.8 | -4.2 | | 0.13 | 0.768 |
| 信息人才比重 | 匹配前 | 13.5 | 19.3 | -25.3 | 87.3 | -1.31 | 0.223 |
| | 匹配后 | 13.5 | 15.1 | -5.1 | | -0.71 | 0.387 |

从表5-9的回归结果可以看出，对于均值来说，匹配后的 $t$ 统计量不显著，相伴概率大于10%，说明不拒绝处理组与对照组无显著差异的原假设，即表明匹配后处理组和对照组的均值不存在显著差异，满足独立性要求。对于标准差来说，各匹配变量的标准偏差绝对值保持在5%以内，只有信息人才比重的标准偏差绝对值为5.1%，略超过5%的标准，在此也将

其作为能够满足独立性要求。因此，删除21个未满足共存性要求的处理组样本后，剩余的152对处理组与对照组样本，其匹配过程中采用的匹配变量和匹配方法恰当，匹配结果科学可信，能够进行进一步的绩效测度。

**3. 两化融合绩效结果及检验**

（1）企业个体两化融合绩效结果及检验。

在满足匹配条件，基于倾向值进行合理匹配后，进一步运用平均处理效应（average treatment effect on the treated，ATT）来衡量进行两化融合企业个体与未进行两化融合企业个体之间绩效的差异，即两化融合绩效，检验结果见表5-10。

表5-10　　　　　　企业个体两化融合绩效结果及检验

| 样本 | 处理组 | 对照组 | 绩效差异（两化融合绩效） | 标准偏差（%） | $t$统计量 | $t$相伴概率 $p>t$ |
|---|---|---|---|---|---|---|
| 匹配前 | 0.7421 | 0.5831 | 0.1590 | 14.53 | 1.39 | 0.241 |
| 匹配后 | 0.7421 | 0.6516 | 0.0905 | 4.71 | 0.19 | 0.792 |

从对152组成功匹配的企业个体结果来看，无论是匹配前还是匹配后，未进行两化融合企业个体（对照组）绩效都比进行两化融合企业个体（处理组）要低，说明两化融合提升了企业个体绩效，即融合绩效值为正值。从匹配角度来说，在匹配前两化融合绩效为0.1590，而匹配之后的绩效值为0.0905，出现了一定的下降，这是由于匹配之后避免内生性问题后，影响企业个体绩效变量发生叠加。从标准偏差及$t$统计量检验来看，匹配后的标准偏差在5%之内，且$t$统计量不显著，相伴概率大于10%，均说明匹配效果较好，匹配后的两化融合绩效更加准确。

（2）各产业两化融合绩效结果及检验。

在计算得到企业个体两化融合绩效之后，进一步考察所选取八个产业的两化融合绩效，其结果如表5-11所示。从$t$统计量来看，匹配后的各产业的$t$统计量绝对值均在10%检验水平下的[-1.68, 1.68]区间内，相伴概率均在10%以上，说明各产业的匹配过程及匹配方法合理。从标准偏差来看，匹配后各产业数据基本在5%以内，只有装备制造由于匹配前偏差稍大而略超过5%，也能在一定程度上反映各产业的两化融合绩效。从总体检验结果来看，各产业两化融合绩效的匹配结果能够较好地规避变量的内生性问题，较好地反映各产业的两化融合绩效水平。

表 5–11　　　　　　　不同行业企业个体两化融合绩效结果

| 产业 | 样本 | 处理组 | 对照组 | 绩效差异（两化融合绩效） | 标准偏差（%） | $t$ 统计量 | $t$ 相伴概率 $p>t$ |
|---|---|---|---|---|---|---|---|
| 航空航天 | 匹配前 | 0.8673 | 0.6831 | 0.1842 | 15.73 | 0.87 | 0.485 |
|  | 匹配后 | 0.8673 | 0.7316 | 0.1357 | 4.71 | 0.43 | 0.761 |
| 石油化工 | 匹配前 | 0.7064 | 0.5519 | 0.1545 | 20.11 | 0.63 | 0.516 |
|  | 匹配后 | 0.7064 | 0.6326 | 0.0738 | 4.71 | 0.42 | 0.715 |
| 装备制造 | 匹配前 | 0.7653 | 0.5474 | 0.2179 | 30.53 | 1.66 | 0.204 |
|  | 匹配后 | 0.7653 | 0.5993 | 0.1662 | 6.21 | 0.44 | 0.646 |
| 电子信息 | 匹配前 | 0.8642 | 0.7062 | 0.1589 | 26.56 | 1.19 | 0.451 |
|  | 匹配后 | 0.8642 | 0.7563 | 0.1079 | 4.89 | 0.14 | 0.845 |
| 生物医药 | 匹配前 | 0.6341 | 0.4867 | 0.1474 | 16.13 | 1.44 | 0.245 |
|  | 匹配后 | 0.6341 | 0.5342 | 0.0999 | 4.15 | 0.78 | 0.426 |
| 新能源新材料 | 匹配前 | 0.7635 | 0.6362 | 0.1273 | 14.53 | 1.53 | 0.223 |
|  | 匹配后 | 0.7635 | 0.6844 | 0.0791 | 4.21 | 0.52 | 0.562 |
| 轻工纺织 | 匹配前 | 0.4572 | 0.3574 | 0.0998 | 16.53 | 2.01 | 0.134 |
|  | 匹配后 | 0.4572 | 0.3867 | 0.0705 | 4.22 | 0.84 | 0.876 |
| 工业电子 | 匹配前 | 0.6893 | 0.5356 | 0.1537 | 21.53 | 2.23 | 0.115 |
|  | 匹配后 | 0.6893 | 0.5967 | 0.0926 | 3.81 | 0.58 | 0.783 |

可见，天津市各产业两化融合绩效水平由高到低的排名依次为：装备制造、航空航天、电子信息、生物医药、工业电子、新能源新材料、石油化工、轻工纺织。具体来看，装备制造及航空航天产业处于前两位，它们是天津市的优势与支柱产业，不仅产业规模较大，且技术在国内较为领先。通过进行两化融合，对传统生产环节进行改造升级，节约出更多原材料，降低企业生产成本及运营成本，提升生产效率，单位输入的情况下输出更多产品，总体绩效水平得到显著提升。

电子信息、生物医药位居第三位和第四位，两个产业都是技术密集型产业。电子信息对信息技术要求较高，通过两化融合引进先进的基础设备之后，使企业生产、运营水平得到显著提升；生物医药产业将制药产业与生物医学工程产业融合起来，需要综合应用生命科学与工程科学的原理和方法，而两化融合为其提供了良好的生产基础环境和信息技术支持，使其绩效水平得到显著提升。

工业电子、新能源新材料两个产业的两化融合绩效处于第五位和第六位，排名相对靠后。对于工业电子产业来说，它是电子信息产业与制造业相互融合产生的新兴业态，本身产业规模较小，发展时间较短，诸多技术不够成熟，尚处于初期成长阶段，两化融合对其绩效的提升作用还不明显。新能源、新材料是当前新产业革命的重要领域，目前天津已在积极推进，但与国外的新能源、3D打印等仍有较大差距。两化融合对新能源、新材料的改造仍处于初期阶段，因而对产业绩效的提升幅度不够明显。随着国内技术的不断完善，两化融合对天津工业电子、新能源、新材料等产业的绩效提升作用会有明显提升。

石油化工、轻工纺织是两化融合绩效最低的两个产业，这与其自身的产业特点有关。对于石油化工产业来说，目前天津市石油化工产业正在积极推进两化融合，但受到一定的限制：第一，传统设备无法满足两化融合推进要求，但短期大量更换成本过高，难以承受；第二，石油化工企业一般规模较大，天津市石油化工企业总部往往在外地，使得天津市石油化工企业推进两化融合处于尴尬境地。对于轻工纺织来说，天津市是传统纺织行业三大聚集区（上海、青岛、天津）之一，具有自身的发展优势，但纺织行业市场竞争激烈程度极高，中小企业个体数量巨大，企业利润空间很小，往往不具备推进两化融合的实力。部分大型轻工纺织企业虽然推进两化融合，但集中于应用电子商务改善营销环节等方面，真正依靠两化融合改造自身生产方式、提升整体绩效的企业很少。

## 5.3 基于区域层面的信息化与工业化融合绩效测度

通过对我国两化融合绩效的统计分析，能够初步判断近年来我国两化融合绩效水平的发展态势和区域差异。但是，仅从统计层面分析我国两化融合绩效是不够的，一方面，受数据的限制，2011年之前的两化融合绩效水平较难进行整体的统计分析；另一方面，统计分析仅限于数据表面的分析，没有进行系统、深入的运算与处理，对于绩效的深层次评价与分析有待于加强。因此，本节运用随机前沿分析、协调发展模型等方法，对自

2005年以来的我国两化融合绩效进行测度与分析①。

### 5.3.1 两化融合绩效测度模型构建

**1. 基于系统发展理论的两化融合系统划分**

从系统发展理论的角度看，我国两化融合实际上是以"信息化带动工业化"与"工业化促进信息化"两个子系统相互耦合、相互作用而形成的"局部优先融合，整体全面融合"的发展过程。具体来说，我国两化融合首先以信息技术和工业技术的融合实现局部融合发展，两种技术的不断融合使得人力资源、生产工具等多种生产要素发生变化，进而使得工业生产方式发生相应变化；在此之后，设计、生产、销售、管理等多个环节出现从局部到全面的信息化融合发展趋势，原有的企业边界、产品功能边界逐渐模糊，产品融合和业务融合逐步增多，进而通过产品和业务的融合引发产业融合，从而使新产业不断衍生，信息技术全面应用到工业，并最终实现信息化与工业化的深度融合。当今社会，技术进步是推动经济、产业发展的根本动力，两化融合沿着工业技术和信息技术优先融合，再到产业和业务融合的路径，最终实现两化整体、全面和深度融合。

因此，在进行两化融合绩效测度时，首先根据可拓物元模型计算得到我国工业化与信息化各自的绩效水平，并通过随机前沿模型测算出两者各自的理想水平，得到"信息化带动工业化"与"工业化促进信息化"两个子系统的绩效系数，最终求得我国两化融合的整体绩效水平。

**2. 两化融合绩效水平测度模型**

（1）基于可拓物元模型的工业化和信息化实际水平测度。

可拓学是用形式化的工具，从定性和定量两个角度去研究解决矛盾问题的规律与方法，它通过建立多指标参数的质量评定模型，来完整地反映样品的综合质量水平。可拓学把质与量有机结合起来，引入了物元概念，它是以事物、特征及关于该特征的量值三者所组成的三元组，记作 $R=$

---

① 我国最早提出两化融合是2002年党的十六大，2002年之前虽然没有直接提出两化融合，但我国一直致力于进行工业化、信息化建设，为了更好地把握近年来我国两化融合绩效的发展、变化趋势，在此选择以2000~2014年作为绩效评价的范围。

(事物，特征，量值)。物元的概念正确地反映了质与量之间的关系，可以更贴切地描述客观事物变化的过程。[①] 为了测度工业化和信息化的实际水平，需构建可拓物元模型，具体步骤如下：

① 构建典域物元和节域物元。

如果事物 $N$ 的特征有 $n$ 个，我们可以引入该事物的多维特征物元矩阵。设某个事物 $N$ 的特征有 $n$ 个，这 $n$ 个特征为 $c_1$，$c_2$，…，$c_n$，其对应的量值 $v_1$，$v_2$，…，$v_n$，建立该事物的多维特征物元矩阵如下：

$$R = \begin{bmatrix} N & c_1 & v_1 \\ & c_2 & v_2 \\ & \cdots & \cdots \\ & c_n & v_n \end{bmatrix}$$

其中，$R$ 表示 $n$ 维特征物元矩阵，$R_i = (N, c_i, v_i)$（$i = 1, 2, \cdots, n$）表示 $R$ 的分特征物元矩阵。

经典域物元是指将事物的安全度定性地分为不同的等级，将它们综合描述为定性、定量综合测度物元模型。以我国工业化或信息化来说，假定其发展水平的测度因素指标有 $m$ 个，即为 $x_1$，$x_2$，…，$x_m$，以这部分指标为基础，根据统计聚类分析或专家评价，将工业化或信息化水平定性地分为 $m$ 个等级。由此得出工业化或信息化的典域物元矩阵：

$$R_{0j} = \begin{bmatrix} N_{0j} & x_1 & v_{0j1} \\ & x_2 & v_{0j2} \\ & \cdots & \cdots \\ & x_m & v_{0jm} \end{bmatrix} = \begin{bmatrix} N_{0j} & x_1 & <a_{0j1}, b_{0j1}> \\ & x_2 & <a_{0j2}, b_{0j2}> \\ & \cdots & \cdots \\ & x_m & <a_{0jm}, b_{0jm}> \end{bmatrix}$$

其中，$R_{0j}$ 表示我国工业化或信息化处于第 $j$ 级别发展水平的物元模型；$N_{0j}$ 表示第 $j$ 级时工业化或信息化水平对应发展水平等级；$v_{0jk} = <a_{0jk}, b_{0jk}>$（$j = 1, 2, \cdots, n$；$k = 1, 2, \cdots, m$）表示工业化或信息化发展水平是第 $j$ 级时第 $k$ 个因素指标的取值范围。

节域物元是指综合测度事物安全各因素指标的允许取值范围形成的物元模型。对应的我国工业化或信息化发展水平的节域物元矩阵为：

---

[①] 索贵彬、赵国杰：《基于可拓物元模型的企业持续创新系统主导力评价》，载于《科技进步与对策》2009 年第 4 期。

$$R_p = \begin{bmatrix} N_p & x_1 & v_{p1} \\ & x_2 & v_{p2} \\ & \cdots & \cdots \\ & x_m & v_{pm} \end{bmatrix} = \begin{bmatrix} N_p & x_1 & <a_{p1}, b_{p1}> \\ & x_2 & <a_{p2}, b_{p2}> \\ & \cdots & \cdots \\ & x_m & <a_{pm}, b_{pm}> \end{bmatrix}$$

其中，$R_p$ 表示我国工业化或信息化发展水平测度的物元模型节域，$N_p$ 表示工业化或信息化发展水平的等级，$v_{pk} = <a_{pk}, b_{pk}>$ 表示 $N_p$ 中发展水平指标 $x_k$ 取值的允许范围，且 $v_{0jk} \subset v_{pk}$；$j = 1, 2, \cdots, n$；$k = 1, 2, \cdots, m$。

② 构建待评物元。

待评物元是指根据已经建立的评价标准区间和指标临界区间，将待评事物的各项评价指标算出的具体数值，再通过公式换算成具体分值，从而得到的物元模型。

对于我国工业化或信息化发展水平，把各因素指标所检测到的数据或分析结果用下面的物元矩阵，即待评我国工业化或信息化发展水平物元矩阵表示：

$$R = \begin{bmatrix} N & x_1 & v_1 \\ & x_2 & v_2 \\ & \cdots & \cdots \\ & x_m & v_m \end{bmatrix}$$

其中，$N$ 表示待评我国工业化或信息化发展水平，$v_k$（$k = 1, 2, \cdots, m$）表示待评我国工业化或信息化发展水平中第 $k$ 个因素指标的评价值。

③ 确定待评矩阵的关联等级。

设区间 $v_{0jk} = <a_{0jk}, b_{0jk}>$ 表示工业化或信息化发展水平是第 $j$ 级时第 $k$ 个因素指标 $x_k$ 所在典域物元的取值范围，区间 $v_{pk} = <a_{pk}, b_{pk}>$ 则表示因素指标 $x_k$ 的节域物元的取值范围，$v_{0jk} \subset v_{pk}$，点 $v_j$ 表示待评工业化或信息化发展水平的第 $k$ 个因素指标的评价值，其中 $j = 1, 2, \cdots, n$；$k = 1, 2, \cdots, m$。则：

$$p(v_k, v_{0jk}) = \left| v_k - \frac{a_{0jk} + b_{0jk}}{2} \right| - \frac{1}{2}(b_{0jk} - a_{0jk}) \tag{5.7}$$

$$p(v_k, v_{pk}) = \left| v_k - \frac{a_{pk} + b_{pk}}{2} \right| - \frac{1}{2}(b_{pk} - a_{pk}) \tag{5.8}$$

式 (5.7) 和式 (5.8) 分别称为点 $v_k$ （评价值）与区间 $v_{0jk}$ 和区间 $v_{pk}$ 的"接近度"，可根据 $p(v_k, v_{pk})$ 的正负来判断待评物元第 $k$ 个因素指标 $x_k$ 的评价值是否超出其取值范围，根据 $p(v_k, v_{pk})$ 的正负来判断待评物元第 $k$ 个因素指标 $x_k$ 的等级及处于该等级的程度。则：

$$K_j(v_k) = \frac{p(v_k, v_{0jk})}{p(v_k, v_{pk}) - p(v_k, v_{0jk})} (j = 1, 2, \cdots, n; k = 1, 2, \cdots, m)$$
(5.9)

式 (5.9) 为待评物元的第 $k$ 个因素指标 $x_k$ 关于第 $j$ 级的关联度。

在关联度 $K_j(v_k)$ 中，当 $K_j(v_k) > 0$，表示第 $k$ 个因素指标 $x_k$ 属于第 $j$ 级，$K_j(v_k)$ 越大，说明第 $k$ 个因素指标 $x_k$ 具有第 $j$ 级的属性越多；当 $K_j(v_k) < 0$，表示第 $k$ 个因素指标 $x_k$ 不属于第 $j$ 级，$K_j(v_k)$ 越小，说明第 $k$ 个因素指标 $x_k$ 距离第 $j$ 级越远；当 $K_j(v_k) = 0$，表示第 $k$ 个因素指标 $x_k$ 处于第 $j$ 级的临界点上。以 $a_i(\sum_{i=1}^{m} a_i = 1)$ 代表工业化或信息化发展水平测度指标的权重系数，则待评工业化或信息化发展水平与第 $j$ 级的关联度为 $K_j(R) = \sum_{i=1}^{m} a_i K_j(v_k)$。

④ 计算发展水平评价值。

确定各个典域物元的权重分布 $W_j$。对于递增性的指标来说，典域物元的等级越高，证明其更加趋向于有力趋势，故较高的典域物元应配置更高的权重；对于递减性的指标来说，则指标数值越高距离有力趋势越远，故较高的典物元应配置较低的权重。最终，计算得到工业化或信息化发展水平综合评价得分，即各省（区、市）$i$ 在 $t$ 期的工业化发展实际水平 $IDR_{it}$ 或信息化发展实际水平 $IFR_{it}$。

$$IDR_{it} = W_j \cdot K_j(R) = W_j \cdot \sum_{i=1}^{m} a_i K_j(v_k) \quad (5.10)$$

（2）基于随机前沿法的工业化和信息化理想水平测度。

主要借鉴谢康等（2012）的研究，将技术效率应用到工业化和信息化水平的测度中。随机前沿法最早由艾格纳和洛弗尔（Aigner and Lovell，1977）以及美苏森和卢布鲁克（Meeusen and Broeck，1977）提出，其基本模型为：

$$y_{it} = f(x_{it}, \beta) \exp(\varepsilon_{it} - \mu_{it}) \quad (5.11)$$

其中，$y_{it}$表示生产者在$t$期的产出；$x_{it}$表示生产者在$t$期的投入；$f$是生产函数；$\beta$表示未知参数；$\varepsilon_{it}$表示数据噪声误差；$\mu_{it}$表示误差项的非技术效率。该模型指出，技术效率$\hat{TE}_i$是生产实际值与理想值的比值，生产函数为前沿生产函数。随机前沿分析不要求具体的生产函数形式，因而避免了简单线性影响的偏差，符合两化融合动态性的特点。

$$\hat{TE}_i = \frac{y_{it}}{f(x_{it},\beta)\exp(\varepsilon_{it})} = \exp(-\hat{\mu}_i) \tag{5.12}$$

丹尼尔（Daniel，2005）在此基础上，利用拉辛（Racine，2004）提出的广义内核估计进行改进，引入生产者和时间等因素，提出完全非参数随机前沿模型，即：

$$y_{it} = h(x_{it},i,t) + \varepsilon_{it} \tag{5.13}$$

技术效率计算公式为：

$$\hat{TE}_{it} = \frac{\exp[\hat{h}(x_{it},i,t)]}{\exp[\max_{j=1,2,\cdots,n}\hat{h}(x_{it},j,t)]} \tag{5.14}$$

构建信息化带动工业化从而实现两化融合的公式为：

$$IDR_{it} = IDI_{it} + \varepsilon_{it} = f(IFR_{it},i,t) + \varepsilon_{it} \tag{5.15}$$

类似地，构建工业化促进信息化从而实现两化融合的公式为：

$$IFR_{it} = IFI_{it} + \varepsilon_{it} = f(IDR_{it},i,t) + \varepsilon_{it} \tag{5.16}$$

$IDR_{it}$、$IFR_{it}$分别代表省（区、市）$i$在$t$期的工业化和信息化的实际水平，$IDI_{it}$、$IFI_{it}$分别代表省（区、市）$i$在$t$期的工业化和信息化的理想水平，即分别与信息化发展水平、工业化发展水平相协调的理想化水平。

（3）基于协调发展模型的两化融合绩效水平测度。

主要借鉴王国维（1995）提出的协调发展系数法。首先，计算信息化带动工业化融合绩效系数，其反映省（区、市）$i$在$t$期的实际信息化水平所要求的工业化水平与该期所有省（区、市）信息化水平所要求的理想工业化水平之间的差距；其次，计算工业化促进信息化融合绩效系数，其反映省（区、市）$i$在$t$期的实际工业化水平所要求的信息化水平与该期所有省（区、市）工业化水平所要求的理想信息化水平之间的差距。

省（区、市）$i$ 在 $t$ 期信息化带动工业化融合绩效系数为：

$$IC_{it}^1 = \exp(\hat{f}(IFR_{it},i,t) - \max_{j=1,\cdots,n}\hat{f}(IFR_{it},j,t)) \quad (5.17)$$

同理，省（区、市）$i$ 在 $t$ 期工业化促进信息化融合绩效系数为：

$$IC_{it}^2 = \exp(\hat{g}(IDR_{it},i,t) - \max_{j=1,\cdots,n}\hat{g}(IDR_{it},j,t)) \quad (5.18)$$

最后，计算两化融合协调发展的绩效系数，基本公式为：

$$IC_{it} = \frac{\min(IC_{it}^1, IC_{it}^2)}{\max(IC_{it}^1, IC_{it}^2)} \quad (5.19)$$

两化融合绩效系数值 $IC_{it} \in [0,1]$，其值越接近于 1，说明两化融合程度越高，绩效水平越高；反之，越接近于 0，说明融合程度越低，绩效水平越低。

### 5.3.2 两化融合绩效水平测度

**1. 变量选取及数据来源**

在构建工业化水平评价体系时，主要借鉴陈佳贵（2006）提出的工业化综合评价指标体系，同时部分借鉴李世英等（2009）提出的新型工业化水平评价指标体系，选取人均 GDP、第二产业产值占地区 GDP 比重、人口城市化率（城镇人口占总人口比重）、制造业就业比重、规模以上工业企业 R&D 占地区 GDP 比重作为评价指标。数据来源为 2005～2016 年中华人民共和国国家统计局网站等。

在构建信息化水平评价体系时，主要依据《国家信息化指标构成方案》，同时借鉴张彬等（2011）提出的信息化水平测评体系，兼顾数据可得性，选择通信业务量、网络用户数量、网站数量、电视节目人口覆盖率、电话普及率、互联网普及率作为评价指标。数据来源为 2005～2016 年《中国统计年鉴》《中国城市统计年鉴》《中国互联网络发展状况统计报告》以及中华人民共和国国家统计局网站等。因西藏数据缺失较多，而港澳台地区与内地省份统计口径差别较大，故在此不对这些地区进行分析。

**2. 工业化、信息化发展实际水平测算**

限于篇幅限制，本部分以北京市工业化评价作为示例进行具体说明，其他省份工业化及信息化评价方法、步骤与此一致，不再赘述。

（1）构建典域物元、节域物元。

根据层次分析法，对工业化水平评价指标进行赋权，以表示各指标的重要程度。各项指标的权重之和为1，计算过程在此不再赘述。以北京市2016年的数据进行运算展示，数据如表5-12所示。

表5-12　　　　　　工业化发展水平评价指标数值及权重

| 评价指标 | 数值 | 权重 |
| --- | --- | --- |
| 人均GDP（$X_1$） | 11.82万元 | 0.154 |
| 第二产业产值占地区GDP比重（$X_2$） | 19.26% | 0.228 |
| 人口城市化率（$X_3$） | 86.51% | 0.196 |
| 制造业就业比重（$X_4$） | 10.98% | 0.214 |
| 规模以上工业企业R&D占地区GDP比重（$X_5$） | 9.93‰ | 0.208 |

将典域物元 $R$ 划分为低水平 $N_{01}$、中低水平 $N_{02}$、中等水平 $N_{03}$、中高水平 $N_{04}$、高水平 $N_{05}$ 五级，得到各等级物元的典域物元矩阵 $R_{01}$、$R_{02}$、$R_{03}$、$R_{04}$、$R_{05}$ 和节域物元矩阵 $R_P$。由于评价指标均为递增性指标，因而较高的典域物元应配置更高的权重；同时各个典域物元分布为均衡分布，故典域物元的权重分布也进行相关处理，结果如表5-13所示。

表5-13　　　　　　典域物元划分标准及权重示意

| 评价指标 | $N_{01}$ | $N_{02}$ | $N_{03}$ | $N_{04}$ | $N_{05}$ |
| --- | --- | --- | --- | --- | --- |
| $X_1$ | 0,3 | 3,6 | 6,9 | 9,12 | 12,15 |
| $X_2$ | 0,12 | 12,24 | 24,36 | 36,48 | 48,60 |
| $X_3$ | 0,20 | 20,40 | 40,60 | 60,80 | 80,100 |
| $X_4$ | 0,10 | 10,20 | 20,30 | 30,40 | 40,50 |
| $X_5$ | 0,5 | 5,10 | 10,15 | 15,20 | 20,25 |
| 典域物元权重 | 0.1 | 0.2 | 0.3 | 0.4 | 0.5 |

以向量的形式表示如下：

$$R_{01} = \begin{bmatrix} N_{01} & X_1<0,3> \\ & X_2<0,12> \\ & X_3<0,20> \\ & X_4<0,10> \\ & X_5<0,5> \end{bmatrix} R_{02} = \begin{bmatrix} N_{02} & X_1<3,6> \\ & X_2<12,24> \\ & X_3<20,40> \\ & X_4<10,20> \\ & X_5<5,10> \end{bmatrix} R_{03} = \begin{bmatrix} N_{03} & X_1<6,9> \\ & X_2<24,36> \\ & X_3<40,60> \\ & X_4<20,30> \\ & X_5<10,15> \end{bmatrix}$$

$$R_{04}=\begin{bmatrix} N_{04} & X_1<9,12> \\ & X_2<36,48> \\ & X_3<60,80> \\ & X_4<30,40> \\ & X_5<15,20> \end{bmatrix} R_{05}=\begin{bmatrix} N_{05} & X_1<12,15> \\ & X_2<48,60> \\ & X_3<80,100> \\ & X_4<40,50> \\ & X_5<20,25> \end{bmatrix} R_P=\begin{bmatrix} N_P & X_1<0,15> \\ & X_2<0,60> \\ & X_3<0,100> \\ & X_4<0,50> \\ & X_5<0,25> \end{bmatrix}$$

（2）确定各级关联度。

将2016年的具体数据输入模型，代入式（5.7）至式（5.9），计算得到各指标对应评价等级的关联度，如表5-14所示。

表5-14　　　　工业化各指标评价等级关联度计算结果

| 评价指标 | $K_1(v_k)$ | $K_2(v_k)$ | $K_3(v_k)$ | $K_4(v_k)$ | $K_5(v_k)$ |
|---|---|---|---|---|---|
| $X_1$ | -0.735 | -0.647 | -0.470 | 0.060 | -0.054 |
| $X_2$ | -0.267 | 0.326 | -0.198 | -0.465 | -0.599 |
| $X_3$ | -0.831 | -0.775 | -0.663 | -0.326 | 0.081 |
| $X_4$ | -0.082 | 0.098 | -0.476 | -0.634 | -0.726 |
| $X_5$ | -0.332 | 0.007 | -0.007 | -0.338 | -0.504 |
| 加权加总值 | -0.424 | -0.155 | -0.351 | -0.367 | -0.389 |
| +1转正处理 | 0.576 | 0.845 | 0.649 | 0.633 | 0.611 |

最终，将工业化各指标评价等级关联度与对应的典域物元权重相乘，得到最终的北京市2016年工业化评价值为0.790。其他年份、其他省份的计算方法相同，在此不再一一列示，结果如表5-15所示。

表5-15　　　　2005~2016年我国工业化实际发展水平

| 区域 | 2005年 | 2006年 | 2007年 | 2008年 | 2009年 | 2010年 | 2011年 | 2012年 | 2013年 | 2014年 | 2015年 | 2016年 |
|---|---|---|---|---|---|---|---|---|---|---|---|---|
| 北京 | 0.621 | 0.643 | 0.677 | 0.682 | 0.712 | 0.724 | 0.715 | 0.734 | 0.751 | 0.748 | 0.768 | 0.790 |
| 天津 | 0.533 | 0.552 | 0.593 | 0.591 | 0.624 | 0.618 | 0.621 | 0.638 | 0.639 | 0.665 | 0.699 | 0.733 |
| 河北 | 0.196 | 0.195 | 0.244 | 0.256 | 0.289 | 0.298 | 0.308 | 0.319 | 0.319 | 0.334 | 0.344 | 0.372 |
| 山西 | 0.171 | 0.176 | 0.229 | 0.243 | 0.273 | 0.283 | 0.287 | 0.296 | 0.297 | 0.323 | 0.343 | 0.364 |
| 内蒙古 | 0.131 | 0.136 | 0.187 | 0.201 | 0.242 | 0.259 | 0.272 | 0.283 | 0.289 | 0.304 | 0.328 | 0.352 |
| 辽宁 | 0.368 | 0.358 | 0.404 | 0.410 | 0.442 | 0.441 | 0.446 | 0.459 | 0.468 | 0.483 | 0.498 | 0.527 |
| 吉林 | 0.207 | 0.216 | 0.266 | 0.274 | 0.311 | 0.317 | 0.323 | 0.343 | 0.338 | 0.355 | 0.373 | 0.406 |

续表

| 区域 | 2005年 | 2006年 | 2007年 | 2008年 | 2009年 | 2010年 | 2011年 | 2012年 | 2013年 | 2014年 | 2015年 | 2016年 |
|---|---|---|---|---|---|---|---|---|---|---|---|---|
| 黑龙江 | 0.183 | 0.213 | 0.252 | 0.261 | 0.291 | 0.289 | 0.297 | 0.314 | 0.323 | 0.334 | 0.361 | 0.384 |
| 上海 | 0.650 | 0.652 | 0.699 | 0.714 | 0.746 | 0.744 | 0.747 | 0.756 | 0.758 | 0.761 | 0.772 | 0.795 |
| 江苏 | 0.344 | 0.363 | 0.424 | 0.443 | 0.483 | 0.487 | 0.497 | 0.518 | 0.525 | 0.541 | 0.563 | 0.594 |
| 浙江 | 0.374 | 0.383 | 0.439 | 0.462 | 0.499 | 0.502 | 0.507 | 0.527 | 0.534 | 0.546 | 0.571 | 0.596 |
| 安徽 | 0.112 | 0.111 | 0.169 | 0.187 | 0.221 | 0.226 | 0.234 | 0.255 | 0.268 | 0.303 | 0.338 | 0.394 |
| 福建 | 0.244 | 0.251 | 0.304 | 0.312 | 0.347 | 0.349 | 0.366 | 0.384 | 0.399 | 0.421 | 0.445 | 0.472 |
| 江西 | 0.142 | 0.157 | 0.217 | 0.223 | 0.257 | 0.256 | 0.273 | 0.292 | 0.303 | 0.322 | 0.345 | 0.383 |
| 山东 | 0.248 | 0.256 | 0.307 | 0.322 | 0.361 | 0.369 | 0.383 | 0.402 | 0.409 | 0.423 | 0.441 | 0.463 |
| 河南 | 0.096 | 0.087 | 0.139 | 0.168 | 0.202 | 0.221 | 0.239 | 0.259 | 0.266 | 0.282 | 0.304 | 0.331 |
| 湖北 | 0.231 | 0.227 | 0.278 | 0.283 | 0.318 | 0.323 | 0.338 | 0.364 | 0.374 | 0.392 | 0.415 | 0.448 |
| 湖南 | 0.137 | 0.154 | 0.211 | 0.215 | 0.245 | 0.247 | 0.258 | 0.278 | 0.286 | 0.302 | 0.319 | 0.346 |
| 广东 | 0.352 | 0.363 | 0.415 | 0.433 | 0.472 | 0.478 | 0.488 | 0.496 | 0.506 | 0.519 | 0.534 | 0.566 |
| 广西 | 0.086 | 0.091 | 0.145 | 0.162 | 0.208 | 0.212 | 0.232 | 0.272 | 0.281 | 0.310 | 0.364 | 0.414 |
| 海南 | 0.067 | 0.058 | 0.119 | 0.126 | 0.182 | 0.189 | 0.203 | 0.224 | 0.229 | 0.247 | 0.265 | 0.294 |
| 重庆 | 0.237 | 0.242 | 0.276 | 0.294 | 0.332 | 0.341 | 0.368 | 0.391 | 0.396 | 0.422 | 0.464 | 0.499 |
| 四川 | 0.126 | 0.118 | 0.172 | 0.186 | 0.219 | 0.223 | 0.238 | 0.261 | 0.267 | 0.293 | 0.335 | 0.374 |
| 贵州 | 0.016 | 0.024 | 0.077 | 0.091 | 0.111 | 0.126 | 0.142 | 0.154 | 0.166 | 0.178 | 0.199 | 0.231 |
| 云南 | 0.074 | 0.075 | 0.125 | 0.138 | 0.168 | 0.167 | 0.188 | 0.196 | 0.213 | 0.232 | 0.232 | 0.261 |
| 陕西 | 0.137 | 0.147 | 0.197 | 0.213 | 0.256 | 0.261 | 0.271 | 0.295 | 0.308 | 0.324 | 0.343 | 0.372 |
| 甘肃 | 0.084 | 0.083 | 0.142 | 0.168 | 0.202 | 0.203 | 0.215 | 0.224 | 0.235 | 0.252 | 0.277 | 0.317 |
| 青海 | 0.056 | 0.067 | 0.101 | 0.127 | 0.155 | 0.153 | 0.168 | 0.195 | 0.208 | 0.223 | 0.225 | 0.270 |
| 宁夏 | 0.089 | 0.094 | 0.139 | 0.158 | 0.201 | 0.211 | 0.221 | 0.232 | 0.231 | 0.252 | 0.280 | 0.299 |
| 新疆 | 0.081 | 0.083 | 0.128 | 0.128 | 0.157 | 0.163 | 0.177 | 0.196 | 0.208 | 0.207 | 0.229 | 0.251 |
| 东部 | 0.363 | 0.370 | 0.420 | 0.432 | 0.469 | 0.473 | 0.480 | 0.496 | 0.503 | 0.517 | 0.536 | 0.564 |
| 中部 | 0.160 | 0.168 | 0.220 | 0.232 | 0.265 | 0.270 | 0.281 | 0.300 | 0.307 | 0.327 | 0.350 | 0.382 |
| 西部 | 0.093 | 0.097 | 0.141 | 0.156 | 0.188 | 0.193 | 0.208 | 0.225 | 0.234 | 0.250 | 0.273 | 0.303 |
| 全国 | 0.206 | 0.212 | 0.260 | 0.274 | 0.308 | 0.312 | 0.323 | 0.341 | 0.348 | 0.365 | 0.386 | 0.416 |

注：对东、中、西部划分依据目前国家统计局的划分标准，即东部地区包括北京、天津、河北、辽宁、上海、江苏、浙江、福建、山东、广东、海南11个省、自治区、直辖市；中部地区包括山西、吉林、黑龙江、安徽、江西、河南、湖北、湖南8个省、自治区；西部地区包括内蒙古、广西、重庆、四川、贵州、云南、西藏、陕西、甘肃、青海、宁夏、新疆12个省、自治区、直辖市（没有考虑西藏）。

从表 5-15 看出，2005 年上海、北京的工业化水平居于全国前两位，均超过了 0.6，这两个直辖市工业化水平领跑全国；天津、辽宁、江苏、浙江、广东等省份的工业化水平介于 0.35~0.6 之间，说明这些省份的工业化在当时具备了较好的前期基础和发展成效，其中天津、辽宁作为老牌工业基地，工业基础较为雄厚，江苏、浙江、广东通过大力发展高新技术产业，有效推进工业化进程；其余省份的工业化水平都处于 0.35 以下，说明这些省份工业化发展相对缓慢，工业化发展水平相对较低。值得注意的是，2016 年我国各省份的工业化水平普遍有明显提高，其中上海、北京、天津、江苏、浙江、广东的工业化水平都超过了 0.55，辽宁、重庆、福建、山东等 7 个省份的工业化水平介于 0.4~0.55 之间，具有较为明显的提升。总体来看，近十二年来我国各省份工业化水平都取得不同程度的提升，这无疑与国家促进工业转型升级和强化技术创新能力等有关，说明我国工业化发展正在步入快速提升阶段。

从表 5-16 可以看出，2005 年我国信息化刚刚起步，发展水平普遍偏低，仅上海、北京的信息化水平接近 0.4，广东、天津、浙江三省市超过了 0.3。到 2016 年，北京、上海、广东、浙江、山东、江苏、天津、重庆的信息化水平均已超过 0.5，提升成效较为明显，但西部地区信息化水平仍然偏低，这主要与这些地区前期信息化基础相对较差、基础设施建设相对缓慢等有关。总体来看，自 2005 年以来，我国信息化发展水平有了明显提升，并呈进一步上升态势。

表 5-16　　　　2005~2016 年我国信息化实际发展水平

| 区域 | 2005年 | 2006年 | 2007年 | 2008年 | 2009年 | 2010年 | 2011年 | 2012年 | 2013年 | 2014年 | 2015年 | 2016年 |
| --- | --- | --- | --- | --- | --- | --- | --- | --- | --- | --- | --- | --- |
| 北京 | 0.381 | 0.396 | 0.417 | 0.441 | 0.457 | 0.467 | 0.482 | 0.493 | 0.517 | 0.534 | 0.558 | 0.593 |
| 天津 | 0.319 | 0.334 | 0.349 | 0.365 | 0.383 | 0.399 | 0.419 | 0.449 | 0.461 | 0.490 | 0.511 | 0.525 |
| 河北 | 0.212 | 0.225 | 0.239 | 0.254 | 0.274 | 0.286 | 0.321 | 0.340 | 0.358 | 0.372 | 0.388 | 0.421 |
| 山西 | 0.164 | 0.176 | 0.196 | 0.214 | 0.232 | 0.241 | 0.267 | 0.275 | 0.292 | 0.318 | 0.368 | 0.389 |
| 内蒙古 | 0.111 | 0.123 | 0.142 | 0.161 | 0.181 | 0.192 | 0.232 | 0.245 | 0.269 | 0.288 | 0.306 | 0.323 |
| 辽宁 | 0.247 | 0.268 | 0.279 | 0.301 | 0.322 | 0.333 | 0.365 | 0.379 | 0.396 | 0.421 | 0.449 | 0.473 |
| 吉林 | 0.195 | 0.206 | 0.218 | 0.234 | 0.252 | 0.262 | 0.282 | 0.294 | 0.309 | 0.321 | 0.342 | 0.358 |
| 黑龙江 | 0.214 | 0.224 | 0.239 | 0.256 | 0.274 | 0.283 | 0.312 | 0.335 | 0.349 | 0.371 | 0.388 | 0.411 |
| 上海 | 0.386 | 0.395 | 0.418 | 0.433 | 0.458 | 0.467 | 0.478 | 0.491 | 0.509 | 0.530 | 0.556 | 0.579 |
| 江苏 | 0.293 | 0.311 | 0.332 | 0.365 | 0.389 | 0.413 | 0.435 | 0.454 | 0.466 | 0.482 | 0.519 | 0.538 |

续表

| 区域 | 2005年 | 2006年 | 2007年 | 2008年 | 2009年 | 2010年 | 2011年 | 2012年 | 2013年 | 2014年 | 2015年 | 2016年 |
|---|---|---|---|---|---|---|---|---|---|---|---|---|
| 浙江 | 0.306 | 0.318 | 0.338 | 0.358 | 0.377 | 0.392 | 0.426 | 0.454 | 0.483 | 0.522 | 0.543 | 0.568 |
| 安徽 | 0.195 | 0.206 | 0.22 | 0.235 | 0.252 | 0.26 | 0.28 | 0.289 | 0.315 | 0.341 | 0.358 | 0.382 |
| 福建 | 0.238 | 0.258 | 0.278 | 0.296 | 0.314 | 0.329 | 0.365 | 0.383 | 0.404 | 0.442 | 0.469 | 0.490 |
| 江西 | 0.182 | 0.19 | 0.21 | 0.213 | 0.237 | 0.257 | 0.276 | 0.291 | 0.306 | 0.322 | 0.366 | 0.390 |
| 山东 | 0.277 | 0.308 | 0.332 | 0.361 | 0.383 | 0.407 | 0.433 | 0.459 | 0.476 | 0.507 | 0.543 | 0.568 |
| 河南 | 0.226 | 0.235 | 0.238 | 0.261 | 0.276 | 0.302 | 0.368 | 0.402 | 0.431 | 0.462 | 0.481 | 0.499 |
| 湖北 | 0.211 | 0.220 | 0.237 | 0.256 | 0.277 | 0.295 | 0.322 | 0.360 | 0.373 | 0.405 | 0.436 | 0.466 |
| 湖南 | 0.194 | 0.206 | 0.231 | 0.251 | 0.263 | 0.277 | 0.296 | 0.327 | 0.353 | 0.379 | 0.409 | 0.446 |
| 广东 | 0.333 | 0.368 | 0.386 | 0.410 | 0.441 | 0.462 | 0.487 | 0.508 | 0.536 | 0.561 | 0.578 | 0.595 |
| 广西 | 0.119 | 0.139 | 0.156 | 0.174 | 0.194 | 0.208 | 0.237 | 0.255 | 0.281 | 0.311 | 0.338 | 0.368 |
| 海南 | 0.167 | 0.175 | 0.182 | 0.193 | 0.211 | 0.226 | 0.245 | 0.259 | 0.271 | 0.299 | 0.314 | 0.338 |
| 重庆 | 0.246 | 0.267 | 0.288 | 0.321 | 0.347 | 0.367 | 0.390 | 0.419 | 0.441 | 0.469 | 0.490 | 0.525 |
| 四川 | 0.206 | 0.230 | 0.249 | 0.269 | 0.291 | 0.318 | 0.343 | 0.363 | 0.381 | 0.428 | 0.453 | 0.478 |
| 贵州 | 0.202 | 0.218 | 0.249 | 0.294 | 0.315 | 0.341 | 0.368 | 0.384 | 0.367 | 0.394 | 0.411 | 0.451 |
| 云南 | 0.161 | 0.171 | 0.188 | 0.210 | 0.224 | 0.239 | 0.260 | 0.267 | 0.282 | 0.298 | 0.316 | 0.344 |
| 陕西 | 0.217 | 0.234 | 0.244 | 0.254 | 0.274 | 0.289 | 0.310 | 0.329 | 0.349 | 0.365 | 0.388 | 0.418 |
| 甘肃 | 0.127 | 0.139 | 0.158 | 0.174 | 0.201 | 0.207 | 0.222 | 0.232 | 0.249 | 0.261 | 0.276 | 0.308 |
| 青海 | 0.111 | 0.123 | 0.147 | 0.171 | 0.189 | 0.205 | 0.232 | 0.250 | 0.261 | 0.275 | 0.295 | 0.313 |
| 宁夏 | 0.102 | 0.113 | 0.120 | 0.141 | 0.157 | 0.172 | 0.198 | 0.214 | 0.236 | 0.264 | 0.287 | 0.303 |
| 新疆 | 0.126 | 0.138 | 0.159 | 0.168 | 0.186 | 0.201 | 0.212 | 0.232 | 0.254 | 0.267 | 0.282 | 0.302 |
| 东部 | 0.287 | 0.305 | 0.323 | 0.343 | 0.364 | 0.38 | 0.405 | 0.424 | 0.443 | 0.469 | 0.493 | 0.515 |
| 中部 | 0.198 | 0.208 | 0.222 | 0.240 | 0.258 | 0.272 | 0.301 | 0.322 | 0.341 | 0.365 | 0.394 | 0.418 |
| 西部 | 0.136 | 0.149 | 0.164 | 0.181 | 0.200 | 0.213 | 0.235 | 0.250 | 0.269 | 0.290 | 0.309 | 0.331 |
| 全国 | 0.206 | 0.220 | 0.235 | 0.254 | 0.273 | 0.287 | 0.312 | 0.330 | 0.349 | 0.373 | 0.396 | 0.419 |

从图5-10及图5-11可以看出，自2005年以来我国工业化和信息化水平都呈现明显提升态势，相比之下信息化发展速度更快，两者差距逐步缩小。从地区差异来看，工业化方面东部地区明显好于中、西部地区，全国平均水平位于东部与中部之间；信息化方面地区差异小于工业化，整体水平相差不是很大。总体来看，目前我国信息化和工业化发展水平都处于偏中期阶段，仍有较大的发展与提升空间；地区发展差异较为显著，主要表现为中西部地区工业化与信息化发展水平总体明显低于东部发达地区，

亟待提升中西部地区的发展水平。

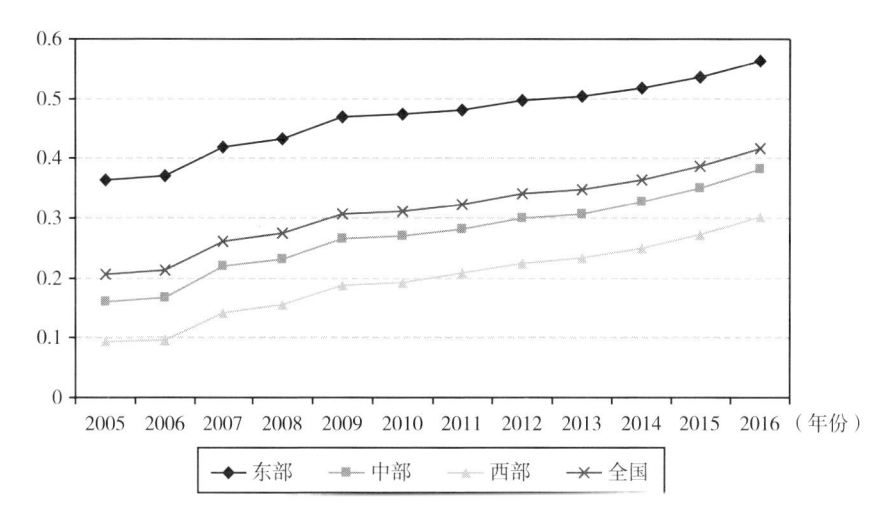

图 5-10　2005~2016 年我国工业化水平发展趋势

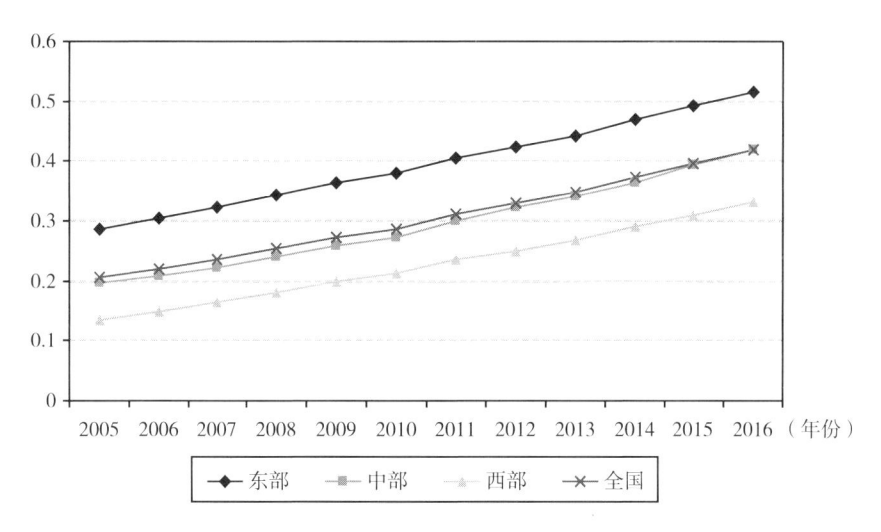

图 5-11　2005~2016 年我国信息化水平发展趋势

### 3. 两化融合子系统的协调系数测算

根据式（5.17）与式（5.18），可测算我国各省份信息化带动工业化融合绩效系数及工业化促进信息化融合绩效系数，结果如表 5-17 和表 5-18 所示。

表 5-17　　　　　2005~2016年我国信息化带动工业化融合绩效系数

| 区域 | 2005年 | 2006年 | 2007年 | 2008年 | 2009年 | 2010年 | 2011年 | 2012年 | 2013年 | 2014年 | 2015年 | 2016年 |
|---|---|---|---|---|---|---|---|---|---|---|---|---|
| 北京 | 1.000 | 1.000 | 0.994 | 0.982 | 1.000 | 1.000 | 0.982 | 0.979 | 0.976 | 0.982 | 0.988 | 1.000 |
| 天津 | 0.886 | 0.907 | 0.91 | 0.928 | 0.913 | 0.926 | 0.931 | 0.931 | 0.928 | 0.946 | 0.928 | 0.946 |
| 河北 | 0.706 | 0.712 | 0.726 | 0.738 | 0.746 | 0.752 | 0.757 | 0.790 | 0.793 | 0.826 | 0.793 | 0.826 |
| 山西 | 0.613 | 0.619 | 0.632 | 0.648 | 0.662 | 0.681 | 0.701 | 0.739 | 0.775 | 0.784 | 0.775 | 0.792 |
| 内蒙古 | 0.496 | 0.514 | 0.571 | 0.574 | 0.586 | 0.590 | 0.607 | 0.619 | 0.658 | 0.671 | 0.658 | 0.672 |
| 辽宁 | 0.792 | 0.799 | 0.826 | 0.823 | 0.837 | 0.848 | 0.851 | 0.865 | 0.868 | 0.881 | 0.868 | 0.882 |
| 吉林 | 0.655 | 0.664 | 0.676 | 0.673 | 0.667 | 0.663 | 0.676 | 0.685 | 0.688 | 0.712 | 0.688 | 0.712 |
| 黑龙江 | 0.701 | 0.706 | 0.733 | 0.748 | 0.739 | 0.740 | 0.757 | 0.775 | 0.775 | 0.778 | 0.775 | 0.781 |
| 上海 | 1.000 | 1.000 | 0.988 | 0.982 | 0.970 | 0.963 | 0.979 | 1.000 | 0.988 | 1.000 | 0.988 | 0.994 |
| 江苏 | 0.903 | 0.928 | 0.934 | 0.934 | 0.919 | 0.929 | 0.940 | 0.943 | 0.958 | 0.967 | 0.958 | 0.967 |
| 浙江 | 0.883 | 0.895 | 0.919 | 0.934 | 0.941 | 0.954 | 0.964 | 0.976 | 0.970 | 0.973 | 0.972 | 0.973 |
| 安徽 | 0.655 | 0.661 | 0.673 | 0.664 | 0.679 | 0.689 | 0.706 | 0.727 | 0.748 | 0.757 | 0.748 | 0.767 |
| 福建 | 0.775 | 0.793 | 0.826 | 0.829 | 0.832 | 0.848 | 0.877 | 0.889 | 0.904 | 0.919 | 0.904 | 0.919 |
| 江西 | 0.625 | 0.655 | 0.664 | 0.667 | 0.661 | 0.643 | 0.718 | 0.739 | 0.757 | 0.775 | 0.757 | 0.775 |
| 山东 | 0.892 | 0.919 | 0.931 | 0.940 | 0.931 | 0.959 | 0.964 | 0.976 | 0.973 | 0.976 | 0.973 | 0.976 |
| 河南 | 0.703 | 0.742 | 0.832 | 0.859 | 0.871 | 0.881 | 0.892 | 0.898 | 0.907 | 0.871 | 0.907 | 0.871 |
| 湖北 | 0.706 | 0.730 | 0.751 | 0.793 | 0.781 | 0.784 | 0.832 | 0.856 | 0.856 | 0.868 | 0.856 | 0.868 |
| 湖南 | 0.679 | 0.694 | 0.703 | 0.736 | 0.748 | 0.762 | 0.790 | 0.829 | 0.868 | 0.883 | 0.868 | 0.886 |
| 广东 | 0.979 | 0.994 | 1.000 | 1.000 | 0.962 | 0.973 | 1.000 | 0.984 | 1.000 | 0.988 | 1.000 | 0.981 |
| 广西 | 0.529 | 0.55 | 0.583 | 0.595 | 0.613 | 0.642 | 0.667 | 0.703 | 0.724 | 0.732 | 0.724 | 0.748 |
| 海南 | 0.568 | 0.589 | 0.601 | 0.604 | 0.592 | 0.601 | 0.622 | 0.649 | 0.682 | 0.694 | 0.682 | 0.704 |
| 重庆 | 0.835 | 0.856 | 0.868 | 0.886 | 0.886 | 0.891 | 0.904 | 0.931 | 0.925 | 0.916 | 0.925 | 0.916 |
| 四川 | 0.730 | 0.772 | 0.790 | 0.799 | 0.793 | 0.827 | 0.856 | 0.871 | 0.883 | 0.868 | 0.883 | 0.868 |
| 贵州 | 0.433 | 0.445 | 0.454 | 0.472 | 0.499 | 0.518 | 0.541 | 0.565 | 0.577 | 0.604 | 0.577 | 0.624 |
| 云南 | 0.595 | 0.619 | 0.631 | 0.619 | 0.613 | 0.618 | 0.628 | 0.658 | 0.682 | 0.694 | 0.682 | 0.694 |
| 陕西 | 0.702 | 0.718 | 0.730 | 0.739 | 0.739 | 0.741 | 0.757 | 0.784 | 0.795 | 0.802 | 0.790 | 0.808 |
| 甘肃 | 0.542 | 0.547 | 0.551 | 0.544 | 0.544 | 0.543 | 0.547 | 0.589 | 0.650 | 0.676 | 0.655 | 0.676 |
| 青海 | 0.517 | 0.544 | 0.571 | 0.583 | 0.571 | 0.573 | 0.586 | 0.601 | 0.625 | 0.641 | 0.625 | 0.642 |
| 宁夏 | 0.442 | 0.469 | 0.496 | 0.505 | 0.517 | 0.532 | 0.568 | 0.580 | 0.601 | 0.619 | 0.601 | 0.629 |
| 新疆 | 0.511 | 0.532 | 0.529 | 0.544 | 0.556 | 0.548 | 0.559 | 0.577 | 0.607 | 0.616 | 0.607 | 0.616 |
| 东部 | 0.853 | 0.867 | 0.878 | 0.881 | 0.877 | 0.887 | 0.897 | 0.907 | 0.913 | 0.923 | 0.914 | 0.924 |
| 中部 | 0.667 | 0.684 | 0.708 | 0.724 | 0.726 | 0.73 | 0.759 | 0.781 | 0.797 | 0.804 | 0.797 | 0.807 |
| 西部 | 0.528 | 0.547 | 0.565 | 0.572 | 0.576 | 0.585 | 0.602 | 0.623 | 0.644 | 0.653 | 0.644 | 0.658 |
| 全国 | 0.679 | 0.696 | 0.713 | 0.721 | 0.722 | 0.73 | 0.747 | 0.765 | 0.779 | 0.788 | 0.779 | 0.791 |

信息化带动工业化融合绩效系数越大,说明该省份实际信息化发展水平所要求的工业化发展水平与同期各省份信息化水平所要求的理想工业化发展水平之间的差距越小,即说明信息化带动工业化融合的效果越好。从表5-17看出,自2005年以来,我国各省份基本上保持了信息化带动工业化融合绩效系数稳定上升的趋势,由2005年的0.679提升至2016年的0.791,说明各地通过信息化较为有效地带动了工业化的发展。工业企业的人力资源、生产工具等有所提升,工业企业的生产方式、组织管理方式不断改进,工业产品成本下降、价值上升,工业化发展水平得到提高。

表5-18　　　　2005~2016年我国工业化促进信息化融合绩效系数

| 区域 | 2005年 | 2006年 | 2007年 | 2008年 | 2009年 | 2010年 | 2011年 | 2012年 | 2013年 | 2014年 | 2015年 | 2016年 |
| --- | --- | --- | --- | --- | --- | --- | --- | --- | --- | --- | --- | --- |
| 北京 | 0.991 | 0.988 | 0.988 | 0.994 | 0.991 | 1.000 | 1.000 | 0.997 | 0.998 | 1.000 | 1.000 | 1.000 |
| 天津 | 0.943 | 0.934 | 0.941 | 0.945 | 0.943 | 0.949 | 0.952 | 0.964 | 0.976 | 0.982 | 0.976 | 0.982 |
| 河北 | 0.433 | 0.445 | 0.463 | 0.499 | 0.517 | 0.529 | 0.535 | 0.559 | 0.565 | 0.574 | 0.565 | 0.574 |
| 山西 | 0.418 | 0.426 | 0.438 | 0.461 | 0.475 | 0.481 | 0.49 | 0.538 | 0.562 | 0.568 | 0.562 | 0.568 |
| 内蒙古 | 0.301 | 0.319 | 0.358 | 0.415 | 0.442 | 0.454 | 0.475 | 0.499 | 0.532 | 0.553 | 0.548 | 0.562 |
| 辽宁 | 0.730 | 0.733 | 0.742 | 0.751 | 0.757 | 0.769 | 0.784 | 0.799 | 0.811 | 0.823 | 0.832 | 0.838 |
| 吉林 | 0.481 | 0.484 | 0.511 | 0.538 | 0.55 | 0.571 | 0.574 | 0.598 | 0.619 | 0.646 | 0.636 | 0.648 |
| 黑龙江 | 0.451 | 0.457 | 0.469 | 0.481 | 0.496 | 0.520 | 0.544 | 0.559 | 0.574 | 0.592 | 0.605 | 0.617 |
| 上海 | 1.000 | 1.000 | 1.000 | 1.000 | 1.000 | 0.998 | 0.998 | 0.999 | 1.000 | 0.995 | 0.998 | 0.997 |
| 江苏 | 0.760 | 0.778 | 0.799 | 0.814 | 0.823 | 0.844 | 0.853 | 0.868 | 0.883 | 0.916 | 0.908 | 0.923 |
| 浙江 | 0.781 | 0.805 | 0.820 | 0.832 | 0.835 | 0.853 | 0.859 | 0.871 | 0.889 | 0.901 | 0.903 | 0.912 |
| 安徽 | 0.256 | 0.286 | 0.310 | 0.337 | 0.355 | 0.391 | 0.430 | 0.526 | 0.622 | 0.651 | 0.682 | 0.694 |
| 福建 | 0.556 | 0.562 | 0.580 | 0.598 | 0.628 | 0.652 | 0.682 | 0.709 | 0.732 | 0.739 | 0.743 | 0.752 |
| 江西 | 0.355 | 0.373 | 0.394 | 0.406 | 0.439 | 0.472 | 0.505 | 0.535 | 0.565 | 0.576 | 0.582 | 0.589 |
| 山东 | 0.562 | 0.580 | 0.607 | 0.634 | 0.658 | 0.682 | 0.705 | 0.715 | 0.732 | 0.745 | 0.742 | 0.753 |
| 河南 | 0.281 | 0.308 | 0.321 | 0.348 | 0.367 | 0.401 | 0.424 | 0.451 | 0.481 | 0.523 | 0.541 | 0.573 |
| 湖北 | 0.491 | 0.502 | 0.523 | 0.550 | 0.577 | 0.607 | 0.634 | 0.664 | 0.682 | 0.702 | 0.706 | 0.712 |
| 湖南 | 0.355 | 0.355 | 0.367 | 0.388 | 0.412 | 0.448 | 0.469 | 0.493 | 0.514 | 0.536 | 0.552 | 0.586 |
| 广东 | 0.748 | 0.763 | 0.784 | 0.802 | 0.814 | 0.817 | 0.832 | 0.844 | 0.853 | 0.871 | 0.863 | 0.874 |
| 广西 | 0.196 | 0.223 | 0.223 | 0.247 | 0.256 | 0.313 | 0.344 | 0.391 | 0.439 | 0.496 | 0.502 | 0.518 |
| 海南 | 0.103 | 0.139 | 0.211 | 0.247 | 0.283 | 0.319 | 0.340 | 0.373 | 0.397 | 0.412 | 0.429 | 0.442 |
| 重庆 | 0.502 | 0.526 | 0.553 | 0.583 | 0.634 | 0.664 | 0.676 | 0.712 | 0.743 | 0.776 | 0.783 | 0.796 |
| 四川 | 0.259 | 0.283 | 0.304 | 0.331 | 0.367 | 0.403 | 0.427 | 0.475 | 0.547 | 0.566 | 0.577 | 0.586 |

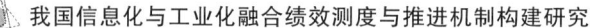

续表

| 区域 | 2005年 | 2006年 | 2007年 | 2008年 | 2009年 | 2010年 | 2011年 | 2012年 | 2013年 | 2014年 | 2015年 | 2016年 |
|---|---|---|---|---|---|---|---|---|---|---|---|---|
| 贵州 | 0.203 | 0.237 | 0.262 | 0.292 | 0.324 | 0.352 | 0.381 | 0.375 | 0.394 | 0.421 | 0.448 | 0.471 |
| 云南 | 0.145 | 0.163 | 0.195 | 0.223 | 0.246 | 0.289 | 0.321 | 0.358 | 0.389 | 0.416 | 0.431 | 0.451 |
| 陕西 | 0.325 | 0.349 | 0.391 | 0.418 | 0.439 | 0.481 | 0.514 | 0.538 | 0.552 | 0.579 | 0.582 | 0.589 |
| 甘肃 | 0.187 | 0.238 | 0.262 | 0.283 | 0.310 | 0.319 | 0.355 | 0.385 | 0.424 | 0.443 | 0.454 | 0.463 |
| 青海 | 0.109 | 0.125 | 0.142 | 0.154 | 0.193 | 0.247 | 0.289 | 0.316 | 0.331 | 0.354 | 0.371 | 0.394 |
| 宁夏 | 0.181 | 0.214 | 0.259 | 0.301 | 0.325 | 0.340 | 0.343 | 0.385 | 0.430 | 0.443 | 0.454 | 0.463 |
| 新疆 | 0.151 | 0.136 | 0.148 | 0.181 | 0.217 | 0.250 | 0.289 | 0.277 | 0.313 | 0.346 | 0.363 | 0.376 |
| 东部 | 0.692 | 0.702 | 0.721 | 0.738 | 0.75 | 0.765 | 0.776 | 0.791 | 0.803 | 0.814 | 0.814 | 0.822 |
| 中部 | 0.386 | 0.399 | 0.417 | 0.439 | 0.459 | 0.486 | 0.509 | 0.546 | 0.577 | 0.599 | 0.608 | 0.623 |
| 西部 | 0.213 | 0.234 | 0.258 | 0.286 | 0.313 | 0.343 | 0.368 | 0.393 | 0.425 | 0.449 | 0.459 | 0.472 |
| 全国 | 0.428 | 0.443 | 0.463 | 0.486 | 0.506 | 0.53 | 0.549 | 0.573 | 0.598 | 0.618 | 0.624 | 0.636 |

工业化促进信息化融合绩效系数越大，说明该省份实际工业化发展水平所要求的信息化发展水平与同期各省份工业化水平所要求的理想信息化发展水平之间的差距越小，即说明工业化带动信息化融合的效果越好。从表5-18可以看出，自2005年以来，我国各省份工业化促进信息化的融合系数保持显著的上升趋势。这主要是由于各省份工业化不断推进，企业对信息技术的需求越来越大，在产品设计、生产运营、销售服务及企业管理等环节采用信息技术，提高信息技术与工业技术的融合和产品融合的程度，从而促进信息化水平提高。

由图5-12看出，我国工业化促进信息化融合绩效系数明显低于信息化带动工业化融合绩效系数。这一方面是由于目前我国工业体系的高端化、智能化相对滞后，在短时间内难以较好地满足信息化进一步发展所需的设备和先进技术基础，导致我国工业化促进信息化融合绩效系数偏低；另一方面在政府的大力推动下，近年来我国信息化保持持续快速增长的势头，且逐步融入工业生产过程之中，由此带动工业化的高端化、数字化和智能化发展，提高信息化带动工业化的融合系数。我国工业化促进信息化融合绩效系数与信息化带动工业化融合绩效系数之间的差距在逐步缩小，这得益于我国工业转型升级的不断推进，显著提升了对先进信息技术的需求，再加上以美国"工业互联网"、德国"工业4.0"为代表的发达国家"再工业化"战略的启发和影响，先进信息技术带动工业化转型、升级和发展的趋势愈加明显，使工业化促进信息化融合绩效系数增加较快，并与信息化带动工业化融合绩效系数之间的差距逐渐缩小，两化融合的协同性不断增强。

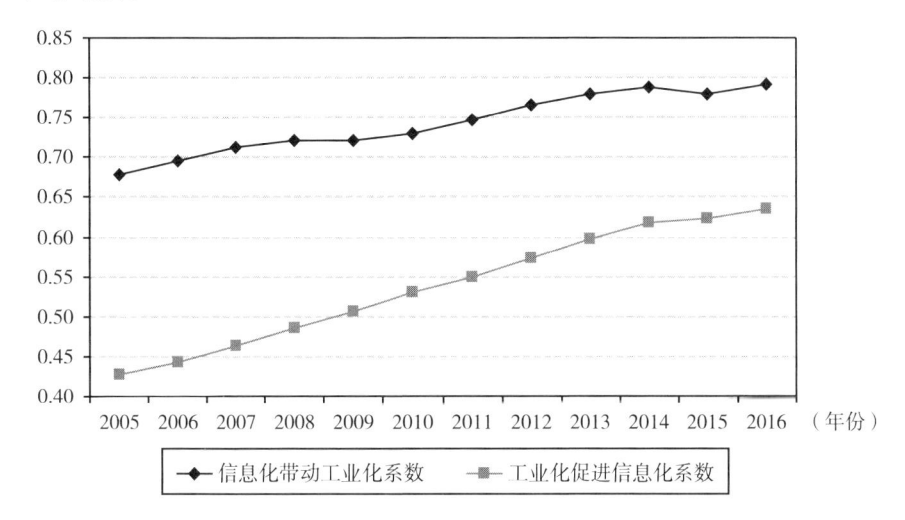

图 5-12　2005~2016 年我国工业化与信息化子系统融合绩效系数趋势

### 4. 我国两化融合整体绩效水平测算

综合两化融合两个子系统绩效系数，进一步计算得到各省份、东中西部及全国整体的两化融合绩效系数值，如表 5-19 所示。

表 5-19　　　　　　2005~2016 年我国两化融合绩效系数值

| 区域 | 2005年 | 2006年 | 2007年 | 2008年 | 2009年 | 2010年 | 2011年 | 2012年 | 2013年 | 2014年 | 2015年 | 2016年 |
|---|---|---|---|---|---|---|---|---|---|---|---|---|
| 北京 | 0.882 | 0.896 | 0.908 | 0.921 | 0.936 | 0.954 | 0.967 | 0.977 | 0.982 | 0.988 | 0.986 | 0.991 |
| 天津 | 0.843 | 0.862 | 0.884 | 0.903 | 0.926 | 0.937 | 0.956 | 0.962 | 0.967 | 0.971 | 0.963 | 0.975 |
| 河北 | 0.681 | 0.706 | 0.688 | 0.718 | 0.739 | 0.778 | 0.757 | 0.751 | 0.754 | 0.776 | 0.779 | 0.816 |
| 山西 | 0.614 | 0.626 | 0.638 | 0.656 | 0.671 | 0.699 | 0.712 | 0.731 | 0.742 | 0.753 | 0.762 | 0.789 |
| 内蒙古 | 0.616 | 0.623 | 0.648 | 0.664 | 0.682 | 0.693 | 0.687 | 0.702 | 0.719 | 0.731 | 0.749 | 0.761 |
| 辽宁 | 0.634 | 0.652 | 0.668 | 0.681 | 0.697 | 0.718 | 0.731 | 0.751 | 0.758 | 0.782 | 0.793 | 0.828 |
| 吉林 | 0.602 | 0.615 | 0.634 | 0.645 | 0.648 | 0.664 | 0.681 | 0.695 | 0.713 | 0.731 | 0.748 | 0.762 |
| 黑龙江 | 0.604 | 0.612 | 0.628 | 0.641 | 0.652 | 0.663 | 0.678 | 0.682 | 0.701 | 0.722 | 0.731 | 0.756 |
| 上海 | 0.879 | 0.892 | 0.906 | 0.926 | 0.938 | 0.951 | 0.968 | 0.975 | 0.988 | 0.986 | 0.988 | 0.994 |

续表

| 区域 | 2005年 | 2006年 | 2007年 | 2008年 | 2009年 | 2010年 | 2011年 | 2012年 | 2013年 | 2014年 | 2015年 | 2016年 |
|---|---|---|---|---|---|---|---|---|---|---|---|---|
| 江苏 | 0.739 | 0.747 | 0.759 | 0.779 | 0.792 | 0.819 | 0.842 | 0.868 | 0.883 | 0.908 | 0.918 | 0.942 |
| 浙江 | 0.759 | 0.772 | 0.793 | 0.812 | 0.826 | 0.843 | 0.855 | 0.869 | 0.882 | 0.903 | 0.915 | 0.934 |
| 安徽 | 0.626 | 0.638 | 0.651 | 0.662 | 0.673 | 0.682 | 0.702 | 0.719 | 0.731 | 0.752 | 0.773 | 0.784 |
| 福建 | 0.646 | 0.659 | 0.672 | 0.686 | 0.701 | 0.726 | 0.743 | 0.759 | 0.773 | 0.791 | 0.802 | 0.829 |
| 江西 | 0.614 | 0.628 | 0.641 | 0.654 | 0.671 | 0.684 | 0.704 | 0.722 | 0.741 | 0.762 | 0.771 | 0.783 |
| 山东 | 0.682 | 0.695 | 0.706 | 0.719 | 0.742 | 0.758 | 0.772 | 0.783 | 0.802 | 0.833 | 0.842 | 0.863 |
| 河南 | 0.561 | 0.584 | 0.609 | 0.632 | 0.645 | 0.668 | 0.681 | 0.701 | 0.722 | 0.739 | 0.752 | 0.764 |
| 湖北 | 0.587 | 0.601 | 0.622 | 0.642 | 0.663 | 0.678 | 0.689 | 0.702 | 0.719 | 0.731 | 0.753 | 0.772 |
| 湖南 | 0.602 | 0.621 | 0.642 | 0.662 | 0.674 | 0.695 | 0.712 | 0.731 | 0.746 | 0.763 | 0.776 | 0.802 |
| 广东 | 0.859 | 0.877 | 0.895 | 0.934 | 0.907 | 0.922 | 0.946 | 0.958 | 0.964 | 0.976 | 0.964 | 0.976 |
| 广西 | 0.592 | 0.615 | 0.622 | 0.639 | 0.648 | 0.643 | 0.659 | 0.681 | 0.709 | 0.734 | 0.739 | 0.753 |
| 海南 | 0.557 | 0.569 | 0.579 | 0.589 | 0.615 | 0.638 | 0.657 | 0.673 | 0.682 | 0.696 | 0.701 | 0.716 |
| 重庆 | 0.649 | 0.652 | 0.674 | 0.685 | 0.739 | 0.756 | 0.783 | 0.792 | 0.806 | 0.839 | 0.848 | 0.865 |
| 四川 | 0.661 | 0.679 | 0.684 | 0.679 | 0.691 | 0.712 | 0.731 | 0.748 | 0.766 | 0.782 | 0.803 | 0.832 |
| 贵州 | 0.681 | 0.699 | 0.722 | 0.736 | 0.755 | 0.772 | 0.784 | 0.806 | 0.824 | 0.834 | 0.854 | 0.861 |
| 云南 | 0.481 | 0.478 | 0.481 | 0.511 | 0.553 | 0.598 | 0.628 | 0.676 | 0.688 | 0.701 | 0.712 | 0.722 |
| 陕西 | 0.583 | 0.592 | 0.628 | 0.649 | 0.672 | 0.689 | 0.706 | 0.736 | 0.754 | 0.778 | 0.794 | 0.826 |
| 甘肃 | 0.585 | 0.607 | 0.621 | 0.643 | 0.654 | 0.671 | 0.668 | 0.683 | 0.702 | 0.716 | 0.731 | 0.745 |
| 青海 | 0.478 | 0.493 | 0.499 | 0.508 | 0.529 | 0.554 | 0.575 | 0.603 | 0.627 | 0.664 | 0.687 | 0.709 |
| 宁夏 | 0.579 | 0.591 | 0.625 | 0.657 | 0.672 | 0.662 | 0.676 | 0.688 | 0.702 | 0.726 | 0.732 | 0.752 |
| 新疆 | 0.503 | 0.532 | 0.547 | 0.571 | 0.582 | 0.601 | 0.632 | 0.648 | 0.661 | 0.672 | 0.667 | 0.682 |
| 东部 | 0.742 | 0.757 | 0.769 | 0.788 | 0.802 | 0.822 | 0.836 | 0.848 | 0.858 | 0.874 | 0.877 | 0.897 |
| 中部 | 0.630 | 0.654 | 0.669 | 0.686 | 0.697 | 0.712 | 0.734 | 0.747 | 0.762 | 0.777 | 0.788 | 0.802 |
| 西部 | 0.534 | 0.547 | 0.563 | 0.579 | 0.598 | 0.613 | 0.627 | 0.647 | 0.663 | 0.681 | 0.693 | 0.710 |
| 全国 | 0.633 | 0.649 | 0.663 | 0.68 | 0.696 | 0.713 | 0.729 | 0.744 | 0.758 | 0.774 | 0.783 | 0.800 |

### 5.3.3 主要测度结论及分析

**1. 整体两化融合绩效发展趋势**

根据上面计算得到的我国两化融合绩效值，为了更直观地看出近年来我国两化融合绩效水平发展情况，进一步绘制我国整体及东中西部两化融合绩效值变动趋势图，如图5-13所示。

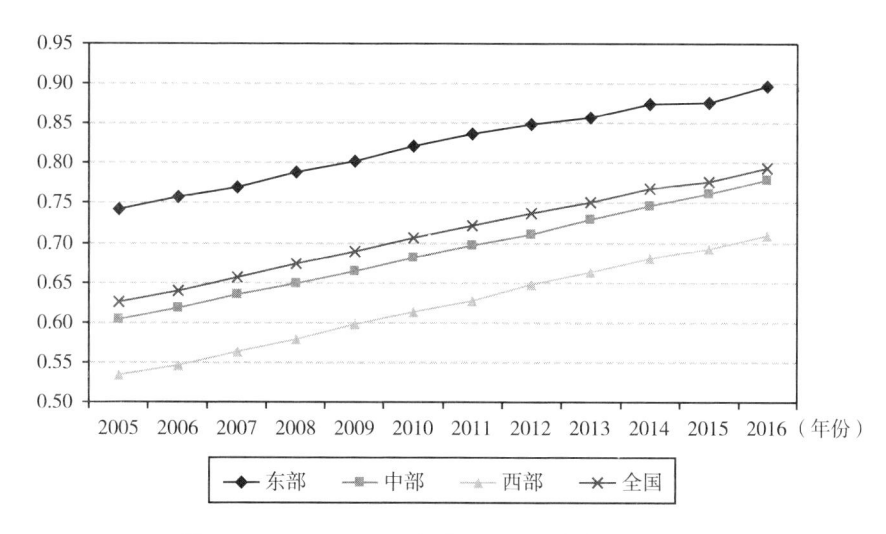

图 5-13 2005~2016 年我国两化融合绩效变动趋势

从全国层面来说，自 2005 年以来，我国两化融合绩效系数值保持了较为明显的上升趋势，由 2005 年的 0.633 逐步上升到 2016 年的 0.800。随着两化融合绩效水平的提升，信息化带动工业化融合绩效系数与工业化促进信息化融合绩效系数在逐步趋同，说明两化之间的融合程度在逐步提升。

从区域层面看，东部地区的两化融合绩效水平明显高于中、西部地区，中部地区总体略低于全国平均水平，而西部地区与全国平均水平差距较大。这主要是因为东部地区的工业化基础较好，且近年来信息化发展较为迅速，再加上各地方政府的强力推动，由此使这些地区的两化融合绩效快速提升，成效较为显著；中部地区工业化总体水平低于东部，但是在部分省份，如贵州的大数据产业等，正在积极进行信息化转型，但是很多省份的工业化水平相对较低，导致"信息化带动工业化"和"工业化促进信息化"两子系统间的不一致，由此导致该区域两化融合绩效水平低于东部地区；而西部地区的工业化、信息化发展水平普遍偏低，特别是在信息化基础设施建设等方面较东、中部地区显得尤为不足，再加上该区域信息化、工业化方面的高层次人才相对匮乏，从而制约了这些地区两化融合绩效水平的提升，两化融合绩效水平明显低于中、东部地区。

**2. 省级层面绩效差异分析**

根据 2016 年全国 30 个省份的两化融合绩效系数对区域两化融合程度

进行聚类分析，结果如表 5-20 所示。

表 5-20　　　　　　　　2016 年我国两化融合绩效水平分类

| 分类 | 省份 |
| --- | --- |
| 第一方阵<br>($0.900 \leq CC < 1.000$) | 上海、北京、广东、天津、江苏、浙江 |
| 第二方阵<br>($0.800 \leq CC < 0.900$) | 重庆、山东、贵州、四川、福建、辽宁、陕西、河北、湖南 |
| 第三方阵<br>($0.600 \leq CC < 0.800$) | 山西、安徽、江西、湖北、河南、吉林、内蒙古、黑龙江、广西、宁夏、甘肃、云南、海南、青海、新疆 |

由表 5-20 可知，从省级层面看，上海、北京、广东、天津、江苏、浙江六省市的两化融合绩效系数值最高，依次为 0.994、0.991、0.976、0.975、0.942 和 0.934，表明它们两化融合绩效在全国处于领先的水平，这与其工业化基础特别是先进制造业发展水平较高、信息化发展优势明显直接相关。其中，北京、上海已进入服务经济时代，高端制造业发展水平较高，制造业的智能化、数字化、服务化发展迅速；天津作为全国重要的先进制造研发基地，伴随着这些年滨海新区的开发开放，正在聚焦、打造国产软件聚集地，并积极将信息技术应用、渗透到工业领域中，带动企业生产管理的革新；广东的轻工业发展较为成熟，依托广州、深圳形成软件服务业集聚发展，并带动整体产业的转型与发展；江苏重视智能制造、新型交通运输设备和高端电子信息产业的发展，软件和信息服务业也持续壮大，企业应用信息化水平较高；浙江的软件和信息服务业实力较强，形成了一批领军企业，对全产业链和周边产业的信息化起到了积极的推进作用，个性化定制、网络化协同、智能特色制造的模式不断推广。当然，六省市的经济、社会发展水平总体位居全国前列，综合发展能力较强，这也为促进这些地区的两化融合提供了较坚实的经济、技术支撑。

处于第二方阵的省份有山东、福建、辽宁、河北等东部省份，重庆、贵州、四川、陕西、湖南等中西部省份。这些地区也属于经济相对发达的省市，经济发展水平较高，信息化发展基础较好，相对于另外的中西部地区，在促进两化融合的条件方面，也相对较为优越，但这些地区在促进两化融合的具体路径方面并不完全相同。重庆、山东、辽宁作为老牌的制造业强省，工业化基础较好，近年来注重信息技术与制造业的融合，在利用信息技术提升自身工业发展的同时，信息化水平也得到了快速提升，由此显著推动了两化融合进程；贵州、四川、福建三个省份重视大数据、物联网、工业互联网、工业云等新型业态的培育与发展，形成了较为显著的产业集群，如贵州的大数据产业等，拉动其两化融合的提升；陕西借力国家两化融合示范基地、河北发挥京津冀战略主体优势、湖南以软件服务业及移动互联网产业为重要抓手，均获得了两化融合的显著提升。

处于第三方阵的省份有山西、安徽、江西、湖北、河南、黑龙江等中部省份，内蒙古、广西、宁夏、甘肃、云南等西部省份，以及吉林、海南两个东部省份。对于山西、江西、湖北、河南、黑龙江等省份，由于两化融合两个子系统发展不够平衡，协同程度较低，限制了两化融合的整体绩效水平，具体体现为：这些地区的信息化发展水平相对较高，但由于传统工业所占比重过大，制约工业化发展水平的同步提升，因此虽然"信息化带动工业化"子系统水平较高，但信息化与工业化融合的总体水平并不高。对于宁夏、甘肃、青海、海南、新疆等边远省份，工业化与信息化的总体发展水平都偏低，技术力量较薄弱，信息化、工业化人才相对匮乏，导致总体两化融合绩效水平低。吉林受到东北经济整体经济状况不佳的拖累，使得工业化转型、信息化提升受到不利影响；海南则以旅游等服务业作为发展重点，自身制造工业的"瘸腿"使得两化融合受到制约。但也应该看到，近年来部分第三方阵的省份两化融合绩效水平提升，尤其是广西、云南等，它们得益于国家级两化融合试验区的优势，虽然前期基础相对较差，但表现出良好的提升态势。

## 5.4　两化融合绩效影响因素的实证分析

在第3章中，我们对两化融合机理进行了论述，企业个体之间通过供应链、竞争、合作等方式，产业群落之间通过竞争合作、跨界融合等方式不断推进两化融合，且受到企业个体和产业群落的初始规模、产出增长速度、市场竞争强度、相互合作程度、供需链管理等因素的影响；生态系统层面来看，外部环境对两化融合生态系统产生了显著的影响，进而影响融合绩效水平，且主要影响因素有政策环境、技术市场、人力资本、信息安全等。为了进一步验证机理部分的仿真结果与现实中两化融合绩效是否一致,本节基于上节求得的两化融合绩效值,根据机理分析中涉及的影响因素选择回归自变量,验证机理部分的分析结论。

### 5.4.1 基于企业及产业层面的两化融合影响因素实证分析

在此将企业个体与产业群落的绩效影响因素一起分析,一方面,因为企业个体与产业群落的演化过程类似,是个体或群落之间通过竞争、合作等方式进行;另一方面,产业群落的绩效正是由其中各企业个体绩效加总得到的,分别分析可能导致重复或内生性问题。因此,本节对企业个体数据进行回归,一并验证企业个体和产业群落两个层面的融合机理。

**1. 变量选择与模型设定**

(1) 变量选择。

对于因变量——企业个体两化融合绩效值,即根据第5.2节求得的数值,在此不做赘述。对于自变量的选择,即针对机理分析中涉及的影响两化融合的相关因素——企业规模、产出增长速度、市场竞争强度、相互合作程度、供需链管理,分别选择相应的变量进行衡量,如表5-21所示。

表5-21  变量含义及其单位

| 变量类别 | 变量名称 | 变量符号 | 单位 |
| --- | --- | --- | --- |
| 被解释变量 | 融合绩效值<br>(performance value) | PV | 无 |
| 核心<br>解释变量 | 资产总额<br>(total assets) | tas | 万元 |
| | 主营业务增长率<br>(business volume rate) | bvr | % |
| | 超额营业利润率<br>(excess operating margins) | eom | % |
| | 合作行为<br>(cooperation behavior) | cba | 1 = 有战略联盟;0 = 无战略联盟 |
| | | cbe | 1 = 有业务外包;0 = 无业务外包 |
| | 供需链管理<br>(supply chain management) | scm | 1 = 有管理行为;0 = 无管理行为 |

续表

| 变量类别 | 变量名称 | 变量符号 | 单位 |
|---|---|---|---|
| 其他控制变量 | 企业性质<br>（enterprise property） | ep | 1＝国有及国有控股企业；0＝其他企业<br>1＝股份制企业；0＝其他企业<br>1＝民营企业；0＝其他企业<br>1＝合资企业；0＝其他企业 |
| | 行业类别<br>（industry category） | ic | 1＝战略性新兴产业；0＝传统产业 |
| | 政策环境<br>（policy environment） | pe | 1＝有政策支持；0＝无政策支持 |

① 企业规模。

在企业规模划分上，目前我国的划分标准主要是依据工业和信息化部、国家统计局、国家发展改革委员会、财政部共同发布的《关于印发中小企业划型标准规定的通知》，其衡量的指标包括资产总额、营业收入、从业人员三个指标。在进行企业个体的绩效评价时，运用了企业个体的从业人员等输入指标，以及营业收入等输出指标进行测算，在此为避免可能存在的内生性问题，仅选择资产总额作为各企业规模水平指标。

② 产出增长速度。

伴随着企业规模的扩大、生产效率的提升，企业个体的产值也在不断提升，这类似于生态系统中群落不断扩大而伴随的生物个体数量上升。为了刻画企业个体的产出增长速度，借鉴其他学者的处理方式，选择企业主营业务增长率作为刻画指标，即主营业务增长率越高，说明企业个体的产出增长速度越大，反之则越小。各企业个体主营业务增长率数据，由调查问卷获得。

③ 市场竞争强度。

在衡量市场竞争强度方面，目前运用最广泛的指标之一是赫芬达尔指数（Herfindahl – Hirschman index，HHI）。作为测量产业集中度的综合指数，赫芬达尔指数较好地刻画了企业个体市场份额的变化，明确整个市场中各企业规模的相对离散度。[①] 赫芬达尔指数由各行业中各市场竞争主体所占该行业总收入或总资产百分比的平方和求得，其值取 1 说明

---

① 赵建群：《论赫芬达尔指数对市场集中状况的计量偏误》，载于《数量经济技术经济研究》2011 年第 12 期。

只有一家企业垄断市场，市场不存在竞争；其值越接近零，说明市场中有越多的企业参与竞争，竞争激烈程度越高。赫芬达尔指数虽然是典型的市场竞争强度衡量指标，但由于其计算较为烦琐，实际应用中往往用"超额营业利润率"代替赫芬达尔指数。超额经营利润率是企业经营利润率与行业平均利润率之差，其值越大说明企业获得的超额利润越多，企业市场势力越大，市场竞争程度越低；反之，则市场竞争程度越高。在此，根据调查问卷获得各企业的营业利润率，根据2016年《天津统计年鉴》中相关数据求得各产业的平均营业利润率，进而相减得到各企业个体的超额营业利润率。

④ 企业间合作行为。

对于企业个体之间的合作行为，目前主要形式有企业合作网络、战略联盟、企业集团、业务外包、虚拟企业等，其中针对两化融合来说，主要的合作方式是战略联盟和业务外包。其中，前者是指两化融合系统内的企业个体之间，如制造产业企业个体与信息产业企业个体之间，通过契约或股权配置形成的合作关系，为了共同发展或特定目的而开展合作；后者是指两化融合系统的企业个体发挥自身优势进行科学分工，不同企业个体专注于进行自身优势环节的生产，而将其他生产环节交给具有该生产环节优势的企业，从而获得整体生产水平和效率的提升。因此，在进行两化融合绩效影响因素考察时，通过设置两个虚拟变量，将企业个体的合作行为进行刻画，与企业绩效进行回归分析。

⑤ 供需链管理。

企业个体供需链管理主要包括两个方面的内容：一是企业个体与其供应商，供应商的供应商，依次向前直到最初的供应商之间的管理行为；二是企业个体与其销售商，销售商的销售商，按此向后直到最终用户之间的管理行为。供需链管理是市场渠道各层之间的相互联结，它是控制各环节的制造和分销商，直到最终用户的管理思想和技术。对于两化融合来说，往往可以在部分供应链环节率先进行，进而提升企业个体的绩效水平。因此，在此设置供需链管理虚拟变量，以此刻画企业个体是否与其供应商、销售商之间存在供需链管理行为。

⑥ 其他控制变量。

为了更好地体现以上各因素对企业两化融合绩效的影响，进一步选择控制变量，包括企业性质、行业类别、政策环境等。其中，企业性质反映企业的组织形式以及对外承担责任的形式，将其分为国有及国有控股、股份制、民营、合资及其他等；行业类别反映各企业所属行业，划分为战略性新兴产业、传统产业等；政策环境反映的是企业是否得到政府在两化融合方面的支持。

（2）模型设定。

① 多重共线性检验。

对于各解释变量来说，如果某一解释变量能够由其他解释变量通过线性运算表示，则存在严格多重共线性；如果某个解释变量与其他解释变量进行回归，得到的可决系数较高，则存在近似多重共线性。如果存在多重共线性问题，会使解释变量的方差增大，系数估计不够准确，难以确定相关变量对被解释变量的单独影响力。因此，运用方差膨胀因子（variance inflation factor，VIF）进行解释变量的多重共线性检验。协方差矩阵对角线上的第 $k$ 个元素为：

$$\operatorname{var}(b_k|X) = \sigma^2/[(1-R^2)S_{kk}] \tag{5.20}$$

其中，$S_{kk} \equiv \sum_{i=1}^{n}(x_{ik}-\bar{x}_k)^2$ 为 $x_k$ 的离差平方和。定义第 $k$ 个解释变量 $x_k$ 的方差膨胀因子为：

$$VIF_k = 1/(1-R_K^2) \tag{5.21}$$

满足 $\operatorname{var}(b_k|X) = VIF_k(\sigma^2/S_{kk})$。VIF 值越大，说明解释变量的多重共线性问题越严重。从目前公认的极值来看，应满足以下条件才能保证解释变量的多重共线性不会影响回归结果：

$$\max(VIF_1,\cdots,VIF_k) \leqslant 10 \tag{5.22}$$

② 异方差检验。

异方差的存在是由于扰动项方差 $\operatorname{var}(\varepsilon_i|X)$ 不是常数 $\sigma^2$ 而是依赖于 $i$ 变动，它的存在使数据包含的信息量较小，这对 OLS 进行所有数据的等量齐观处理方式造成影响，使得其回归效率降低。目前，检验异方差较为通用的方法是 BP 检验，其假设回归模型为 $y_i = \beta_1 + \beta_2 x_{i2} + \cdots + \beta_k x_{ik} + \varepsilon_i$，检验以下原假设：

$$H_0: E(\varepsilon_i^2|x_2,\cdots,x_k) = \sigma^2 \tag{5.23}$$

如果原假设不成立，则说明条件方差（$E(\varepsilon_i^2|x_2,\cdots,x_k)$）是关于

$(x_2, \cdots, x_k)$)的函数,也就是条件方差函数。BP 检验假设此方程为线性函数,其公式为:

$$\varepsilon_i^2 = \delta_1 + \delta_2 x_{i2} + \cdots + \delta_k x_{ik} + \mu_i \tag{5.24}$$

函数形式不是统一固定的,可以使用部分解释变量,也可以添加其他变量。根据式(5.20),简化原假设为:

$$H_0: \delta_2 = \cdots + \delta_k = 0 \tag{5.25}$$

扰动项 $\varepsilon_i$ 不能直接观测,因而使用残差平方 $e_i^2$ 对解释变量进行辅助回归,即:

$$e_i^2 = \delta_1 + \delta_2 x_{i2} + \cdots + \delta_k x_{ik} + error_i \tag{5.26}$$

使用统计量 $nR^2$,即变为:

$$nR^2 \xrightarrow{d} \chi^2(K-1) \tag{5.27}$$

其中,$R^2$ 指辅助回归的 $R^2$。

③ 加权最小二乘法。

加权最小二乘法(WLS)是存在异方差时对 OLS 进行改进的回归方法,其假设回归方程存在异方差,但解释变量不存在自相关性,也就是说对角矩阵中主对角线上的元素不完全相等。传统的 OLS 由于异方差导致数据提供信息量的减小而回归效率变低,WLS 正是根据信息量的大小对数据进行加权处理,从而保证了回归的效率。具体来看,假定 $E(\varepsilon_i^2|x_i) = \mathrm{var}(\varepsilon_i^2|x_i) = \sigma^2 v_i(X)$,即:

$$V = \begin{pmatrix} v_1 & & & 0 \\ & v_2 & & \\ & & \ddots & \\ 0 & & & v_n \end{pmatrix}, V^{-1} = \begin{pmatrix} 1/v_1 & & & 0 \\ & 1/v_2 & & \\ & & \ddots & \\ 0 & & & 1/v_n \end{pmatrix} \tag{5.28}$$

由于 $V^{-1} = C'C$,可整理得到:

$$C = C' = \begin{pmatrix} 1/\sqrt{v_1} & & & 0 \\ & 1/\sqrt{v_2} & & \\ & & \ddots & \\ 0 & & & 1/\sqrt{v_n} \end{pmatrix} \tag{5.29}$$

则有：

$$y \equiv Cy \begin{pmatrix} 1/\sqrt{v_1} & & & 0 \\ & 1/\sqrt{v_2} & & \\ & & \cdot & \\ 0 & & & 1/\sqrt{v_n} \end{pmatrix} \begin{pmatrix} y_1 \\ y_2 \\ \cdot \\ y_n \end{pmatrix} = \begin{pmatrix} y_1/\sqrt{v_1} \\ y_2/\sqrt{v_2} \\ \cdot \\ y_n/\sqrt{v_n} \end{pmatrix} \quad (5.30)$$

$$\tilde{X} \equiv CX \equiv \begin{pmatrix} 1/\sqrt{v_1} & & & 0 \\ & 1/\sqrt{v_2} & & \\ & & \cdot & \\ 0 & & & 1/\sqrt{v_n} \end{pmatrix} \begin{pmatrix} x_{11} x_{12} \cdot x_{1k} \\ x_{21} x_{22} \cdot x_{2k} \\ \cdot \\ x_{n1} x_{n2} \cdot x_{nk} \end{pmatrix} = \begin{pmatrix} x_{11}/\sqrt{v_1} \cdot x_{1k}/\sqrt{v_1} \\ x_{21}/\sqrt{v_2} \cdot x_{2k}/\sqrt{v_2} \\ \cdot \\ x_{n1}/\sqrt{v_n} \cdot x_{nk}/\sqrt{v_n} \end{pmatrix}$$

$$(5.31)$$

可见，各数据的权重为 $1/\sqrt{v_i}$，对于第 $i$ 个个体，回归方程变为：

$$\frac{y_i}{\sqrt{v_i}} = \beta_1 \frac{x_{i1}}{\sqrt{v_i}} + \beta_2 \frac{x_{i2}}{\sqrt{v_i}} + \cdots + \beta_k \frac{x_{ik}}{\sqrt{v_i}} + \frac{\varepsilon_i}{\sqrt{v_i}} \quad (5.32)$$

其中，扰动项变为 $\varepsilon_i/\sqrt{v_i}$。因此，可以将 WLS 作为最小化的"加权残差平方和"，其公式为：

$$\min_{\beta} SSR = \sum_{i=1}^{n} \left(\frac{\varepsilon_i}{\sqrt{v_i}}\right)^2 = \sum_{i=1}^{n} \frac{\varepsilon_i^2}{v_i} \quad (5.33)$$

**2. 企业个体实证结果及分析**

根据上面介绍的回归模型及方法，对企业个体层面两化融合绩效的影响因素进行回归分析。首先，根据研究问题的实际需求和研究方法的可行性，建立以下回归方程。为了减少异方差的影响，在进行回归之前，对部分变量进行取对数处理。

$$PV = \alpha_0 + \alpha_1 \ln tas + \alpha_2 \ln bvr + \alpha_3 \ln eom + \alpha_4 \ln cba + \alpha_5 \ln cbe + \alpha_6 \ln scm$$
$$+ \alpha_7 \ln tas \times cba + \alpha_8 \ln tas \times cbe + \alpha_9 \ln tas \times scm + \gamma X + \varepsilon \quad (5.34)$$

其中，PV 表示企业个体两化融合绩效；tas 表示资产总额；bvr 表示主营业务增长率；eom 表示超额营业利润率；cba 表示战略联盟；cbe 表示业务外包；scm 表示供需链管理；X 表示控制变量，包括企业性质、行业类别、政策环境；ε 表示残差；$\alpha_i$ 及 γ 表示各变量的回归系数。另外，进一步添加了资产总额与战略联盟、业务外包、供需链管理交互项进行回归分析。根据回归方程 5.34，分别运用最小二乘法（OLS）、加权最小二乘法（WLS），并依次控制三个控制变量进行回归检验，结果如表 5-22 所示。

表 5-22　　　　　企业个体层面两化融合绩效影响因素回归结果

| 变量 | 模型（1） | 模型（2） | 模型（3） | 模型（4） | 模型（5） |
|---|---|---|---|---|---|
| ln$tas$ | 0.1262*** (0.0361) | 0.1432*** (0.0482) | 0.1611*** (0.0531) | 0.1642*** (0.0542) | 0.1623*** (0.0533) |
| ln$bvr$ | 0.0614*** (0.0214) | 0.0814*** (0.0268) | 0.0746*** (0.0254) | 0.0882*** (0.0298) | 0.0702*** (0.0241) |
| ln$eom$ | 0.0863** (0.0424) | 0.0803** (0.0396) | 0.0883** (0.0464) | 0.0859** (0.0484) | 0.0897** (0.0496) |
| $cba$ | 0.0063* (0.0037) | 0.0162* (0.0091) | 0.0086* (0.0053) | 0.0188* (0.0121) | 0.0182* (0.0111) |
| $cbe$ | 0.0461*** (0.0155) | 0.0548*** (0.0254) | 0.0489*** (0.0159) | 0.0567*** (0.0164) | 0.0524*** (0.0151) |
| $scm$ | 0.0342** (0.0186) | 0.0368** (0.0199) | 0.0355** (0.0179) | 0.0371** (0.0186) | 0.0392** (0.0193) |
| ln$tas$ × $cba$ | 0.0063 (0.0156) | 0.0062 (0.0167) | 0.0086 (0.0192) | 0.0088 (0.0199) | 0.0082 (0.0159) |
| ln$tas$ × $cbe$ | 0.0351** (0.0154) | 0.0355** (0.0167) | 0.0389** (0.0172) | 0.0377** (0.0164) | 0.0403** (0.0181) |
| ln$tas$ × $scm$ | 0.0214** (0.0106) | 0.0268** (0.0143) | 0.0255** (0.0129) | 0.0241** (0.0109) | 0.0282** (0.0149) |
| $cons$ | 0.8641*** (0.1785) | 0.8754*** (0.1824) | 0.8695*** (0.1965) | 0.8796*** (0.1861) | 0.8647*** (0.1834) |
| $obs$ | 172 | 172 | 172 | 172 | 172 |
| $R^2$ | 0.2314 | 0.3161 | 0.2654 | 0.2844 | 0.2844 |
| $F$ | 6.4812*** [0.0032] | 7.7461*** [0.0011] | 8.3126*** [0.0024] | 9.6417*** [0.0018] | 9.3217*** [0.0021] |
| Mean VIF | 5.9631 | 3.1454 | 5.5461 | 3.5677 | 6.7412 |
| BP | 36.2684** [0.0145] | 3.3656 [3.3165] | 4.3214 [5.3145] | 3.3656 [3.3165] | 4.3214 [5.3145] |

注：①模型（1）及模型（2）依次为未添加控制变量的 OLS 模型和 WLS 模型；模型（3）至模型（5）依次为控制了企业性质、行业类型、政策环境的 WLS 模型。②圆括号内数字为异方差稳健标准误，方括号内数字为相应检验统计量的 $p$ 值。③ ***、**、* 依次表示在 1%、5%、10% 显著性水平下显著。④$cons$ 代表常数项；$obs$ 代表回归企业样本个数；$R^2$ 代表拟合优度。⑤$F$ 统计的原假设是所有变量系数为零，若拒绝原假设说明解释变量具有联合显著性。⑥Mean VIF 代表方程的评价方差膨胀因子，其值小于 10 则能保证解释变量的多重共线性不会影响回归结果。⑦BP 代表 Breusch-Pagan 异方差检验，其原假设是不存在异方差，若拒绝原假设则说明回归方程有异方差。

(1) 总体回归结果分析。

首先采用 OLS 方法进行截面数据的回归，如表 5-20 模型（1）所示。由模型的统计指标和参数显著性水平可以看出，拟合优度较高，解释变量具有联合显著性且不存在多重共线性，回归方程具有较高的稳健性。通过 BP 检验发现，OLS 回归残差与被解释变量之间存在显著的异方差，因此进一步采用加权最小二乘法（WLS）进行回归以消除异方差的不良影响，如表 5-20 模型（2）所示。通过比较 OLS 与 WLS 的估计结果发现，两个模型中解释变量的回归参数值与符号，以及参数的显著性没有发生实质性的变化，这也证明模型具有较高的稳健性，回归结果能够较好地反映解释变量对两化融合绩效的影响强度和方向。

从模型（3）到模型（5），运用 WLS 模型，依次控制了企业性质、行业类型、政策环境三个控制变量，发现三个模型的回归结果与模型（2）差距不大，说明解释变量与被解释变量的相互影响与样本的企业性质、行业类型、政策环境关系不大，未添加控制变量的回归模型能够较好地反映解释变量对两化融合绩效的影响强度和方向。

(2) 影响因素分析。

第一，企业规模。在第 3 章进行的仿真分析中，企业个体的期初规模与企业个体之后的演化路径直接相关，且基本规律是企业个体的规模越大，后期两化融合效果越好。通过本章的实证分析发现，在模型（1）至模型（5）中，表征企业规模的解释变量资产规模系数都为正值，且系数较大，说明其对两化融合绩效的提升有较为显著的提升作用；另外，根据资产规模与战略联盟、业务外包、供需链管理交互项的回归结果，三者在不同程度上达到显著水平，说明由于资产总额对战略联盟、业务外包、供需链管理的影响，在一定程度上提升了两化融合绩效。

从现实来看，这也符合天津市企业个体的发展规律，即大型企业进行两化融合要比小型企业效果更好，这主要是由于以下三个方面的原因。一是资产总额作为重要的生产要素，对企业两化融合有重要的支撑作用。对于大型企业来说，由于具备较为雄厚的资产，能够有效地将信息技术引入自身的研发、生产、销售、管理等各环节，同时能够有效解决大型企业管理层级过多、管理效率不高的问题，进而有效提升两化融合绩效水平。二是资产总额较大的企业具有较强的经济实力，因而往往具备较好的信誉，容易建立起与其他企业的相互联系及合作，如战略联盟、业务外包等，从而改善自身的两化融合效果。三是大型企业的供需链一般较为完整,能够对上游供应商、下游销售商造成较为明显的影响,有实力进行供需链管理,进而提升自身的两化融合绩效。

第二,产出增长速度。在第 3 章的机理分析中,企业个体的营业额增长率对其演化有重要影响,尤其是对跨越式两化融合来说,新生产业群落中企业个体的增长率对其自身乃至整个两化融合生态系统的稳定性都会产生明显的影响。在实证分析中,代表企业个体产出增长速度的解释变量为主营业务增长率,其回归系数在模型(1)至模型(5)中都在 1% 水平上显著,但系数值相对于资产总额来说较小,即对两化融合绩效的影响强度略低。

从现实来看,企业个体的主营业务增长率越高,说明企业的发展潜力较大,且在近期内会保持较好的增长态势。在经济新常态的大环境下,主营业务增长率较高的企业往往能够占据更高的市场份额,企业自身的规模会逐步扩大。一方面,其对两化融合有着更高的需求,需要通过两化融合拓展自身业务范围,提升自身管理水平,构建广阔的营销渠道;另一方面,企业收入的稳步增长能够为两化融合提供持续的支持,避免两化融合中途停滞引起的绩效水平下滑。

第三,市场竞争强度。在第 3 章的机理分析中,市场环境竞争的激烈程度对各企业个体之间的演化有着重要影响。一方面,各产业群落内部企业个体之间在生产资源、产品市场等方面的竞争会影响两化融合推进程度;另一方面,不同产业群落企业个体之间也会在公共资源、跨界产品市场等方面存在竞争,使整个两化融合生态系统受到影响。通过实证分析发现,在模型(1)至模型(5)中,表征市场竞争强度的解释变量——超额营业利润率都在 5% 水平上显著,且系数都为正值,说明其对两化融合绩效有较为正面的推进作用。

从现实来看,如果市场竞争激烈程度较高,则会对企业个体两化融合提出更高的要求,倒逼企业个体进行两化融合,提升自身的竞争力,以在激烈的市场环境中得以生存和发展。对于具有较高超额营业利润率的企业个体,其能够在市场中获得比其他企业个体更高的利润率,即说明该企业个体能够较好地运用自身的生产要素,发挥信息技术对自身各生产环节的改造升级,有效降低自身生产成本,提升生产效率,进而提升两化融合绩效水平。

第四，相互合作程度。在第 3 章的机理分析中，企业个体之间的相互合作，能够有效推进产业群落的两化融合。根据合作行为的类型，即互利合作和寄生合作，分别对应解释变量战略联盟和业务外包。通过对两个变量的实证分析，解释变量"战略联盟"的系数相对较低，且仅在 10% 水平上显著，说明当前天津市企业个体通过战略联盟推进两化融合绩效提升的成效不够明显，两者的相互关系相对较弱，且影响的强度偏低；解释变量"业务外包"的系数较大，且在 1% 水平上显著，说明天津市企业个体的业务外包行为与其两化融合的联系相当紧密，且正面推进作用较为明显。

从现实来看，受限于当前的市场经济环境及企业个体规模，天津市通过"战略联盟"推进两化融合的企业个体不仅数量较少，而且取得的效果也不够理想。这一方面是由于信息不对称使合作企业双方难以建立起稳固的联盟关系，因而难以维持长期的合作使两化融合效果不甚理想；另一方面是因为目前天津市企业战略联盟尚没有统一、有效的合作平台，企业个体往往难以确定与自身生产、业务相匹配的其他企业个体，即使相互合作的企业之间也缺乏有效的沟通、合作平台，使两化融合绩效提升受到限制。对于"业务外包"的寄生型合作方式，目前得到了一定程度的应用。这是由于业务外包相对市场化程度更高，不要求合作企业个体之间建立长期的合作关系，类似于明码标价的商品交易行为，业务外包使不同企业个体通过将"业务处理"进行相互交易，发挥各自的优势，如制造企业的生产制造优势，信息企业的信息化技术优势等，通过引入外包的高质量、专业化的业务成果，使得惬意个体的两化融合绩效水平提升较为明显。

第五，供需链管理。在第 3 章的机理分析中，类似于自然生态系统中的食物链系统，两化融合生态系统中企业个体之间存在供应链系统，如果能够有效地进行上下游企业个体的供需链管理，则能够提升两化融合发展效率，推进两化融合绩效提升步伐。通过实证分析发现，在模型（1）至模型（5）中，供需链管理解释变量的系数相对较小，但都能在 5% 水平上显著，说明其对企业个体两化融合绩效提升有着较为密切的关系，但目前的影响强度相对较低，亟待进一步提升。

从现实来看，天津市企业个体之所以通过供需链管理影响两化融合绩效水平强度不足，一方面是因为部分产业尚未建立起统一、有效的供需链系统服务平台，各企业虽然存在供需链的实际需求，但由于没有一个平台能够将市场内相关供应商、销售商的信息整合起来，导致供需链管理受阻；另一方面是因为当前企业个体之间的分工不够明确，且边界越来越模糊化，随着企业经营业务日趋复杂化，部分企业个体既是供应商也是需求方，供需链管理难度日益增加。

### 3. 产业层面实证结果及分析

在产业划分方面，将天津市主要产业划分为战略性新兴产业和传统产业。其中战略性新兴产业的划分，按照《天津市工业经济发展"十二五"规划》中的划分结果，即包括航空航天、新能源、新材料、新一代信息技术、生物医药、高端装备制造业、节能环保七大产业。基于此，将调查问卷中航空航天、电子信息、生物医药、新能源新材料、工业电子行业中的企业个体划分到战略性新兴产业样本中，将装备制造、石油化工、轻工纺织的企业个体划分到传统行业样本中。两个子样本的回归结果如表5-23所示。

表5-23　　　　　　　分产业两化融合绩效影响因素回归结果

| 变量 | 模型（6）战略性新兴产业 | 模型（6）传统产业 | 模型（7）战略性新兴产业 | 模型（7）传统产业 |
| --- | --- | --- | --- | --- |
| ln$tas$ | 0.1641*** (0.0412) | 0.1067*** (0.0196) | 0.2894*** (0.0431) | 0.0927*** (0.0121) |
| ln$bvr$ | 0.1674*** (0.0311) | 0.0651*** (0.0143) | 0.1715*** (0.0324) | 0.0711*** (0.0154) |
| ln$eom$ | 0.1244** (0.0374) | -0.0803** (0.0396) | 0.1371** (0.0417) | -0.0859** (0.0401) |
| $cba$ | 0.1431* (0.0127) | 0.1023* (0.0264) | 0.1571* (0.0211) | 0.0951* (0.0121) |
| $cbe$ | 0.0514*** (0.0107) | 0.1722*** (0.0354) | 0.0421*** (0.0124) | 0.1551*** (0.0334) |
| $scm$ | 0.0214** (0.0106) | 0.0654** (0.0299) | 0.0234** (0.0095) | 0.0714** (0.0357) |
| $cons$ | 0.8781*** (0.1834) | 0.8641*** (0.1714) | 0.8714*** (0.1831) | 0.8674*** (0.1807) |
| $obs$ | 78 | 94 | 78 | 94 |
| $R^2$ | 0.2674 | 0.3248 | 0.2841 | 0.3378 |

续表

| 变量 | 模型（6） | | 模型（7） | |
|---|---|---|---|---|
| | 战略性新兴产业 | 传统产业 | 战略性新兴产业 | 传统产业 |
| F | 5.7481*** [0.0057] | 6.1573*** [0.0035] | 5.8942*** [0.0064] | 7.4892*** [0.0040] |
| Mean VIF | 6.8794 | 4.4684 | 5.8421 | 4.8421 |
| BP | 16.1465** [0.0121] | 4.4561 [4.4165] | 4.2194 [6.0141] | 5.4811 [5.3217] |

注：①模型（6）及模型（7）依次为 OLS 模型和 WLS 模型。②圆括号内数字为异方差稳健标准误，方括号内数字为相应检验统计量的 $p$ 值。③ ***、**、* 依次表示在1%、5%、10% 显著性水平下显著。

（1）总体回归结果分析。

通过对两个模型的检验结果进行说明。类似于整体样本的检验结果，两个分产业子样本的方差膨胀因子均小于10，说明不存在解释变量多重共线性问题；BP 检验发现，OLS 模型仍然存在一定的异方差问题，但相对来说传统产业子样本异方差存在的显著性水平有所降低，可见对于传统产业来说，被解释变量与回归残差之间异方差相对较小。进行 WLS 回归之后，异方差问题得以解决。

从解释变量的系数及显著性水平来看，两个模型中战略性新兴产业的系数符号一致，数值相近，但传统产业中"市场竞争程度"的系数符号与整体样本回归结果相反，其他解释变量较为一致。总体来看，两个子样本的回归结果与整体样本的差距不大，在一定程度上也验证了整体样本回归结果的稳健性。

（2）影响因素分析。

第一，企业规模。从表示企业规模的解释变量——资产总额的回归结果来看，两个模型中都在1%水平上显著，说明其对两化融合绩效有着显著的影响；回归系数相对较高，说明对两化融合绩效的影响强度较大。从两个子样本的对比来看，战略性新型产业中企业个体通过资产提升带来的两化融合绩效的提升幅度，明显大于传统产业的提升幅度。究其原因，得益于自身资产的不断提升，战略性新兴产业的企业个体规模得以扩展，能够发挥规模经济降低成本的作用。另外，对于战略性新兴产业来说，其逐步使用、推行的先进信息技术在之后的发展中有更大的使用空间，且信息技术不会出现边际效用递减的问题，更有利于满足之后快速发展时期对信息技术的需求而进一步降低成本，提升两化融合对企业绩效提升的作用强度。而对于传统产业的企业个体来说，进一步扩大规模会导致其边际收入的下降，长远来看整个产业处于逐步萎缩的状态。虽然对于部分产业来说，应用新的信息技术转变传统发展方式会迎来新一轮的发展，但其对两化融合绩效的提升作用对战略性新兴产业来说还是存在一定的差距。但不可否认，无论是对于战略性新兴产业还是传统产业的企业个体来说，通过资产规模的提升，都能够在一定程度上提升其两化融合绩效。

第二，产出增长速度。从主营业务增长率与两化融合绩效的回归结果来看，解释变量在1%水平上显著，且系数均为正，说明主营业务增长率对两个子样本企业个体两化融合绩效都有着显著、较强的促进作用。从两个子样本的对比来看，战略性新兴产业的回归系数明显高于传统产业的回归系数，说明企业经营额的增长对战略性新兴产业企业个体两化融合绩效的提升作用明显高于传统产业企业个体。造成这种结果的原因在于，目前天津市战略性新兴产业正处于发展的成长阶段，较快的主营业务增长率证明其之后会有较长时间的持续性增长，迫切需要依靠信息化的推进改进自身的生产、销售等环节，因而对信息技术的需求较高。如果在这种情况下，企业个体采用新的信息技术，那么带来企业绩效的提升将较为显著，也就是说对两化融合绩效的提升效果显著。而对于传统产业的企业个体来说，其往往已经处于发展成熟阶段，较高的业务增长率确实能够在一定程度上推进企业发展，为其进行两化融合创造一定环境及支持，但其所处行业总体上处于成熟阶段，与处于成长阶段的战略性新兴产业相对，对两化融合的提升效果相对不够明显。

第三，市场竞争强度。从市场竞争强度的回归结果来看，其解释变量在5%水平上显著，说明对两化融合绩效有着较为显著的影响；但战略性新兴产业与传统产业的解释变量系数相反，即对战略性新兴产业企业个体两化融合绩效来说有提升作用，而对传统产业企业个体两化融合绩效来说有抑制作用，且提升作用的强度要大于抑制作用的强度。分析其中的原因，战略性新兴产业对技术、知识等要素的要求较高，强调依靠技术等方面的提升来塑造自身的竞争优势。在更强的市场竞争环境中，会倒逼企业个体加大对信息技术等的引进和应用，进而降低生产成本，提升自身的运营绩效，培育核心竞争力的同时，提升两化融合绩效水平。但对于传统产业来说，其企业个体已经处于竞争程度较高的市场中，往往难以获得超额利润，只能处于价格接受地位。在这样的背景下，如果市场竞争强度进一步提升，往往会使得企业难以维系而退出市场，更不用说对企业个体两化融合的负面影响。当然，在较强的市场竞争环境中，部分传统产业的企业个体采用新的信息技术后，可能形成自身的竞争力而得以更好的发展。但这样的企业只是极少数，难以挽回整体抑制两化融合绩效的趋势。

第四，相互合作程度。通过对合作程度两个解释变量的回归发现，两个子样本的"战略联盟"解释变量仅在10%水平上显著，而"业务外包"解释变量在1%水平上显著，说明业务外包对两化融合绩效影响更加显著。从作用强度来看，战略性新兴产业的"战略联盟"合作行为对两化融合绩效作用强度更大，而传统产业的"业务外包"合作行为对两化融合绩效作用强度更大。

具体来看，对于战略性新兴产业的企业个体来说，其发展中往往对高新技术企业有更高的合作需求，且由于技术保密方面的限制，往往需要建立一种长期、稳定的企业合作关系，而战略联盟能够较好地满足其发展需求。通过企业个体之间的战略联盟发展，战略性新兴产业企业个体能够采取联合行动，实现相互合作、共担风险、共享利益，进而也为其两化融合绩效提升创造良好的环境与条件。对于业务外包来说，战略性新兴产业自身的业务较多地集中在技术密集型、知识密集型业务上，它们与企业个体的核心技术直接相关，因而企业个体往往不愿外包给其他公司，而且其他公司可能也无法提供相关业务。所以业务外包对企业整体发展促进作用有限，对两化融合绩效的提升效果也相对较弱。

对于传统产业的企业个体来说，其主营业务往往是较为成熟、技术要求不高的业务，市场中存在较多的、专门进行相关业务的企业个体，因而部分企业选择以业务外包的方式，将部分业务转交给专业分工的相关企业个体进行，同时享受其提供的技术支持，因而对其两化融合绩效有着较为显著的提升效果。但对于战略联盟来说，由于整个产业的市场竞争较为激烈，大部分企业个体往往难以形成突出的竞争优势，在吸引战略联盟合作伙伴方面存在一定的壁垒与困难，因而对绩效提升的作用较低。

第五，供需链管理。通过对供需链管理与两化融合绩效的回归结果来看，两个模型中解释变量均在5%水平上显著，即说明供需链管理对企业个体两化融合绩效有较为显著的提升作用；解释变量的回归系数相对较低,说明其对两化融合绩效提升的强度相对较弱。从两个产业子样本的对比来看,战略性新兴产业通过供需链管理提升两化融合绩效的强度要低于传统产业。其原因可能是目前天津市战略性新型产业发展尚处于成长期阶段,供需链还没有较好地建立起来,部分产业虽然已经初步形成了自身的产业链,但相对还不够完整,因而使得其对两化融合绩效的提升作用稍显不足。对于传统产业来说,天津市经过较长时间的发展,已经初步具备了较为完善的产业链,供应商、销售商数量众多,虽然有效的供需链平台还不够充分,但通过供需链管理对企业个体两化融合绩效水平提升的作用相对还是较为明显的。

### 4. 稳健性检验

为了进一步验证前面的回归结果,在此进行稳健性检验。按照样本企业所在区域的自然属性,将进行两化融合的回归样本划分为天津市区企业个体样本和天津郊区企业个体样本。具体的区域划分标准按照当前天津市的行政区划标准,即市区包括和平区、河西区、河北区、河东区、南开区、红桥区,郊区包括东丽区、西青区、津南区、北辰区、武清区、宝坻区、宁河区、静海区、蓟州区。各子样本回归结果如表5-24所示。

表5-24　　　　　分区域两化融合绩效影响因素回归结果

| 变量 | 模型(8) 天津市区 | 模型(8) 天津郊区 | 模型(9) 天津市区 | 模型(9) 天津郊区 |
|---|---|---|---|---|
| ln$tas$ | 0.1381*** (0.0416) | 0.1014*** (0.0267) | 0.1674*** (0.0462) | 0.1157*** (0.0351) |
| ln$bvr$ | 0.0841*** (0.0285) | 0.0648** (0.0272) | 0.0737*** (0.0165) | 0.0891*** (0.0264) |
| ln$eom$ | 0.0741** (0.0401) | 0.0862** (0.0492) | 0.0792** (0.0432) | 0.0745** (0.0389) |
| $cba$ | 0.0127* (0.0074) | 0.0084* (0.0068) | 0.0189* (0.0094) | 0.0149* (0.0070) |
| $cbe$ | 0.0598*** (0.0149) | 0.0671*** (0.0261) | 0.0674*** (0.0207) | 0.0559*** (0.0184) |
| $scm$ | 0.0541** (0.0267) | 0.0306** (0.0168) | 0.0334** (0.0186) | 0.0407** (0.0192) |

续表

| 变量 | 模型（8） | | 模型（9） | |
|---|---|---|---|---|
| | 天津市区 | 天津郊区 | 天津市区 | 天津郊区 |
| $\ln tas \times cba$ | 0.0085<br>(0.0204) | 0.0046<br>(0.0095) | 0.0086<br>(0.0187) | 0.0096<br>(0.0247) |
| $\ln tas \times cbe$ | 0.0214**<br>(0.0101) | 0.0342**<br>(0.0143) | 0.0307**<br>(0.0143) | 0.0356**<br>(0.0170) |
| $\ln tas \times scm$ | 0.0184**<br>(0.0087) | 0.0204**<br>(0.0096) | 0.0241**<br>(0.0114) | 0.0286**<br>(0.0131) |
| $cons$ | 0.8731***<br>(0.1674) | 0.8768***<br>(0.1749) | 0.8379***<br>(0.1753) | 0.8681***<br>(0.1804) |
| $obs$ | 95 | 77 | 95 | 77 |
| $R^2$ | 0.2641 | 0.3274 | 0.2841 | 0.3065 |
| $F$ | 5.1459***<br>[0.0064] | 6.4831***<br>[0.0026] | 8.8961***<br>[0.0064] | 8.3548***<br>[0.0035] |
| $Mean\ VIF$ | 4.6218 | 5.0162 | 4.5628 | 5.3181 |
| $BP$ | 22.9824**<br>[0.0136] | 13.6589**<br>[0.0038] | 4.4852<br>[4.5716] | 4.1537<br>[3.5894] |

注：①模型（8）及模型（9）依次为 OLS 模型和 WLS 模型。②圆括号内数字为异方差稳健标准误，方括号内数字为相应检验统计量的 $p$ 值。③\*\*\*、\*\*、\* 依次表示在 1%、5%、10% 显著性水平下显著。

从模型（8）及模型（9）的检验结果来看，对于采用 OLS 的模型（8），两个子样本均没有通过 BP 检验，说明回归残差与被解释变量之间存在显著的异方差，这与模型（1）的检验结果一致，需要进行 WLS 回归分析；而模型（9）则通过了 BP 检验，说明异方差问题得到有效改进，与模型（2）结果一致。另外，两个模型的方差膨胀因子均小于 10，即说明两个子样本不存在解释变量多重共线性影响回归结果的问题，这与前面的检验结果相似。

从核心解释变量的回归系数来看，模型（8）及模型（9）的回归系数与对应的模型（1）及模型（2）的回归系数符号一致、数值相当、显著水平相同，证明之前模型得出的核心解释变量，即企业规模、产出增长速度、市场竞争强度、相互合作程度、供需链管理对企业两化融合绩效的影响强度、影响较为准确，即说明之前的回归结果具有良好的稳健性。

## 5.4.2 基于区域层面的两化融合影响因素实证分析

本节以前面计算的区域两化融合绩效值作为被解释变量,首先,借鉴国内学者的相关研究成果选择相关解释变量后,对面板数据的平稳性、因果性、共线性等进行检验;其次,使用随机效应、固定效应和混合效应的面板回归模型对我国两化融合绩效影响因素进行回归分析;最后,通过面板 Tobit 模型,对两化融合的影响因素的回归结果进行稳健性检验。

**1. 变量选择与模型设定**

(1) 变量选择。

对于被解释变量——两化融合绩效系数值的具体运算过程在此不做详细阐述,通过上文构建的模型计算得到全国各省份、东中西部及全国整体的两化融合绩效系数值。对于解释变量的选择,针对机理分析中提及的影响因素,分别选择以下解释变量,如表 5-25 所示。

表 5-25  变量含义及来源

| 变量类别 | 变量名称 | 变量符号 | 单位 | 数据来源 |
| --- | --- | --- | --- | --- |
| 被解释变量 | 两化融合绩效系数<br>(integration coefficient) | IC | 无 | 第 5.4.1 节计算 |
| 解释变量 | 政策环境<br>(policy environment) | pev | 1 = 有相关规划;<br>0 = 无相关规划 | 自行统计 |
| | 技术市场成交额<br>(technology market trading) | tmt | 亿元 | 中国统计年鉴 |
| | 人均受教育年限<br>(average education attainment) | aea | 年 | 中国统计年鉴 |
| | 信息安全企业数<br>(information security companies) | isc | 家 | 中国信息安全年鉴 |

注:信息安全企业是指通过公安部计算机信息系统安全产品质量监督检验中心检测的企业,以此作为地区信息安全水平的测度指标。

① 政策环境。

自从 2002 年我国开始推行两化融合相关战略,各地方政府积极响应中央的号召,逐步制定、颁布推进两化融合的法律法规或行动计划。通过这些规划的不断推行,不仅为地区两化融合创造良好的政策环境,还提供资金、技术支持。因此,构建虚拟变量,即各地区是否制定、颁布了有关两化融合的行动计划以指导其工作的推进,与地区两化融合绩效进行进一步回归分析。指标相关数据来自作者对各地区两化融合规划的统计与整理。

② 技术市场。

两化融合的发生及发展,最为关键的基础之一就是技术融合,狭义来看是指制造技术与信息技术的融合,广义来看则包含更多两化融合相关技术的融合。在较好地实现技术融合之后,才能进一步推进之后的产品融合、产业融合,乃至产业链、社会发展层面的深层次融合。技术市场的发展水平,直接关乎制造技术、信息技术等两化融合相关技术的融合进程。因此,借鉴其他学者在刻画技术市场的指标与方法,选择技术市场成交额作为各地区技术市场的发展水平,其代表扣除了设备、仪器等非技术性费用之后的实际技术交易额。该指标相关数据来自《中国统计年鉴》。

③ 人力资本。

在两化融合机理部分,指出一个地区的人力资本充足、教育水平较高,不仅能够为两化融合相关产业提供充足的人力支持,还更容易接受两化融合带来的新产品与新技术,创造更大的两化融合市场需求。因此,借鉴其他学者刻画人力资本的指标,选择人均受教育年限作为刻画某地区人力资本的指标,其是指某一特定年龄段人群接受学历教育年限总和的平均数,能够较好地代表该地区的人均受教育水平。该指标相关数据来自《中国统计年鉴》。

④ 信息安全。

随着信息技术的快速发展,与之伴随的信息网络安全事件也不断发生,对相关企业、产业带来了较为严重的不利影响。两化融合作为典型的信息化支撑战略,自然对信息安全提出了很高的要求。如果不能保证信息系统的稳定性、可靠性和隐私性,那么相关的信息企业、制造企业等会面临自身核心技术外泄的威胁,因而会严重制约其进行两化融合的积极性。因此,选择信息安全企业数作为某一地区信息安全的刻画指标,即通过公安部计算机信息系统安全产品质量监督检验中心检测的企业数,其数值越高说明该地区的信息安全水平越高。该指标相关数据来自《中国信息安全年鉴》。

(2) 模型设定。

① 面板单位根检验。

面板单位根检验的主要作用是检验面板数据的平稳性,其处理方式是将面板数据中的变量各横截面序列,以此作为整体进行单位根检验以判断平稳性。目前,面板数据单位根检验没有统一的方法,考虑到研究数据检验的稳健性水平,选用 LLC 检验和 IPS 检验进行单位根检验。两种检验方法在同质性假定方面存在一定差异,LLC 检验方法更为严格,其假定所有的面板单位包含着共同的单位根;而 IPS 检验方法允许面板数据的各截面序列具有不同的单位根过程,相对较为宽松。采用如下的检验方程:

$$\Delta y_{it} = \alpha_i + \eta_i y_{it-1} + \delta_{it} + \sum_{k=1}^{K_i} \theta_i^k \Delta y_{it-k} + \varepsilon_{it} \varepsilon_{it} \sim N(0, \sigma_\varepsilon^2) \quad (5.35)$$

其中,$i$ 表示个体样本,$T$ 表示时间,$i=1,\cdots,N$,$t=1,\cdots,T$。

② 面板格兰杰因果性检验。

在确定了数据的平稳性之后,应进一步确定变量之间因果关系的方向和类型,以确定变量之间是否存在显著的因果关系。格兰杰(Granger, 1969)最早提出了单变量因果检验模型,之后学者进行了拓展与完善。贾德森和欧文(Judson and Owen, 1999)研究表明,固定效应模型比随机效应模型更适合研究当前的经济问题,借鉴赫林等(Hurlin, 2001)提出的固定效应检验模型对变量进行检验。

$$y_{i,t} = \alpha_i + \sum_{k=1}^{p} r_i^{(k)} y_{i,t-k} \sum_{k=1}^{p} \beta_i^{(k)} x_{i,t-k} + \varepsilon_{it} \quad (5.36)$$

其中,$\alpha_i$ 表示个体的固定效应;每个个体样本具有不同的系数 $\gamma_k^{(k)}$ 和 $\beta_i^{(k)}$;$i$ 代表地区;$t$ 代表时间。对于 $\forall i \in [1,N], \forall k \in [1,T]$,满足 $E(\varepsilon_{i,t})=0$;$E(\varepsilon_{i,t}\varepsilon_{j,s}) = \sigma_\varepsilon^2 (t=s, i=j)$ 或者 $E(\varepsilon_{i,t}\varepsilon_{j,s})=0 (\forall t \neq s, i \neq j)$;$E(\varepsilon_{i,t} x_{i,s})=0$,$\forall (t,s)$。

建立以下因果检验假设:

$$H_0: \beta_i^{(k)}=0, \forall i \in [1,N], \forall k \in [1,p], H_1: \exists (i,k)/\beta_i^k \neq 0$$

该假设称为同质非因果假设(homogenous non causality, HNC)。为了检验 $Np$ 线性约束,构造如下 Wald 统计量:

$$F_{hnc} = \frac{(RSS_2 - RSS_1)/(Np)}{RSS_1/[NT-N(1+p)-p]} \quad (5.37)$$

其中，$SSR_1$ 为残差平方和；$SSR_2$ 为约束模型的残差平方和。$F_{hnc}$ 统计量服从自由度为 $Np$ 和 $NT-N(1+p)-p$ 的 $F$ 分布。如果不显著，则说明 $x$ 不是 $y$ 的原因。

③ 面板回归检验。

面板回归检验对同时选取样本观测值所构成的截面数据进行时间序列回归检验。面板回归模型分为混合效应回归模型、固定效应回归模型和随机效应回归模型。对于混合效应来说，从时间上看不同个体之间不存在显著性差异，且从截面上看不同截面之间也不存在显著性差异；对于固定效应来说，其回归模型的截距项不同，而斜率系数相同；对于随机效应来说，它缺失了分别随个体和时间变化的不可观测随机性因素，而误差项可以分解为个体随机误差分量、时间随机误差分量和混合随机误差分量。各效应模型的具体函数形式如下所示。

$$混合效应面板回归模型函数：y_{it} = \beta_1 + \sum_{k=2}^{K}\beta_k x_{kit} + \mu_{it} \quad (5.38)$$

$$固定效应面板回归模型函数：y_{it} = \lambda_i + \sum_{k=2}^{K}\beta_k x_{kit} + \mu_{it} \quad (5.39)$$

$$随机效应面板回归模型函数：y_{it} = \beta_1 + \sum_{k=2}^{K}\beta_k x_{kit} + \mu_i + v_t + w_{it} \quad (5.40)$$

可见，固定效应函数的截距项 $\lambda_i$ 与混合效应函数的截距项 $\beta_1$ 不同，而随机效应函数将混合效应函数的误差项 $\mu_{it}$ 分解为个体随机误差分量 $\mu_i$、时间随机误差分量 $v_t$ 和混合随机误差分量 $w_{it}$。

目前，学者主要通过似然比检验（likelihood ratio test）来检验随机效应模型和混合效应模型的适用性，通过 F 检验来检验固定效应模型和混合效应模型的适用性，通过豪斯曼检验（Hausman test）来检验随机效应模型和固定效应模型的适用性（白仲林，2010）。在此采用这三种检验方法对两化融合绩效影响因素的面板回归模型进行研究，具体检验函数在此不做赘述。

④ 面板 Tobit 回归检验。

Tobit 回归模型最早由托宾（Tobin，1958）提出，是典型的被解释变量受限制模型，适合被解释变量数值为切割值或片段值的情况。由于被解释变量是受限变量，Tobit 模型不同于离散变量回归模型和连续变量回归模型，适合研究在某些特定行为或条件下，连续变量如何变化及其影响的问题。随着不断深化，Tobit 回归模型引入了面板数据、半参数等更复杂的形式，研究领域和范围不断拓广。面板 Tobit 模型是在 Tobit 模型基础上发展而来,虽然具体预算步骤变得更为复杂,但还是遵循 Tobit 模型的两步法估计。卡瓦吉(Kalwij,2003)在研究个体效应与解释变量相关性时,使用面板 Tobit 回归模型进行变量估计,其构建的基本结构为:

$$y_{it}^* = X_{it}\beta + \alpha_i + \varepsilon_{it}, y_{it} = \max(0, y_{it}^*)(i=1,2,\cdots,T), \varepsilon_{it} \sim N(0, \sigma_{\varepsilon-1}^2) \tag{5.41}$$

假设个体效应表示为 $\alpha_i = \bar{X}_i\gamma + \mu_i$,$\bar{X}_i = \frac{1}{T}\sum_{s=1}^T X_{is}$,$\mu_i \sim N(0, \sigma_\mu^2)$,具有个体效应的面板 Tobit 模型为:

$$y_{it}^* = X_{it}\beta + \bar{X}\gamma_i + \mu, y_{it} = \max(0, y_{it}^*) \tag{5.42}$$

其中,$i=1,2,\cdots,N$;$t=1,2,\cdots,T$;$\mu_{it} = \mu_i + \varepsilon_{it}$,$\mu_i \sim N(0, \sigma_i^2)$,$\sigma_t^2 = \sigma_\mu^2 + \sigma_{\varepsilon,t}^2$。

### 2. 实证结果及分析

(1)面板单位根检验结果。

根据上文介绍的 LLC 模型和 IPS 模型,回归式中包含常数项与回归式中同时包括常数项和趋势项两种情况,对各变量的数据及其差分数据进行检验,确定变量的平稳性和单整阶数。面板单位根检验结果如表 5-26 所示。

表 5-26    模型数据及其一阶差分序列的面板单位根检验结果

| 变量 | LLC 原阶 C | LLC 原阶 C&T | LLC 一阶差分 C | LLC 一阶差分 C&T | IPS 原阶 C | IPS 原阶 C&T | IPS 一阶差分 C | IPS 一阶差分 C&T |
|---|---|---|---|---|---|---|---|---|
| IC | -5.426** | -12.018*** | -2.181*** | -21.151*** | -0.839 | -2.138 | -1.834*** | -3.526*** |
| pev | -2.317* | -6.125*** | -10.482*** | -18.332*** | 0.229 | -1.736 | -2.624*** | -2.553*** |
| tmt | -5.591* | -12.118*** | -12.261*** | -12.482*** | -1.038 | -1.827 | -2.756** | -1.957** |
| aea | -5.842** | -12.856*** | -15.874*** | -12.096*** | -2.458 | -1.452** | -3.145*** | -2.967** |
| isc | -10.452** | -13.423*** | -13.653*** | -16.587*** | -2.756* | -2.650 | -2.845** | -2.354** |

注:①***、**、*依次表示在1%、5%、10%显著性水平下显著;②表中 C 代表常数项,C&T 代表常数项和趋势项。

从表 5-26 可以看出,在进行 LLC 检验时,仅有常数项的原阶回归中,政策环境和技术市场成交额在10%水平上显著,其他变量都在5%水平上显著;在有常数项及趋势项的回归中,所有变量实现了1%水平上显著。一阶差分的结果也是所有变量实现了1%水平上显著,说明各变量都拒绝"存在单位根"的原假设,因而均具有较为显著的平稳性。在进行IPS检验时,虽然在原阶检验中所有变量都没有通过检验,但在进行差分处理后,除了技术市场成交额在5%水平上显著外,其他变量都实现了在1%水平上显著。因此,总体来看,各指标在进行一节差分之后,都能够拒绝"存在单位根"的原假设,具有较高的平稳性而不会出现伪回归问题,所能够进行格兰杰等回归分析。

(2) 面板因果检验结果。

在实证方法的采用、滞后期的选择以及长短期的期限划分上,采用AIC、SCI和HQC等信息判断准则来确定最优滞后期,确定各变量之间的相互关系,检验结果如表5-27所示。可见,在5%的显著性水平及滞后一期的条件下,从正向来看,政策环境及信息安全企业数能够在1%显著水平下显著;技术市场成交额与人均受教育年限,虽然不能在1%显著水平下显著,但也能够满足在5%显著水平下显著,说明四个解释变量都是我国两化融合绩效提升的格兰杰原因。从反向来看,两化融合绩效对政策环境、技术市场成交额和信息安全企业数三个解释变量能够在5%显著性水平下显著,说明其是三个解释变量较为显著的格兰杰原因。也就是说,某一地区的两化融合绩效水平的提升,反过来也能优化政策环境,促进技术市场发展及提升信息安全企业数;两化融合绩效对人均受教育年限来说,仅在10%显著性下显著,说明两化融合的推进对地区人均受教育年限影响不如其他变量显著,但也存在一定的影响。

表5-27　　　　被解释变量与解释变量因果关系检验结果

| 原假设 | F值 | P值 | 是/否 |
| --- | --- | --- | --- |
| $pev \not\Rightarrow IC$ | 5.472 *** | 0.0032 | 否 |
| $IC \not\Rightarrow pev$ | 454.432 ** | 0.0261 | 否 |
| $tmt \not\Rightarrow IC$ | 31.567 ** | 0.0195 | 否 |
| $IC \not\Rightarrow tmt$ | 1423.975 ** | 0.0173 | 否 |
| $aea \not\Rightarrow IC$ | 18.554 ** | 0.0286 | 否 |
| $IC \not\Rightarrow aea$ | 742.724 * | 0.0733 | 否 |
| $isc \not\Rightarrow IC$ | 2.845 *** | 0.0013 | 否 |
| $IC \not\Rightarrow isc$ | 1842.865 ** | 0.0266 | 否 |

注:①***、**、*依次表示在1%、5%、10%显著性水平下显著;②根据赤池信息准则发现各检验都是一阶滞后,因此不再逐一列示滞后阶数;③表中箭头方向表示因果关系方向。

不可否认,格兰杰因果检验只是根据变量过去的信息进行预测分析,是一种统计意义上的结果,无法证明是否存在真正意义上的因果关系,但仍有一定的参考价值。为此,进一步对各变量进行面板回归检验。

（3）面板回归检验结果。

根据以上讨论,根据研究问题的实际需求和研究方法的可行性,建立以下面板模型回归分析模型。

$$IC = \beta_0 + \beta_1 pev + \beta_2 tmt + \beta_3 aea + \beta_4 isc + \mu \quad (5.43)$$

其中,IC 代表被解释变量两化融合绩效系数值；$\beta_0$ 代表常数项；$\beta_i$ 代表各解释变量的系数；$\mu$ 代表随机误差项,以此进行回归分析。

分别运用随机效应模型、固定效应模型和混合效应模型对我国两化融合绩效影响因素进行估计,结果如表5-28所示。根据面板平衡数据的检验结果,极大似然比检验拒绝了应建立混合效应模型的原假设,F 检验拒绝了应建立混合效应模型的原假设,Hausman 检验拒绝了应建立随机效应模型的原假设。因此,采用面板固定效应模型,作为分析我国两化融合绩效影响因素的依据。

表5-28　　我国两化融合绩效影响因素回归结果

| 变量 | 模型（1） | 模型（2） | 模型（3） |
|---|---|---|---|
| pev | 0.1253 *** <br> (0.0279) | 0.1523 *** <br> (0.0650) | 0.1654 *** <br> (0.0669) |
| tmt | 0.0232 ** <br> (0.0340) | 0.0643 ** <br> (0.0176) | 0.0756 ** <br> (0.0874) |
| aea | 0.0165 *** <br> (0.0031) | 0.0845 ** <br> (0.0063) | 0.0184 *** <br> (0.0074) |
| isc | 0.0754 *** <br> (0.0137) | 0.0875 *** <br> (0.0856) | 0.0563 *** <br> (0.0742) |
| cons | 0.8634 *** <br> (0.0123) | 0.8652 *** <br> (0.0053) | 0.8953 *** <br> (0.0856) |
| N | 390 | 390 | 390 |
| Wald chi2 | 286.84 *** <br> [0.0000] | 265.65 *** <br> [0.0000] | 384.65 *** <br> [0.0000] |
| 随机效应 VS. 混合效应 | 似然比检验 | Chibar2 = 556.00 | P = 0.0000 |

续表

| 变量 | 模型（1） | 模型（2） | 模型（3） |
|---|---|---|---|
| 固定效应 VS. 混合效应 | F 检验 | F = 74.85 | P = 0.0000 |
| 固定效应 VS. 随机效应 | Hausman 检验 | chi2 = -54.42 | P = 0.0000 |

注：①模型（1）至模型（3）依次为随机效应模型、固定效应模型、混合效应模型。②圆括号内数字为异方差稳健标准误，方括号内数字为相应检验统计量的 p 值。③ \*\*\*、\*\*、\* 依次表示在 1%、5%、10% 显著性水平下显著。④cons 代表常数项；N 代表回归企业样本个数；Wald chi2 代表 Wald 检验。

第一，政策环境。在第 3 章的两化融合机理分析中，目前中央及诸多地区已经制定和颁布了两化融合的相关发展战略与规划，它们为各地两化融合发展指明了方向，并塑造了良好的发展环境，促进两化融合绩效水平的提升。从表 5-28 的回归结果来看，在固定效应模型下政策环境变量的回归系数在 1% 水平上显著，说明其与两化融合绩效有着显著的影响；回归系数为正且值较大，说明其对两化融合的促进作用力度较大，政策环境的改善会显著提升两化融合绩效水平。

从现实来看，不仅两批国家级两化融合试验区中的大部分地区制定和颁布自身两化融合发展规划，其他部分省市或地区也积极颁布自身的两化融合发展规划，如北京于 2011 年颁布《推进两化融合促进首都经济发展的若干意见》等。可见，两化融合发展战略在全国得到重视并付诸行动，充分结合各地区的产业发展特色及信息化程度等因素，形成各具特色的推进路径与机制，有效地推进信息技术与制造技术的融合，对部分产业生产方式、销售模式等产生变革式的改造升级，显著提升企业运营效率，提升两化融合绩效水平。

第二，技术市场。在第 3 章的两化融合机理分析中，提出某一地区的技术市场发展程度会影响信息技术、制造技术等相关技术要素的自由流通，进而影响信息技术与制造技术的相互融合，使得该地区的两化融合绩效受到限制。从表 5-28 的回归结果看出，三个模型中技术市场指标——技术市场成交额都在 5% 的水平上显著，说明其对地区两化融合绩效有着显著影响；但其系数相对较低，说明其对两化融合绩效影响的强度相对较低。

从现实来看，我国近年来致力于技术市场的构建，希望将技术作为劳动、资本之外的重要生产要素，对我国经济、社会的发展做出越来越大的贡献。对于两化融合战略来说，主要是针对信息技术与制造技术，建立良好的技术市场将有利于这两种典型的技术要素的自由交易与流通，进而实现两者的融合，提升两化融合绩效。但相对来说，由于目前我国技术市场还不够完善，仍然处于快速成长的提升阶段，对信息技术、制造技术的有效交易、相互融合的作用还有较大的提升空间，短期内提升两化融合绩效的作用还不是太强。

第三，人力资本。在第3章的两化融合机理分析中，从社会层面和企业层面两个角度说明了人力资源对两化融合发展的重要性。通过实证分析的结果可以看出，代表人力资本的指标——人均受教育年限与各地两化融合绩效水平之间存在较为显著的相关关系，显著性水平为5%或1%，较为显著。解释变量系数相对较小，说明其对两化融合绩效提升的强度相对较小。

从现实来看，两化融合战略对信息技术、制造技术的要求较高，需要专业、复合型人才的支撑。如果劳动力受教育程度、综合素质较高，将对两化融合绩效提升发挥重要作用。目前，经过一定时间的培养，我国信息化人才已初具规模，但既精通信息技术，又掌握制造技术的复合型人才仍然较为匮乏，是诸多地区两化融合绩效提升的"瓶颈"之一。从实证结果可以看出其影响强度较低，但两者之间的显著相关关系已证明机理分析的相关结论。

第四，信息安全。在第3章的两化融合机理分析中，指出当前信息安全问题得到越来越多的关注，它直接关系到制造企业、信息企业等两化融合企业个体信息系统的隐私性、可靠性及稳定性。如果不能保证信息安全，那么会大大降低企业运用信息技术进行两化融合发展的积极性，进而降低两化融合的绩效水平。从表5-28的回归结果可以看出，信息安全企业数与地区两化融合绩效之间存在显著的相关关系，而且解释变量的系数较大，即说明影响两化融合的强度较高，对机理分析的结论做出了有力验证。

从现实来说，伴随着互联网技术的快速发展，使两化融合迎来了难得的机遇，但与之相伴而生的信息安全问题则成为制约两化融合绩效提升的重要因素。当然，信息安全事件的发生频率越来越高，且技术水平越来越高，使诸多信息企业遭受了严重损失。自身信息安全度较高的企业，往往能够赢得合作企业的信任，获得更多的发展机会。对于两化融合来说，信息安全企业能够保证自身系统的稳定性；对于信息企业来说，更能树立良好的品牌声誉，为其与制造企业合作提供坚实的信誉基础，进而保证两化融合绩效的持续、有效提升。

（4）添加交互项检验结果。

在各地颁布的两化融合发展战略与规划中，往往会涉及技术市场、人才培养、信息安全等相关内容，即是说政策变量可能也会通过影响以上变量，间接地对两化融合绩效产生影响。因此，依次添加政策环境与其他三个变量的交互项，以明确这种"间接"效应对地区两化融合绩效的影响，建立回归方程如下所示：

$$IC = \beta_0 + \beta_1 pev + \beta_2 tmt + \beta_3 aea + \beta_4 isc + \beta_5 pev \times tmt + \beta_6 pev \times aea + \beta_7 pev \times isc + \mu$$

根据上面的分析，发现固定效应面板回归的结果最为准确，因此在依次添加交互项的过程中，全部以固定效应面板回归模型进行，结果如表5-29所示。可见，在单个交叉项回归模型中，可以看出政策环境与市场交易、政策环境与信息安全的交叉项依次在5%和10%的水平上显著，说明交互项对两化融合绩效存在较为显著的提升作用。但是，政策环境与人力资源的交互项不显著，说明两化融合政策对"依靠人均受教育年龄增加提升两化融合绩效"的作用不显著。对于同时添加三个交互项的回归结果，与分别添加交互项的结果较为一致，差别较小。

表5-29　　　　添加交互项的两化融合绩效影响因素回归结果

| 变量 | 模型（4） | 模型（5） | 模型（6） | 模型（7） |
| --- | --- | --- | --- | --- |
| $pev$ | 0.1865 *** <br> (0.0675) | 0.1563 *** <br> (0.0276) | 0.1752 *** <br> (0.0675) | 0.1173 *** <br> (0.0546) |
| $tmt$ | 0.0223 ** <br> (0.0198) | 0.0525 ** <br> (0.0189) | 0.0153 ** <br> (0.0863) | 0.0275 ** <br> (0.0142) |
| $aea$ | 0.0086 ** <br> (0.0043) | 0.0107 ** <br> (0.0034) | 0.0524 ** <br> (0.0075) | 0.0197 ** <br> (0.0084) |
| $isc$ | 0.0367 *** <br> (0.0986) | 0.0375 *** <br> (0.0874) | 0.0654 *** <br> (0.0035) | 0.0325 *** <br> (0.0583) |
| $pev \times tmt$ | 0.0076 ** <br> (0.0012) | | | 0.0023 ** <br> (0.0075) |

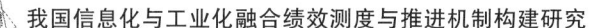

续表

| 变量 | 模型（4） | 模型（5） | 模型（6） | 模型（7） |
|---|---|---|---|---|
| pev × aea |  | 0.0076<br>(0.0142) |  | 0.0084<br>(0.0108) |
| pev × isc |  |  | 0.0042*<br>(0.0064) | 0.0023*<br>(0.0045) |
| cons | 0.8745***<br>(0.0089) | 0.8375***<br>(0.0084) | 0.8474***<br>(0.0098) | 0.8432***<br>(0.0175) |
| N | 390 | 390 | 390 | 390 |

注：①圆括号内数字为异方差稳健标准误。② \*\*\* 、\*\* 、\* 依次表示在1%、5%、10%显著性水平下显著。

从现实来看，对于政策环境与市场交易交互项来说，当前各地区的两化融合规划基本都鼓励建立有效的信息交流与电子商务平台，使得信息技术或服务能够"商品化"，便于制造企业等企业个体通过购买的方式引进信息技术或服务。这样，一方面，对于制造企业等技术需求方，能够通过有效的市场平台获得充足的技术或服务；另一方面，对于信息技术供应方来说，通过有效的交易平台，能够形成平等的竞争环境，并整合需求方资源，便于市场的开发和拓展。

对于政策环境与信息安全交互项来说，目前各地区都较为重视信息安全问题，因而在其两化融合发展战略或规划中，基本都会强调信息安全、网络安全的问题，提出具体的措施保证信息安全处于可控水平。因此，两化融合相关政策的颁布，会进一步强化信息安全对两化融合绩效的提升作用。

对于政策环境与人力资源交互项来说，回归结果表明两化融合发展政策对"依靠人均受教育年限增加提升两化融合绩效"不存在显著影响。由于人均受教育年限主要涉及各地区的教育政策与水平，与两化融合政策的相关性较小导致不显著。在此分析外部环境对两化融合绩效的影响，因而没有考虑两化融合专业人才（内部因素）的影响。

（5）区域层面检验结果。

为了进一步分析我国两化融合绩效影响因素的地区差异，将研究样本划分为东、中、西部三个子样本，分别进行面板回归，结果如表5-30所示。

表5-30　　我国东、中、西部地区两化融合绩效影响因素面板回归结果

| 变量 | 东部地区 模型(8) | 模型(9) | 模型(10) | 中部地区 模型(11) | 模型(12) | 模型(13) | 西部地区 模型(14) | 模型(15) | 模型(16) |
|---|---|---|---|---|---|---|---|---|---|
| $pev$ | 0.1645*** (0.0443) | 0.1634*** (0.0244) | 0.1223*** (0.0754) | 0.135*** (0.0354) | 0.1554*** (0.0876) | 0.1451** (0.0532) | 0.0343*** (0.0744) | 0.1523*** (0.0543) | 0.165*** (0.0347) |
| $tmt$ | 0.0634** (0.0429) | 0.0845** (0.0856) | 0.0765** (0.0154) | 0.0374* (0.0167) | 0.0867* (0.0987) | 0.0753* (0.652) | 0.8375 (0.0753) | 0.0745 (0.0341) | 0.0653 (0.0265) |
| $aea$ | 0.0663** (0.0423) | 0.0645** (0.0063) | 0.0176** (0.0074) | 0.0189** (0.0075) | 0.0956** (0.0034) | 0.0763** (0.0075) | 0.0735** (0.0043) | 0.0235** (0.0131) | 0.0876** (0.0539) |
| $isc$ | 0.0856*** (0.0145) | 0.0765*** (0.0634) | 0.0842*** (0.0254) | 0.0349*** (0.0675) | 0.0978*** (0.0534) | 0.0786*** (0.0432) | 0.0534*** (0.0064) | 0.0653*** (0.0121) | 0.0864*** (0.0756) |
| $pev \times tmt$ | 0.0575** (0.0085) | 0.0746** (0.0025) | 0.0765** (0.0034) | 0.0745 (0.0056) | 0.0234 (0.0344) | 0.0142 (0.0043) | 0.0075* (0.0051) | 0.0075* (0.0043) | 0.0087* (0.0225) |
| $pev \times aea$ | 0.0043 (0.0183) | 0.0076 (0.01765) | 0.0076 (0.0188) | 0.0034 (0.0286) | 0.0054 (0.0732) | 0.0087 (0.0253) | 0.0043 (0.0045) | 0.0078 (0.0023) | 0.0065 (0.0034) |
| $pev \times isc$ | 0.0852** (0.0732) | 0.0187** (0.0042) | 0.0154** (0.0076) | 0.0190* (0.0034) | 0.0542* (0.0056) | 0.8530* (0.043) | 0.0036 (0.0085) | 0.0064 (0.0043) | 0.0353 (0.0065) |
| $cons$ | 0.8741*** (0.0263) | 0.8276*** (0.0235) | 0.8236*** (0.0247) | 0.8276*** (0.0543) | 0.8134*** (0.0324) | 0.8263*** (0.054) | 0.8432*** (0.0173) | 0.8176*** (0.0645) | 0.8336*** (0.0145) |
| $N$ | 143 | 143 | 143 | 104 | 104 | 104 | 143 | 143 | 143 |
| Wald chi2 | 85.64*** [0.0000] | 88.52*** [0.0000] | 83.76*** [0.0000] | 133.65*** [0.0000] | 87.65*** [0.0000] | 47.44*** [0.0000] | 165.54*** [0.0000] | 165.14*** [0.0000] | 243.42*** [0.0000] |
| 随机 VS. 混合 | Likehood ratio test | Chibar2 = 209.64 | P = 0.0000 | Likehood ratio test | Chibar2 = 224.75 | P = 0.0000 | Likehood ratio test | Chibar2 = 165.37 | P = 0.0000 |
| 固定 VS. 混合 | Ftest | F = 12.26 | P = 0.0000 | Ftest | F = 25.12 | P = 0.0000 | Ftest | F = 33.46 | P = 0.0000 |
| 固定 VS. 随机 | Hausman test | chi2 = 41.47 | P = 0.0000 | Hausmantest | chi2 = -37.03 | P = 0.0000 | Hausmantest | chi2 = -18.61 | P = 0.0000 |

注：①模型（8）至模型（10）依次为东部地区的随机效应模型、固定效应模型、混合效应模型；模型（11）至模型（13）依次为中部地区的随机效应模型、固定效应模型、混合效应模型；模型（14）至模型（16）依次为西部地区的随机效应模型、固定效应模型、混合效应模型。②***、**、*依次表示在1%、5%、10%显著性水平下显著。③圆括号内数字为异方差稳健标准误，方括号内数字为相应检验统计量的p值。

对于东部地区来说，首先根据极大似然比检验、F检验和Hausman检验看出应采用面板固定效应模型的结果。从回归结果来看，"政策环境"及"政策环境与信息安全"交叉项的显著性水平比总体样本要高，"信息安全企业数"解释变量的系数明显高于全国回归结果。说明对于东部地区的省份来说，两化融合相关战略或规划及其对信息安全的间接作用，对区

域两化融合绩效有着更为密切的关系；信息安全对其两化融合绩效的提升强度相对全国水平更高。这是由于对于东部地区来说，本身经济、社会发展水平较高，工业企业规模相对较大，因而通过相关政策或规划，更容易发挥企业的规模经济优势，较为显著地提升区域两化融合绩效水平。另外，东部地区信息化水平相对较高，对信息安全控制水平较高，因而对两化融合绩效提升的作用强度相对更高。其他变量的显著性水平、解释变量系数值与全国样本回归结果一致，在此不做赘述。

对于中部地区来说，通过相关检验发现固定效应的回归结果最为准确，这与总体样本的回归结果一致。从回归结果来看，"技术市场交易额"与"信息安全企业数"两个解释的显著性水平比总体样本回归结果略低，而"人均受教育年限"略高；"政策环境"的回归系数高于总体样本回归结果。究其原因，中部地区的技术市场发展相对滞后于全国水平，且对信息安全威胁的控制能力相对较弱，因而其与两化融合绩效提升的相关性相对较低。近年来，随着全国义务教育的全面推广与普及，使得中部地区的受教育水平得到了显著提升，因而其对两化融合绩效提升的幅度高于全国平均水平，使得"人均受教育年限"的显著性更高。对于政策环境来说，我国两批国家级两化融合试验区中，不乏中部地区的城市，如长株潭城市群、合肥市、郑州市等，它们积极响应国家号召制定和实施两化融合发展规划与战略，有力地推进了两化融合战略，使得其绩效水平提升显著。

对于西部地区来说，固定效应模型仍是最准确的回归模型，这与总样本一致。从回归结果来看，"人均受教育年限"的显著性水平比总体样本要高，但"技术市场交易额"的显著性明显低于全国水平，已经无法满足10%水平上显著，而"政策环境与技术市场交易额"与"政策环境与信息安全企业数"两个交叉项的显著性水平也略低于全国水平；各回归系数普遍低于全国水平，但差距不大。由于前期西部地区的受教育水平相对较低，得益于全国教育普及的好处，使其人均受教育年限近年来得到了较为显著的提升，因而对两化融合绩效提升的作用高于教育水平已经较高的东部地区，继而使回归的显著性水平更高。但是，由于西部地区技术交易市场发展相对滞后，使其技术交易额明显低于全国平均水平，导致其对应解释变量及交互项的显著性水平降低。另外，由于西部地区的信息化水平相对较低，信息安全问题难以得到很好的把控，使政策环境通过信息安全提升两化融合绩效的显著性有所下降，低于总体样本回归结果。

### 3. 稳健性检验

为了进一步验证面板固定效应模型回归结果的稳健性，运用面板 Tobit 模型进行稳健性检验，结果如表 5-31 所示。

表 5-31　　　我国两化融合绩效影响因素稳健性检验结果

| 变量 | 全国 | 东部地区 | 中部地区 | 西部地区 |
| --- | --- | --- | --- | --- |
| $pev$ | 0.1533*** | 0.1634*** | 0.15654*** | 0.1065*** |
|  | (0.0543) | (0.0534) | (0.0334) | (0.0751) |
| $tmt$ | 0.0253** | 0.0373** | 0.0287* | 0.0187* |
|  | (0.0845) | (0.0751) | (0.0863) | (0.0175) |
| $aea$ | 0.0865*** | 0.0463** | 0.0534** | 0.0154** |
|  | (0.0045) | (0.0866) | (0.0678) | (0.0639) |
| $isc$ | 0.0855*** | 0.0645*** | 0.0385** | 0.0276*** |
|  | (0.0045) | (0.0762) | (0.0862) | (0.0156) |
| $pev \times tmt$ | 0.0074** | 0.0174** | 0.0256** | 0.0063* |
|  | (0.0053) | (0.0073) | (0.0075) | (0.0043) |
| $pev \times aea$ | 0.0065 | 0.0086 | 0.0089 | 0.0063 |
|  | (0.0075) | (0.0097) | (0.0075) | (0.0076) |
| $pev \times isc$ | 0.0076** | 0.0143** | 0.0176* | 0.0043 |
|  | (0.0084) | (0.0045) | (0.0785) | (0.0076) |
| $cons$ | 0.8387*** | 0.8465*** | 0.8075*** | 0.8274*** |
|  | (0.0164) | (0.0265) | (0.0133) | (0.0769) |
| $N$ | 390 | 143 | 104 | 143 |
| $Wald\ chi2$ | 473.83*** | 64.65*** | 286.45*** | 265.84*** |
|  | [0.0000] | [0.0000] | [0.0000] | [0.0000] |
| $Log\ likelihood\ test$ | 4734.21 | 4853.85 | 4953.75 | 4643.77 |

注：①***、**、*依次表示在1%、5%、10%显著性水平下显著。②圆括号内数字为异方差稳健标准误，方括号内数字为相应检验统计量的 $p$ 值。

对于全国来说，通过对比发现根据 Wald 检验结果拒绝混合 Tobit 模型，这与原面板回归结果一致；面板 Tobit 模型的对数似然值高于4600，说明模型拟合优度较好，这与原面板回归结果一致。从各解释变量系数符号及取值来看，面板 Tobit 模型四个核心解释变量与三个交叉项的系数与原面板回归模型结果的显著性水平一致，取值相近，表明对于全国两化融合绩效的回归结果具有良好的稳健性。

对于东中西部地区来说，通过对比发现两者都通过 Wald 检验拒绝了混合面板模型，结果一致；稳健性检验三个模型的对数似然值均高于 4600，表明都具有较好的拟合优度，这与原模型结果一致。从各变量的回归系数来看，除中部地区的"人均受教育年限"以及西部地区的"技术市场成交额"与"人均受教育年限"三个解释变量的显著性水平稍有差异以外，其他所有变量的显著性水平与原面板回归一致，且系数取值相近，说明东中西部地区的面板固定效应回归结果稳健性水平较高，具有较强的说服力。

## 5.5 本章小结

本章通过对我国信息化与工业化融合绩效统计分析、实证测度和回归分析，主要得到了以下结论。

首先，从统计数据角度来看，2011 年以来我国两化融合的基础环境得到明显改善，工业企业信息化应用及管理系统得到加速普及，信息化应用效益水平得到显著提升，两化融合绩效水平保持较好的提升态势。目前，我国两化融合绩效水平提升主要得益于基础设施建设提升，但工业应用、应用效益在一定程度上制约了绩效水平提升。

其次，从绩效测度的结果来看，企业个体由于进行两化融合使自身的绩效得到提升，即使个体绩效变量的叠加效应会削弱其绩效提升效果；从产业群落层面来看，天津市各个产业两化融合绩效值排名依次为装备制造、航空航天、电子信息、生物医药、工业电子、新能源新材料、石油化工、轻工纺织；从区域系统层面来看，2005 年以来我国两化融合绩效保持提升态势，但区域两化融合水平存在较明显的差异：东部地区明显优于中、西部地区，中部地区略低于全国平均水平，西部地区与全国平均水平差距较大；上海、北京、广东居于全国前三位，天津、江苏、浙江等东部沿海和部分中部省份居于全国前列，而宁夏、甘肃、云南等中西部及部分东部省份排名靠后。

最后，从两化融合绩效影响因素来看，企业个体及产业群落包括企业规模、产出增长速度、市场竞争强度、企业间合作行为及供需链管理等；生态系统层面包括政策环境、技术市场、人力资本、信息安全等。通过回归分析发现其与机理分析中的影响较为一致。

# 第 6 章

# 国外信息化与工业化融合推进机制及经验分析

目前,发达国家虽然并没有提出专门针对信息化与工业化融合的战略,但进入后工业时代之后,尤其是在新产业革命背景下,主要发达国家纷纷以信息化来推进再工业化,这正是两化融合的具体体现。本章以美国、德国、日本、韩国为例,梳理其信息化与工业化融合发展的演进过程,总结新产业革命背景下两化融合的推进机制,提炼出值得我国借鉴的先进经验。

在此需要说明的是,本章分析美国、德国、日本、韩国的两化融合推进机制是在新产业革命背景下,而目前对新产业革命普遍认可的概念有两种,分别由美国经济学家杰里米·里夫金(2012)和英国经济学家保罗·麦基里(2012)提出。前者认为发散式的可再生能源网络与新一代互联网技术的交汇和融合是新产业革命爆发的标志;后者则认为以新材料、新能源和新技术的结合为基础,以制造业数字化为核心,全球技术要素和市场要素配置方式发生革命性变化是新产业革命爆发的标志。因此,本章主要讨论发达国家两化融合推进的历史演进和推进机制,在推进机制方面,主要是分析 2012 年之后的具体机制及路径。

## 6.1 美国两化融合的历史演进及推进机制

从美国信息化与工业化融合的现实情况来看,其两化融合更多体现为信息化与工业化的技术融合、业务融合,进一步提升其工业化水平,并在此过程中产生新的产品、服务或产业业态。2011 年提出"工业互联网"和"先进制造伙伴计划",以期能够确保美国在世界制造业的领导地位,为美国在新产业革命下推进两化融合提供了新的机遇和条件。

### 6.1.1 美国信息化与工业化融合的历史演进

美国工业化推进时间较早,在 1870 年就形成了工业大国的雏形。伴随着电力技术的应用,美国迎来工业化发展的"黄金时代",于 20 世纪反超英国成为世界第一工业大国。1955 年之后,美国进入后工业化阶段,开始步入信息化社会的发展阶段。自 1980 年开始,工业在美国国民经济中的地位开始降低,大量投资转向海外,工业品在国际市场竞争力日益下降(冯飞、王忠宏,2012)。在这样的背景下,美国开始推进再工业化战略,希望通过刺激经济增长实现旧工业部门复兴,鼓励新工业部门增长。此时,逐步增长的信息产业渐渐成为推进美国再工业化的重要力量。总体来看,美国信息化与工业化的融合发展经历了四个阶段,如表 6-1 所示。

表 6-1　　　　　　　美国信息化与工业化融合发展阶段

| 主要阶段 | 时间 | 技术特征 | 阶段特点 |
| --- | --- | --- | --- |
| 工业化快速增长及信息化原始积累阶段 | 1955~1980 年 | 传统制造技术为主,初步积累相关信息技术 | 工业化进一步深化,信息化得到前期积累 |
| 工业化转型及信息化初显成效阶段 | 1981~1991 年 | 以信息技术全面实施推动产业间互动及网络化、流程化 | 信息技术全面应用及先进的商业模式 |
| 信息化驱动再工业化发展阶段 | 1992~2008 年 | 信息技术快速发展,成为经济产品、技术、商业体系的孵化器 | 信息技术深入应用,发展服务和融合类高技术产业 |
| 再工业化与信息化有效融合阶段 | 2009 年至今 | 工业互联网、大数据、云计算、移动互联等信息技术开始推广 | 信息技术成为再工业化战略,以及驱动经济增长的最主要因素 |

**1. 工业化快速增长及信息化原始积累阶段(1955~1980 年)**

在 1955~1980 年间,美国工业化保持了较好的发展态势,工业化进入技术集约化发展阶段,技术进步取代资本投入成为工业增长的主要源泉。

同时，伴随着第二次世界大战结束和第三次科技革命的爆发，美国在电子计算机、原子能、空间技术等领域获得快速发展，社会、经济结构发生变化，第三产业快速发展，第一、第二产业比重逐步下降。在这个阶段，美国开始重视信息化的重要性，逐步向信息技术方向倾斜，投入资金进行研发，但总体来看信息产业仍处于起步阶段。

### 2. 工业化转型及信息化原始投入阶段（1981~1990年）

1980年之后，美国经济虚拟化问题进一步凸显，虚拟经济超过实体经济，制造业逐步被边缘化。经济全球化的快速发展以及新兴工业国的崛起，使美国制造企业转移至其他成本较低的地区，制造业产值下降，就业人口减少。美国政府逐步意识到信息化对其制造业改造的重要作用，开始加快信息技术研发，依靠其引领的新一轮产业创新力求实现自身制造业的转型升级，对半导体、计算机软硬件等主导产业相关的信息技术，持续投入较大的资金支持，并逐渐将军事、科研等领域取得的研究成果应用到制造业、服务业等领域，以此带动工业化提升。

### 3. 信息化驱动再工业化发展阶段（1992~2008年）

1992年，美国提出"信息高速公路"建设计划，力求实现企业、科研机构、高校之间的信息交换，带动信息产业发展；加强信息技术与新兴产业的融合，同时向电子政务、工业生产、国民教育等诸多领域渗透，使美国成为全球的新兴产业中心和科技孵化中心（曹鸿清，1994）。"信息高速公路"不仅改变人作用于劳动对象的生产方式，管理思想、管理方式也在发生变化，社会产业结构加速变革；而且还带动其他产业的发展，如IT产业、半导体产业、通信产业等。在该阶段，美国的IT产业逐步成为主导产业，为其经济增长做出突出贡献，逐步成为推动经济发展的主要因素，保证该阶段美国能以3%的速度不断获得经济增长。同时，出现一批国际知名的IT企业，为美国之后引领世界信息化发展方向奠定基础。

### 4. 再工业化与信息化有效融合阶段（2009年至今）

2008年美国金融危机爆发，不少学者提出其深层次的原因是美国以制造业为主的实体经济创新不足，而金融服务等虚拟经济创新失度（金碚、刘戒骄，2010）。为了走出金融危机，重振"美国制造"成为刺激经济、恢复竞争力的重要内容，美国推出一系列发展战略。其中，与信息化及工业化融合相关的战略有"国家宽带计划"（2010）、"联邦云计算战略"（2011）、"大数据的研究和发展倡议"（2012）以及"工业互联网"（2012）等。借助于移动互联网、大数据、云计算等新一代信息技术，美国不断推进信息化与工业化的融合发展：信息技术与3D打印技术结合，个性化和定制化产品的制造门槛大为降低；部分大型互联网科技公司正在积极研发智能产品，引起传统制造企业的极大关注；依托大数据、物联网等技术的智能系统平台，配合制造机器人等自动化设备实现自动化制造；通过大数据分析实现最终用户对其设备进行追踪和优化，并管理燃料和维护成本。在这个阶段，美国信息化与工业化已实现较高程度的融合，再工业化战略配合信息化战略共同推进经济增长，工业互联网、云计算、物联网等产业已成为美国新的经济增长引擎。

### 6.1.2 新产业革命背景下美国两化融合推进机制

2011年，美国GE公司的伊梅尔特最先提出"工业互联网"，并指出它是继"互联网革命"之后的又一次重大革命。工业互联网作为近期美国典型的信息化与工业化融合发展战略，经过五年左右的推进与发展，已经形成较为完善的推进体制，有力地推进其两化融合进程。

**1. 依靠智能信息整合两化融合系统有效资源**

工业互联网是数据流、硬件、软件和智能的交互，由智能设备和网络收集的数据存储之后，利用大数据分析工具进行数据分析和可视化。由此产生的"智能信息"可由决策者在需要时进行实时处理，成为大范围工业系统中工业资产优化战略决策过程的重要部分。智能信息在两化融合相关的机器、网络、个人或团体之间实现共享，促进智能协作，以做出更好的决策，使更多的利益相关者参与到资产维护、管理和优化过程中，并确保在恰当的时候将本地和远程拥有机器专业知识的员工整合起来（杨帅，2015）。两化融合智能信息可反馈到主机，使机器能从历史数据得到启示，通过机载控制系统实现智能运转。当工业互联网的智能设备、智能系统、智能决策与机器、设备、机组和网络充分整合，工业互联网将有效整合两化融合有效资源，带动整个工业经济的健康、绿色、可持续发展。

### 2. 依靠云端网络系统实现工业制造全程控制

在工业互联网的支持下，两化融合相关检测装置产生的大量机器和用户的数据，可通过工业互联网进行远程传输。部分数据保留在设备上，部分数据传输到远程位置，以供相关人员使用，使其能够以可视化的方式进行数据分析和处理，并视情况采取相应行动。两化融合相关数据流提供的操作和性能历史记录，能够使生产者更好地了解工厂设备关键部件的状态，了解特定两化融合相关组件在既定条件下的运行状态。同时，工业互联网运用高级分析工具，将两化融合相关信息和其他工厂类似部件的操作历史数据进行对比，对于部件发生故障的可能性和时间提供可靠的估计。

### 3. 形成规模效应递增的协同智能系统

在工业互联网构建的两化融合智能系统中，不仅包括各种传统的网络系统，也包括部署在机组和网络中、广泛结合的机器仪表与软件，以此实现跨越两化融合整个机组和网络的机器仪表的协同效应。在同一两化融合系统内实现互联的机器，在网络上相互协作提高运营效率；通过智能系统实现整个智能系统的最优化、低成本运行，在确切时间将最优数量的零件交付到正确的位置，显著提升机器设备的可靠性；两化融合智能系统的维护优化可与网络学习相结合，有效预测、分析预防性维修计划；建立广泛的系统范围内的情报，帮助系统在经历大冲击之后能够更加快速、有效的恢复；智能系统具有网络学习功能，每台机器的操作经验可以聚合为整体信息系统，使整个机器组合依靠群体经验实现数倍于自身学习效率的整体学习（李培楠、万劲波，2014）。两化融合智能系统具有规模递增效应，即越多的机器连接至系统中，那么系统越能以此不断扩大并自主学习，推动持续的知识积累，提高系统整体的洞察力，在协同化的基础上实现更高层次的智能化。

### 4. 高级分析能力助力两化融合智能决策

随着智能碎片聚集在一起，工业互联网具备基于计算机分析的"大数据"分析能力。工业互联网系统监控技术的进步和信息技术成本的下降，处理实时数据的工作能力正在不断提升，更加出色地管理和分析高频实时数据的能力，使对于两化融合系统操作方面的洞悉能力上升到新的水平。结合基础物理的方法论和资深的行业专业知识，提高两化融合信息流自动化和预测技术，同时将先进的分析方法加入"大数据"工具套件中，将传统方法与新方法互相结合，可以利用二者的强大历史和实时数据进行特定行业的高级分析。这种高级分析能力将显著促进工作能力和组织能力的智能化升级，显著提高两化融合的工作效率。

### 5. 高效利用两化融合相关人力资源

工业互联网将彻底改变人们的工业发展与生活方式，促进人脑与机器的互动与融合。利用现有的信息技术，工业互联网使机器仪表化，依靠广泛部署智能设备的强有力支持，使得两化融合工作效率更高。在工业互联网时代，美国两化融合已经从单纯依靠个人或个体机器生产效率的提升，转变为从高性能机器的综合完善挑战更高生产力，智能设备的广泛部署在发掘额外的性能、提高运营效率方面展现出巨大的潜力。针对工业互联网发展方式的需求，建立庞大的专业人才库，包括新型交叉人才，如机械与工业工程结合形成新的"数字机械工程师"，创建分析平台与算法的数据专家及软件与网络安全专家等。培训员工掌握相应技能，在提高员工自身创新能力的同时，促进工业生产力的提升与发展。

### 6. 创新要素成为两化融合的推动力和催化剂

目前，美国工业互联网主要在以下四个方面开展高级别创新。一是设备方面，传感器的集成和资源配置以及改装现有设备的方案融入新工业设备的设计中，实现信息高效集成和快速传输。二是高级分析方法方面，利用来自不同设备制造商的相似资产或不同资产种类的数据，实现两化深度融合的新数据标准；使数据更快转换成信息资产，为集成和分析做准备的技术构架等。三是系统平台方面，在技术标准和协议之上，新系统平台能使资源管理系统在共享框架或结构之上建立具体应用；供应商、设备制造商和消费者之间维持平台的可持续性。四是作业流程方面，充分整合信息到决策流程的新业务实践，用以监控机械数据质量的流程，能协调各资源管理系统安排的先进法律程序等。

## 6.2 德国两化融合的历史演进及推进机制

德国作为老牌的工业化国家，一直致力于制造业产品质量与技术的提高，而依靠信息技术是其中的重要途径之一。在新产业革命背景下，德国进一步提出"工业4.0战略"，借助互联网技术并发挥自身优势引领世界制造业发展。

### 6.2.1 德国信息化与工业化融合的历史演进

德国的工业化落后于英国、法国等工业革命始发国。19世纪30年代中期德国工业化起步，此时英国工业革命即将完成；50年代至60年代，德国工业化进入大规模生产阶段，以铁路等重工业为重点，带动纺织等轻工业发展，到90年代基本完成工业化；到20世纪中前期，进一步完成以电气工业为标志的第二次工业革命，成功超越英国、法国等工业化国家，成为世界第二工业大国；20世纪70年代，德国逐步开展再工业化，以克服部分工业园区资源匮乏、人力成本上升、环境污染严重、传统优势下降等问题，重新占据世界制造高端（冯飞、王忠宏等，2012）。

从信息化来说，德国早在20世纪80年代就开始开放信息技术服务市场，鼓励信息技术市场的市场化竞争，并通过相关立法规范竞争行为。20世纪末，德国大力推进信息技术设施建设，开始推进信息化与工业化的融合发展。具体来说，德国的信息化与工业化融合发展主要经历了三个阶段，如表6-2所示。

表6-2　　　　　　　　德国信息化与工业化融合发展阶段

| 主要阶段 | 时间 | 技术特征 | 阶段特点 |
| --- | --- | --- | --- |
| 工业化转型及信息化前期积累阶段 | 1993～1999年 | 传统制造技术难以适应发展需求，信息技术尚处于初级 | 工业化亟待转型升级，信息化得到前期积累 |
| 信息化全面推进与工业化初步融合阶段 | 1999～2009年 | 信息和通信技术、高速互联网等全面推进信息社会 | 信息化得到显著提升，与制造业呈现出融合趋势 |
| 信息化与工业化全面融合阶段 | 2009年至今 | 3D打印、大数据、云计算等新一代信息技术快速发展，信息通讯技术、智能制造等持续提升 | 密集出台信息化推进、工业化升级的政策，信息化与工业化全面深化 |

**1. 工业化转型及信息化前期积累阶段（1993～1999年）**

1993年欧盟成立，德国作为重要的欧盟成员国，迎来崭新的发展机遇。20世纪90年代中期，德国制造业出现衰弱的迹象，德国政府于1995年实施"2000年生产计划"，提出应用信息技术促进制造业的转型升级，提升制造业的研究水平。欧盟在该阶段的信息化政策与德国的政策较为一致，两者相互协调、共同配合，有力推进德国信息化建设，完成信息化与工业化融合发展的前期积累工作。

**2. 信息化全面推进与工业化初步融合阶段（1999～2009年）**

1999年，德国政府制定《21世纪信息社会的创新与工作机遇》，明确提出德国进入信息社会的发展战略，确定三个主要发展目标：高速互联网基础设施建设、全民享有互联网计划和信息成果惠及弱势群体。在政府积极推进下，欧盟也于2000年提出"电子欧洲"计划，明确欧盟排除障碍全面发展因特网，加速互联网络建设，充分利用因特网资源和数字技术。两者相得益彰，有效推进德国的信息化水平。2006年，德国进一步提出《2006年德国信息社会行动纲领》及《2006～2010信息化行动计划》，更为细致地制定德国加速进入信息社会的行动，形成自身的信息技术优势，引领欧盟乃至世界的信息化社会发展步伐。伴随着信息化的推进，信息和通信技术得到较快发展，初步应用在制造业领域，借助"制造2000计划"及"制造2000+计划"等，有力地推进德国制造业转型升级。

**3. 信息化与工业化全面融合阶段（2009年至今）**

自2009年开始，德国经过前期的工业化调整和信息化积累，迎来信息化与工业化融合的全面、快速发展阶段。2010年，德国发布《德国2020高技术战略》，重点关注通信等五大领域，提出重点发展信息通信技术、智能电网、智能化事物、通信基础设施、卫星通信的全面信息化。2013年，德国提出"工业4.0"战略，依托信息技术、互联网和物联网等形成信息物理系统，进而将资源、信息、物品和人力互联互通，构建智能工厂和智能生产以实现制造业的个性化、数字化、服务化和智能化转型。2014年，德国出台《数字议程（2014～2017）》，进一步挖掘数字化创新潜力，推进3D、大数据、云计算等新兴数字技术市场化，支持初创数字化企业，改革政府管理框架，探索数字化工作模式，推动能源革命和绿色信息技术，为工业化升级提供长久动力，同时推进数字化社会进程，确保德国在大数据时代的领先地位。2015年，德国政府要求2018年全部家庭接入50Mbps宽带，2020年50%家庭升级到100Mbps宽带，辅之以协调推动、共享共建、保障宽带频率等六项保障措施。[①]

### 6.2.2 新产业革命背景下德国两化融合推进机制

2011年1月，德国工业—科学研究联盟提出"工业4.0"战略，认为"工业4.0"是基于信息物理系统（CPS）的第四次工业革命；同年4月，德国沃尔冈·瓦尔斯特尔教授首次公开提出"工业4.0"概念；同年11月，"工业4.0"被纳入《高科技战略2020》行动计划中，"工业4.0"正式成为德国全国上下、社会各界共同推动的战略行动。[②] 目前，"工业4.0"战略已在信息化与工业化融合方面形成了自身独特的推进机制。

**1. 依靠信息物理系统构建两化融合生态系统**

信息物理系统平台是整个"工业4.0"战略的核心，通过该平台将所有的参与的人员、物体和系统有效连接起来（见图6–1）。对于两化融合来说，信息物理系统成为构建其生态系统的有力工具。通过实现智能工厂和智能产品的协调整合与发展，不仅可以提供迅速和简单流程的服务与应用，显著提升生产的灵活性和安全性；创造更具协作性的商业网络，在App Store模式链下实现商业进程中的调配和部署，提供综合性强、安全可信的全商业进程支持；形成新型的人际网络和社交网络，员工的工作方式多样化，工作弹性迅速提升，使员工有更多精力投入于研发、创造等关键工作；建立安全、高效的传感器到客户的交流系统，使得客户信息能够有效反馈、影响生产过程（杜传忠、杨志坤，2015）。

---

[①] 中国信息产业网：《德国宣布3年内普及50Mbps宽带》，http://www.chinairn.com/news/20150909/101712437.shtml，2015年9月9日。

[②] 裴长洪、于燕：《德国"工业4.0"与中德制造业合作新发展》，载于《财经问题研究》2014年第10期。

# 第6章 国外信息化与工业化融合推进机制及经验分析

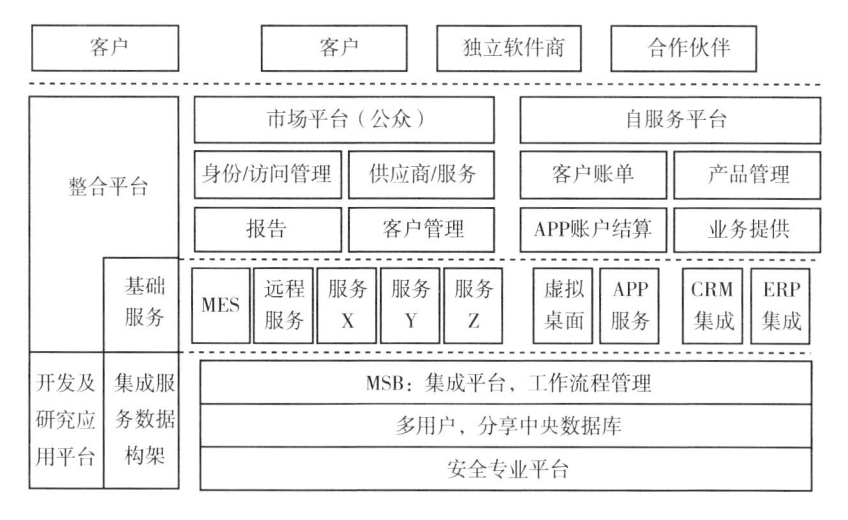

| 客户 | 客户 | 独立软件商 | 合作伙伴 |
|---|---|---|---|

| 整合平台 | 市场平台（公众） | | 自服务平台 | |
|---|---|---|---|---|
| | 身份/访问管理 | 供应商/服务 | 客户账单 | 产品管理 |
| | 报告 | 客户管理 | APP账户结算 | 业务提供 |
| 基础服务 | MES | 远程服务 | 服务X | 服务Y | 服务Z | 虚拟桌面 | APP服务 | CRM集成 | ERP集成 |
| 开发及研究应用平台 | 集成服务数据构架 | MSB：集成平台，工作流程管理 |
| | | 多用户，分享中央数据库 |
| | | 安全专业平台 |

**图 6-1 德国"工业 4.0"战略信息物理系统运行示意**

资料来源：工业 4.0 工作组、德国联邦教育研究部，《德国工业 4.0 战略计划实施建议（上）》，载于《机械工程导报》2013 年 7~9 月。

## 2. 智能工厂与智能产品成为两化融合的重要载体

智能工厂作为"工业 4.0"战略的两大主题之一，对德国两化融合的推进意义重大。

第一，通过信息物理系统彻底改变了制造业生产过程，增强生产过程的灵活性。德国"工业 4.0"将物联网和服务网应用到制造业，企业将其生产过程中涉及的机器、存储系统、生产设施等都融入信息物理系统之中。基于信息物理系统的自组织网络，根据业务过程的不同方面，如质量、时间、风险、价格和生态友好性等，对生产过程进行动态配置。原料和供应链可以实现连续"微调"，制造流程更加灵活，工艺结构和供应结构更加优化。在即将生产前或在生产过程中，若发生临时需求变化，生产过程可及时作出调整，实现定制化、个性化生产。

第二，实现生产设备的智能化、数字化。通过信息物理系统的智能机器、存储系统和生产设施的处理，从入厂物流到生产、销售、出厂物流和服务，实现数字化和基于信息通信技术的端到端的集成，并实现相互独立的自动信息交换、动作触发和动作控制，从根本上改善包括制造、工程、材料、供应链、生命周期管理等在内的生产制造过程。

第三，建立多方位、多层次的软件支持系统。在企业管理软件方面，单个企业内部建立公司内部的管理系统，帮助企业更有效率地管理员工；多个企业之间，建立业务规划和管理、公司间的物流或配套价值网络，包括与制造业环境相关的接口和集成。在生产管理软件方面，不仅对整个生产过程进行严密的设计，保证生产有序、高效；建立不同层次的制动器和传感器信号传输至 ERP 层面的渠道，保证人员与生产过程的有效衔接。在控制调校软件方面，建立针对整个制造过程的监控软件体系，如数据采集传感器、顺序控制、连续控制、联锁、运行数据、机床数据、处理数据、归档、趋势分析、规划和优化功能等，保证整个制造过程处于可控状态。建立智能产品独特的可识别系统，即使在被制造时也可被随时分辨出来。它确保各要素在工作范围内发挥最佳作用，并在整个生命周期内随时确认自身的损耗程度，将有关信息汇集起来供智能工厂参考，以保障在物流、装配和保养等环节达到最佳状态。"工业 4.0"制造系统通过安保战略，确定其制造产品、工艺和机器身份识别的独特性与安全性，以用户友好的安全解决方案和商业管理模式为其制造业产品提供安全保护，严厉打击盗版产品。

第四，构建完整的工程价值链，更好地把握用户实际需求。通过 CPS 应用到基于模型的开发，完成端到端、模拟、数值方法等涵盖了从客户需求到产品结构、加工制造、成品完成等各个方面。顾客不用再从供应商预先制作的产品系列中挑选产品，取而代之的是通过个性化功能和组件的混合与匹配，来满足自己的特殊需求。这种制造业系统是打包开发模式，意味着它总能跟上产品开发的脚步，确保个性化定制产品的可行性。

### 3. 构建网络平台组织机构，实现高效管理

专业协会 BITKOM、VDMA 和 ZVEI 共同建立"工业 4.0"平台，共同推动倡议并确保在协调、跨部门的形式下实施。平台的中央协调和管理主体是行业主导的指导委员会，它负责设置平台的战略方针，任命工作组并指导其工作。指导委员会得到科学咨询委员会的支持，科学咨询委员会成员包括制造业、IT、自动化行业和许多其他行业。工作组向指导委员会汇报工作，同时可以自由确定各自的架构，对所有感兴趣的机构开放。理事会提供战略方面的建议并支持平台的政策性活动，代表平台与政策制定者、媒体和公众面对面对话。秘书处工作由三名专业协会

的成员负责，并为指导委员提供组织和管理支持，处理知识转移、内部关系以及与类似项目的关系，同时负责媒体和公关活动。具体如图6-2所示。

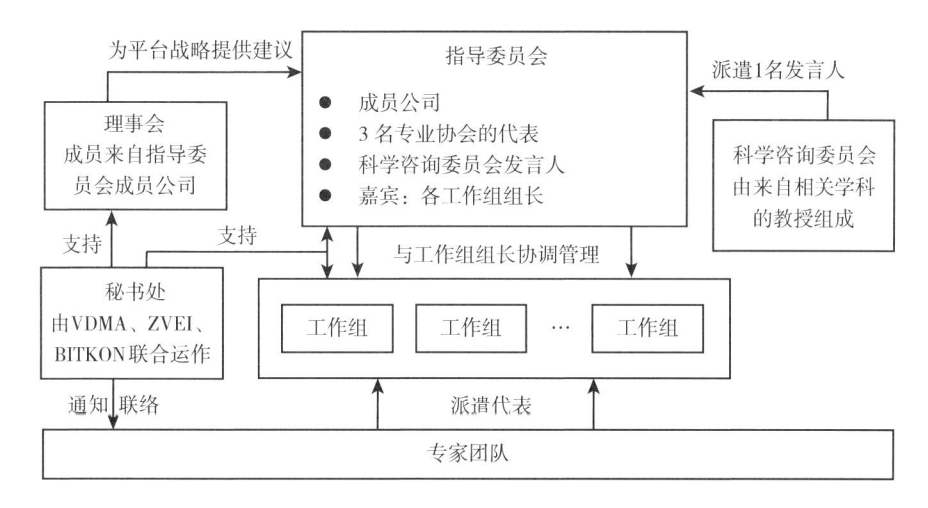

```
为平台战略提供建议 ──→  ┌─────指导委员会─────┐  ←── 派遣1名发言人
                      │ ● 成员公司          │
┌──理事会──┐          │ ● 3名专业协会的代表 │      ┌──────────┐
│ 成员来自指导│ ──支持→ │ ● 科学咨询委员会发言人│      │科学咨询委员会│
│ 员会成员公司│          │ ● 嘉宾：各工作组组长│      │由来自相关学科│
└──────────┘          └───────┬───────────┘      │的教授组成  │
    ↑支持         支持          │                  └──────────┘
    │              │    与工作组组长协调管理
┌──秘书处──┐      │      ┌────┐ ┌────┐     ┌────┐
│由VDMA、ZVEI、│←───┘      │工作组│ │工作组│ ...  │工作组│
│BITKON联合运作│            └──┬─┘ └──┬─┘     └──┬─┘
└──────────┘                  ↑      ↑           ↑
    ↑通知 联络                 └──派遣代表──────────┘
    │                                │
┌───────────────────专家团队───────────────────┐
└──────────────────────────────────────────┘
```

**图6-2 "工业4.0"平台组织机构示意**

资料来源：工业4.0工作组、德国联邦教育研究部，《德国工业4.0战略计划实施建议（下）》，载于《机械工程导报》2014年1月。

### 4. 构建新商业模式，提升运营效率

第一，注重各方参与者的公平竞争，共享发展机会。德国"工业4.0"提出构建新商业模式，在互相协作的公司间和商业网络中，建立起共享的服务和应用。新商业模式为动态定价和合作伙伴的连接与协作提供有效解决方案，有利于企业充分考虑顾客和竞争对手的情况，加强与供应商和客户之间的连接的协作。确保潜在的商业利润在整个价值链的所有利益相关者之间公平地共享，包括新进入的利益相关者；有效满足客户个性化需求，促使中小企业应用新型服务与软件系统。

第二，建立全程可追踪的商业流程。德国"工业4.0"要求商业流程的各个步骤在任何时刻都可以追踪，并能够提供它们完成的证明文件。针对中小企业来说，相关合作伙伴可加入商业网络的许可模型和条件必须标明，特别在项目从一个伙伴到另一个伙伴交接的关键点上。

第三，注重培养领先的供应商。"工业4.0"将CPS功能应用于提高制造业技术水平和改善现有设备的IT系统配置；在新的协作平台下，为设

计和实施 CPS 制造结构开发模式与策略。进行自动化工程建模和系统优化，推进研发、技术和培训等事项，应用技术创建新颖的价值网络，包括开发新的商业模式，尤其是为制造产品提供恰当的服务。

第四，采取领先的市场策略。"工业 4.0"的主要市场是德国国内的制造业，为塑造并成功扩张这一主要市场，德国关闭部分不同地方站点的业务网络，终止不同企业间的合作；要求对不同价值创造阶段、产品生命周期、产品分类及相应的制造系统进行逻辑的、端到端的数字集成；将目前已在全球运作的大规模业务部门和仍在区域层面运行的中小企业，集成到新出现的价值链网络中。

**5. 推行新的工作模式及培训机制**

第一，依靠智能辅助系统解放员工。德国"工业 4.0"战略鼓励员工在工作中运用智能辅助系统，使用多种形式、友好的用户界面，根据生产实际需求和环境敏感程度来控制、调节和配置智能制造资源网络和生产步骤，通过虚拟、移动的工作方式开展工作，进而将工人从执行例行任务中解放出来，员工拥有更多的自我管理自主权，能更专注于从事创新和增值的活动。员工可释放出更大的潜力，提高创新活动的数量和效率。"工业 4.0 战略"允许员工延长工龄，保持更长时间的生产力，有效应对工人短缺问题，以更加灵活的工作组织使工人能够将其工作和个人生活相结合，并进行更加高效的职业活动。

第二，提供培训和持续的职业发展。德国"工业 4.0"积极推广模式方案，以此识别员工拥有在特定专业领域外的额外技能，促进职业和学术训练之间与不同培训及持续的职业发展课程系统的互动策略。建立培训和持续的职业发展"最佳实践网络"竞争性投标，负责开发和记录案例研究、网络各种参与者和支持知识转让。采取合作研究执行形式的综合研究，开展任职资格、培训和持续的职业发展；针对员工预期寿命增加的现状，开发相应的培训策略、分析方法和管理模式。

## 6.3　日本两化融合的历史演进及推进机制

日本制造业一直以精致、细密在全球市场占有一席之地，伴随着日本经济的起起落落，其制造业的发展也颇为曲折。伴随着近年来机器人产业的再次崛起，日本也进一步强调借力信息化推进工业化，提升自身制造业的核心竞争力。

### 6.3.1 日本信息化与工业化融合的历史演进

日本的工业化过程经历了四个阶段。第一阶段是轻工业快速发展阶段，时间从1885年到第一次世界大战爆发，期间日本政府成立了工部省，聘请国外专家和技术人员，大力引进欧美机器设备，重点促进轻工业发展，培养国营现代工业企业。第二阶段是军需工业快速发展阶段，时间在两次世界大战之间。该阶段日本工业由于导向战争需求而获得了严重畸形的快速发展。第三阶段是工业化初次完成阶段，时间从第二次世界大战结束到20世纪80年代，期间日本产业结构不断优化、调整，并逐步向新兴产业领域扩张，如改造和重建了重型电动机、钢铁、汽车、造船等传统工业部门，同时兴建了石化、化纤、电子设备等新兴工部部门，形成了重化工业为中心的工业体系，创造了经济增长速度两倍于其他发达国家的"日本经济奇迹"。第四阶段是再工业化阶段，时间从20世纪90年代至今。在2001年之前，日本经济受到泡沫影响进入暂时的萧条，经济增长进行遭遇"瓶颈"；后期得益于制造业的再度发展，日本的高科技产业再次获得发展，特别是在新技术与工业的融合领域，如电器、数码、电脑等，呈现出较好的高技术融合发展态势，推动了日本经济的恢复与发展。

从信息化来说，日本的信息化处于相对落后的地位。21世纪之前受到泡沫经济的影响，对信息化投入的资金、技术等支持远远不够，自身的信息化也明显落后于美国。直到1989年，日本才制定了第一部涉及信息化的法律——《保护行政机关保有的个人秘密的法律》，但这也只是初步涉及了信息化内容。日本政府真正开始推进信息化建设的标志是2001年开始实施的"e-Japan"战略，之后在十年内进一步制定了"u-Japan"战略和"i-Japan"战略，开始全面推进信息化建设。因此，从严格意义上来说，日本推行信息化与工业化的融合发展是在进入21世纪之后。具体如表6-3所示。

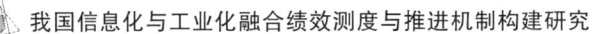

表 6-3　　　　　　　　日本信息化与工业化融合发展阶段

| 主要阶段 | 时间 | 技术特征 | 阶段特点 |
| --- | --- | --- | --- |
| 工业化转型及信息化萌芽阶段 | 2000 年之前 | 传统制造技术难以适应发展需求，信息技术尚处于初级 | 工业化亟待转型升级，信息化得到前期积累 |
| 信息化快速发展，支持两化融合阶段 | 2001~2009 年 | 高速宽带等基础设施得到建立；ASP、SaaS 等工具和应用模式得以开展 | "e-Japan" "u-Japan" 和 "i-Japan" 三大战略快速推进信息化进程 |
| 信息化全面深化，推进再工业化进程 | 2010 年至今 | IT 技术、大数据、云计算、人工智能等新一代技术集中爆发与应用 | 信息化得到进一步深化，并在重点领域加快与再工业化的融合发展 |

**1. 第一阶段：工业化转型及信息化萌芽阶段（2000 年之前）**

日本在 20 世纪五六十年代的高速增长，以及七八十年代的中速增长，主要得益于其后发国优势，从欧美引进大量先进技术与设备，并按照自身需求进行模仿与改造，据此实现了快速增长。这段时期日本积极推进自身的信息化建设，于 1957 年颁布了最早的信息化相关法律——《电子工业振兴临时措施法》，之后又颁布了《信息处理振兴事业协会法》（1970）、《特定机械信息产业振兴临时措施法》（1971）等，为工业化发展提供了一定的支持。80 年代中后期，日本已经成为经济大国，逐步失去了工业后发优势。此时，日本企业与国民的学习、创新精神没有及时跟上世界信息化推进的步伐，没有及时推进自身的信息化建设，信息化与工业化的融合发展也就此处于停滞状态。

**2. 第二阶段：信息化快速发展，支持两化融合阶段（2001~2009 年）**

进入 21 世纪，日本政府认识到信息化对各国（再）工业化的重要推动作用，也制订了全国层面的信息化发展计划，重点推进其长期滞后的信息化建设，其中的典型是 "e-Japan" 战略、"u-Japan" 战略和 "i-Japan" 战略。2000 年，日本政府通过了《日本高度信息网络社会形成基本法》，明确了信息化建设计划的基本方针和领导机构——IT 总部，指出了近期信息化的基本内容和重点计划，以发展信息网络，追赶发达国家的信息化建设。2001 年，日本政府制定了 "e-Japan" 战略，开始建设高速和超高速网络、培养信息化及信息化人才、丰富网络信息内容、建设信息化政府以及信息化自治团体，加强信息的国际化建设；提出了四大举措，建立超高速互联网，提供最先进的数据业务和互联网接入；完善电子商务交易规则；实现电子政务；为新时代培育高素质IT人才。由于NTTdocomo、KDDI等运营商纷纷进入，使"e-Japan"战略目标在2003年提前实现。日本政府于2004年制定了"u-Japan"战略，着力发展泛在网络和相关产业，并催生新一代信息科技革命，力图实现人与人、物与物、人与物之间的互联互通。该战略重点建设泛在网络基础设施，推广高度化ICT应用，进一步优化网络环境。2009年，日本政府进一步制定了"i-Japan"战略。该战略指出了日本到2015年的数字社会发展目标，并制定了相应的战略重点和方案，力求通过数字化技术与传统产业进行融合，推进工业化的转型升级。在该阶段，政府的大力支持使日本信息化建设获得了明显推进，通信基础设施处于世界领先水平；先进信息技术不断出现，并对日本的家电、设备制造、运输等传统工业部门产生了一定的影响，初步出现了研发数字化、生产智能化、销售网络化的趋势，两化融合得到了一定程度的支持与发展。

### 3. 第三阶段：信息化全面深化，推进再工业化进程（2010年至今）

伴随着大数据、云计算等新一代信息技术的快速发展，日本政府开始重视并把握移动互联网、大数据、物联网时代的机遇，提出了"智能云战略""创建最尖端IT国家宣言""机器人新战略"，在进一步深化信息化的同时，积极利用其推进自身的再工业化进程，实现信息化与工业化的融合发展。2010年，日本政府制定了"智能云战略"，力求借助云服务推动整体社会系统实现海量信息和知识的集成与共享。具体来说，促进ICT的全面应用，支持创建新的云服务，向全球推广云服务；促进下一代云计算技术的研发；推进标准化活动；制定云服务国际规则等。2013年，日本政府发布"创建最尖端IT国家宣言"，提出了日本新IT国家战略，其核心是发展开放公共数据和大数据，具体要求包括促进大数据的广泛活用，改革国家及地方的行政信息系统等。2015年，日本政府发布了《机器人新战略》，将机器人与IT技术、大数据、网络、人工智能等深度融合，在日本建立世界机器人技术创新高地，营造世界一流的机器人应用社会，引领物联网时代机器人的发展。

## 6.3.2 新产业革命背景下日本两化融合推进机制

伴随着云计算、大数据等信息技术的快速发展,物联网所构建的物与物之间的联系网将逐步替代人与人、人与物之间的联系,机器人将会成为新一轮科技革命的重点领域。自 20 世纪 80 年代以来,日本在机器人领域一直处于世界前列,2012 年的产值占据全球 1/2。2015 年 1 月,日本发布了《机器人新战略》,以期保持日本在机器人产业的国际领先地位。目前,在信息化与工业化融合发展方面,日本的机器人产业是最典型、也最具实力的产业,因而本部分重点分析日本以机器人产业作为突破口,推进信息化与工业化融合的具体机制。

**1. 依托信息技术改变机器人传统概念**

传统意义上来说,机器人主要是指由传感器、智能控制系统和驱动系统构成的机械设备。但是,伴随着新一代信息技术的快速发展,数字化、云计算、大数据等网络平台逐步建立,人工智能技术不断进步,使传统机器人的构成要素发生变化,例如,即使没有驱动系统,机器人也能够依靠独立智能控制系统得以驱动,并应用于各个场景。因此,"三要素"的机器人概念将会被快速发展的信息技术改变,下一代机器人会涵盖更广泛的概念。日本非常重视信息技术与机器人的融合发展,要求实现机器人的自律化、数据终端化和网络化。依托强大的信息技术支持,机器人可以在全世界不断获取数据和应用,形成自身的数据库,在制造、服务的过程中将搜集到的数据融入进来,产生更大附加值的同时,还能及时把握、反映客户的实际需求变化。

**2. 依托物联网强化机器人之间的互联互通**

伴随着物联网时代的到来,数据的应用形态向着高级化方向延伸,数据驱动型社会初见端倪。通过无所不在的网络,所有物体都能够互联互通,同时产生规模庞大的数据。而在数据驱动型社会,数据本身就会创造附加值,这对于机器人产业来说至关重要。因此,日本非常重视机器人物联网的构建,大力推进机器人的联网工作,要求进行自律性数据存储。基于存储的庞大数据,日本将其机器人的产业链管理、市场营销等环节进行改造，吸纳广泛的相关因素，并基于此推进交通信息化、医疗信息化等其他领域的变革。最终实现基于互联互通的机器人物联网，将所有社会资源综合起来，构筑数据驱动型发展模式。在这个过程中，日本同时重视相关国际标准的申请，占据先发优势；同时通过日本国家科技创新小组、产业竞争力推进小组等单位，积极推进机器人物联网的安全及标准化问题。

### 3. 积极研发下一代技术，抢占国际技术优势

日本为了保持自身最前沿、最主流的机器人与人工智能水平，积极推进下一代机器人相关技术研发工作。进一步深化现有的相关技术，如人工智能、伺服电机技术、感知与识别技术等，同时积极开拓新的技术领域，加快机器人与大数据、人机接口、新能源、新材料等领域的融合与创新。与此同时，日本强调机器人的实用性，这一方面体现在日本进行新技术研发时，会着重考虑机器人的可操作性、易用性，利用新技术简化操作程序，追求直观、简易的机器人；另一方面，日本重视机器人技术的国际化，积极争取相关技术的国际标准权，这不仅能够帮助日本及时抓住机器人国际市场的命脉，为之后推入国家市场奠定良好的技术，而且能够有效结合国际市场的需求，大大提升其机器人的实用性。

### 4. 借助网络集成优势开拓新的商业模式

在推进机器人在其他领域的应用方面，日本政府非常重视依靠网络集成系统强化机器人的系统集成能力，据此获得产业各个参与主体的相关需求数据，提供厂商、用户之间的对接平台，打破传统的信息不对称问题。与此同时，系统集成商作为独立的参与主体，通过建立简化的系统集成平台，同时提供灵活的、可以满足多种用户需求的相关技术，进而支持模块化的机器人安装，确立新的、可持续的商业模式。在这种商业模式中，机器人制造企业首先要保证生产的各机器人模块满足普遍认可的标准，进而提供各种机器人模块给系统集成商；系统集成商进一步将各个机器人模块根据用户的特定需求进行组装，并提供给相关用户。通过这种模块化的商业模式，一方面，由于采取分工而显著降低了机器人制造企业的生产成本，制造企业可以采取大规模的生产方式生产；另一方面，通过模块的不同组合使机器人具有不同功能，能够在既定模块上衍生出满足个性化需求的特定机器人，从而显著扩大了机器人的业务规模。

### 5. 重视培育信息技术人才，开展机器人革命

日本在推进机器人战略时，注重培养系统集成、软件设计等信息技术高端人才，开展机器人核心技术的研发设计，构筑自身的核心竞争力。首先，通过系统集成商的具体项目，提供人才的培育系统和实地安装机器人的机会，培养、储备既掌握先进信息技术，又具备实践操作能力的高级技术人才。其次，建立完善的相关职业培训及职业资格制度，形成规范的考核体制，强化科研机构和高等学校的人才教育，支持机器人系统集成人才的培育。再其次，日本基于中长期的发展视角，建立长期的专业人才培育政策，这一方面体现在设置机器人相关专业，推进高校对专业人才的培训；另一方面体现在初等教育及社会教育方面，积极推广和普及信息和机器人知识，提高中小学生及社会大众的机器人知识水平，同时养成与机器人协调、共生的文化习惯。最后，日本还积极举办相关的科学研讨会，组织高校开展相关挑战项目等，加强不同主体之间的技术合作与信息共享，进而有效整合社会有利资源，推进信息技术人才培育工作。

### 6. 全力营造良好创新环境，鼓励创新驱动

日本积极推进环境建设，为创新驱动机器人战略奠定良好的基础，主要包括协会协调机制、应用试验机制和制度改革机制。第一，对于协会协调机制，日本设置"机器人革命促进会"，主要负责推进产—学—官合作并明确各自职责，搜集、整合、共享相关信息与技术资源，协调各方参与主体推进机器人新战略；起草与美国等共同开发的国际合作方案；推进示范项目的共享与普及。第二，对于应用试验机制，日本一方面设置足够的空间以保障实验所需，提供良好的实验和工作环境，进而吸引、聚集国内外的相关专家、学者；另一方面，有效提供各种实验所需的潜在需求，为后期创新基地建设奠定良好的硬件基础。第三，对于制度改革机制，主要包括放松管制和建立制度两个层面，实现相对平衡的管理制度改革。目前，日本制度改革的主要方向是机器人先进应用的改革，依靠机器人革命促进会与日本制度改革推进小组共同推进，加快制定机器人与人类协同工作的新规则，同时推进对先前管理制度的撤销工作，及时跟进和满足机器人新战略的新环境和新需求。

## 6.4 韩国两化融合的历史演进及推进机制

虽然工业化起步较晚，但韩国强调科技发展战略，注重自身科技水平的提升，而信息化也在这样的背景下快速发展，目前已经位居全球信息化前列。伴随着《制造业创新3.0战略》的提出及推进，韩国更加注重两化融合，提高自身制造业和信息产业的协同与高速发展。

### 6.4.1 韩国信息化与工业化融合的历史演进

韩国的工业化起步较晚，直到1948年才开始推进工业化。20世纪50~60年代是韩国工业化的初期阶段，韩国借助战后援助和发达国家的工业转移，逐步发展自身的纺织、制糖、粮食加工等基础产业。60~90年代，是韩国工业化的快速发展阶段，这主要得益于韩国大力引进先进技术的科技发展路线，依靠技术推动工业化发展。从90年代开始韩国进入工业化成熟阶段。韩国政府重视产业结构优化，追求技术立国，加紧对新技术的研发，发展技术密集型产业，逐步形成了一批具有国际竞争力的产业，如半导体、家电、汽车、石油化工、造船等，近年来更是出现了信息、游戏、纳米技术、生物、光产业等新兴产业。

对于信息化来说，在20世纪70年代中期以前，韩国信息产业处于起步阶段，此时的信息产品集中在技术含量较低的初级产品，没有形成自身的竞争优势。70年代末至80年代初，韩国信息化步入全面发展阶段。韩国政府1983~1986年共投资2600亿韩元建立半导体生产基地，截至1991年共投资10500亿韩元到计算机开发、通信技术、软件技术产业，显著地推进了韩国信息产业发展和信息化进程。步入21世纪，韩国的信息化也进入成熟阶段，形成了一批具有国际竞争力的IT企业，信息产业成为主导产业，电子信息产业规模保持全球前四的地位。对于信息化与工业化的融合过程来说，韩国主要经历了三个阶段，如表6-4所示。

表 6–4　　　　　　　　韩国信息化与工业化融合发展阶段

| 主要阶段 | 时间 | 技术特征 | 阶段特点 |
| --- | --- | --- | --- |
| 工业化快速推进与信息化技术引进阶段 | 20世纪60~70年代 | 钢铁、机械、造船、非金属、石油化工等重工业技术不断引进、消化、吸收 | 工业化畸形发展，信息化尚处于萌芽阶段 |
| 工业化结构调整与信息化快速发展阶段 | 20世纪80~90年代 | 机械电子、电器、半导体、计算机、通信等轻工业技术不断引进和吸收；信息技术获得显著发展 | 工业化结构优化升级，信息化步入快速发展轨道 |
| 信息化主导及两化融合全面推进阶段 | 21世纪初至今 | 信息技术创新成为国家重点发展方向，IT行业技术处于世界领先水平 | 信息化成为主导、推进两化融合的关键因素，工业进一步优化升级 |

**1. 第一阶段：工业化快速推进与信息化技术引进阶段（20世纪60~70年代）**

朝鲜战争结束之后，韩国政府大力推进自身工业化建设，而推进的重点就是引进、消化和吸收国外先进技术。20世纪70年代，韩国率先重点引进钢铁、机械、造船、非金属、石油化工等重工业相关技术，集中投资并给予较多的税收优惠政策。为了能够形成自身的核心技术，韩国政府推出《振兴科技发展5年计划》等发展规划，在大力引进重工业相关技术的同时，也引进部分信息技术并尝试进行自主创新。整体来说，在本阶段，韩国成功跻身于重工业大国行列，汽车、船舶、钢铁等重工业具备了一定的国际竞争力；但信息化仍处于萌芽阶段，只是引进了部分国外先进技术，没有形成自身的竞争力。

**2. 第二阶段：工业化结构调整与信息化快速发展阶段（20世纪80~90年代）**

由于前期集中于重工业的发展，造成了韩国工业化的畸形化发展，韩国政府从20世纪80年代开始重点引进轻工业技术，如机械电子、电器、半导体、计算机、通信等产业。同时，韩国政府提出"科技立国"，重点发展以信息技术为核心的信息产业，向技术密集型、知识密集型产业转型。韩国政府确定了通过发展信息产业进一步提升其他产业的发展战略，以此提升韩国在世界市场中的竞争力，其中的重要内容就是信息产业带动制造业的发展。得到自动化、柔性化生产设备的支持，韩国的传统制造产业得到了明显改进,之前以重工业为主的工业化结构得到了明显优化。

**3. 第三阶段:信息化主导及两化融合全面推进阶段(21世纪初至今)**

步入21世纪,韩国信息化与工业化融合步伐进一步加快,其中尤以信息化的快速发展带动了两化融合的推进。亚洲金融危机之后,伴随着韩国将战略重点转移到以信息产业为重点的信息化上,先后出台"信息化促进法""信息化促进计划框架""韩国21世纪信息化计划""e-Korea计划""u-Korea计划"等相关规划,在不到十年的时间,使韩国迈入了世界高水平的信息产业强国行列。在强有力的信息产业及信息技术的支撑下,韩国开始大力推进信息化与工业化的融合发展。2009年,韩国政府制定《尖端技术开发基本计划》,大力发展扶持十大领域的尖端科学技术,包括信息产业技术、机电一体化技术、新材料技术、精细化工技术、新能源技术等。同时,韩国积极举办十大产业的IT融合论坛,提供平台便于IT专家与相关产业专家交流、互动。在政府推动下,韩国建立了"大德科学城""尖端产业研究基地"等工业科技园区,逐步成为精密机械、精细化工、信息产业、生物工程等尖端产业基地和科研机构密集的新兴工业区,显著促进了以信息技术为主的高新技术与工业产业的融合与发展。

### 6.4.2 新产业革命背景下韩国两化融合推进机制

韩国制造业在国民经济中占据重要地位,为了保证其在世界制造业市场中的地位,于2014年6月推出了《制造业创新3.0战略》。该战略与德国"工业4.0"战略非常类似,提出强化制造业与信息技术的融合发展,不断提升制造业智能化程度,从根本上提升制造业整体水平和国际竞争力。从具体任务和目标来说,提出了普及智能工厂、创造经济新产业、推进制造业智能革新、促进工业重组等。2015年3月,韩国政府颁布了《制造业创新3.0战略实施方案》,标志着韩国制造业创新战略正式开启。韩国的制造业创新战略尤其注重信息技术对制造业的改革与提升,在推进信息化与工业化方面具有独特的推进机制。

**1. 全力促进制造业与信息技术融合,催生新产业业态**

韩国"制造业创新3.0"战略的重点是推进信息技术、服务与制造业相互融合，培育形成新的产业业态；推进 3D 打印、智能工厂等新型生产方式的发展，提高制造企业的创新能力。自 20 世纪 70 年代推出《振兴科技发展 5 年计划》，韩国一直大力发展制造业科技创新；亚洲金融危机之后，韩国又开始大力推进自身的信息化建设，信息化水平跃居世界领先水平。制造业与信息技术的积累，为韩国开展制造业创新 3.0 奠定了良好基础。据此，韩国制定了多项具体措施，将长期规划与短期计划相结合，大力发展智能汽车、机器人、无人机等 13 个新兴动力产业。韩国政府明确指出了发展目标：2020 年打造 1 万个智能生产工厂，20 人以上工厂的 1/3 改造为智能工厂；2024 年制造业出口额达到 1 万亿美元，国际竞争力跃居全球前 4 位。

**2. 强调企业在信息化与工业化融合中的主体地位**

韩国是一个政府主导型的国家，这一点与中国类似。但是，在推进"制造业创新 3.0"战略方面，韩国政府充分认识到企业的市场主体地位和关键性作用，一改前期的政府推进方式。在推进过程中，韩国政府主要负责搭建营商环境，切实消除政策限制，而没有直接扶持和影响企业个体的信息化与工业化融合行为。具体来说，韩国政府积极发动民间资本参与企业的两化融合，吸引资金投入智能工厂、新兴产业的发展中，计划投入总额达 24 万亿韩元，其中政府直接投入不足 10%（2 万亿韩元），充分发挥了民间市场资本的作用，并借助市场竞争规律运作。另外，由于韩国中小企业生产效率相对较低，信息技术等研发实力相对不足，因此韩国政府有倾向地培育中小企业的两化融合行为，采取"大企业带动，试点逐步扩散"的"渐进式"策略，对中小企业进行智能化改造。提出到 2017 年培育 10 万家中小出口型企业，并培育 400 家出口额在 1 亿美元以上的中间企业。

**3. 避重就轻，重视提升韩国制造业"软实力"**

从前面的分析可以知道，韩国作为一个自然资源贫乏的国家，在发展自身工业的时候就采取了"避重就轻"的原则。在"制造业创新 3.0"战略中，这个原则得到了进一步的体现与证实。韩国提出重视培养制造业"软实力"，加快发展大数据、物联网等八大智能制造技术，以此提升制造业国际竞争力。具体来说，加大信息技术对制造业工艺、设计、软件服务、设计研发等方面的改造与升级，鼓励企业加大相关投入，依靠"软实力"获得突破,构建自身竞争优势。全面打造具有长期成长性的智能融合产品,带动相关智能型材料产业的发展。战略还指出了具体的发展目标:全力推进3D打印、大数据、物联网等核心智能制造技术,2017年前对其投资额达到1万亿韩元,全力推进核心制造技术水平的提升,缩小与相关技术领先国家的差距。

**4. 注重自身创新能力培育,拒绝百分百"拿来主义"**

从战略顶层设计来看,韩国制造业中"创新3.0"与德国"工业4.0"具有一定的相似性,包括主要发展理念、发展内容、核心技术等,说明韩国在进行战略设计时借鉴和参考了德国的部分内容。但是,毕竟两国的基本情况存在较大的差异,产业定位、企业性质、营商环境、技术水平等均存在显著区别,因而韩国在战略中明确指出拒绝百分之百的"拿来主义"。韩国通过制造业创新,大力推进信息技术、服务与制造业的融合发展,基于前期在电子信息产业等领域的优势,进一步培育形成新的产业业态以促进经济发展。德国在这一点上更多是从其制造业自身角度出发,希望通过相关技术改造自身制造业,实现智能化发展,提升制造业国际竞争力。当然,韩国也有借鉴德国的方面,如提出建设智能工厂、推进3D打印技术等与制造方式的融合,这些方面在德国"工业4.0"战略中都有已所体现。

## 6.5 国外两化融合推进的对比分析及经验借鉴

从本章前面的分析可以看出,美国、德国等发达国家结合自身经济发展逻辑,并根据各自优势积极推进两化融合,形成了各具特色的推进机制,其中不乏值得我国借鉴的具体推进机制及路径。

### 6.5.1 国外信息化与工业化融合推进逻辑分析

**1. 总体推进逻辑分析**

(1)工业化经过长期发展水平较高,为两化融合奠定了良好的基础。工业革命是全球工业化的起点,英国率先在其纺织业开展机械化生产，之后逐步延伸到铁路、轮船等产业，成为"世界工厂"。1790 年美国也开启了工业化进程，其纺织工业进行了技术变革，率先推行机械化生产，带动服装业、制革业、玻璃业等机械化改造，并于 19 世纪 80 年代跃居世界第一。19 世纪 30 年代末，德国工业革命爆发，大力学习、引进国外先进技术，构建具有本国特色的机械工业体系，率先发展的铁路行业带动煤炭、冶金、轻工、化工等产业发展。日本工业化始于 1868 年的"明治维新"，政府制定"殖产兴业"政策全力推进工业化，外聘国外专家及技术人员，大量引进欧美设备，学习其技术和管理制度。韩国工业化始于 20 世纪 50 年代，之前由于沦为日本殖民地使其民族工业遭受了严重打击。摆脱日本殖民统治后，韩国政府积极利用美国及联合国提供的巨额经济援助，紧抓发达国家劳动密集型工业外移的机会，逐步利用本国产品代替进口产品，纺织、制糖、食品加工等产业逐步发展。1961 年韩国政府制定经济五年发展规划时，开始重点发展出口导向型工业，整体工业化水平得到快速提升。各国的工业化起始阶段如表 6-5 所示。

表 6-5　　　　　　　　以技术特征划分的工业化时期

| 时间跨度 | 时期特征 | 技术变革 | 代表国家（地区） |
| --- | --- | --- | --- |
| 18 世纪初至 19 世纪中叶 | 机械化时期 | 机械化大生产逐步取代手工生产 | 英国 |
| 19 世纪中叶至 20 世纪上半叶 | 电气化时期 | 电的发明和电动机在工业生产与其他领域中得到广泛应用 | 英国、美国 |
| 20 世纪 20 年代至 60 年代 | 化学工业时期 | 化工工业得到迅速发展，重化工业成为诸多国家的工业化重点 | 美国、德国 |
| 20 世纪 50 年代至 90 年代 | 电子化时期 | 电子计算机进入生产环节，机器人、数控机床等应用实现大规模自动化生产 | 美国、欧盟 |
| 20 世纪 90 年代开始 | 信息化时期 | 网络技术迅速兴起，信息技术成为重要的生产要素推进社会、经济的发展 | 美国、欧盟、亚洲 |

可见，主要发达国家已经经历了较长时间的工业化，为其信息化与工业化发展奠定了良好基础。第一，工业化的不断推进使其制造水平得到提升，能够为信息化发展所需基础设备等硬件设施提供坚实的基础；第二，工业化推进过程中，诸多国家积累了一定的剩余资本，为信息化的推进提供了投融资支持；第三，工业化的发展使各个国家对信息化的需求不断提升，不仅在消费侧，也在供给侧倒逼其信息化的发展。

(2) 发达国家推行的再工业化战略,是以信息技术为支撑的新工业化革命。

受到 2008 年金融危机的冲击,发达国家纷纷开始推行"再工业化"战略,这一方面是为了消除前期"去工业化"产业转移造成的实体经济"空心化"问题;另一方面也是为了推进以新兴产业为主体的产业结构调整,以应对新兴经济体的竞争。可见,发达国家的"再工业化"战略,绝不仅仅是简单的再度工业化,更不是简单地重返劳动密集型和资源要素型的低端增长模式,而是工业化与信息化在传统制造业、新兴技术产业、能源产业等领域的内在性、全方位、多层次、跨领域、一体化的融合发展过程。这种发展模式本身就是典型的信息化与工业化融合发展过程,必然将有效推进发达国家的两化融合进程。

(3) 信息化发展浪潮不断涌现,主要发达国家希望借助其技术和硬件支撑推进自身经济发展。

目前,全球信息化发展经历了三次飞跃式发展——信息化浪潮,其标志依次是个人计算机普及,互联网革命和信息高速公路,宽带计划、物联网和云计算,如表 6-6 所示。

表 6-6　　　　　　　　全球历次信息化发展浪潮

| 发展阶段 | 主要标志 | 相关发展 |
| --- | --- | --- |
| 第一次信息化浪潮 | 个人计算机普及 | 超大规模集成电路发展,使计算机向小型化、智能化、系统化方向发展;1981 年 IBM 推出第一台个人计算机;20 世纪 90 年代,个人计算机向智能化深入发展,普及率逐步提升 |
| 第二次信息化浪潮 | 互联网革命和信息高速公路 | 互联网革命于 1995 年爆发,将信息技术革命推向新高潮,极大地提升了信息传播速度,促进了信息技术进步,推进了其与传统工业的融合引起工业"进化" |
| | | 信息高速公路于 1993 年由美国提出,核心为通信设施、网络化计算机、网络管理,是美国推进信息化的重大举措。之后,日本、欧盟、加拿大、韩国等提出类似计划,美国提出构建"全球信息基础结构" |
| 第三次信息化浪潮 | 宽带计划、物联网和云计算 | 各国纷纷制定宽带计划:"美国创新战略"(2011)、韩国无线宽带融合网络(2009)、日本"e-Japan 战略"(2001)、欧盟"数字化议程"(2009),都强调发展自身宽带网络,充分利用网络资源 |
| | | 物联网于 1999 年被提出,被预言为继互联网革命之后的又一次信息发展浪潮,美国、欧盟、日本、韩国等国家投入巨资开展深入研究 |
| | | 云计算于 2006 年被提出,它将对互联网应用、产品应用模式和 IT 产业产生重大影响,是信息技术的重要发展趋势之一 |

自20世纪50年代开始,伴随着信息化浪潮的不断推进,发达国家逐步进入后工业化社会,信息化成为其技术进步和效率提高的主要源泉。由于信息技术具有很强的渗透性,能够广泛地融合到国民经济、社会、生活等各个领域和层面,进而成为驱动经济发展的重要动力。各国正是基于这样的发展逻辑,希望借助信息化发展浪潮带来的技术支持和硬件支撑,全面推进自身的两化融合发展。

(4) 主要发达国家希望借力两化融合推进以新兴产业为主体的产业结构优化升级。

20世纪70年代爆发的两次石油危机使发达国家的工业生产下降,经济增速日渐放缓,工业发展进入调整与"瓶颈"阶段,此时以提高能源效率的再工业化成为发达国家关注的重点,但此时对信息化的重视程度相对较低。进入90年代,经济全球化迅速推进,新兴工业国迅速崛起,同时也衍生出信息、生物、新能源、新材料等新兴产业,这些因素倒逼发达国家进行工业部门调整,加强新技术对传统产业的改造。此时,不断孕育的信息技术革命初见端倪,日渐成为驱动全球经济进入创新密集和新兴产业发展的阶段。在这样的背景下,发达国家开始重视信息化的作用,希望通过信息化与工业化的融合发展,突破先前进入后工业化阶段面临的发展"瓶颈",重新争夺世界新兴产业发展的制高点,巩固和提升本国的竞争优势。

**2. 各国推进逻辑的特殊性分析**

以上分析是从主要发达国家的整体来看的,但是具体到各个国家来说,其推进信息化与工业化融合的内在逻辑又有所不同,具体如下所述。

(1) 美国。

第一,美国拥有全球领先的网络信息技术与网络信息产业。美国网络信息技术在世界处于领先地位,自互联网诞生以来一直主导全球网络信息技术的发展。英特尔、IBM、苹果、微软、甲骨文、谷歌等一批世界领先的美国互联网企业,控制着全球网络信息产业链的主干,在网络通信、操作系统、办公系统、数据库、云计算、大数据等诸多信息技术领域占据明显优势,使美国掌控着全球互联网发展的制高点,为其信息化与工业化融合奠定了良好的基础。根据雅虎、路透的统计数据,截至2014年底,美国占据世界IT企业市值的前三名,前10名占据8位,前25名占据17位,体现出压倒性优势。

第二，再工业化战略的实现需要信息化的有力支撑。对于再工业化战略，美国政府明确指出不会在国内发展劳动密集型制造业和不具备原材料地理优势的制造业，而是重点发展信息技术、纳米技术、生物技术等高新技术，并以此改造传统制造业，培育新兴制造业态，创造新的经济增长点。在拟定的重点推进领域，投资于包括下一代信息和通信技术在内的通信基础设施是其中的重要方面，并具体提出加大对信息传感网、公共安全网、智能电网等现代化基础设施建设，为制造业转型升级奠定有力基础。可见，信息化的深化和提升不仅是美国推进再工业化的重要举措与有力支撑，更为信息化与工业化的融合发展创造了广泛的需求，倒逼美国两化融合的发展。

第三，产学研合作模式为信息化与工业化融合创造了有利条件。美国是产学研合作的发源地，通过实施制定一系列配套政策法规、改革宏观管理体制和组织机制，有效引导创新要素集聚，促进产学研更加紧密结合，显著提升了美国的创新能力和国际竞争力。目前，美国已经先后形成了科技工业园模式、企业孵化器模式、专利许可和技术转让模式、高技术企业发展模式、工业—大学合作研究中心及工程研究中心模式等经典发展模式（刘力，2006）。这些产学研合作模式，一方面，为信息化与工业化的融合发展创造了良好的平台与环境，能够有效集合两个领域的创新资源，加快创新步伐，提升创新效果；另一方面，产学研的推进需要技术咨询、信息交换、市场开拓等载体平台，因而对信息化提出了更高的需求和要求，倒逼美国信息化的不断推进。

（2）德国。

第一，德国拥有高质量的制造业基础，且得到信息技术的有效支持。德国一直致力于制造业产品质量与技术水平的提高，不仅保证了德国制造业产品的质量，而且促进了德国科技创新能力的不断提高，形成了完善的制造业产业体系，具备了一批世界领先的制造业企业。近年来德国积极推进再工业化，信息技术的广泛应用更是进一步提升了制造业的生产效率和市场竞争力。2012年，德国50%以上的工业生产和80%以上的出口都依赖于其先进的信息系统；制造业50%的增加值和新增就业机会，以及50%以上的出口业务都与信息和通信技术（ICT）的技术创新密切相关。[①]

---

① 冯飞、王忠宏等：《信息化与再工业化知识》，电子工业出版社2012年版，第4页。

第二,"社会市场经济"创造了信息化与工业化融合的良好外部环境。德国非常重视市场对经济发展的重要性,对信息化与工业化的融合同样如此。德国政府非常清楚信息技术创新对两化融合的重要性,但是科研投入更多是企业自身行为,因而德国政府所做的并不是直接给予企业科研资金,而是构建有序、公平的市场竞争环境,通过立法保护市场参与主体的权益,鼓励企业进行信息技术的研发。对于再工业化来说,德国采取同样的态度,鼓励企业积极推进,政府只是营造良好的外部环境,市场才是最终的决定因素。因此,在推进两化融合方面,德国的基本逻辑是通过政府和企业的共同努力,整合科研资源、技术资源等相关资源,鼓励企业自主投资,强化企业自身的市场竞争力,避免出现企业过度依赖政府的现象。

第三,全球领先的本土大型互联网公司偏少。目前,德国的大型互联网公司发展相对较弱,在国际市场中的竞争优势不够明显。根据雅虎、路透的统计数据,截至2014年底,德国在世界IT企业前25位中只有排名第15位的SAP;标准普尔公司数据显示,2015年5月全球互联网公司市值前15名中包括11家美国公司和4家中国公司,没有德国公司。因此,德国的诸多环节都要受制于美国,如谷歌是德国最大的搜索引擎,亚马逊是德国最大的网上销售商等。在这样的背景下,德国希望通过信息化与工业化的融合发展,借助于其先进的工业基础培育国际一流的IT企业,以扭转该不利局面。

(3)日本。

第一,日本经济的长期低迷急需依靠信息化与工业化的融合发展予以打破。日本崇尚精细化制造生产,极致的制造生产使日本制造业具有重要的国际地位。但是,20世纪90年代,日本人口老龄化问题、日元持续升值导致出口萎缩、严峻的国债偿还等问题,使日本经济陷入了长期的低迷状态。金融危机的爆发更是雪上加霜,国际市场的萎靡加剧了日本制造的萎缩。如何恢复经济增长成为日本急需打破的"瓶颈",而信息化与再工业化的融合发展提供了难得的机会。一方面,借助信息化与工业化融合实现传统产业转型升级,即利用更低能耗的信息通信技术改造传统产业,升级为形成蓄电池、下一代汽车、环保型家电等;另一方面,积极培育新兴产业,形成新的制造出口优势,转变仅依赖汽车等传统产业的局面,将燃料电池、信息化家电、机器人和文化产业打造成新的支柱产业。

第二,"强政府"模式为信息化与工业化融合发展提供有力支持。日本是一个典型的"强政府"国家,诸多发展战略、规划等得到政府大力推进,效果非常显著,这一点对于其信息化与工业化来说同样如此。在提出再工业化之后,日本政府再次重视信息化对工业转型升级、国民经济复苏的重要性,率先推进了政府信息化建设。通过行政手续电子化、网上受理办公服务等方式,不断推进电子政务,建立电子政府,带头推行信息化战略,建立了互联网信息服务平台,增加了信息服务品种,提高了信息服务质量。之后,日本政府通过多种形式、多种渠道开展多层次的信息化知识宣传、培训和推广,提高企业对信息化的认识,改变传统经营管理模式,适应先进技术的要求,尤其是对制造企业进行扶持,支持其积极应用信息技术装备自身生产、管理等环节。可见,"强政府"模式为日本政府开展、推进信息化与工业化融合发展提供了坚实的保障。

(4) 韩国。

第一,韩国形成了信息产业带动其他产业发展的良好局面。受限于自身的自然条件,韩国选择重点发展信息产业,并取得了良好的效果。目前,韩国信息产业已经形成了政府、企业和市场的三方互动发展局面,对韩国经济的贡献超过经济总量的20%,已经从内需拉动成功转向国际市场,涌现出三星电子等世界一流的IT企业。与此同时,韩国信息产业出现与其他产业融合、带动的趋势,目前已经带动游戏产业、电子商务、汽车制造等产业,形成了良好的发展局面。接下来,借助于信息化与工业化的融合发展,将是韩国发展的重点。

第二,长期培育形成的产业创新能力为两化融合奠定了有力基础。韩国政府长期以来一直非常重视自身创新能力的培育,并进行了几十年的积极推进,积累了丰富的经验和世界一流的技术,这是其推进信息化与工业化融合的重要基础。20世纪80年代,韩国就提出了"科技立国"的口号,并制定了《尖端技术开发基本计划》,大力扶持信息产业技术、机电一体化技术、新材料技术等十大领域的尖端技术;2005年,韩国政府发布了"韩国2015年产业创新战略"纲要,将产业进行集中、合并,重点发展信息、生物、纳米、环境、文化等产业,形成集聚竞争优势,实现管理现代化;2010年,韩国政府进一步将产业发展战略由资本投入主导型转变为创新主导型,将"两创"(技术创新与品牌创新)、"两高"(高技术含量和高附加值)贯穿于迈进知识经济社会的全过程。

第三,日益严峻的资源问题迫使韩国进行工业发展模式转变。韩国的自然资源匮乏，矿物、动力、农林等资源的自给能力很低。对于矿物资源来说，2015年韩国人口占世界人口比例仅为0.70%，而矿物资源中除了重晶石、锌的比重为3.4%和1.4%以外，其他所有资源均在人口比重之下；对于动力资源，韩国可利用资源自给率总计仅为30%，石油进口比重更是达到了80.3%；对于农林资源，韩国人均耕地面积不足2.1亩，低于世界平均水平3亩。[①] 可见，贫乏的自然资源要求韩国必须转变传统工业发展模式，必须以高技术产业、绿色产业作为发展重点，并以高新技术和信息技术改造传统产业以降低能耗，而这些都需要信息化与工业化融合发展的支持。

### 6.5.2 国外信息化与工业化融合推进机制的对比分析

**1. 信息化与工业化融合推进重点有所差异**

从当前各国信息化与工业化融合的推进机制来看，各国的推进重点有着明显的差异，这也与各国的发展现状及产业优势相关。对于美国和韩国来说，无论是"工业互联网"还是"制造业创新3.0"，其推进的重点都在于提升生产制造的"生产率"，也就是说，通过自身创新能力的提升推进信息技术的不断进步，进而基于大数据、云计算等信息技术，加上联网设备等硬件支持，对制造业生产的相关数据进行采集、分析和价值转化，在人与人、人与设备、设备与设备之间建立起集成网络，进而提供降低生产成本、提升生产效率的决策建议，改造各个制造生产环节，提升生产制造效率。对于德国和日本来说，在推进信息化与工业化融合过程中更加强调制造过程的智能化，突出"智能""网络""系统"，将物联网和服务网等技术应用于机器人等制造业领域，要求整个制造过程从自动化向智能化升级，对制造流程进行集成和数字化改造，以用户的个性化需求为中心，实现高度灵活、个性鲜明的柔性制造，最终成功向智能化转型升级。因此，可以说美国、韩国的推进机制偏重于强化"软"实力的渗透带动作用，追求制造生产效率的提升；德国、日本更加突出"硬"制造的升级改造，要求制造过程实现智能改造。

---

① 冯飞、王忠宏等：《信息化与再工业化知识》，电子工业出版社2012年版，第4页。

## 2. 信息化与工业化融合发展的内在优势不同

美国、德国等国家推进信息化与工业化融合是基于自身的前期积累优势，据此制定相应的推进机制，以保证自身能够处于国际领先或主导地位。对于美国来说，主要是在自身互联网产业及技术的领先优势上，借助其世界一流的互联网企业，发挥自身从国防信息技术延伸出的先进信息技术，构建工业互联网将人、数据和机器连接起来，全面推进两化融合。对于德国来说，主要是基于其世界领先的制造业及制造技术，通过"工业4.0"战略推进自身工业进一步升级，借助信息物理系统等先进技术，提升其两化融合的整体水平，进一步巩固其制造业的国际核心竞争力。对于日本来说，主要是发挥自身在机器人产业及技术上的世界领先优势，以机器人产业作为突破口，加大与信息技术的融合，确保自身国际领先地位的同时带动其他产业发展，不断推进两化融合进程。对于韩国来说，主要是发挥自身良好的信息化基础设施优势，以及借助以电子产业为主形成的制造业创新能力，依靠坚实的信息基础加快制造业创新，构建国际核心竞争力，推进信息化与工业化的融合。

## 3. 信息化与工业化融合发展的推进主体不同

信息化与工业化融合的推进主体主要分为市场推进型和政府推进型两种，客观来说，每个国家的推进主体都包括市场和政府，只是两者发挥作用的相对重要程度不同，基本会体现出一方为主、一方为辅的推进机制，这主要与各国的经济制度和社会文化有关。对于美国、德国来说，它们是较为典型的市场推进型两化融合推进机制，市场的自身运行及各自的产业基础是两个国家信息化与工业化融合的主要驱动力量；政府在两化融合过程中也发挥了积极作用，但是主要集中在构建良好的竞争与发展环境，推进的主体和关键还在于各个相关企业自身的发展。韩国在推进"制造业创新3.0"时，强调韩国政府主要负责搭建营商环境，消除政策限制，主要推进主体仍是广大中小企业。对于日本来说，它是较为典型的政府推进型，即政府根据自身发展水平和优势，制定信息化与工业化融合发展的相关战略，依靠行政力量和公共资源的推动，推进信息化对各自主导产业，如机器人产业的改造与升级，进而推进两化融合水平的提升。

### 6.5.3 国外信息化与工业化融合的经验借鉴

**1. 进一步细化、深化、新化两化融合顶层设计**

目前,《信息化和工业化深度融合专项行动计划》是我国针对两化融合推进的行动纲领,后期又颁布了《"互联网+"行动的指导意见》《中国制造2025》等相关的国家战略规划,形成了信息化与工业化融合较为完整的推进政策体系。但相比于德国的"工业4.0"、美国的"工业互联网"等国家战略规划,我国两化融合的相关行动计划缺少细致的落地实施方案。例如,德国的"工业4.0"制定了"工业4.0"专用词汇表,帮助企业迅速了解、掌握战略要领;设计了详细的"工业4.0标准化路线图",明确指出了发展的阶段和目标;针对重点问题直接提出解决方案,如针对能源问题提出了"网络唤醒模式"等。因此,我国应进一步强化、细化信息化与工业化融合的顶层设计与决策。

**2. 建立"企业主导,政府引导"的推进主体关系**

在推进信息化与工业化融合的进程中,各个国家都非常重视市场与政府的相互作用。对于典型的市场型推进国家,美国、德国自然十分重视两化融合市场主体——企业的作用,通过构建良好的外部环境,鼓励、扶持企业自身进行创新与转型,如美国的通用电气、谷歌等企业已经出现跨界融合的发展态势,德国诸多制造企业也纷纷推进智能制造,借助政府构建的良好环境推进两化融合。韩国政府也指出企业是推进信息化与工业化融合的主力军,政府的作用则是搭建营商环境,消除政策限制。日本虽然属于政府主导型国家,但是也非常重视企业的协同合作,提升企业的智能化水平,只是方式偏向于政府直接给予资金支持,引导企业进行创新。可见,企业作为信息化与工业化融合的微观主体和主要载体,是整个市场中的竞争主体,对两化融合的效果有直接的影响;而政府作为两化融合的重要参与主体,能够从国家角度统筹协调,制定发展战略和规划,规范市场竞争环境,对企业能否进行有效创新和改革具有重要的影响。目前,我国在推进两化融合过程中,更加偏向于政府主导型,更多是依靠政府积极推进,鼓励企业进行改革与创新,但是总体来看并没有形成企业个体的自主创新与改革氛围，企业的主体地位仍然没有建立起来，需要借鉴国外的先进经验建立"企业主导，政府引导"的推进氛围。

**3. 重点强化协同创新对两化融合的驱动作用**

新产业革命条件下，制造业的转型升级必须依靠互联网技术的协同创新。目前，美国等主要发达国家在推进信息化与工业化融合发展时，将创新因素的协同创新作为重要的驱动因素。美国成立工业互联网联盟，以此推进产业链整合，充分发挥工业互联网对制造业的改造与提升作用，提出在设备、高级分析方法、作业流程和系统平台方面开展高级别创新。德国建立的个人、政府、企业"三位一体"的合作型研发体系，充分发挥了技术研发与创新对自身制造业的改造升级作用。日本、韩国也都集合国内创新力量，协调配合，在机器人等领域走在世界前列。长期以来，研发水平低、效率差一直是制约我国工业产业，特别是制造业转型升级的主要障碍，应积极借鉴国外经验予以重点推进。产学研用协同创新已经成为诸多发达国家推进两化融合的重要手段，这非常值得我们借鉴。

**4. 以智能制造作为突破口推进信息化与工业化融合**

从当前主要发达国家推进信息化与工业化融合的主要机制来看，普遍都将智能制造作为两化融合的重要突破口。美国工业互联网的三大要素是智能设备、智能系统和智能决策，三个智能要素有机整合，有效提升了生产率，降低了生产成本，带动国民经济的发展。对于德国来说，智能工厂和智能产品是"工业4.0"战略的两大主题，针对两大主题将物联网和服务网应用于制造业生产的全过程，构建智能化、数字化的信息物理系统，加强制造业与服务业的有效融合，从而实现制造业的智能化发展。日本的机器人新战略非常强调人工智能技术的研发，希望通过智能控制系统来代替传统控制系统对机器人进行驱动，并以此推进机器人的合作领域，使日本机器人行业处于世界领先地位。韩国强调进行制造业创新，希望依靠制造业与信息技术充分融合，进而引领和推进智能革命，到2020年建成1万个智能工厂，全面提升制造业智能化程度。因此，未来智能制造将会在全世界范围内得到广泛地开展，也将成为今后制造业发展的重要方面，是信息化与工业化融合的重要方面。

## 5. 强化人才培养以充分发挥人力资源作用

信息化与工业化融合的竞争，说到底是相关人才的竞争。具备高素质的专业人才，才能为两化融合提供坚实的智力支持。美国针对工业互联网发展方式的需求，建立庞大的专业人才库，并对员工进行技能培训，提高创新能力。德国"工业4.0"战略十分注重员工需求，赋予员工自主控制、调节和配置智能制造资源网络和生产步骤的权力，同时辅之以智能辅助系统降低劳动强度，节约劳动时间；鼓励员工采用虚拟的、移动的工作方式，设立灵活的工作组织，通过高度的自我管理，更好地集中精力和时间从事质量控制、技术创新等重要工作。日本注重对信息技术高端人才的培养，并依靠专业人才开展机器人核心技术的研发设计，形成自身核心竞争力。韩国政府成立工业与信息技术融合中心，全力支持工业与信息产业融合研究，并据此大力开展人才培养工作。目前，我国工程两化融合人才的培养，普遍缺乏实践性和创新性，难以适应两化融合推进的需求，需借鉴国外先进经验，开展人才培养与培训工作，进一步发挥人力资源效能。

## 6. 充分发挥"产—学—研—用"协同发展的带动作用

从前面主要发达国家推进信息化与工业化的机制可以看出，通过产学研用协同发展是重要的推进措施之一。美国成立工业互联网联盟，以此推进产业链整合，充分发挥工业互联网对制造业的改造与提升作用。德国"工业4.0"战略本身就是由产学研用多方主体组成的工作组提出，之后德国电气电子和信息技术协会进一步发布了"工业4.0"战略标准化路线图，可见科研机构在德国"工业4.0"战略的重要作用。日本为了推进机器人新战略构建了有效的协会协调机制，设置机器人革命促进会，主要负责推进产—学—官合作并明确各自职责，协调各方参与主体推进机器人新战略，并推进示范项目的共享与普及。可见，通过产学研用协同发展已经成为诸多发达国家推进两化融合的重要手段，这非常值得我们借鉴。目前，我国推进两化融合的主体仍是政府，虽然行业协会、科研单位也积极参与其中，但是整体来看仍属于从属地位。因此，应该借鉴国外经验，强化产学研用的协同发展，集合多方力量共同推进信息化与工业化融合发展。

### 7. 进一步夯实信息化与工业化基础设施

无论是对工业化来说，还是对信息化来说，基础设施建设都是开展进一步工作的基础。从主要发达国家的实践经验来看，无一不是首先建立了较为完善的基础设施体系，才能在此基础上深化工业化与信息化，进而实现两者的融合发展。另外，随着信息技术的不断发展，以及工业化的不断深入，两化融合对基础设施的要求进一步提高，诸多基础设施已经较为完善的发达国家也在积极开展新一代信息化、工业化基础设施的改造与升级。如美国为了建设工业互联网，除了构建核心的主干网之外，还构建了数据中心、宽带频谱和光纤网络等，有力地支持了工业互联网数据流发展；德国"工业4.0"为了实现价值网的横向整合，将生产网络与社会网络、城市基础网络进行完全无缝连接，端对端的数字一体化工程贯穿于整个价值链，实现垂直整合并建立网络化制造系统。可见，坚实的基础设施是工业化、信息化推进的基础，而我国目前虽然具备了一定的基础设施，但是相对来说较为落后，技术含量不足，难以满足两化深度融合、智能制造的发展需求，亟待进一步优化、升级两化融合相关的基础设施。

## 6.6 本章小结

本章梳理美国、德国等国家信息化与工业化融合的历史演进历程，提炼其主要推进机制，并总结对我国的启示。对于美国来说，其两化融合经历了四个阶段，即工业化快速增长及信息化原始积累阶段、工业化转型及信息化初显成效阶段、信息化驱动再工业化发展阶段、再工业化与信息化有效融合阶段。自2011年提出"工业互联网"之后，美国逐步形成了具有自身特色的两化融合推进机制，包括依靠智能信息整合两化融合系统有效资源，依靠云端网络系统实现工业制造全程控制，形成规模效应递增的协同智能系统，高级分析能力助力两化融合智能决策，高效利用两化融合相关人力资源，创新要素成为两化融合的推动力和催化剂等。

对于德国来说，其两化融合经历了四个阶段，即工业化转型及信息化前期积累阶段、信息化全面推进与工业化初步融合阶段和信息化与工业化全面融合阶段。自2013年提出"工业4.0"以来，德国在推进两化融合方面进行了积极尝试，依靠信息物理系统构建两化融合生态系统，智能工厂与智能产品成为两化融合重要载体，构建网络平台组织机构实现高效管理，构建新商业模式提升运营效率及推行新的工作模式及培训机制等。

对于日本来说，其两化融合经历了三个阶段，即工业化转型及信息化萌芽阶段、信息化快速发展支持两化融合阶段和信息化全面深化推进再工业化进程。自2015年1月发布《机器人新战略》之后，日本开始以机器人产业作为突破口，全面推进自身两化融合，依托信息技术改变机器人传统概念，依托物联网强化机器人之间的互联互通，积极研发下一代技术抢占国际技术优势，借助网络集成优势开拓新的商业模式，重视培育信息技术人才开展机器人革命，全力营造良好创新环境，鼓励创新驱动。

对于韩国来说，其两化融合经历了三个阶段，即工业化快速推进与信息化技术引进阶段、工业化结构调整与信息化快速发展阶段以及信息化主导及两化融合全面推进阶段。自2014年6月推出《制造业创新3.0战略》后，韩国更是掀起了两化融合快速推进的高潮，全力促进制造业与信息技术融合以催生新产业业态，强调企业在信息化与工业化融合中的主体地位，避重就轻，重视提升韩国制造业"软实力"，注重自身创新能力培育，拒绝百分百"拿来主义"。

各国在制定两化融合推进策略时，虽各自有内部逻辑，但总体均是在工业化不断推进、信息化浪潮快速更迭的大逻辑之下。就推进机制的对比来说，各国信息化与工业化融合推进重点有所差异，融合发展的内在优势不同，各国推进主体有所差异。对于我国来说，应积极借鉴两国的先进两化融合推进经验，进一步细化、深化、新化两化融合顶层设计，建立"企业主导，政府引导"的推进主体关系，重点强化协同创新对两化融合的驱动作用，以智能制造作为突破口推进信息化与工业化融合，强化人才培养以充分发挥人力资源作用，充分发挥"产—学—研—用"协同发展的带动作用，进一步夯实信息化与工业化基础设施。

# 第7章

# "互联网+"背景下我国信息化与工业化融合推进机制构建

目前,企业个体、产业群落和生态系统等各层面两化融合主体,对两化融合推进机制提出了新要求,传统的融合推进路径已经无法适应我国两化融合的发展需要。2015年我国政府制定的"互联网+"行动计划,为两化融合推进创造了新的机遇。本章从"互联网+"角度出发,分析"互联网+"与两化融合的协同发展关系,明确"互联网+"对两化融合推进机制的影响,并从企业个体层面、产业群落层面和生态系统层面,依次构建"互联网+"背景下的两化融合推进机制。

## 7.1 "互联网+"战略对两化融合推进机制的影响分析

2015年3月,李克强总理首次在政府工作报告中提出"互联网+";2015年7月,国务院印发《关于积极推进"互联网+"行动的指导意见》,大力推进"互联网+"战略。"互联网+"的提出与推进,对两化融合产生了重要影响。

### 7.1.1 "互联网+"战略与两化融合战略的协同关系

总体来看,两化融合与"互联网+"战略的协同关系如图7-1所示。

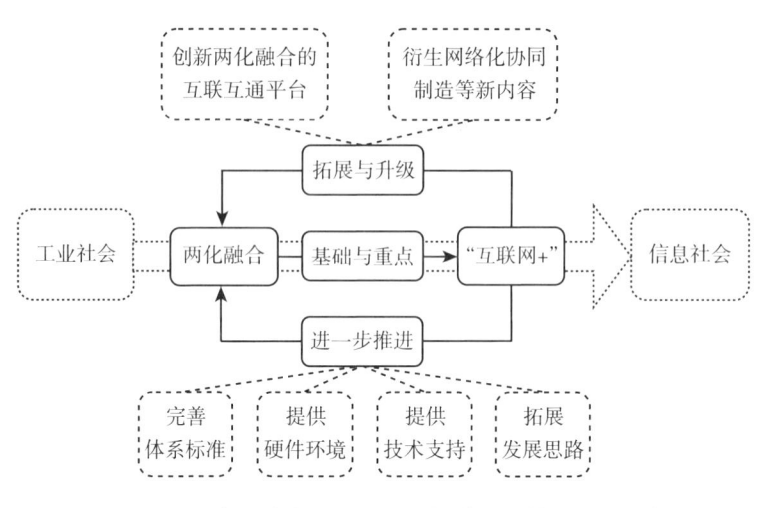

图 7-1 两化融合与"互联网+"战略的协同关系示意

**1. "互联网+"与两化融合一脉相承，符合社会发展规律**

从人类社会发展的普遍规律来看，人类社会遵循"农业社会—工业社会—信息社会"的发展规律。目前，部分发达国家已经初步迈入信息社会，而我国正处于工业社会阶段，距离信息社会仍有一定差距。两化融合战略的本质是依靠信息化与工业化融合发展，推进我国工业化进程，为向信息社会发展奠定基础；"互联网+"战略的根本出发点是依靠互联网技术及平台等资源，推进我国向信息化社会跃迁。可见，两化融合与"互联网+"都是我国在遵循人类社会发展基本规律的基础上，为促进我国社会向更高阶段发展的有力推进；两化融合更加偏重于工业社会的进一步提升，"互联网+"更加偏重向信息社会的跨越式跃迁。

**2. 两化融合是"互联网+"战略的基础和重点**

"互联网+"战略的提出，是基于我国已经具备的信息化基础上的，而我国前期信息化的不断推进，得益于两化融合战略。信息化作为两化融合的重要方面，在两化融合推进过程中得到不断推进。2015 年 7 月国务院印发《关于积极推进"互联网+"行动的指导意见》时，我国的网民规模已经达到 6.68 亿人，互联网普及率达到了 48.8%；手机网民规模达到 5.94 亿，手机商务使用率达到 88.9%；域名总数达到 2231 万个，网址总数为 357 万。① 可见，初见成效的信息化进程，为"互联网+"战略的提出及推进奠定了良好基础。另外，两化融合是"互联网+"战略的重点内容之一。目前，我国互联网的应用集中在服务业领域，制造业领域的应用范围相对较窄，深度相对较浅。目前，世界主要发达国家纷纷推进再工业化，而我国仍处于工业化后期阶段，这决定了在未来一段时间内，我国必然要依靠制造业提升来获得发展。这一点在"互联网+"行动计划中得到了充分体现。2015年3月，工业与信息化部发布《关于继续开展互联网与工业融合创新试点工作的通知》，以先行试点的方式重点推进互联网与工业的融合。"互联网+工业"的重点与关键正是两化融合，只有实现了信息化与工业化的有效融合，才能真正实现"互联网+制造业"。

### 3. "互联网+"是两化融合战略的拓展与升级

"互联网+"是两化融合战略的拓展与升级，主要体现在以下方面。第一，相对于"互联网+"，两化融合更加偏重于企业、产业或者局部区域的信息化与工业化发展，更加偏向于"孤岛模式"。例如，一个企业或一个区域的政府机构等，通过购买相关软件、引进有关技术等进行内部的信息化管理，进而提升生产效率和管理水平，相对来说这些是闭塞的，限于技术等原因无法与更大的系统建立联系。对于"互联网+"来说，它更加强调互联互通，通过互联网平台将多种技术、系统、子平台等因素链接起来，组成规模更大、范围更广、应用更多的大平台，进而从更加宏观、整体层面来推进两化融合。第二，"互联网+"包含诸多先进的信息技术，如云计算、大数据、物联网等，而这些信息技术的推广和应用将进一步提升两化融合的深度和广度。借助于新一代互联网技术，能够有效改造传统制造业的研发设计、生产制造、市场销售等环节，带动数字化、智能化、网络化制造的发展，并出现大规模个性化定制、网络化协同制造、云制造等新的内容，进而进一步拓展了两化融合的内涵。

### 4. "互联网+"有力地推动了我国两化融合进程

"互联网+"对两化融合的推进作用，主要体现在以下方面。第一，"互联网+"将有利于进一步完善我国两化融合体系标准。随着"互联网+"

---

① 作者根据中国互联网络信息中心发布《第36次中国互联网络发展状况统计报告》整理而得。

行动计划的有力实施,将有利于构建基于新一代互联网技术的两化融合管理体系标准,有效指导企业、产业乃至区域的两化融合进程。第二,"互联网+"将进一步提升我国的信息化水平,为两化融合创造更好的硬件环境。"互联网+"提出到2018年建成一批全光纤网络城市,加快部署工业互联网夯实产业网络基础,从而进一步提升和完善我国信息化建设的基础设施,为两化融合推进奠定良好的硬件基础。第三,"互联网+"将为两化融合提供强大的技术支持。"互联网"战略非常重视工业互联网、信息物理系统、软件技术的作用,它们能够很好地促进我国智能制造,为两化融合进一步推进奠定良好的技术支撑。第四,"互联网+"将改变两化融合的传统发展思路。互联网思维进一步打开两化融合的发展思路,以创新要素、创新体系、创新理念为主的互联网发展模式将改变两化融合推进思路。

### 7.1.2 "互联网+"对企业个体两化融合推进机制的影响

从企业个体层面来说,两化融合的推进主要体现在研发设计、生产制造、市场销售、售后服务、企业管理等方面。随着"互联网+"战略的提出,企业层面的两化融合推进机制发生了显著的变化,如图7-2所示。

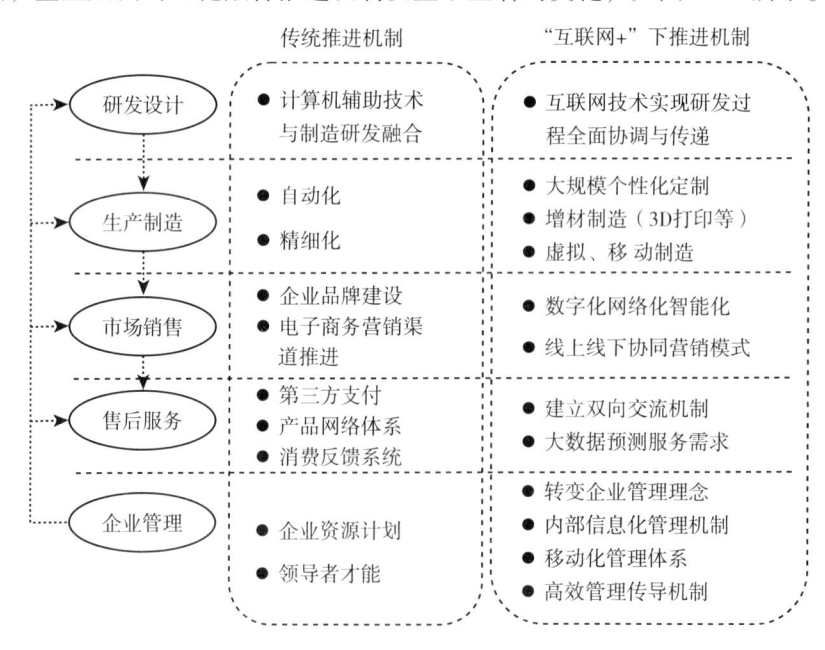

| | 传统推进机制 | "互联网+"下推进机制 |
|---|---|---|
| 研发设计 | • 计算机辅助技术与制造研发融合 | • 互联网技术实现研发过程全面协调与传递 |
| 生产制造 | • 自动化<br>• 精细化 | • 大规模个性化定制<br>• 增材制造(3D打印等)<br>• 虚拟、移动制造 |
| 市场销售 | • 企业品牌建设<br>• 电子商务营销渠道推进 | • 数字化网络化智能化<br>• 线上线下协同营销模式 |
| 售后服务 | • 第三方支付<br>• 产品网络体系<br>• 消费反馈系统 | • 建立双向交流机制<br>• 大数据预测服务需求 |
| 企业管理 | • 企业资源计划<br>• 领导者才能 | • 转变企业管理理念<br>• 内部信息化管理机制<br>• 移动化管理体系<br>• 高效管理传导机制 |

图7-2 "互联网+"对企业个体层面两化融合推进机制影响示意

## 1. 研发设计环节影响分析

在研发设计环节,在"互联网+"战略提出之前,两化融合的推进主要体现在依靠一系列的计算机辅助设计与制造一体化系列技术,如CAD(计算机辅助设计)、CAE(计算机辅助工程)、CAPP(计算机辅助工艺过程设计)、CAM(计算机辅助制造)、PDM(产品数据管理)等,将先进的计算机科学与工程设计同制造业有效结合起来,实现与制造标准、管理流程的吻合,以技术为支撑,以管理为辅助,不断实现制造产品开发与提质。

随着"互联网+"时代的到来,越来越多的制造企业在进行研发设计时,积极利用互联网技术改造自身研发设计。通过运用互联网技术,如大数据等,制造企业能够有效把握用户设计需求,为大规模个性化定制奠定良好基础;通过运用一系列的数字化、智能化设计技术,使得设计质量与成功率得到显著提升;互联网平台、技术的应用与普及,显著改变研发设计部门的组织结构,通过"金字塔"管理模式明显优化设计决策。互联网技术对研发过程进行全面协调,有效推进信息技术与制造企业设计的融合,工业设计实现快速发展并不断获得新功能,形成功能设计、结构设计、包装设计等新形态。

## 2. 生产制造环节影响分析

在"互联网+"提出之前,两化融合对生产制造环节的推进作用,主要表现在信息技术推进工业生产的自动化、精细化,通过应用传感器、处理器、微电子等原件,将信息嵌入制造过程中,进而实现制造装备改造升级,促进制造产品升级和制造设备更新,推进路径集中,提高制造产品技术含量和附加值。

"互联网+"战略的提出,使企业生产制造环节得到转型升级。大规模个性化定制的兴起将逐步取代传统制造方式,在发挥传统规模经济的条件下,利用互联网技术有效把握客户个性化需求,全面改造传统制造方式;增材制造进一步发展,以3D打印为首的崭新制造技术实现制造的在线化、互动化、联网化,有力推进信息化与工业化融合;虚拟、移动制造方式逐步兴起,创造更灵活工作方式的同时,也使得制造方式更加人性化、个性化;借助信息物理系统改造制造方式,实现制造业设计、生产、运营及服务的全方位系统整合。

### 3. 市场销售环节影响分析

"互联网+"战略之前，两化融合在市场销售环节的推进机制主要是促进信息化与企业品牌建设、产品营销的结合，有效实施以CRM（客户关系管理）、电子商务为主的信息技术应用；建设、完善企业的特色网站，形成专业化的进销存系统；初步使用第三方电子支付手段，方便消费者进行消费；有效应用供应链管理系统，发挥电子商务的巨大推动作用等。

在"互联网+"战略的有力推动下，传统的企业营销方式将发生显著变化，这也推进了销售环节涉及的信息化与工业化融合水平。《中国制造2025》明确提出推进制造业的数字化网络化智能化发展，而借助互联网平台及技术改造传统营销手段和方式正是其中的重要方面。借助互联网建立的信用平台，有效规范多元参与主体的行为，进而有效解决道德风险和逆向选择问题；线上线下协同营销、相互支持的新营销模式迅速兴起，使得营销效率和水平得到显著提升，用户体验水平得到明显改善。

### 4. 售后服务环节影响分析

在"互联网+"战略提出之前，我国制造企业就开始将信息技术应用于制造企业售后服务：通过互联网平台构建制造原材料的网上采购系统，依靠第三方支付等互联网金融技术改善自身交易环节；建立产品服务网站和呼叫中心等，同时初步运用网络即时通信软件，推进与客户的交流和互动，建立客户反馈和快速响应通道，保证客户使用满意度；根据客户反馈改良产品，实现企业和用户的双赢。

在"互联网+"背景下，通过大数据等互联网相关技术不断应用到企业售后服务环节，使得信息技术与工业企业的融合程度进一步加深。借助于互联网平台，能够构建企业与客户之间的双向交流机制，为构建智能化、数字化、高端化客户售后服务系统提供技术支撑，同时更好地把握用户的实际需求；借助于大数据技术，通过对客户消费信息的统计与分析，较为准确地预测客户的需求变化，把握市场变化趋势，为企业进行精准生产和决策提供依据，显著提升售后服务水平。

### 5. 企业管理环节影响分析

在"互联网+"提出之前，两化融合对企业管理方式的改变，主要以促进企业自身运行效率提升为基本出发点，更加偏重于运用人力资本，发挥领导者才能，并结合相关软件系统，如 ERP（企业资源计划）等，对企业进行管理。相对于传统的上传下达的企业管理方式来说，已经取得明显提升，管理层级得以降低，一定程度上缓解了反馈滞后、工期延误等问题。但总体来看，仍属于金字塔式的管理组织架构，信息和指令需要经过层层传递才能到达一线员工加以执行，而员工反馈信息也需经过层层传递才能到达上级，管理的效率、效果仍有待进一步提升。

在"互联网+"时代，企业管理的思路、方式和方法发生极大的改变，运用信息化技术或平台提升管理效果，成为诸多企业的首选，而这也促进了信息化与工业化的融合。具体来看，互联网思维彻底转变了传统企业的管理思维，借助于互联网平台进行开放、协同、共赢式管理，成为越来越多企业自身管理的新理念；通过互联网技术，以及"云制造"服务平台等，构建企业内部的信息化管理机制，使得信息流通更加便捷、高效，提升管理效果和协同程度；强化企业移动化管理体系的建构，更新移动办公设备，开展互联网审批业务提升效率；构建高效的企业管理传导机制，建立更加扁平化的管理组织结构体系，运用新型网络交流工具和平台，改善信息流通机制，节约成本与时间，改善工作环境，提升工作效率。

### 7.1.3 "互联网+"对产业群落两化融合推进机制的影响

产业群落层面即行业层面，该层面两化融合的推进主要是指中央及各级地方政府针对自身的产业与经济发展实际状况，推进信息化与本地产业的融合水平。"互联网+"战略的提出和推进，使得产业层面的两化融合推进机制发生了显著变化，如图7-3所示。

#### 1. "互联网+"战略提出之前产业群落层面推进机制

在提出"互联网+"战略之前，产业层面的两化融合推进机制主要体现在两个方面：一是通过推进信息产业及制造产业的集群发展，提升信息

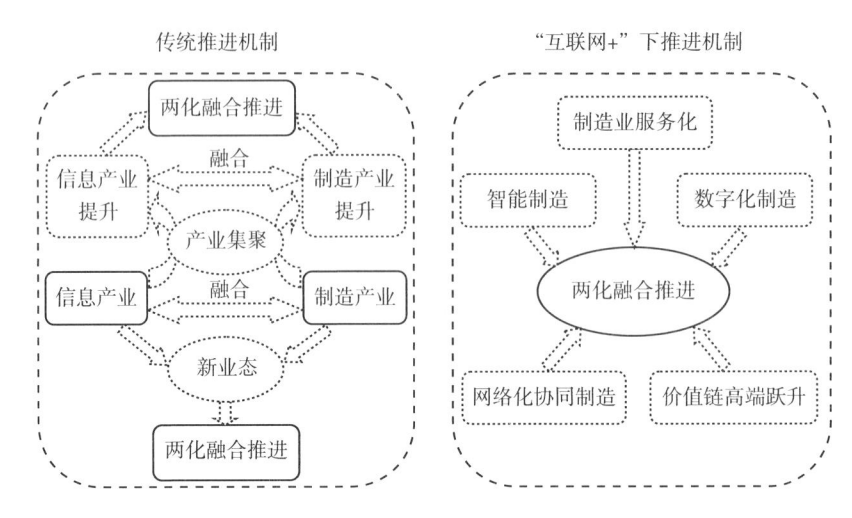

图7-3 "互联网+"对产业群落层面两化融合推进机制影响示意

产业及制造产业的发展水平;二是通过信息化与工业化的融合发展衍生出新的产业业态,以此推进两化融合水平。

(1)依靠产业集群提升产业发展及融合水平。

在"互联网+"战略提出之前,我国通过产业集群推进两化融合主要体现在以下两个方面。

第一,从产业自身发展来说,制造业、信息产业的集群式发展,使产业发展的规模效应得以体现,制造企业、信息企业的集聚使得其发展资源得到更加充分的利用。例如,制造业通过集聚发展,可以共享制造设备等基础设施,分享原材料供应商等产业链环节的资源,通过集体购买等降低成本;对于信息产业来说,集群发展一方面能够形成良好的品牌效应,使得整个集聚区的信息企业享受整体的品牌效应;另一方面能够形成更好的市场竞争机制,避免地理隔离带来的技术或价格垄断,帮助信息产业向更公平化的发展。

第二,从信息化与工业化的融合层面来说,制造业和信息产业的集聚发展,有利于避免制造业与信息产业之间的信息不对称,方便制造企业与信息企业之间开展更广泛的合作;同时,有利于整合两个产业的实际需求信息,制造业能够较好地把握信息产业的整体推进程度,而信息产业也便于整合制造企业的实际需求,实现两者互促互进。我国长期以来积极推进制造企业与信息企业的集群式发展,并取得较为显著的成效。在我国经济开放程度比较高的地区,形成了长江三角洲、珠江三角洲和环渤海地区三个主要的信息产业集聚区,而这三个地区也恰恰是我国制造业高度聚集的地区。这种产业发展的布局是我国政府提供政策扶持的结果,也是市场发展的必然结果。

(2)借助融合衍生产业反哺两化融合。

伴随着两化融合的不断推进和深入,逐步衍生出新的产业业态,如信息化服务业、工业软件开发、电子商务等。这些融合型产业的快速发展,一方面,构成国民经济新的增长点,是当前我国经济"下行期"的重要发展渠道,为社会提供较丰厚的利润和较多的就业机会;另一方面,它们也为两化融合提供了技术支撑。例如,在互联网技术的支持下,跨境电商在我国获得飞速发展。据商务部预测,我国跨境电商交易年均增速近30%,到2016年将达到6.5万亿元,占外贸总规模的19%。跨境电商有利于提升我国商业服务业质量,扩大进出口规模,还将促进我国制造业模式创新。借助于跨境电商,可以广泛发展个性化定制生产和贸易方式,促进我国制造业个性化生产方式发展,还可以将制造业产品直接销售到国际市场,减少大量中间环节,大大降低制造成本,提升我国制造业的核心竞争力。

**2."互联网+"战略提出后产业群落层面推进机制**

"互联网+"战略提出后,我国产业层面的两化融合推进机制获得新的发展和提升,尤其是国务院颁发《关于积极推进"互联网+"行动的指导意见》,明确提出"'互联网+'协同制造",提升制造业的数字化、网络化和智能化水平,发展基于互联网的协同制造新模式等。

(1)全面推进智能制造提升两化融合水平。

智能制造是由智能机器和人类体验专家共同组成的,借助新一代信息技术模拟人类专家思维,以高度集成和柔性的方式进行判断、构思、推理、分析和决策的人机一体化系统。通过智能制造,能够有效解放人类的脑力和体力劳动,并进一步拓展和延伸制造功能及其所涉及领域。我国应坚持把智能制造作为两化融合战略重点,把握最新信息化发展趋势和产业变革浪潮,利用数字化、智能化、自动化和网络化的先进信息技术,改造传统制造产业、培育新型智能制造业。具体来说,借助于互联网平台及相关技术,为突破智能制造核心技术提供支撑,并为开展试点工程提供基础支撑；借鉴德国工业4.0，借助互联网技术推动智能工厂实现横向及纵向集成；借助互联网为智能产品实现全程控制提供技术支持与保障；以机器人产业作为重点推进智能制造等。

（2）互联网为网络化协同制造提供有效平台。

网络化协同制造的目的在于实现高质量、高速度、低成本的制造生产，制造企业基于网络构建智能制造系统。在该系统下，通过采用先进的网络技术、制造技术以及其他相关技术，突破空间对制造企业经营范围和生产方式的约束，开展覆盖产品生产环节甚至全生命周期的业务活动，通过企业之间的协同制造，充分发挥各种资源的价值。在互联网平台下，网络化协同制造迎来了重要的发展机遇：借助互联网平台构建高效协同制造网络，通过整合相关技术、人力等优势资源，培育网络化制造业发展中心，进而推进网络化协同制造发展；借助互联网建立企业与客户之间的协同发展机制，充分把握客户不断变化的实际需求，结合到自身的生产、销售、服务等环节，构建企业—客户的协同发展模式；推进产业组织创新实现组织协调，依靠制造产业内部组织的创新网络体系，全方位实现制造业的网络数字化建设。

（3）依靠数字化制造推进两化融合。

互联网技术的应用和推广，为数字化制造创造了崭新的发展机遇。得益于互联网技术的快速发展，传统提升制造业数字化的计算机技术，如CAD/CAM等计算机辅助设计系统进一步深化，同时涌现出更多针对其他环节的数字化关系系统，如ERP等企业资源数字化管理系统、SCM等供应链数字化管理系统、CRM等客户关系数字化管理系统。基于这些系统能够形成更加全面、深入、系统的制造业数字化推进体系，进而创造出更大的数字化发展和深化空间；互联网平台得到迅速的发展，尤其是体现在电子商务平台方面，虽然制造业云平台仍处于初期的发展阶段，但伴随着大型企业需求构建数字化服务平台、中小企业数字化服务平台构建以及区域性资源数字化共享平台的逐步构建，互联网平台成为推进我国制造业数字化的主要驱动力。

（4）借助制造业服务化发展推进两化融合。

《中国制造2025》明确指出推动发展服务型制造，"互联网＋"行动计划也重视制造业与服务业的融合发展，制造业服务化迎来重要的发展机遇。借助于互联网平台，可有效拓宽制造业的服务范围，在维护、修理等传统服务的基础上，进一步拓展为支付、运输、安装、系统集成和技术支持等服务业务，为客户提供从研发设计、生产销售到售后服务的多元化服务；得益于互联网平台的发展，传统制造业不仅可以衍生出信息系统咨询、开发设计集成、运维后期服务等新型的信息服务企业形态，同时衍生出众筹、众包、众设等相关信息服务行业的新业态；利用借助互联网平台发展多元化金融服务、精准化供应链管理和便捷化电子商务，形成众包、电商、网购、网银等新的服务交易渠道，有效提升制造产品和服务交易的便捷性，提升用户体验和客户黏性。

（5）互联网进一步推进制造业向价值链高端跃升。

借助于互联网，我国制造业能够向高附加值环节跃迁，且价值链各环节之间通过信息共享而实现信息流、资金流和物资流的集成管理，便于调整竞争战略和运营模式；建立客户与供应商的数据共享机制，使得数据管理更加迅速、准确，有效提升整个价值链的调整和改变效率；网络协同模式取代自上而下的全面控制生产模式，制造企业能够专注于研发、销售等高附加值环节；创建以制造企业为主导的全球采购网络和经贸平台，为制造企业对外直接投资和海外并购提供帮助，为制造企业走向国际产业链奠定基础。

### 7.1.4 "互联网+"对区域系统两化融合推进机制的影响

区域层面两化融合的推进，主要是指各区域，乃至整个国家层面对两化融合战略的推进，包括制定规划、推进项目、营造环境、测度考核、人才培养等内容。"互联网+"战略的提出，使传统的政府推进机制发生了极大的变化。

**1. "互联网+"战略提出前区域层面推进机制**

在"互联网+"战略提出前，我国政府已经积极推行两化融合战略十余年，形成了具有中国特色的两化融合推进机制。

（1）依据中央意见及地方实际制定发展规划。

在国家层面，2013年工业与信息化部发布《信息化和工业化深度融合专项行动计划》，从国家整体发展层面制定两化融合发展规划；在区域层面，诸多省（区、市）结合各自发展实际和需求，借力自身优势产业和资源，将两化融合发展融入自身的经济、社会发展规划中，陆续出台诸多两化融合发展规划，以实现区域整体发展与两化融合发展的协同一致。

（2）根据自身优势重点推进典型项目。

对于我国绝大多数省（区、市）来说，短时间还难以实现两化融合的全面提升与发展，仍需要选择重点项目，集中优势资源推进重点行业、企业、项目的发展，进而带动整体两化融合发展。具体来说，其基本推进机制是：结合自身优势产业、企业资源，选择优势较为突出的两化融合行业、企业建立试点工程，率先推进两化融合在重点行业和重点企业的应用与发展；及时、深入总结试点工程发展经验，建立区域两化融合成功案例库，为相关企业、行业提供有力引导；发挥政府优势，率先进行信息化改造，带动整体管理理念、模式转变，进而推广到企业、行业。

（3）建立良好的两化融合公共服务平台。

实现两化融合的关键环节之一，是企业主体将信息技术吸收消化，并将其融入自身生产环节中，实现对其的改造与完善。目前许多企业引进了信息技术，并实现了一定程度的应用，但进行"再创新"的企业是少数，说明还没有很好地跟自身生产环节结合起来。在此环境下，我国政府应积极建立健全两化融合的公共信息技术服务平台，推进信息化公共服务中介发展，帮助区内企业、产业进行信息技术的吸收与改造，发展企业、行业联盟，形成合力推进两化融合发展。

（4）注重高级两化融合专业人才的培养。

两化融合所能达到的深度和所能取得的效果，在一定程度上取决于区域内两化融合人才的支撑能力。长期以来，我国政府非常重视强化两化融合专业人才的培养工作，鼓励科研单位与相关企业开展广泛合作，提高相关科技成果转化率，为推进区域两化融合水平提供智力和技术支持；建立两化融合相关的职业教育培训体系，聘请相关领域的专家定期到企业开展讲座与培训；建立高端人才贮备机制，加大人才吸引力度等。

（5）注重推进两化融合评估及考核工作。

在构建两化融合评价指标体系过程中，我国政府主要在基础建设、应用程度、应用效益等方面建立评估指标体系；建立两化融合专家组，组织相关行业的专家建立两化融合知识库,依据专家意见修改指标体系。建立有效的考核机制,将区域内两化融合企业、行业的推进情况列入政府年度考核的内容,确保各部分及整体推进进度与质量。通过考评加强对融合工作的监督,发挥竞争机制和退出机制的作用,表彰奖励推进突出单位、先进个人,树立示范企业、示范项目和先进个人,为融合效果好的企业、行业提供更多资源,激发区域内推进两化融合的积极性。

**2. "互联网+"战略提出后区域层面推进机制**

在"互联网+"的时代,互联网技术不仅对企业个体、产业群落层面的两化融合推进机制产生影响,也对区域系统层面的推进机制产生重要影响。总体来看,主要包括精准决策、协同创新、人才培养、即时反馈等。

(1) 大数据助力政府进行两化融合精准决策。

互联网技术的迅速推广和普及,为我国政府提升决策效率和精准度提供了有力支撑,也为我国两化融合推进决策提供了新的发展契机。通过运用大数据处理模式,实现搜集、处理和分析两化融合相关信息,强化在基础设施、系统管理和综合监管方面的信息互通,从数据搜集、信息整合到精准决策,实现对两化融合全过程的控制,并进一步挖掘可支配资源。通过充分开发互联网数据分析,最大限度地借助信息技术的有力支撑,充分利用对政府两化融合决策有价值的资源要素,实现决策数据的智慧增值和决策行为的精准定位。

(2) 构建互联网公共服务平台推进协同创新。

"互联网+"战略非常重视利用互联网技术改造传统企业、产业的创新方式,力求建立起协同创新的模式,进而突破空间、组织和技术的边界限制,以政府为引导,充分整合企业、产业、协会、科研等诸多方面的相关资源,形成网络化、平台化、跨领域的两化融合公共协同创新平台。从国际来看,国外有很多大型跨国公司已利用互联网建立起协同创新系统,将分布在全球各地的研发中心、实验基地等相关资源整合到同一平台,将有利资源连接成一个整体,有效提升自身研发效率和创新能力,实现资源配置的国际化、市场响应的即时化、运行体系的高效化和研发创新的网络化。

(3)"互联网+"助推两化融合人才培养。

两化融合涉及信息化与工业化相关知识与技术，而且对人才因素提出了更高的要求，而互联网技术的迅速发展和相关技术的支撑，为两化融合人才培养提供了崭新的渠道。目前，我国"互联网+教育"仍主要集中在中小学教育方面，但也为信息化与工业化的相关教育与培训提供一定的借鉴，如利用网络平台开展远程教育、同步课堂、微课程、开源硬件、学习分析技术等，通过新型资源和工具带来两化融合人才培育的变革；通过3D打印、机器人等相关技术与设备，为两化融合的相关人才提供更多接触实践、融入实践的机会，为将信息化与工业化相关知识进行融合奠定良好的基础。

(4)即时反馈系统提升两化融合测度准确度。

2009年以来，我国工业与信息化部经过探索形成信息化与工业化融合评估体系，继而每年连续发布评估报告，全面评估全国及各省（区、市）的两化融合水平。2013年，工信部发布《工业企业信息化和工业化融合评估规范》，全面支持政府的两化融合评估工作。但这种评估方式建立在抽样调查、统计数据的基础上，因而存在一定的时间分隔问题，无法实时反映融合水平与进展；另外评估结果与政策执行存在较长时间间隔，存在时滞问题而影响政策效果。在"互联网+"时代，基于新一代信息技术，充分利用大数据等技术支持，实现对评估个体的实时、不间断检测与评估；进一步构建实时反馈系统，利用互联网平台将评估结果即时反馈给各评估个体，从而避免传统评估方式的时间间隔和反馈滞后问题。

## 7.2 企业个体层面信息化与工业化融合机制构建

从企业个体的角度来说，"互联网+"战略提出后，伴随着信息技术的快速发展与应用，传统企业的研发设计、生产制造、市场销售、售后服务、企业管理等环节都发生重大变化，使企业自身竞争力提升进而推进了信息化与工业化融合。与此同时，互联网的开放性、网络性等特点，使传统企业的供应链管理、组织结构发生新的变化，向着网络化、平台化方向发展，企业组织的优化升级也推进了两化融合进程，如图7-4所示。

# 第7章 "互联网+"背景下我国信息化与工业化融合推进机制构建

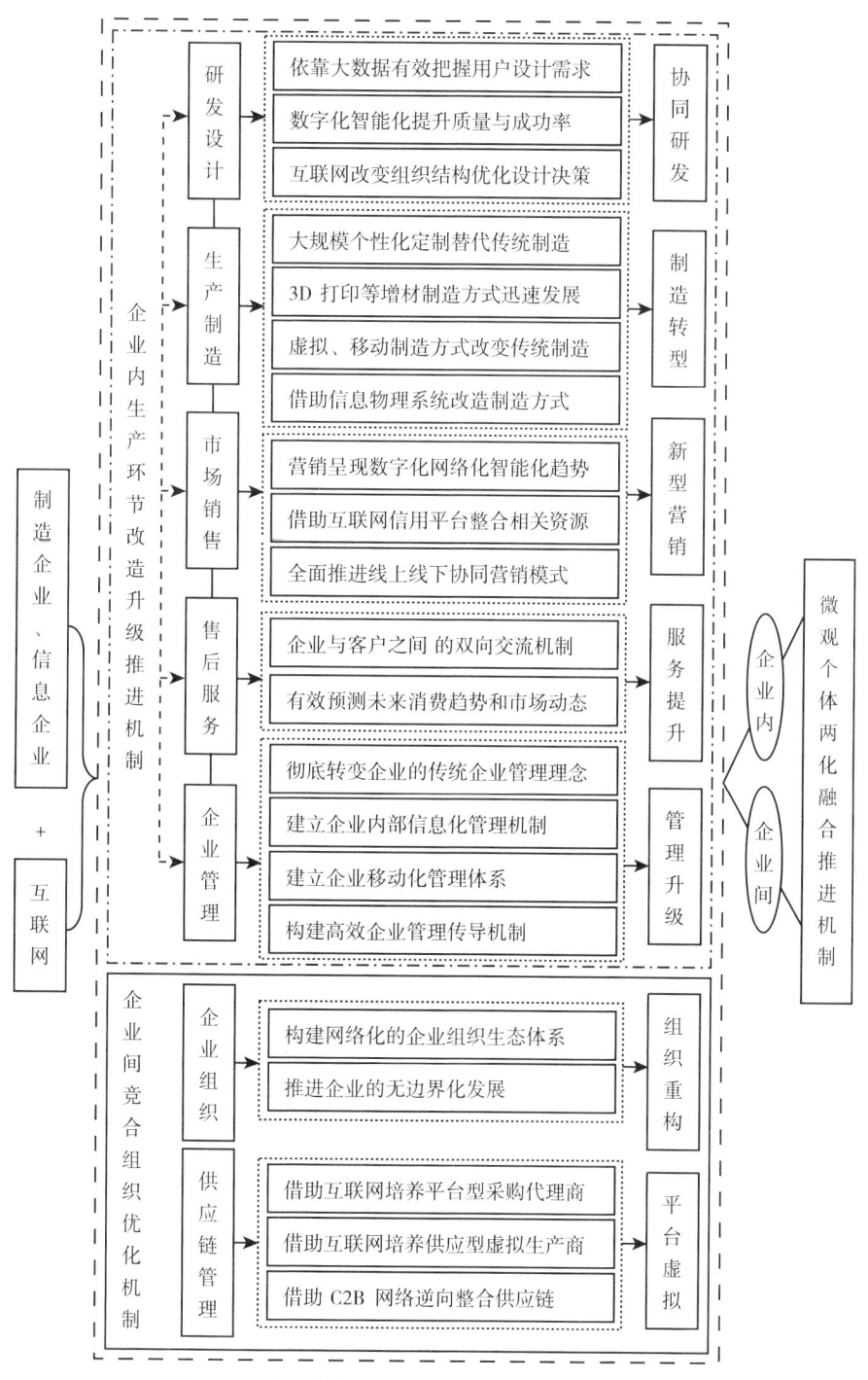

图 7-4 企业个体层面信息化与工业化融合机制示意

### 7.2.1 企业内生产环节改造升级推进机制

**1. 借助大数据、数字化、智能化实现协同研发**

(1) 依靠大数据有效把握用户设计需求。

通过应用互联网信息技术对信息加以整合、协调，利用互联网将消费者的特殊需求信息及时反馈给制造企业的研发、设计部门，为设计部门开展工作奠定基础，甚至让消费者通过互联网直接参与到研发、设计过程中，直接生产出可以满足其个性化需求的产品，实现大规模个性化定制，进而提升信息化与工业化的融合程度。例如，近年来兴起的迭代观念、极简主义等设计观念，正是基于客户需求的大数据分析得到的。

(2) 数字化、智能化设计提升设计质量与成功率。

互联网有利于突破智能设计与仿真方面的核心技术，如制造物联网、工业大数据等，能够在虚拟现实、数据库、计算机网络等技术的支持下，实现虚拟环境并行、协同设计，并可以对设计产品的性能、结构、功能等进行仿真和模拟，保证在大批量生产之前保证其质量，显著提升设计质量和研发成功率。另外，率先针对高端工业平台和重点领域，突击自主软件研发与创新，力求构建基于自有技术的制造安全测评体系与软件集成标准，为有效设计提供充足的技术支撑，并借此推进信息技术与制造设计的融合深度。

(3) 互联网改变组织结构优化设计决策。

对于研发设计部门来说，互联网元素的加入使其组织结构特征发生了变化，"金字塔"管理模式的底层结构出现虚拟化，这样能够显著降低研发设计成本，扩大研发业务覆盖面积，为进一步的上层设计奠定坚实基础。更重要的是，"金字塔"管理模式有效地提升了设计决策机制，使整个设计部门都能够紧紧围绕最高设计决策层，联合各部门的设计资源与优势，全面提升设计决策水平，从而保证设计质量和效率。

**2. 重点发展大规模个性化定制、智能制造**

(1) 大规模个性化定制逐步取代传统制造方式。

借助于日益发展的互联网技术，传统集中式大规模生产方式将逐步发展为小规模、分散型、定制化生产模式,并进而发展为大规模定制化生产。在保证规模经济的前提下,通过大规模个性化定制的生产方式能够实现定制化生产,满足消费者的个性化需求。同时,制造企业与客户的双向交流机制也能帮助制造企业实现个性化定制。全球各地客户可随时尝试购买各制造企业提供的产品和服务,制造企业也可通过互联网及时了解客户的需求,根据不同客户的不同需要提供个性化服务,在一定程度上解决了客户与制造企业之间的信息不对称。利用信息物理系统的自组织网络功能,实时进行动态配置,对整个制造链条进行连续"微调",保证制造流程的高度灵活性,更有效地保持供需平衡。对于制造企业来说,通过这种制造方式可及时了解顾客的各种信息,极大地提升客户的满意度,同时降低制造企业决策风险,为制造企业的经营决策提供依据。

(2) 3D打印等增材制造方式进一步深化两化融合。

增材制造技术将材料通过逐层堆积的方式制造出实体物品,是将数字制造技术与先进材料技术结合起来的新一代制造技术。随着互联网技术的进一步推广和应用,增材制造技术与信息技术深度融合,正在向产业化方向深入发展,极大地推动了信息化与工业化融合进程。3D打印是当今最重要、也是应用最为广泛的增材制造技术,它运用可粘合材料,如粉末状塑料或金属,以数字模型作为基础,使用逐层打印的方式快速成型。根据计算机图形制造出相关零件,3D打印通过计算机软件操控全部生产过程,免费使用、修改网上开源的设计方案;借助于互联网技术,能够实现对客户需求的实时响应,使制造企业从开发设计到终端销售实现互动化、联网化与在线化,整个制造流程更加智能和灵活,能够实时根据客户需求变化对生产方式进行调整,满足客户的个性化、精细化需求。

(3) 虚拟、移动制造方式逐步兴起推进两化融合。

通过互联网平台构筑有效的协作方式,推进通过虚拟、移动的制造方式进行生产制造。制造企业通过物联网和服务网将生产过程中涉及的机器、存储系统、生产设施等都融入信息物理系统中,构建数字化物理网络系统,实现制造业的虚拟化和移动化生产。员工可通过智能辅助系统,根据生产制造过程中的具体环境,在自身移动的环境下对生产目标进行有效控制、调节和配置,不必局限于既定的生产空间内。智能辅助系统将工人从制造过程中解放出来,能够以更多的时间与精力专注于创新、增值等更有附加值的工作活动。借助互联网构建的虚拟化设计平台,企业的研发和设计活动可以借助网民的反馈与支持，使之成为企业的弹性化、网络化、自由化"外围员工"，从而实现生产活动的"众包"。

(4) 借助信息物理系统改造制造方式。

信息物理系统是德国"工业4.0"战略的核心，以此构建"智能工厂"和"智能生产"，并实现制造业设计、生产、运营及服务的全方位系统整合。信息物理系统集计算、通信与控制于一体，通过人机交互接口实现计算进程与物理进程的有效融合，进而以协作、安全、实时、远程的方式操控物理实体。通过对制造企业的生产、销售、物流和服务等各环节进行智能机器、存储系统的升级处理，形成有效的端到端集成，实现信息交换、动作触发和动作控制，使制造企业的制造、工程、材料、供应链诸多环节得到有效控制与管理。可见，推进我国的信息物理系统构建，是改造传统制造方式的重要途径，也是推进两化融合的有效路径。

### 3. 借助互联网平台构建新型协同营销模式

(1) 制造营销呈现数字化、网络化、智能化趋势。

数字化、网络化、智能化改造，对于制造企业来说不仅体现在其制造环境方面，也体现在其市场营销环节。利用大数据等互联网相关技术，借助互联网电商平台提供的便利渠道和广阔资源，制造企业能够快速、有效地把握用户实际需求，进而针对客户偏好的体验流程改善营销手段和方式，重新打造制造企业的销售环节，确保制造产品和服务的内在价值被充分发掘，利用互联网技术开展无所不在的营销，迅速占领国内外产品和服务市场。

(2) 借助互联网信用平台整合相关资源。

制造企业在进行市场销售过程中，能够借助互联网建立起包括交易双方、服务部门、支付机构在内的信用平台，保证采购过程中涉及的保险机构、金融机构、供应商和客户的高度整合与兼容，将各参与主体的经济利益紧密地结合起来，便于交易信息的流动和传播，加快多元化制造资源的有效协同。同时，借助网络信用平台，对客户进行有效的信用监督，一旦出现信用问题将无法在互联网平台进行交易，大大提高违约成本，避免信息不对称导致的道德风险与逆向选择问题。

(3) 全面推进线上线下协同营销模式。

借助于互联网平台，消费者在购物时可通过淘宝网等线上方式获得所需商品或服务。这种营销模式还不足以完全满足消费者的实际需求，目前正在形成的线上线下协同营销、相互支持的新营销模式，更受消费者青睐。消费者首先通过网络了解制造产品及服务，之后通过线上方式联系生产制造企业，制造企业根据客户描述直接确定或上门量尺；线下制造员工根据企业反馈的客户具体要求设计合理方案，线下门店开展与客户面对面的讨论，进一步修正之前的方案，签订相关合同；制造企业将设计方案传递至生产部门进行生产，并由就近实体门店配送，完成整个销售过程。

**4. 建立双向交流及前期预测改造售后服务环节**

（1）构建制造企业与客户之间的双向交流机制。

通过构建制造企业与客户的双向交流机制，提升制造企业的售后服务水平与质量。互联网相关技术为企业提供智能化、数字化、高端化客户售后服务系统提供技术支撑，为提升客户服务水平奠定基础。同时，互联网为制造企业和消费者搭建起实时沟通的桥梁，可及时了解用户对于产品的反馈信息，进而努力提高客户的满意程度。此外，制造企业可利用这种系统获取并分析与客户有关的所有交往历史，从历史的角度更全面地认识客户，进而从售后服务中进一步获取提升空间，更好地把握客户实际需求。

（2）有效预测未来消费趋势和市场动态。

通过制造企业与客户的双向交流机制，可以帮助企业有效预测未来消费趋势和市场动态。借助于先进的互联网、大数据等信息技术以及相对完备的客户关系管理系统，制造企业不仅能够准确分析、预测客户的需求，而且能准确地把握客户需求的变化和市场发展的趋势，并据此做出正确的经营决策，维持足量的市场需求。同时，可对客户的新型需求进行前期资料和数据的统计与分析，为预测未来的消费市场动态提供依据，进而为企业实现精准决策奠定坚实的基础。

**5. 借助互联网构建信息化管理理念、体系和机制**

（1）彻底转变企业的传统管理理念。

制造企业生存和发展的权利已经由制造企业转向用户，用户需求成为制造企业生产和发展的导向。由于用户需求呈现出碎片化、个性化、体验化的特点,这就要求企业要打破传统的管理理念,对市场、客户、产品、价值链,乃至管理模式进行重新审视和思考,进行管理理念的创新。拥有新管理理念的制造企业领导者,能够以融合开放、协同、共赢的思想,帮助制造企业由生产型向服务型转变,由传统的以厂商为中心的管理方式向以消费者为中心的管理方式转变,实行个性化销售、柔性化生产和精准化服务,使制造企业与员工、产业链上游和下游、合作者及竞争者等各参与主体,形成共同利益有机整体,实现管理理念转型。

(2) 建立企业内部信息化管理机制。

通过互联网技术,制造企业可以建立内部信息化管理机制,提高管理的信息化水平,从而推动制造企业经营管理的变革与升级。一方面,基于制造企业内部的互联网平台建立起来的内部信息管理系统,使信息共享更加便捷、高效,在确保信息及时且全面被送达的同时,提高管理效率和协调程度。另一方面,通过构建面向各细分行业的网络化协同公共服务平台,提供各具特色的"云制造"服务,促进各类创新资源、生产能力、市场需求的集聚、整合与协同运用,提升中小微制造企业的内部管理能力,提高整个产业链的资源整合和运用能力。

(3) 建立企业移动化管理体系。

互联网平台及相关技术,能够有效促进制造企业移动化管理体系的建立。在互联网技术及设备的支持下,部分制造企业使用移动办公设备,利用互联网开展审批业务,使得管理简单高效。"云之家"等应用软件已在部分制造企业得到应用,移动化管理体系正在逐步被建立起来,工作效率得到显著提升。另外,伴随着智能手机普及率的日益提升,手机应用软件快速发展。对于制造企业、信息企业来说,应积极尝试推出结合手机软件的移动办公管理系统,提升管理的即时性和移动性,同时为员工提供更加方便、快捷、弹性的工作方式。

(4) 构建高效企业管理传导机制。

利用制造企业内部的互联网信息管理平台,能够适应更加扁平的组织结构和更加紧密的部门合作,将相关信息快速、及时、全覆盖地传达给每一个员工,显著提升工作效率,节约劳动时间和精力。利用互联网建立管理者与劳动者更加多元化的交流机制,通过微信等方式与员工建立交流平台,更加便捷地建立企业相关人员的联系网络。通过互联网节约制造业生产者、管理者的脑力,使得制造企业的管理者可释放更多潜力,从事更具创新性的活动。

### 7.2.2 企业间竞争合作组织形式优化机制

**1. 借助互联网开放性优势重构企业组织形式**

（1）构建网络化企业组织生态体系。

根据前文的分析可知，在互联网平台及技术的支持下，两化融合企业个体中会培育出平台型采购代理商、供应型虚拟生产商等新型参与主体，而这也将引致企业组织的变化。"互联网+"背景下两化融合企业组织生态系统如图7-5所示。

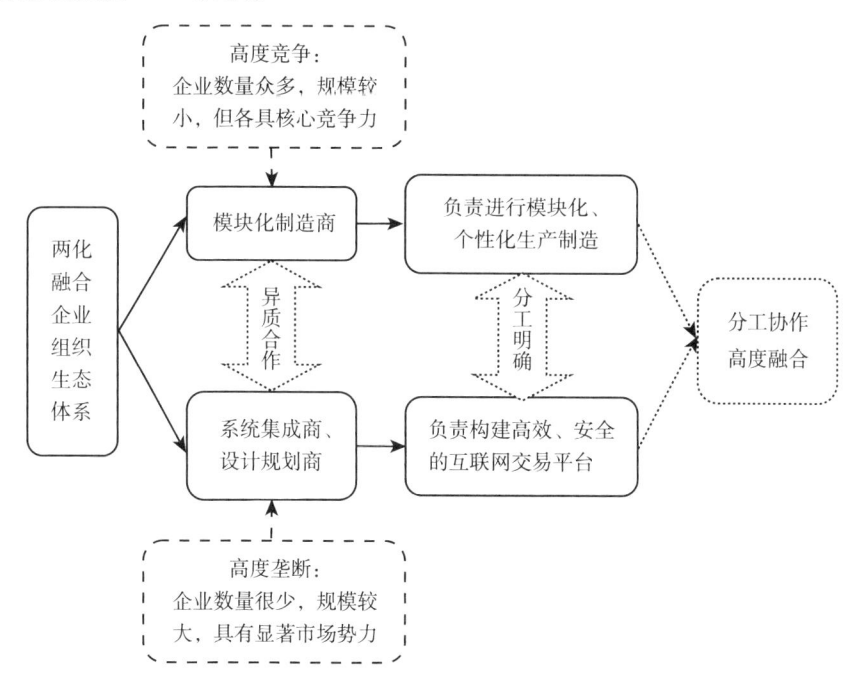

图7-5 "互联网+"背景下两化融合企业组织生态系统示意

可见，在"互联网+"时代，两化融合企业个体将呈现出上层高度垄断、下层高度竞争的企业组织生态体系，垄断与竞争将实现有效、协同的融合，从而使企业之间的同质化竞争转向异质化合作：底层的模块化制造企业不追求规模扩大，重点培育核心技术以构建自身的竞争力，借助互联网平台融合整个交易平台；系统集成商、设计规划商则专注于构建互联网平台，吸纳制造企业个体加入平台，基于模块化的制造企业个体形成高效、协同的企业组织生态系统。

（2）推进企业的无边界化发展。

在互联网时代，两化融合企业个体的无边界化将进一步深化。借助互联网平台和技术，企业个体将从"破界"到"跨界"，进而向"无边界"方向发展，这个过程具体又分为经营、管理和操作三个层面。

第一，从经营层面来说，企业的无边界首先要求产品的无边界化，即企业应进一步拓展与丰富原有产品的功能，向具有符合功能的产品平台升级。企业运营的无边界要求时间的无边界化，制造企业、信息企业等企业个体，应对自身的研发、制造、销售、管理等各环节，从有限时间逐步向无限时间升级，借助互联网平台的开放性，进一步推进时间无边界化发展。企业运营的无边界要求空间的无边界化，充分发挥互联网的优势，建立区内企业及跨区企业的相互联系与交流机制，破除企业之间或内部部门之间的空间隔绝，推进企业的空间无边界化。企业运营的无边界要求运作的无边界化，借助互联网平台及技术，传统两化融合企业个体不断拓宽自身的业务范围，开始进行跨界经营，逐步进入非相关领域，进而打破企业之间的边界。

第二，从管理层面来说，企业的无边界要求打破企业内部管理的垂直边界，企业个体应借助互联网平台与技术，建立扁平化的组织管理体系，使得员工进行自组织管理，统一企业发展目标与个人发展目标；要打破企业内部管理的水平边界，通过互联网技术改造自身的管理流程，避免个人、部门与企业整体利益的冲突，如果存在不可避免的冲突，应建立有效的规避机制，保证个人、部门服从企业、市场的利益；要破除企业之间的边界，实现供应链上信息流、物流和资金流的无缝对接，整合上下游企业关系，建立起合作、共赢的发展关系。

第三，从操作层面来说，企业的无边界要求企业实现虚拟运作，有效整合社会资源以供自身发展所用。对于两化融合企业个体来说，应该充分发挥互联网的作用，发挥社会等外部资源与环境对自身的作用，实现操作层面的跨界融合，推进自身的无边界化发展。借助虚拟研发，将全世界的研发资源为企业所用；借助虚拟制造，将自身生产制造外包给专业的制造企业；借助虚拟销售，打开全世界的网络销售平台；借助虚拟物流，开拓覆盖全世界的广阔市场。

## 2. 借助互联网推进供应链的平台化、虚拟化整合

（1）借助互联网培养平台型采购代理商。

信息完备、资源丰富的平台型采购代理商，能够有效整合采供供应商的相关资源，建立与上游企业之间的"节点"，聚集采购优势资源开展供应商合作行为，并逐步推进供应链的逆向整合，提高与上游企业之间的运营效率和协调程度。同时，下游企业根据客户的实际需求反馈信息进行整理后，反馈给平台型采购代理商，作为供货契约方的代理商利用互联网平台进行信息的进一步筛选和整理，建立采供供应商与产品消费者之间的契约关系和匹配关系。可见，平台型采购代理商一方面要持续开发相关资源，拓展上下游企业的合作网络范围，建立覆盖整个互联网系统的信息资源数据库，进而通过此服务平台有效连接两化融合相关的上下游企业个体；另一方面，要充当整个供应链的中间监管角色，有效把握上游企业与下游企业的相关责任，保证建立互联网平台的规范环境和顺利运行。

（2）借助互联网培养供应型虚拟生产商。

制造业资源聚合与关系储备，是虚拟生产供应方的基础。虚拟生产供应方并没有任何实体的生产工厂或设备，只是借助互联网平台和数据库等设施和技术，整合供应链中企业的制造需求进行外包生产，改善整个供应链的生产流程，提供有效的供应链支持性管理工作，构建合理、高效的生产资源整合、外包、交易的运营体系。与传统的品牌制造而言，虚拟生产供应方创造的虚拟生产能力虽然无法培育独立品牌，但借助互联网平台能够形成自身的专业集成服务体系，形成针对客户需求的间接生产能力，通过对技术知识、产品质量、生产时间等方面的有效外包管理，对加入平台的实体生产商进行严格的限定和筛选，从而在提高整个生产过程效率的基础上，保证产品质量。

（3）借助 C2B 网络逆向整合供应链。

通过 C2B 推进模块化生产，实现两化融合企业的个性化生产。针对消费者的个性化需求，如果进行彻底的分解生产，不仅对企业的制造能力提出很高的要求，而且会造成成本显著提升。因此，应借助互联网平台推行模块化生产，通过模块的差异化组合满足客户的需求，满足企业大规模生产的需求，通过模块化的生产流程降低生产成本，提高生产效率。另外，借助 C2B 平台聚集海量的订单信息，可根据不同的消费要求将订单层层分

解，从整体层面将模块化的生产能力进行合理分配，按照需求组合开展针对性、规模化生产。借助于互联网平台及技术，传统的B2C零售模式会发生逆向整合，充当客户定制需求的专业接口和整合平台的C2B型零售制造商，将实现对两化融合供应链的逆向整合。

## 7.3 产业群落层面信息化与工业化融合机制构建

从产业群落的角度来说，"互联网+"战略提出之后，伴随着信息技术的快速发展与应用，我国制造产业、信息产业等面临着重大的发展机遇，这也有效推进了我国信息化与工业化的融合发展。针对前文分析的"互联网+"对产业群落层面两化融合的影响，本节从智能制造、网络化协同制造、数字化制造、制造业服务化、价值链跃升等方面具体设计融合机制，如图7-6所示。

### 7.3.1 升级式两化融合推进机制

**1. 将智能制造作为两化融合跨界推进突破口**

智能制造是我国推进《中国制造2025》的关键环节，也是我国深化两化融合的重要突破口。应坚持把智能制造作为两化融合战略重点，利用数字化、智能化、自动化和网络化信息技术，改造传统制造产业，培育新型智能制造业。

(1) 互联网助推智能工厂实现横向及纵向集成。

积极借鉴德国"工业4.0"的智能工厂思路，借助互联网帮助制造企业实现向智能工厂转型的机遇，同时帮助制造业对复杂事物进行管理，提升自身生产制造水平，实现横向集成与纵向集成，并向综合集成跃迁。具体来说，既要实现资源的有效利用，通过IT系统将单个制造企业的包括生产、营销、物流等在内的制造环节链接起来，即横向集成，又要通过提供端到端的方案，将各不同层面的IT系统集合在一起，即纵向集成，最终，实现横向集成与纵向集成的综合应用，实现信息化与工业化的有效融合。

# 第 7 章 "互联网+"背景下我国信息化与工业化融合推进机制构建

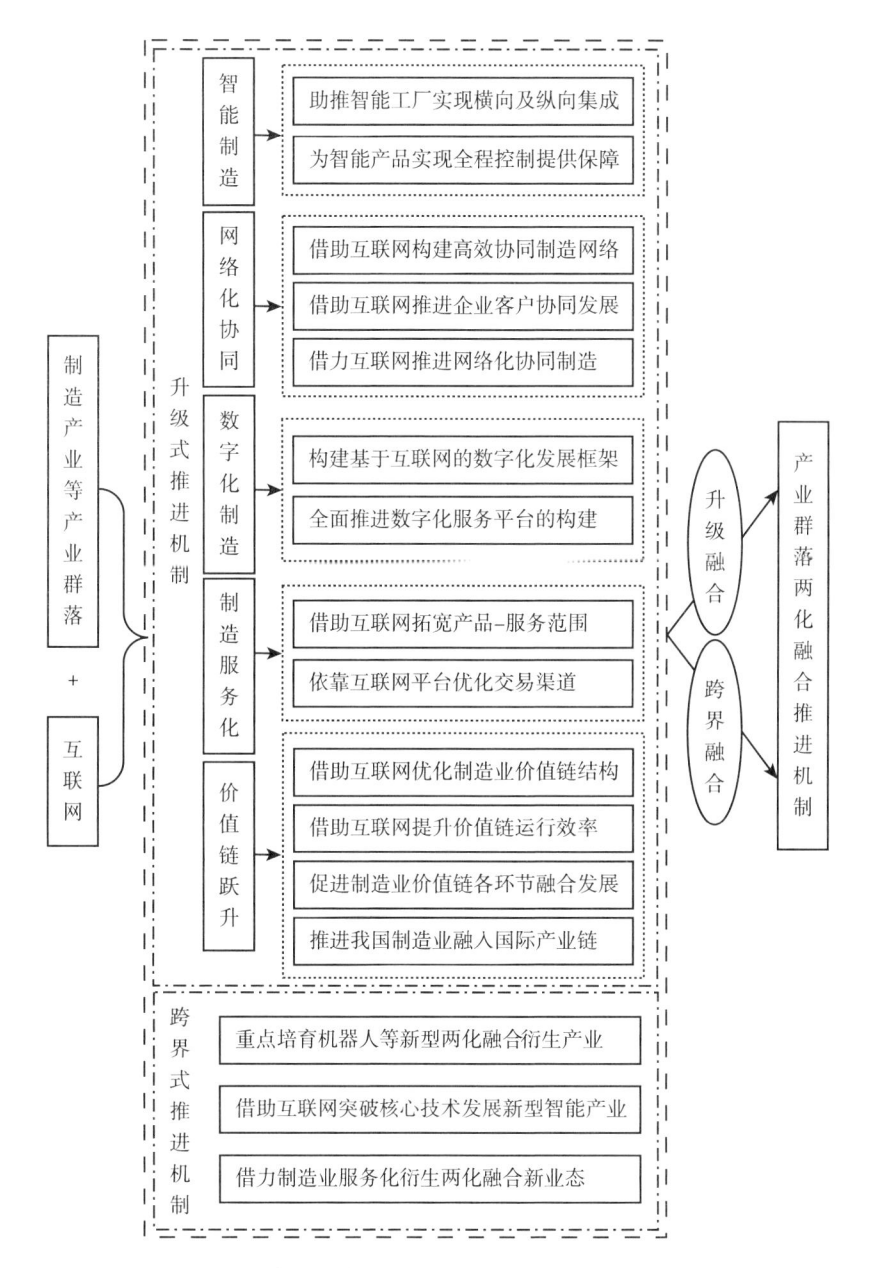

图 7-6　产业群落层面信息化与工业化融合机制示意

（2）互联网为智能产品实现全程控制提供保障。

借鉴美国工业互联网相关技术，逐步建立智能产品的可识别性，在智能产品的生产过程中，可对整个制造过程进行全面记录，使智能产品具备半自主控制的能力。智能产品自身能够调整其制造过程，同时确认自身的耗损程度，保证在各阶段都能够处于最优状态。另外，构建在互联网平台上的物理信息系统，涵盖制造系统的全部要素，如人力资源、自动化机器等，并对产品安全性提出多项应对措施，再如集成的安保战略、架构和标准，产品、工艺和机器身份识别的独特性和安全性；提供制造全程安全解决方案，确定制造管理方面的安保，确保各制造环节的质量水平，保证整个制造过程的安全性。

**2. 借助互联网推进网络化协同制造**

（1）借助互联网平台构建高效协同制造网络。

借助于工业大数据、工业互联网平台，制造企业不仅可以实现与其他单个企业的点对点链接，而且能通过建立整个制造行业的资源共享平台，实现与平台内部所有制造企业的有效对接，共享平台内制造企业的技术、资金等生产要素，提升合作的广度和深度。在互联网平台中，参与制造企业为了能长期从平台中获得利益，会主动维护自身的良好信誉，形成较为稳定的平台合作模式。通过这种制造企业价值网络，实现行业系统流程的优化和合作制造企业的共同发展。平台内诸多互联网资源在制造企业之间的流动，并不存在先后顺序，且不存在消耗减少，能够持续地供给所有的参与企业连续使用。围绕智能工厂和智能制造的转型升级需求，建立专业化、网络化、社会化的智能制造创新服务组织，在标准推广、检验检测、成果转化、方案咨询等多个环节实现跨领域、多层次的信息交流机制。参与的制造企业越多，合作信息平台越完善，越能准确地反映整个行业的实际需求动态，参与合作的制造企业将得到更大效用，体现出合作规模经济的特征。

（2）借助互联网推进企业客户的协同发展。

借助于互联网、大数据、云计算等新一代信息技术，促进行业内部的信息共享和业务协同，包括产业内部企业部门的协同以及与产业链上下游企业的协同；同时，制造企业与客户之间能够互动，形成客户与客户之间的交流平台，升级制造企业之间的合作模式，推进网络化制造的发展。具体来说，首先，利用制造企业内部的互联网系统，实现制造企业内部信息的相互沟通，并进行全面、系统的信息加工、整合；其次，将制造企业信息系统与客户信息系统连接，获得最新的客户需求信息；再其次，根据客户的需求信息，对制造企业的供应链、价值链等进行有针对性的改造与升级，优化制造企业内部管理机制；最后，将综合客户及自身信息的内部管理机制应用于生产、运营中，全面提升制造企业生产、销售等各环节，最终提升制造企业核心竞争力。

（3）借力工业互联网推进网络化协同制造。

工业互联网是实现网络化协同制造的必备基础，是推进两化融合的必由之路，应把握时机，统筹谋划，提早布局。工信部等部门研究、制定我国工业互联网的发展路线图，明确发展方向和路径，提供整体发展架构方案；针对重点工程，如 IPv6 地址资源管理工程等，进行重点研究与规划，为工业互联网的开展奠定良好的发展基础；制定相关工具、应用软件、通信系统等方面的相关协议，保证工业互联网能够在制造业、智慧城市、通信网络等领域有良好的应用环境。进一步深化工业互联网与智能制造的融合程度，推进按需制造、众包众设、异地协同设计等，与制造业融合创新的应用模式；构建包括工业企业、互联网企业以及互联网应用创新开放平台三方在内的合作交流平台，促进制造企业与互联网企业的交流与合作；推动物联网、大数据等典型互联网技术在制造业的集成创新和广泛应用，推进设备数字化、流程自动化、管理信息化的智能制造方式；通过网络化的制造模式，实现制造产业链各环节协同共进，形成制造企业的网络化集群发展。

**3. 提升制造业数字化反哺两化融合**

（1）构建基于互联网的数字化发展框架。

基于互联网平台和技术，进一步拓展数字化推进路径与机制。具体来说，应进一步强化 CAD/CAE/CAM 等计算机辅助系统对研发设计环节的数字化改造进程，实现设计、工艺等环节的数字化管理和生产；积极推进 ERP 等企业资源数字化管理系统的应用与普及，将数字化覆盖范围拓展到人、财、物等各要素，以及产、供、销等各环节，实现整体的数字化水平提升；推进 SCM 等供应链数字化管理系统，不仅在企业内部实现数字化管理，更要在整个产业链中推进数字化改造进程，推进上游、下游企业之间的相互联系与合作；应用 CRM 等客户关系数字化管理系统，借助互联网平台有效把握客户实际需求，整合客户资源并指导数字化生产制造过程。最终，数字化推进将在产业、企业的各环节全面铺开、共同推进，构建成为整体的数字化发展框架。

(2) 全面推进数字化服务平台的构建。

在"互联网+"时代,云平台技术的快速发展,为企业数字化服务平台的构建奠定了坚实的基础。第一,率先针对大型企业需求构建数字化服务平台。为大型制造企业提供全面的信息技术,整合大型企业制造与平台的所有资源,结合整个平台积累的客户需求,为单个企业提供集合整个平台经验与技术的相关计算、软件和数据资源,同时提供多种技术支持,如虚拟验证、性能分析、学科优化等,显著提升平台内企业的研发、创新能力。第二,同步跟进中小企业数字化服务平台构建。借助于互联网开放性的特点,发挥其在中小企业服务方面具有的显著优势,通过中小制造企业数字化公共服务平台,不仅可以实现相关数据的搜集、整合,为中小制造企业的设计、工艺、制造、采购和营销等环节提供有效的资源,同时能集合中小企业的整个创造能力,为中小制造企业实现协同创新提供良好平台。第三,最终构建区域性资源数字化共享平台。充分发挥先进信息技术、物联网、RFID等的作用,建立区域性数字化加工资源共享与服务平台,实现资源的区域共享与优化配置,与此同时提升制造业的数字化应用水平,提升和改造传统的研发、制造、销售等环节,进而提升自身两化融合水平。

### 4. 借助制造业服务化提升两化融合

(1) 借助互联网平台拓宽产品—服务范围。

制造企业应利用"互联网+"提供的模式和功能创新,通过从研发、设计、制造到维修的一体化整合,实现扩展业务、转型升级的目的,从而能够保证为客户提供有效、全面的产品和服务。充分利用新一代信息技术,积极推进制造业新服务形态的培育工作,特别是为提升销售服务的水平提供有力支持,由此提升我国制造企业在国际价值链上的附加值;依靠互联网平台有效连接企业和用户,为客户提供从研发设计、生产销售到售后服务等多个环节的多元化服务,显著提高产品附加值;利用互联网平台,拉近企业与用户距离,将传统的维护、修理等服务,进一步拓展到购买、支付、运输、安装、系统集成和技术支持等诸多方面,全面提升作为无形成分的服务占整体运营的比重,提升客户的用户体验和使用黏性,形成与传统制造企业的差异化竞争优势。

# 第 7 章
## "互联网+"背景下我国信息化与工业化融合推进机制构建

（2）依靠互联网平台优化交易渠道。

互联网平台的迅速发展和普及，为制造产品、服务的交易渠道便捷化升级提供了坚实的基础。新一代信息技术不仅推进了新型制造方式的发展速度，使得智能制造、虚拟制造快速发展，而且演化出诸多新型交易平台和渠道，如众包、电商、网购、网银等，它们有效地提升了交易的便捷性。在互联网信息技术的支撑下，制造企业能够运用多元化的金融服务、精准化的供应链管理和便捷化的电子商务，显著提高交易效率和便捷程度。交易渠道的不断拓展和交易便捷程度的不断提升，让客户能够享受到更多服务的同时，也为制造业的高效运营、高质服务奠定了基础。

### 5. 借力价值链高端跃升提升两化融合

（1）借助互联网优化制造业价值链结构。

第一，借助互联网向高附加值环节跃迁。信息化平台为制造企业强化价值链上那些能够带来价值增值的环节，削减不必要的中间环节提供了可能性，从而实现对价值链各部分的重新整合优化，进而使得制造企业能够低成本、大规模地扩张。互联网平台有助于突破上游研发与核心技术的限制，借助互联网的开放性和全球性，能够更加便捷地获得国外的相关技术及实践经验，组织核心技术突破计划，攻克制约生产发展的基础材料、核心零部件和关键性技术，争取掌控产业链的上游环节。第二，通过互联网平台，制造企业价值链各环节之间可以实现信息共享，进而改进和强化制造企业的信息流、资金流和物资流的集成管理，使制造企业可根据外部环境的变化及时调整自己的竞争战略和运营模式。伴随制造企业信息化的进一步深入，企业价值链将逐渐重组，并衍生出具有高度专业化及网络化的包括虚拟制造、合作制造等形式在内的新兴业态。

（2）借助互联网提升制造业价值链运行效率。

通过线上交易和系统集成，显著提升制造业价值链的运行效率。一方面，互联网促进制造企业资源计划软件和制造控制系统软件的广泛应用，客户与供应商实现数据共享，显著降低客户定制产品的生产成本，同时降低劳动成本、缩减生产时间。另一方面，互联网信息以及数据共享的即时性，使得包括订货过程在内的整个数据管理过程变得更加迅速、准确，减少了文件处理所需的人力投入，降低了交易成本、营业费用，提升了制造业价值链的运行效率。

(3) 促进制造业价值链各环节融合发展。

在互联网浪潮下，自上而下地全面控制生产的模式将被网络协同模式取代。制造企业应将制造生产外包给专门从事生产的制造企业，专注投入到设计与研发、销售与品牌等"微笑曲线"的两端环节，进而协同推进价值链各环节，保证制造业顺利实现价值链的融合与升级。互联网平台使得制造企业、客户及相关利益方纷纷参与到价值创造、价值传递及价值实现等生产制造各环节中，研发与设计、生产与制造、营销与品牌的边界越来越模糊，价值链出现融合发展的趋势。

(4) 加快推进我国制造业融入国际产业链。

创建以制造企业为主导的全球采购网络和经贸平台，推动我国制造业"走出去"，实现制造业的国际合作。积极鼓励制造企业依靠先进的互联网技术构建大型全球经贸平台，实现采购、生产、销售等环节的全球化发展，进一步加深与欧美国家零售商的合作关系，成为世界制造业中介中心；将没有比较优势的制造环节转移到国外，与低收入国家共同构建"制造三角"。另外，应借助互联网的开放性优势，建立公共信息服务平台，及时发布海外需求等有关信息，直接利用和整合国外优秀的人才、科技和资源，支持制造企业对外投资和海外并购，并绕开贸易壁垒进入国际消费市场，开展有效的国际产能合作；借助于互联网平台和大数据技术等，通过海外并购等方式获取境外先进技术，提升在国际分工中的地位。

### 7.3.2 跨界式两化融合推进机制

**1. 重点培育机器人等新型两化融合衍生产业**

在《中国制造2025》规划中，明确指出将机器人作为我国智能制造重点发展的领域。在"互联网+"背景下，"互联网+机器人"为我国机器人产业创造了新的发展机遇，应主动应用先进的互联网技术，进一步装备机器人产业，使得当前机器人产品更加智能化、数字化。借助互联网平台加强对日本等国际先进国家的学习，通过技术、实践等方面的跟踪与学习，突破相关的关键核心技术、工艺；借助互联网构建新的机器人销售模式，不再以最终用户为中心，而以集成商为中心，降低采购成本，缩短生产环节，提高用户满意度。

## 2. 借助互联网突破核心技术发展新型智能产业

充分发挥政府的规划、战略、政策引导作用，发挥市场的导向作用，以智能技术为核心，以制造企业为主体，加快制造业向柔性化生产、个性化定制、网络化销售等先进制造方式及营销模式的升级，主动发展新型智能产业。重点支持关键核心技术，如核心智能测控、智能制造集成等，支撑智能制造、智慧物流、高端装备等智能产业率先发展，带动整个工业产业链、价值链与信息链智能协作。不断推进智能制造重大工程、项目等试点工程，培育智能制造生产模式，研发智能制造技术，推出智能装备和产品；选择基础较好、需求迫切的制造行业，开展智能工厂及智能制造的应用示范项目；在重点智能制造示范行业推广自动控制系统，不断提高智能制造示范行业的制造、技术、应用协调发展能力和水平。

## 3. 借力制造业服务化衍生两化融合新业态

借助于互联网技术与平台，在两个方面推进传统制造业向服务化方向衍生新业态。在实际推广应用新一代互联网技术的过程中，在制造业、信息产业的基础上，逐步衍生出信息系统咨询业、系统集成开发业、运维服务业等新型的专业化新型产业形态，它们基于既有传统产业，而进一步向服务化方向演化而来，并逐步成为推进两化融合的新生力量。另外，针对制造业而言，伴随着工业互联网的逐步应用和推广，各类针对制造业的互联网平台型服务业应运而生，专门为传统制造业提供信息服务，进一步衍生出类似于众筹、众包、众设等新型信息服务行业，推进传统制造业转型升级，加快两化融合发展步伐。

## 7.4 生态系统层面信息化与工业化融合机制构建

从生态系统层面的角度来说，"互联网+"战略提出之后，使信息化与工业化融合的外部环境发生显著变化，政府的大数据决策机制、互联网公共服务协同创新平台、"互联网+"两化融合人才培养机制、两化融合评估即时反馈系统等，都给我国信息化与工业化融合带来新的发展机遇。具体来看，生态系统层面信息化与工业化融合机制如图7-7所示。

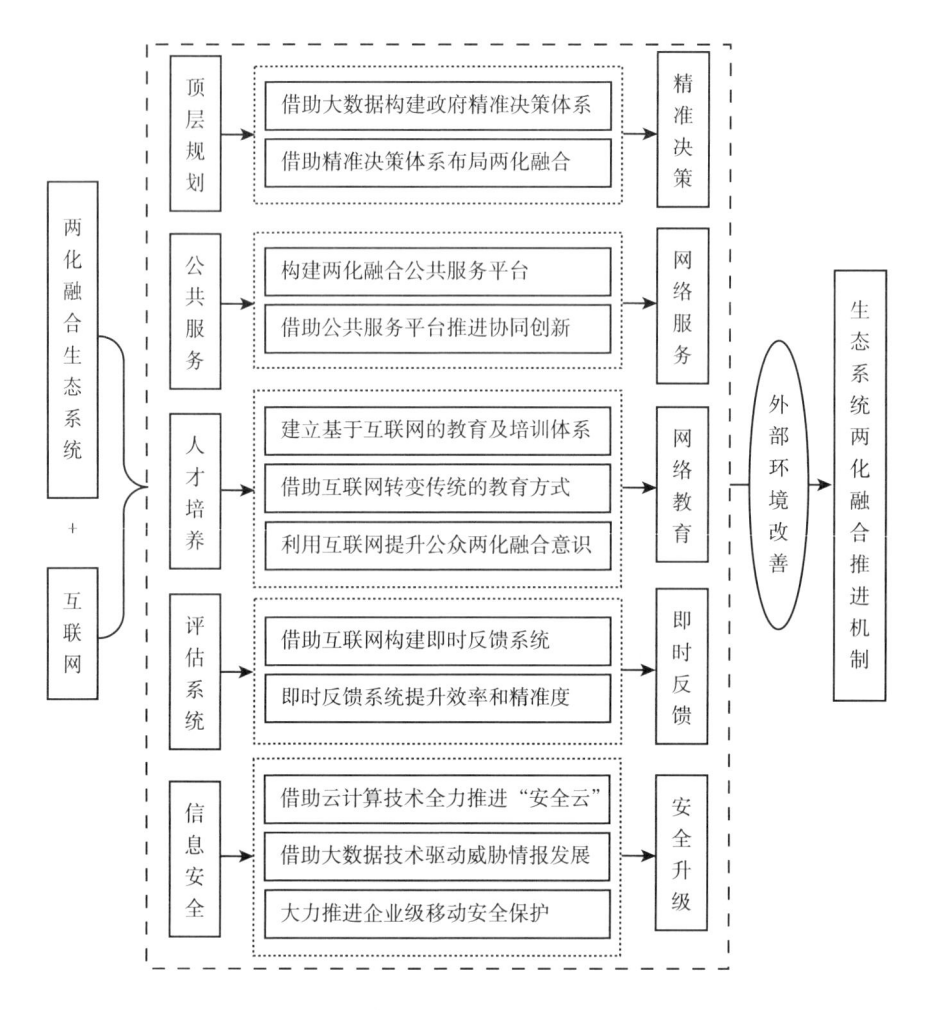

图 7-7　生态系统层面信息化与工业化融合机制示意

## 7.4.1　政府精准决策机制

### 1. 借助大数据构建政府精准决策体系

对于信息化与工业化融合的政府决策机制来说，大数据等信息技术将从决策依据、决策时效、决策方法、决策参与度、决策透明度及决策链长度等方面构建新的决策机制（见图 7-8）。具体来说，利用大数据整合信息化与工业化融合诸多方面的信息，使得决策兼容性和准确性提高，决策依据更加全面；借助大数据解决政府进行两化融合决策的时滞问题，具备更好的动态性、即时性，提升政府两化融合决策对数据的即时反应能力，保证决策时效；从经验决策向社会计算决策转变，把统计数据转化为知识和信息，推进定量与定性结合的决策方法；提升政府决策参与度，将公私部门纳入决策体系中；借助于互联网平台，为社会、人民提供政府两化融合决策信息，改善信息不对称问题；改变传统的委托—代理决策链条，中央决策部门直接掌握省部、县市等基层两化融合相关数据，直接进行顶层决策，显著缩短决策链条长度。

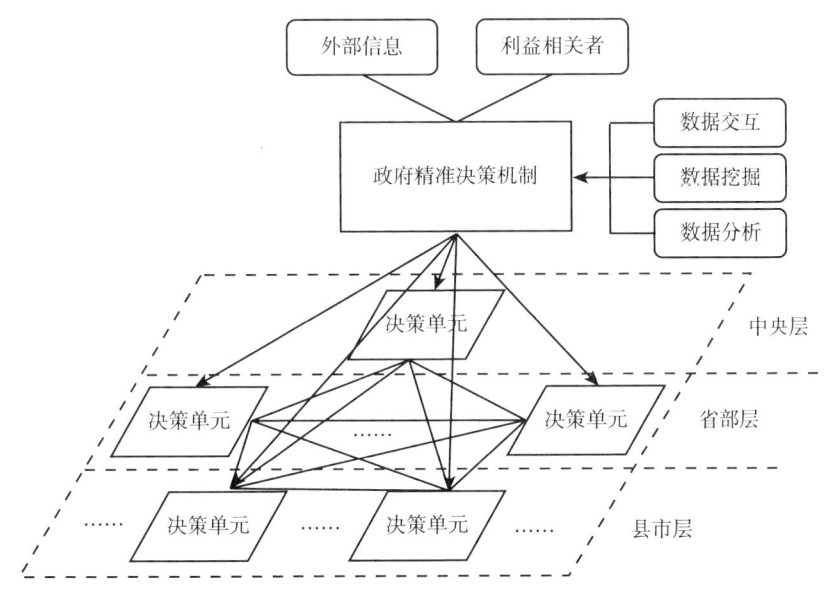

图 7-8 大数据政府精准决策体系示意

资料来源：作者整理，本图绘制受到黄洁（2015）启发。

## 2. 借助精准决策体系推进两化融合

第一，构建信息化与工业化融合即时反馈体系，制定地方两化融合规划和推进政策的反馈机制，明确中央及各地方的推进指导思想、基本原则、主要任务和政策措施；借助互联网平台理顺两化融合组织管理体制机制，形成有效的"官—产—学—研"联动机制；规范地区内及地区间的信息资源市场，打破信息资源在地区、产业、部门之间的封锁；主动适应经济新常态发展要求，满足经济结构战略性调整、产业升级换代要求，制定详细的两化融合发展规划，为区域两化融合工作指明航向，提高区域整体产业竞争力。

第二，根据决策系统的决策结果，及时采取财政支持和税收优惠等政策，有效把控两化融合发展方向，积极改善两化融合过程中出现的地区间、行业间不均衡问题；进一步制定、完善有关法律法规，保证信息技术、制造技术及两者融合技术发明者的专利权；着力深化两化融合行政审批制度改革，借助精准决策机制适当减少对企业个体的直接干预，发挥市场决定性的调配资源作用，激发企业的创新、研发活力；通过决策体系的实际需求及时简化行政机构，发挥引导职能，构建良好的产业政策环境和投资发展环境，充分调动企业的积极性和内在动力；通过工信部等政府部门引导进一步完善融合标准管理体系，克服信息技术不兼容、集成系统难协同等瓶颈问题，制定两化融合管理体系的国家标准，利用第三方认定服务体系，构建两化深度融合的统一技术标准规范。

第三，借助于精准决策系统，加强区域之间的相互合作，相关部门分工落实责任，协作配合，形成合力，有效推进我国两化融合的整体协调发展；加快推进建立政府、研究院所、行业协会、高校专家和工业企业的良性互动、协调合作机制，有效整合各方优势和力量；定期开展沟通交流和经验分享，结合试点企业两化融合的实际发展需求，分阶段、有侧重地召开经验交流和学习推广会议，为政府部门、相关专家、行业协会、工业企业等多层次参与者提供沟通交流、经验分享的渠道和平台；由政府引导，企业、高校、研究所协作参与，共同组成信息化重点项目合作团队，全面拓展信息资源多渠道构建，提升信息技术的综合开发和高效利用，形成"政府主导、市场支撑、群众参与"的政府信息资源运作模式，实现各方主体利益共享。注重政府信息安全保护工作，强化对两化融合的实时动态管理，加大对两化融合实施主体、行为和秩序的监督监管力度。

### 7.4.2 网络协同创新机制

**1. 借助互联网构建两化融合公共服务平台**

伴随着信息技术的快速发展，政府在推进两化融合过程中，正逐步由管理型向公共服务型转变，即由传统的政府主导、重点推进两化融合逐步向政府创造发展环境，提供优质公共服务，辅助企业个体、产业群落进行两化融合。构建高效、优质的两化融合公共服务平台尤为重要。目前，我国已经建立"中国两化融合服务平台"，提供信息发布、评估诊断、贯标评定等服务。在大数据等相关技术的引领下，应进一步完善该公共服务平台，提供更多的相关服务。具体来说，两化融合公共服务平台设计如图7-9所示。

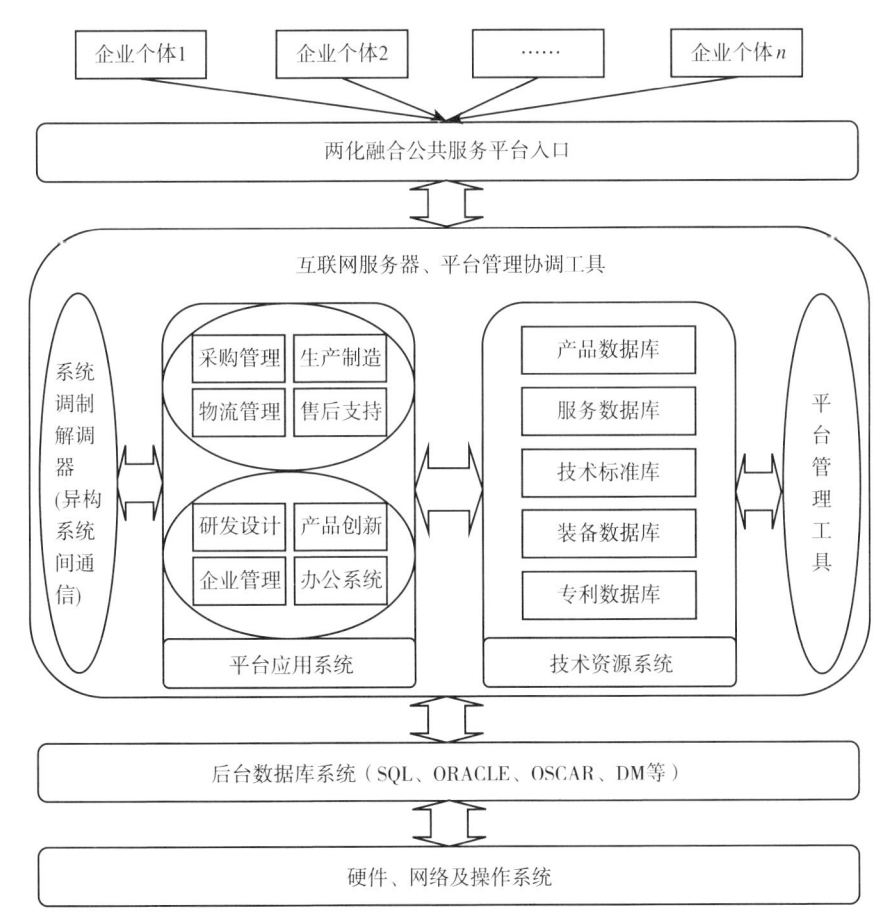

**图7-9 两化融合公共服务平台示意**

资料来源：作者整理，本图绘制受到魏香梅等（2015）启发。

在硬件、网络及操作系统的支撑下，充分利用SQL、ORACLE、OSCAR、DM等后台数据库系统，两者共同构成公共服务平台的基础部分。借助于互联网服务器，在相关网站提供具体的服务，主要包括两个方面：第一，针对单个企业生产、管理等具体流程的优化、提升服务，依靠平台应用系统和系统调制解调器，对企业的采购、生产、物流、售后等基础类、硬件类业务，以及设计研发、产品创新、企业管理、办公系统等创新类、软件类业务提供相关的支持与服务；第二，借助大数据等技术资源系统，形成产品数据库、服务数据库、技术标准库、装备数据库、专利数据库等，借助大数据针对整体发展水平构建标准体系，提供行业两化融合提升服务。最终的表现形式是统一的两化融合公共服务平台网站，相关企业通过入口即可享受到相关的服务。总体来说，该平台是针对当前企业信息化与工业化融合的实际情况，提供更多的知识、技术类支持，在推进融合水平的同时，重视培养企业的核心竞争力。

**2. 借助公共服务平台推进协同创新**

借助于两化融合公共服务平台，应紧紧围绕两化深度融合对先进技术的动态需求，整合国内智能制造先进人才与技术资源，重点在新一代移动通信、高性能计算机、物联网、智能机器人等领域，制定自主发展路线图，形成拥有自主产权的先进技术，提高国产智能技术对工业化和信息化的促进和提升作用；构建国家制造业创新网络体系，全面支持技术创新、业态创新、商业模式创新等组成的多元创新体系，加快实现从要素、投资驱动向创新、技术驱动的转型升级；紧紧把握工业大数据、工业云服务等针对性技术的研发，政府制定研发、应用的专项指导意见，选取骨干制造企业开展试点示范；建立针对企业的工业云统一服务平台，鼓励制造企业应用工业大数据和智能服务平台，推进基于工业大数据等平台的个性化定制、智能化生产、在线化维护等。

### 7.4.3 "互联网+教育"机制

**1. 建立基于互联网平台的教育及培训体系**

应积极运用互联网平台构建自身的教育和培训体系，如开设信息技术等相关专业的课程，增加高效培养人才与企业实际需求的匹配程度；建立两化融合相关企业的培训机制，聘请相关领域的专家，定期到企业开展讲座与培训,提升区域内企业人员的综合素质,形成科学的两化融合人才梯队,为推进两化融合提供有力的人才与智力支撑等。借助于大数据技术,形成自身的教育和培训数据库,针对实际教育过程中的问题或难点,建立具有自身特色的课程体系和平台,为不同学员提供个性化学习课程,传授不同的专业知识和技术,提升教育或培训效果。

**2. 借助互联网转变传统的教育方式**

互联网的便捷性和互动性,能够改变传统的教育方式,借助于互联网教育平台,积极开展远程化、移动化教育,避免传统教育方式受到空间限制的局限;建立学员与教育者的网络互动机制,保证在教育过程中两者可以进行充分的互动交流,提升学员的积极性和实践性,从而提升学习效果;研发相关的手机两化融合教育或培训软件,提供移动化、碎片化的教育资源,方便学员结合自身实际需求进行移动式、自主式学习。

**3. 利用互联网平台提升公众两化融合意识**

在发挥互联网对两化融合人才培养的同时,应借助互联网平台提高公众的两化融合意识和知识,形成全社会推进两化融合的良好氛围。提升区域内公众对信息技术、信息产品的应用意识,为两化融合人才奠定基础的同时,创造更多的两化融合产品社会需求;普及两化融合最新技术、产品和服务的相关知识介绍,帮助公众更快、更好地接受两化融合产生的新成果、产品和服务;强化在基础教育层面的推进,培育整个民族的两化融合发展意识与观念。

### 7.4.4 信息安全提升机制

**1. 借助云计算技术全力推进"安全云"**

"安全云"是云计算技术和业务模式应用在信息安全领域的典型代表,它能够实现"安全即服务",开拓出新的技术和业务模式,实现安全设施维护和服务成本最小化,用户也能够随时获得便捷、个性、可控、及时的信息安全防护服务。安全云不是具体的商品,也不是解决方案,而是一种互联网安全防御理念,它基于云计算、DDoS 防护、涵盖漏洞扫描、网络流量过滤、病毒恶意代码检测等特定的安全监测，随时发现异常流量的不安全因素。政府应主动扶持，投入资金鼓励企业应用安全云服务，同时提供必要的技术支持，建立安全云服务的网络平台，吸纳越来越多的企业个体加入，更加准确、及时地把握网络安全动态，为企业应用信息技术创造良好的外部环境，推进两化融合发展。

**2. 借助大数据技术驱动威胁情报发展**

2014年，高级持续性威胁（APT）等威胁情报不断出现，使企业、政府等信息安全受到了严重威胁。我国应借助大数据等新一代信息技术，建立不断更新的动态知识库，依靠专业的信息安全企业、安全服务公司，构建专业的安全威胁情报市场，提供专业的安全威胁情报分析、及时响应、快速处理等一整套信息安全服务，并通过互联网平台供企业、甚至政府部分购买与应用。将信息安全的大数据服务打造成为平台性产品，将整个应用平台出售给企业个体，让企业个体根据自身的实际需求，一方面，对潜在风险进行预测分析；另一方面，借助大数据平台开展安全保护云平台，对自身进行实时保护。政府支持建立工业信息系统安全实验室，为能源、电力、石化、交通等领域的相关企业提供信息安全仿真测试及检测预警服务，监测工业系统的在线风险。

**3. 借助互联网技术推进企业级移动安全保护**

在"互联网+"时代，应进一步充分借助新一代互联网技术推进企业的移动安全保护工作。第一，基于虚拟化的互联网技术构建企业移动安全区，隔离非安全相关应用，保证自带办公设备的安全性，主要包括软件虚拟化、桌面虚拟化、应用虚拟化等互联网技术，创造虚拟化技术形成的隔离环境，避免在移动设备终端上出现重要应用、信息、数据的泄露。第二，将企业移动智能终端纳入企业信息化管理系统中，从整个企业层面进行统一安全决策。推进移动设备管理向企业移动管理方向发展，更加关注企业整体数据和应用的安全使用，建立企业内部的容器、沙箱管理模式，隔离企业管理核心数据，避免个人移动设备带来的安全隐患；关注员工的相互交流与跨平台应用管理，将情景感知应用在自身的管理之中，从企业整体角度智能制定、调度安全策略。

## 7.4.5 即时评估反馈机制

**1. 借助互联网构建两化融合即时评估反馈机制**

借助于互联网平台和技术，构建信息化与工业化融合的即时评估反馈服务平台，如图 7-10 所示。借助于互联网平台，在我国信息化与工业化网站上发布相关评估信息。发挥互联网的开放性优势，鼓励企业个体、行业协会、地方政府等多个参与主体，积极参与到信息化与工业化融合评估反馈系统中，经过信息查询、信息统计和信息维护之后，运用大数据等先进技术将用户的反馈信息集中起来，再次输入给两化融合评估信息发布单位，通过接收信息确认、推进处理进度、及时反馈调整等步骤，基于用户反馈信息得到两化融合评估的优化方案，重新经过信息发布员和操作员，在互联网平台再次发布新一轮两化融合评估信息，作为下一轮信息反馈流程的开始。

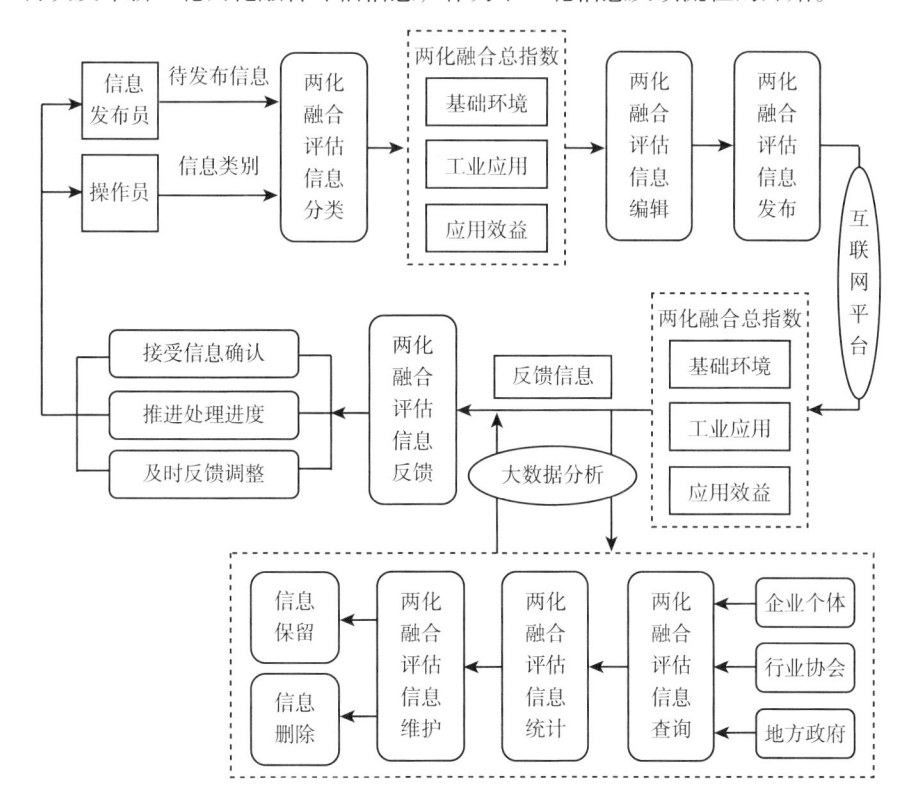

图 7-10 两化融合评估即时反馈服务平台示意

**2. 借助即时评估反馈机制提升评估效率和精准度**

在信息化和工业化评估即时评估反馈系统的基础上，进一步提升两化融合评估的效率和精准度。利用互联网平台发布统一的评估体系和口径，便于搜集相关数据，也便于进行纵向和横向对比，用户在获得评估信息时也更容易理解和掌握，进而提升评估效率。另外，发挥互联网的开放性优势，建立更广范围的评估，涵盖更多的典型企业个体，并利用大数据分析等新一代信息技术，显著提升两化融合评估精准度；借助即时反馈系统得到的企业个体、行业协会、地方政府反馈信息与资料，及时调整评估体系和方法，及时反映信息化与工业化融合的最新水平，保证评估的及时性和精准度。

# 7.5  本章小结

本章从"互联网+"角度出发，根据前文定性分析及实证测度结论，结合国外先进经验，在分析"互联网+"对两化融合推进机制影响的基础上，构建我国信息化与工业化融合推进机制。研究发现，"互联网+"战略与两化融合战略之间存在协同发展关系："互联网+"与两化融合一脉相承，符合社会发展规律，两化融合是"互联网+"战略的基础和重点，"互联网+"是两化融合战略的拓展与升级，"互联网+"有力地推动了我国两化融合进程。

从两化融合推进机制来看，在企业个体层面，主要包括企业内生产环节改造升级推进机制和企业间竞争合作组织形式优化机制，前者包括借助大数据、数字化、智能化实现协同研发，发展大规模个性化定制、增材制造，借助互联网平台构建新型协同营销模式，建立双向交流及前期预测改造售后服务环节，借助互联网构建信息化管理理念、体系和机制；后者包括借助互联网开放性优势重构企业组织形式，借助互联网推进供应链的平台化、虚拟化整合。

在产业群落层面，两化融合推进机制主要包括升级式两化融合推进机制和跨界式两化融合推进机制，前者包括紧握智能制造作为两化融合跨界推进突破口，借助互联网推进网络化协同制造，提升制造业数字化反哺两化融合，借助制造业服务化提升两化融合，借力价值链高端跃升提升两化融合；后者包括重点培育机器人等新型两化融合衍生产业，借助互联网突破核心技术发展新型智能产业，借力制造业服务化衍生两化融合新业态。

在生态系统层面，两化融合推进机制主要包括政府精准决策机制，即借助大数据构建政府精准决策体系，并以此系统推进两化融合；网络协同创新机制，即借助互联网构建两化融合公共服务平台推进协同创新；互联网＋教育机制，即建立基于互联网平台的教育及培训体系，转变传统的教育方式，提升公众两化融合意识；信息安全提升机制，即借助云计算技术全力推进"安全云"，驱动威胁情报发展，推进企业级移动安全保护；即时评估反馈机制，即借助互联网构建两化融合即时评估反馈机制，提升评估效率和精准度。

# 第 8 章

# 主要结论与研究展望

本章旨在对主要研究结论进行概括与总结,并对下一步的研究方向进行展望。其中,主要结论包括信息化与工业化融合机理,我国两化融合演进过程与推进状况,我国两化融合绩效水平测度结果及"互联网+"下我国两化融合推进机制等方面;下一步展望包括两化融合机理拓展、绩效测度范围拓宽、两化融合机制延伸等方面。

## 8.1 主要结论

本书将产业融合理论、生态组织理论融合为一体,综合研究了我国信息化与工业化融合机理、绩效和机制等问题,主要得到了以下研究结论。

第一,从两化融合机理来看,研究发现,两化融合系统具有生态系统的特性,它的实现也是系统中企业个体、产业群落不断相互影响和作用,同时与外部环境进行互动,不断改变自身结构和行为方式,适应内部与外部环境的变化,进而实现企业个体的协同发展和良性进化,推进产业群落的发展与进化,最终实现整个两化融合系统的共同进化。进一步来看,两化融合的机理体现在三个层面上。在企业个体层面,两化融合生态系统内的企业个体通过"供应链型两化融合""竞争型两化融合""共生型两化融合",实现各企业个体之间的相互影响和作用,协调运用既有的公共资源,共同应对外部环境的变化。在产业群落层面,两化融合生态系统内的产业群落,通过"升级式两化融合"和"跨界式两化融合",实现产业群落之间两化融合的推进。在生态系统层面,两化融合生态系统与外部环境，如政策环境、技术市场、人力资本、信息安全等，发生相互影响和作用，进而将会提升企业个体、产业群落对外部环境的适应能力，同时将自身的适应性变化反馈给外部环境，形成协同共生、共同发展的系统融合态势。

第二，从两化融合发展历史演进来说，我国信息化与工业化的融合发展是逐步推进、循序渐进的系统性发展过程，既经历时间维度的不断演进，也推进实施层面融合层级的逐步升级；通过时间维度的不断演进落实在各实施层面，有效地推进两化融合进程。自2002年提出两化融合以来，我国两化融合战略发展经历了四个阶段，即前期建设阶段、战略提升阶段、试点发展阶段和全面深化阶段，各阶段两化融合的发展侧重点也有所不同。从企业个体层面来看，两化融合向集成提升阶段稳步迈进，信息技术对传统制企业改造升级成效显著，两化融合管理体系得到推广普及，试点示范企业引领生产方式持续变革；但是也存在一定的制约因素，如企业个体相互合作程度较低，信息化对企业生产环节的改造进程较为缓慢，信息化管理水平不高等。从产业群落层面来看，信息技术改造传统产业成效显著，初步形成互联网与工业融合创新模式，重点行业典型工程试点推动两化融合，制造业、信息业的产业结构不断优化。但是，制造业数字化网络化智能化水平不高，创新能力不足，信息产业"重硬件轻软件"，产业国际价值链"低端锁定"等因素制约两化融合的推进。从区域系统层面来看，我国两化深度融合政策体系不断健全，公平有序的市场环境、具有我国特色的评估技术标准形成，初步形成两化融合人才培育与激励机制，试验区及示范基地成效显著；但是，地区差距较大提升了决策难度，高端复合人才相对匮乏，评估系统准确性、及时性难以保证，信息安全水平较低等因素制约了两化融合推进。

第三，从两化融合绩效测度来说，根据中国电子信息产业发展研究院的统计数据，2011年以来我国两化融合的基础环境得到明显改善，工业企业信息化应用及管理系统得到加速普及，信息化应用效益水平得到显著提升，两化融合绩效水平保持较好的提升态势。从内部拉动力来看，当前两化融合绩效水平提升主要是依靠基础设施的推动作用，应用效益也发挥一定的推进作用，但工业应用成为限制绩效提升的主要因素。从企业个体层面信息化与工业化融合绩效测度结果来看，天津市企业个体的两化融合绩效为正值，虽然个体绩效变量的叠加效应会使得两化融合绩效出现一定下滑，但其对企业绩效的提升作用仍然较为明显；从产业群落层面来看，天津市装备制造及航空航天产业两化融合绩效值最高，说明其通过两化融合节约出更多原材料，降低了企业生产成本及运营成本，提升了生产效率，总体绩效水平得到显著提升；电子信息、生物医药、工业电子、新能源新材料位居第三至第六位，石油化工、轻工纺织排名最末。从区域系统层面来看，整体上2005年以来两化融合绩效保持了较好的提升态势，但区域两化融合水平存在较明显的差异：东部地区明显优于中、西部地区，中部地区略低于全国平均水平，西部地区与全国平均水平差距较大；上海、北京、广东居于全国前三位，天津、江苏、浙江等东部沿海和部分中部省份居于全国前列，而宁夏、甘肃、云南等中西部及部分东部省份排名靠后。影响两化融合绩效的因素较为复杂，企业个体及产业群落层面来说包括企业规模、产出增长速度、市场竞争强度、企业间合作行为及供需链管理等，生态系统层面包括政策环境、技术市场、人力资本、信息安全等；通过回归分析发现其与机理分析中的影响较为一致。

第四，从两化融合机制构建来说，"互联网＋"战略与两化融合战略之间存在较强的协同发展关系，两者一脉相承符合社会发展规律，两化融合是"互联网＋"战略的基础和重点，"互联网＋"是两化融合战略的拓展与升级。"互联网＋"背景下我国两化融合机制包括企业个体、产业群落和生态系统三个层面的内容。企业个体层面来说，主要包括企业内生产环节改造升级推进机制和企业间竞争合作组织形式优化机制。前者包括借助大数据、数字化、智能化实现协同研发，发展大规模个性化定制、增材制造，借助互联网平台构建新型协同营销模式，建立双向交流及前期预测改造售后服务环节，借助互联网构建信息化管理理念、体系和机制；后者包括借助互联网开放性优势重构企业组织形式，借助互联网推进供应链的平台化、虚拟化整合。产业群落层面来说，主要包括升级式两化融合推进机制和跨界式两化融合推进机制。前者包括将智能制造作为两化融合跨界推进突破口，借助互联网推进网络化协同制造，提升制造业数字化反哺两化融合，借助制造业服务化提升两化融合，借力价值链高端跃升提升两化融合；后者包括重点培育机器人等新型两化融合衍生产业，借助互联网突破核心技术发展新型智能产业，借力制造业服务化衍生两化融合新业态。区域层面来说，主要包括政府精准决策机制，即借助大数据构建政府精准决策体系，并以此系统推进两化融合；网络协同创新机制，即借助互联网构建两化融合公共服务平台推进协同创新；互联网+教育机制，即建立基于互联网平台的教育及培训体系，转变传统的教育方式，提升公众两化融合意识；信息安全提升机制，即借助云计算技术全力推进"安全云"，驱动威胁情报发展，推进企业级移动安全保护；即时评估反馈机制，即借助互联网构建两化融合即时评估反馈机制，提升评估效率和精准度。

## 8.2 研究展望

针对两化融合的机理、绩效和机制等问题，本书进行了理论层面的拓展和实践层面的探索，但受限于理论发展程度、个人科研能力及时间精力方面的限制，仍然存在一些研究的局限性，需要在今后的学习和研究中进一步探索。

第一，信息化与工业化的融合是典型的复杂系统性动态过程，不仅受到内部企业个体的竞争、合作、共生等行为的影响，也受到系统外部环境的影响，如政策环境、技术水平、人力资本、信息安全等。虽然将产业融合理论与生态组织理论结合起来，建立两化融合的多层面融合机理，但这只是尝试性的研究，难以有效涵盖所有影响因素，难以完美地把握两化融合的内在机理。希望在今后以更广阔的视角，更全面的要素，深化信息化与工业化的融合机理分析。

第二，受限于时间精力以及数据的限制，在对两化融合绩效测度的过程中，企业个体及产业群落层面仅以天津市作为分析对象进行实证分析。应该说，国内其他省市，在两化融合方面有着突出的表现，也需要进行系统的研究。因此，希望在今后的研究过程中，能够接触到更多省市的实际情况和数据资料，对其两化融合绩效进行有针对性的实证研究。

第三，目前，我国正在极力推进"互联网+""中国制造2025"等国家战略，我国两化融合战略与此有密切的联系。这些国家发展战略涉及诸多方面的内容，本书尝试性地研究"互联网+"背景下两化融合的推进机制，但是它们之间还有诸多方面的联系与作用，有待于进一步的探究和检验。

# 附录一　微分方程平衡点稳定性的判断标准

1. 一阶微分方程的平衡点及其稳定性
（1）求解平衡点。
对于微分方程 $x(t) = f(x)$　　　　　　　　　　　　　　　　　　　(1)
等号右边 $f(x)$ 不含自变量 $t$，成为自治方程。
对于代数方程 $f(x) = 0$　　　　　　　　　　　　　　　　　　　　(2)
方程（2）的实根 $x = x_0$ 称为方程（1）的平衡点，它是方程（1）的解。

（2）判断稳定性。
对于该平衡点稳定性的判断，主要有两种方法。第一种是间接法，具体步骤如下所示。
如果存在某个邻域，使方程（1）的解 $x(t)$ 能够满足从该邻域的 $x(0)$ 出发，使下式成立：

$$\lim_{t \to \infty} x(t) = x(0) \qquad (3)$$

那么，该平衡点 $x_0$ 就是稳定的；否则，则是不稳定的。
第二种是直接法，具体步骤如下所示。
将 $f(x)$ 在 $x_0$ 点进行泰勒展开，仅保留一次项，得到方程（1）的近似线性方程，如下所示：

$$x(t) = f'(x_0)(x - x_0) \qquad (4)$$

那么，$x_0$ 也是方程（4）的平衡点，则其稳定性的讨论如下所示：
若 $f'(x_0) < 0$，则 $x_0$ 对于方程（4）和（1）来说都是稳定的；
若 $f'(x_0) > 0$，则 $x_0$ 对于方程（4）和（1）来说都是不稳定的。
从更普遍意义上来说，如果令 $f'(x_0) = a$，方程（4）的一般解是：

$$x(t) = ce^{at} + x_0 \qquad (5)$$

显然，当 $a < 0$ 时，方程（3）成立。

## 2. 二阶微分方程的平衡点及其稳定性

(1) 求解平衡点。

二阶微分方程表示为：

$$\begin{cases} x_1(t) = f(x_1, x_2) \\ x_2(t) = g(x_1, x_2) \end{cases} \tag{6}$$

建立代数方程组，即：

$$\begin{cases} f(x_1, x_2) = 0 \\ g(x_1, x_2) = 0 \end{cases} \tag{7}$$

根 $x_1 = x_1^0$、$x_2 = x_2^0$ 称为方程（6）的平衡点，记为 $P_0(x_1^0, x_2^0)$。

(2) 判断稳定性。

对于间接法来说，如果存在某个邻域，使方程组（6）的解，从这个邻域的某个 $(x_1(0), x_2(0))$ 出发，满足：

$$\begin{cases} \lim_{t \to \infty} x_1(t) = x_1^0 \\ \lim_{t \to \infty} x_2(t) = x_2^0 \end{cases} \tag{8}$$

那么，该平衡点是系统的稳定性平衡点。

对于直接法来说，首先讨论线性微分方程的稳定性，方程组如下所示：

$$\begin{cases} x_1(t) = a_1 x_1 + a_2 x_2 \\ x_2(t) = b_1 x_1 + b_2 x_2 \end{cases} \tag{9}$$

其系数矩阵为：

$$A = \begin{bmatrix} a_1 & a_2 \\ b_1 & b_2 \end{bmatrix} \tag{10}$$

假设矩阵 $A$ 的行列式满足：$\det A \neq 0$ （11）

方程组（9）的特征方程为：$\det(A - \lambda I) = 0$ （12）

进一步展开，得到：

$$\begin{cases} \lambda^2 + T\lambda + \Delta = 0 \\ T = a_1 + b_2 \\ \Delta = \det A \end{cases} \tag{13}$$

其特征根为：

$$\lambda_1, \lambda_2 = \frac{1}{2}(T \pm \sqrt{T^2 - \Delta}) \tag{14}$$

进一步求得方程组（9）的通解为：

$$c_1 e^{\lambda_1 t} + c_2 e^{\lambda_2 t}(\lambda_1 \neq \lambda_2) \text{ 或 } c_1 e^{\lambda_1 t} + c_2 t e^{\lambda_2 t}(\lambda_1 = \lambda_2)$$

根据平衡点稳定性的定义（8），可知：

当 $\lambda_1$、$\lambda_2$ 为负数或有负实部时，$P_0(0,0)$ 是稳定的平衡点。

当 $\lambda_1$、$\lambda_2$ 有一个正数或有正实部时，$P_0(0,0)$ 是不稳定的平衡点。

在条件（11）下，$\lambda_1$，$\lambda_2$ 不可能为零。

进一步来看，为了方便判断，依据 $T$ 及 $\Delta$ 的正负来判定平衡点稳定性的准则为：

若 $T<0$，$\Delta>0$，则该平衡点是稳定的；

若 $T>0$ 或 $\Delta<0$，则该平衡点是不稳定的。

对于一般形式的非线性方程，可以用类似的方法判断。具体来说，若要判断 $P_0(x_1^0, x_2^0)$ 的稳定性，则在该点将原方程作泰勒（Taylor）展开。为了方便讨论，在此仅保留一次项，则方程（6）近似为：

$$\begin{cases} x_1(t) = f_{x_1}(x_1^0, x_2^0)(x_1 - x_1^0) + f_{x_2}(x_1^0, x_2^0)(x_2 - x_2^0) \\ x_2(t) = g_{x_1}(x_1^0, x_2^0)(x_1 - x_1^0) + g_{x_2}(x_1^0, x_2^0)(x_2 - x_2^0) \end{cases} \tag{15}$$

其系数矩阵为：

$$A = \begin{bmatrix} f_{x_1} & f_{x_2} \\ g_{x_1} & g_{x_2} \end{bmatrix} \Bigg|_{P_0(x_1^0, x_2^0)} \tag{16}$$

其特征方程的系数为：

$$T = (f_{x_1} + f_{x_2})|_{P_0}, \Delta = \det A \tag{17}$$

同理，根据以上的判断准则，得到以下判断标准：

$$p_i^e = \begin{cases} \hat{p}_i & \text{如果 } \hat{p}_i > 0 \quad \left[\hat{p}_i = 1 - D - \frac{m_i}{c_i} - \sum_{j=1}^{i} p_j^e \left(1 + \frac{c_j}{c_i}\right)\right] \quad i = 1, 2, \cdots, n \\ 0 & \text{如果 } \hat{p}_i \leq 0 \quad D \geq 1 - m_i/c_i = 1 - (1-q)^{2i-1} \end{cases}$$

若方程（15）的特征根不为零或实部不为零，则 $P_0$ 是方程（15）稳定的平衡点；

若方程（15）的特征根为零或实部为零，则 $P_0$ 是方程（15）不稳定的平衡点。

3. 其他说明

第一，平衡点和稳定性是对自治方程而言的。

第二，非线性微分方程（1）、方程（6）的平衡点稳定性，与与之相应的线性微分方程（4）、方程（15）的稳定性一致，是在非临界情况下（$a\neq 0$ 或 $T$，$\Delta\neq 0$）得到的。在临界情况下（$a=0$ 或 $T$，$\Delta=0$）可能不同，限于篇幅及研究需要在此不作讨论。

第三，在运用间接法讨论平衡点稳定性时，对初始点的要求是在一个邻域内稳定，这是局部稳定。如果对任意的初始点都能够满足稳定，那么称为全局稳定。对于线性微分方程来说，满足局部稳定就意味着满足全局稳定，但对于非线性微分方程不成立。

第四，对于临界情况和非线性微分方程的全局稳定性问题，可以运用相轨线分析进行研究，限于篇幅限制及研究实际需要，在此不作进一步讨论。

# 附录二  企业两化融合绩效水平调查表

表1  企业基本信息

| 企业全称 | |
|---|---|
| 所属行业 | ☐航空航天　☐石油化工　☐装备制造　☐电子信息　☐新能源新材料<br>☐生物医药　☐轻工纺织　☐工业电子 |
| 企业性质 | ☐国有及国有控股　☐股份制　☐民营　☐合资　☐其他 |
| 主营业务 | |
| 注册资本 | |
| 所在区域 | ☐和平区　　☐河东区　☐河西区　☐南开区　☐河北区　☐红桥区<br>☐滨海新区　☐东丽区　☐西青区　☐津南区　☐北辰区　☐武清区<br>☐宝坻区　　☐宁河区　☐静海区　☐蓟州区 |

表2  企业投入产出表（2016年）

| | | |
|---|---|---|
| 输入指标 | 固定资产（万元） | |
| | 流动资产（万元） | |
| | 投入成本（万元） | |
| | 员工数（人） | |
| 输出指标 | 营业收入（万元） | |
| | 净利润（万元） | |

表3  企业两化融合行为判断表

| | | |
|---|---|---|
| 人力资源管理系统（EPR） | ☐已采用或正准备上线 | ☐未采用 |
| 制造执行系统（MES） | ☐已采用或正准备上线 | ☐未采用 |
| 产品数据管理（PDM） | ☐已采用或正准备上线 | ☐未采用 |
| 产品生命周期管理（PLM） | ☐已采用或正准备上线 | ☐未采用 |
| 财务管理系统软件（FMS） | ☐已采用或正准备上线 | ☐未采用 |
| 供应链管理（SCM） | ☐已采用或正准备上线 | ☐未采用 |
| 客户关系管理（CRM） | ☐已采用或正准备上线 | ☐未采用 |
| 办公自动化系统（OA） | ☐已采用或正准备上线 | ☐未采用 |
| 电子商务管理系统 | ☐已采用或正准备上线 | ☐未采用 |
| 组织部门设置 | ☐有专门部门或正在设置 | ☐无专门部门 |
| 信息数据库 | ☐已建立或正在建立 | ☐未采用 |
| 企业两化融合战略规划 | ☐已制定或正在制定 | ☐未制定 |

**表 4**　　　　　企业两化融合匹配变量统计表（2016 年）

| 主营业务收入（万元） | |
|---|---|
| 营业额增长率（%） | |
| 信息化投入（万元） | |
| 计算机使用覆盖率（%） | |
| 信息技术人才比重（%） | |

**表 5**　　　　　企业两化融合绩效影响因素统计表（2016 年）

| 资产总额（万元） | |
|---|---|
| 主营业务增长率（%） | |
| 营业利润率（%） | |
| 合作行为 | □战略联盟　　□业务外包　　□无合作 |
| 供需链管理 | □存在供需链管理　　□无供需链管理 |

# 参 考 文 献

［1］安筱鹏：《两化融合与现代服务业发展系列，全球现代化服务业发展的基本趋势》，载于《中国信息界》2008 年第 10 期。

［2］白雪、雷磊：《我国城市群"两化"融合水平时空变化分析》，载于《经济地理》2014 年第 7 期。

［3］白仲林：《面板数据模型的设定、统计检验和新进展》，载于《统计与信息论坛》2010 年第 10 期。

［4］蔡伟杰、王颖东、辛竹：《上海信息化与工业化融合发展水平评估指标体系研究》，载于《信息化建设》2010 年第 10 期。

［5］曹鸿清：《美国构筑"信息高速公路"概述》，载于《外国经济与管理》1994 年第 12 期。

［6］茶洪旺、唐勇：《我国工业化与信息化相互促进的实证分析》，载于《经济研究参考》2014 年第 10 期。

［7］陈潮昇：《推动信息化和工业化深度融合发展研究》，载于《经济研究导刊》2012 年第 7 期。

［8］陈佳贵、黄群慧、钟洪武：《中国地区工业化进程的综合评价和特征分析》，载于《经济研究》2006 年第 6 期。

［9］陈伟陶、长琪：《两化深度融合的测算及其对区域产业结构升级的影响——基于三元复合协同模型》，载于《南京财经大学学报》2017 年第 6 期。

［10］陈晓红、周源、许冠南、苏竣：《产业集群向创新集群升级的影响要素和路径研究——以广东昭信科技园区为例》，载于《中国管理科学》2013 年增刊第 2 期。

［11］戴兆斌：《南通市工业化与信息化发展水平的测算方法与理论分析》，载于《南通工学院学报》2003 年第 1 期。

［12］丁志伟、张改素等：《中国工业化、城镇化、农业现代化、信息

化、绿色化"五化"协调定量评价的进展与反思》，载于《地理科学进展》2016年第1期。

[13] 董梅生、杨德才：《工业化、信息化、城镇化和农业现代化互动关系研究》，载于《农业技术经济》2014年第4期。

[14] 杜传忠、杨志坤：《德国工业4.0战略对中国制造业转型升级的借鉴》，载于《经济与管理研究》2015年第7期。

[15] 杜传忠、杨志坤：《我国信息化与工业化融合水平测度及提升路径分析》，载于《中国地质大学学报》（社会科学版）2015年第3期。

[16] 杜昊：《"两化"融合测度指标体系构建的理论研究》，载于《现代情报》2015年第2期。

[17] 杜昊、郑建明：《信息化与工业化融合测度指标体系构建的理论依据》，载于《新世纪图书馆》2011年第9期。

[18] 杜伟锦、宋颖、杨伟、郑登攀：《"两化融合"背景下制造企业信息化对创新绩效的影响——基于价值链视角的实证研究》，载于《生产力研究》2018年第1期。

[19] 范保群、王毅：《战略管理新趋势：基于商业生态系统的竞争战略》，载于《商业经济与管理》2006年第3期。

[20] 冯飞、王忠宏等：《信息化与再工业化知识》，电子工业出版社2012年版。

[21] 付丽娜、杨丽莎：《湖北省信息化与工业化深度融合的实现路径研究》，载于《当代经济》2017年第34期。

[22] 葛晓滨：《以工业企业为测度基础的企业信息化与工业化融合评估体系》，载于《安徽建筑工业学院学报》2012年第6期。

[23] 龚炳铮：《信息化与工业化融合程度（融合指数）评价指标和方法》，载于《中国信息界》2010年第11期。

[24] 龚炳铮：《信息化与工业化融合的评价指标和方法的探讨》，载于《中国信息界》2008年第8期。

[25] 谷唐敏：《两化融合对我国制造业转型升级的影响与区域差异——基于面板数据的实证研究》，江西财经大学，2016年。

[26] 郭洪强、王珊：《信息化带动工业化途径机制论》，载于《经济论坛》2004年第5期。

[27] 郭利：《我国两化融合现状分析》，载于《信息化建设》2012年

第 2 期。

[28] 郝华勇:《基于"两个融合"的省域新型工业化水平评价与对策》,载于《经济与管理》2012 年第 1 期。

[29] 胡新、惠调艳、梁思妤:《基于社会环境视角的区域"两化融合"评价研究》,载于《科技进步与对策》2011 年第 10 期。

[30] 黄洁:《大数据对政府决策机制的影响》,载于《领导科学》2015 年第 15 期。

[31] 黄群慧、贺俊:《第三次工业革命与中国经济发展战略调整——技术经济范式理论转变的视角》,载于《中国工业经济》2013 年第 1 期。

[32] 黄群慧、李晓华:《中国工业发展"十二五"评估及"十三五"战略》,载于《中国工业经济》2015 年第 9 期。

[33] 纪承:《产业集群的创新生态:组织演化与治理构架》,载于《学习与实践》2015 年第 10 期。

[34] 姜晓阳:《两化融合管理有效性分析方法与企业新型能力识别》,载于《计算机集成制造系统》2015 年第 4 期。

[35] 焦勇、杨蕙馨:《政府干预、两化融合与产业结构变迁——基于 2003-2014 年省际面板数据的分析》,载于《经济管理》2017 年第 6 期。

[36] 杰里米·里夫金:《第三次工业革命:新经济模式如何改变世界》(张体伟、孙豫宁译),中信出版社 2012 年版。

[37] 杰里米·里夫金、张体伟、孙豫宁译:《第三次工业革命:新经济模式如何改变世界》,中信出版社 2012 年版。

[38] 金碚、刘戒骄:《美国"再工业化"观察》,载于《决策》2010 年第 3 期。

[39] 金江军:《两化融合的理论体系》,载于《信息化建设》2009 年第 4 期。

[40] 靖继鹏、吴扬、郑荣:《信息化带动工业化的运行机制研究》,载于《情报科学》2002 年第 9 期。

[41] 克里斯·弗里曼、弗朗西斯科·卢桑、沈宏亮译:《光阴似箭——从工业革命到信息革命》,中国人民大学出版社 2007 年版。

[42] 克里斯·弗里曼、罗克·苏特、华宏勋、华宏勋等译:《工业创新经济学》,北京大学出版社 2004 年版。

[43] 蓝庆新、韩晶:《信息化带动工业化的实现机制研究》,载于

《中共云南省委党校学报》2004年第1期。

[44] 冷单、王影：《我国发展智能制造的案例研究》，载于《经济纵横》2015年第8期。

[45] 李海舰、田跃新、李文杰：《互联网思维与传统企业再造》，载于《中国工业经济》2014年第10期。

[46] 李继文：《关于信息化和工业化深度融合的再思考——基于"四化"同步发展的视角》，载于《青岛行政学院学报》2015年第1期。

[47] 李培楠、万劲波：《工业互联网发展与"两化"深度融合》，载于《中国科学院院刊》2014年第2期。

[48] 李世英、李亚：《新型工业化发展水平评价指标体系的构建及实证研究》，载于《当代经济科学》2009年第5期。

[49] 李兆琦：《工业化与信息化互动关系及对"两化融合"的影响》，北京理工大学，2015年。

[50] 林魁：《以两化融合推进智能制造转型》，载于《现代信息科技》2017年第4期。

[51] 刘杰、谭清美：《科技投入产出效率评价模型的改进研究——以江苏省为例》，载于《科学管理研究》2011年第1期。

[52] 刘力：《美国产学研合作模式及成功经验》，载于《教育发展研究》2006年第7期。

[53] 刘力强、冯俊文：《我国区域两化融合水平评价模型及实证研究》，载于《科技进步与对策》2014年第9期。

[54] 刘绍武：《浅谈信息化与工业化的融合现状及发展趋势》，载于《科技咨询》2014年第15期。

[55] 吕永卫、巴利伟：《系统论视角下工业化与信息化融合的影响要素研究》，载于《系统科学学报》2014年第3期。

[56] 马健：《产业融合理论研究评述》，载于《经济学动态》2002年第5期。

[57] 苗泽华、彭靖：《工业企业生态系统及其共生机制研究》，载于《生态经济》2012年第7期。

[58] 倪萍、徐雯雯：《全国31地区两化融合现状研究》，载于《重庆工商大学学报》（自然科学版）2013年第1期。

[59] 潘安敏、张金海：《湖南省制造业信息化现状、问题与发展》，

载于《CAD/CAM 与制造业信息化》2007 年第 4 期。

[60] 潘竟虎、胡艳兴：《中国城市群"四化"协调发展效率测度》，载于《中国人口·资源与环境》2015 年第 9 期。

[61] 彭鹏、朱翔、周国华、韦晓辉：《湖南信息化带动工业化机制研究》，载于《经济地理》2002 年第 3 期。

[62] 秦燕磊、朱玉杰：《我国制造业企业"两化融合"评价指标及评价方法研究》，载于《经济师》2017 年第 12 期。

[63] 任毅、东童童：《工业化与信息化融合发展述评及其引申》，载于《改革》2015 年第 7 期。

[64] 荣宏庆：《新型工业化与信息化深度融合路径探讨》，载于《社会科学家》2013 年第 7 期。

[65] 史炜、马聪卉、王建梅：《工业化和信息化融合发展的对策研究》，载于《数字通信世界》2010 年第 2 期。

[66] 唐德淼：《科业变革和互联网渗透下的产业融合》，载于《科研管理》2015 年第 1 期。

[67] 童有好：《论"互联网+"对制造业的影响》，载于《现代经济探讨》2015 年第 9 期。

[68] 万建香：《信息化与工业化融合路径 KMS——企业微观层面的传导机制分析》，载于《江西社会科学》2009 年第 12 期。

[69] 王飞：《新产业革命条件下的产业组织变革研究——基于规模经济和范围经济视角的实证检验》，南开大学，2015 年。

[70] 王金杰：《信息化与工业化融合机制与绩效》，南开大学，2012 年。

[71] 王君：《工业化、信息化与经济增长方式转变》，载于《宏观经济管理》2013 年第 3 期。

[72] 王锰、郑建明：《国内信息化与工业化融合之动力机制分析》，载于《图书馆学研究》2015 年第 1 期。

[73] 王培：《中国信息安全市场现状与未来展望》，载于《中国信息安全》2015 年第 3 期。

[74] 王述英：《天津市信息化、工业化现状与发展分析》，载于《天津行政学院学报》2003 年第 2 期。

[75] 王维国：《论国民经济协调系数体系的建立》，载于《统计研究》1995 年第 4 期。

[76] 王晰巍、安超、初毅：《信息化与工业化融合的评价指标及评价方法研究》，载于《图书馆情报工作》2011年第6期。

[77] 王晰巍、靖继鹏、刘铎、马思思：《信息化与工业化融合的关键要素及实证研究》，载于《图书情报工作》2010年第8期。

[78] 王晓燕、李美洲：《信息化与新型工业化互动机制分析》，载于《科技管理研究》2009年第8期。

[79] 王瑜炜、秦辉：《中国信息化与新型工业化耦合格局及其变化机制分析》，载于《经济地理》2014年第2期。

[80] 王展祥、吕敏：《论信息化对工业化的带动机制》，载于《特区经济》2005年第12期。

[81] 韦宁、陶丽峰：《盐城市信息化带动工业化工作的现状及对策》，载于《中国制造业信息化》2004年第5期。

[82] 魏磊：《高密市工业化与信息化融合的影响因素及评价研究》，青岛科技大学，2013年。

[83] 魏香梅、陈满、何施：《产业集群信息化公共服务平台研究与开发》，载于《科技创业》2015年第14期。

[84] 乌家培：《正确处理信息化与工业化的关系》，载于《经济研究》1993年第12期。

[85] 吴澄：《信息化与工业化融合战略研究——中国工业信息化的回顾现状及发展预见》，科学出版社2013年版。

[86] 吴丁娟：《制造企业两化融合自组织演化机理研究》，华南理工大学，2016年。

[87] 吴丁娟、孙延明、丁绒：《转型升级背景下制造企业两化融合演化模型——基于主成分选取序参量的方法》，载于《系统工程》2016年第9期。

[88] 袭希、孙冰：《群落演替观点下产业技术的演化模型》，载于《系统管理学报》2015年第4期。

[89] 肖琳琳、陈杰等：《中国工业企业两化融合现状实证研究》，载于《中国科技论坛》2016年第9期。

[90] 谢康、肖静华、周先波、乌家培：《中国工业化与信息化融合质量：理论与实证》，载于《经济研究》2012年第1期。

[91] 谢莉娟：《互联网时代的流通组织重构——供应链逆向整合视

角》,载于《中国工业经济》2015 年第 4 期。

[92] 辛杰:《企业生态系统社会责任互动:内涵、治理、内化与实现》,载于《经济管理》2015 年第 8 期。

[93] 胥军:《中国信息化与工业化融合发展的影响因素及策略研究》,华中科技大学,2008 年。

[94] 徐盈之、孙剑:《信息产业与制造业的融合——基于绩效分析的研究》,载于《中国工业经济》2009 年第 7 期。

[95] 许轶旻:《信息化与工业化融合的影响因素研究》,南京大学,2013 年。

[96] 许轶旻:《信息技术范式的阶段性:理论与实证》,载于《情报科学》2013 年第 10 期。

[97] 鄢显俊:《从技术经济范式理论到信息技术范式——论科技 – 产业革命在技术经济范式理论形成及转型中的作用》,载于《数量经济技术经济研究》2004 年第 12 期。

[98] 杨蕙馨、焦勇、陈庆江:《两化融合与内生经济增长》,载于《经济管理》2016 年第 1 期。

[99] 杨帅:《工业 4.0 与工业互联网:比较、启示与应对策略》,载于《当代财经》2015 年第 8 期。

[100] 杨新民、郑丽兰、陈民等:《浦东新区"两化融合"发展现状及建议》,载于《上海信息化》2009 年第 12 期。

[101] 易法敏、符少玲、兰玲:《广州市信息化水平及其与工业化融合程度评估》,载于《科技管理研究》2009 年第 8 期。

[102] 尤骁:《推动区域工业化与信息化融合的影响因素研究》,南京大学,2015 年。

[103] 俞立平、潘云涛、武夷山:《工业化与信息化发展的优先度研究》,载于《中国软科学》2011 年第 5 期。

[104] 俞立平、潘云涛、武夷山:《工业化与信息化互动关系的实证研究》,载于《中国软科学》2009 年第 1 期。

[105] 张彬、李潇:《中国信息化发展的区域比较研究》,载周宏仁主编《中国信息化形势分析与预测》,社会科学文献出版社 2011 年版。

[106] 张成芬、李娟:《我国信息化与工业化融合发展现状和趋势》,载于《西安邮电学院学报》2011 年第 3 期。

[107] 张戈、王洪海、朱婧：《企业信息化与工业化融合影响因素实证研究——基于山东省调查数据的结构方程模型分析》，载于《工业技术经济》2011 年第 9 期。

[108] 张宏远、吴价宝、朱国军：《欠发达地区信息化与工业化融合发展的实证研究——基于连云港企业数据的结构方程分析》，载于《南京工业大学学报》（社会科学版）2014 年第 3 期。

[109] 张劲：《论信息化与工业化融合中的区域产业结构升级》，载于《现代管理科学》2010 年第 4 期。

[110] 张辽、王俊杰：《"两化融合"理论述评及对中国制造业转型升级的启示》，载于《经济体制改革》2017 年第 3 期。

[111] 张龙鹏、周立群：《"两化融合"对企业创新的影响研究——基于企业价值链的视角》，载于《财经研究》2016 年第 7 期。

[112] 张维：《信息化与工业化的相互作用机制探讨》，载于《当代经济》2012 年第 21 期。

[113] 张向宁、孙秋碧：《信息化与工业化融合有界性的实证研究——基于我国 31 省市面板数据》，载于《经济问题》2015 年第 1 期。

[114] 张新、马建华、刘培德等：《区域两化融合水平的评价方法及应用》，载于《山东大学学报》（理学版）2012 年第 3 期。

[115] 张星：《天津市制造业信息化与工业化融合综合评价和影响因素分析》，天津大学，2011 年。

[116] 张雄化、邓翔：《石油行业生态效率的分解与改进》，载于《统计与决策》2012 年第 11 期。

[117] 张亚斌、金培振、艾洪山：《中国信息化与工业化融合环境的综合评价及分析——基于东中西部三大区域的测度与比较》，载于《财经研究》2012 年第 8 期。

[118] 张亚斌、金培振、沈裕谋：《两化融合对中国工业环境治理绩效的贡献——重化工业化阶段的经验证据》，载于《产业经济研究》2014 年第 1 期。

[119] 张亚斌、马莉莉：《大数据时代的异质性需求、网络化供给与新型工业化》，载于《经济学家》2015 年第 8 期。

[120] 张轶龙、崔强：《中国工业化与信息化融合评价研究》，载于《科研管理》2013 年第 4 期。

［121］张运生：《高科技企业创新生态系统边界与结构解析》，载于《软科学》2008 年第 11 期。

［122］赵建群：《论赫芬达尔指数对市场集中状况的计量偏误》，载于《数量经济技术经济研究》2011 年第 12 期。

［123］赵进、刘延平：《产业集群生态系统协同演化的环分析》，载于《科学管理研究》2010 年第 2 期。

［124］支燕、白雪洁、王蕾蕾：《我国"两化融合"的产业差异及动态演进特征——基于 2000－2007 年投入产出表的实证》，载于《科研管理》2012 年第 1 期。

［125］中国电子信息产业发展研究院：《新一代信息技术在两化深度融合中的应用》，电子工业出版社 2013 年版。

［126］中国电子信息产业发展研究院：《中国信息化与工业化深度融合发展水平评估蓝皮书（2012）》，中央文献出版社 2013 年版。

［127］中国电子信息产业发展研究院：《中国信息化与工业化深度融合发展水平评估蓝皮书（2013）》，中央文献出版社 2014 年版。

［128］周剑：《两化融合管理体系构建》，载于《计算机集成制造系统》2015 年第 7 期。

［129］周剑、陈杰：《制造业企业两化融合评估指标体系构建》，载于《计算机集成制造系统》2013 年第 9 期。

［130］周鹏：《信息化与工业化融合模式探析》，载于《信息系统工程》2011 年第 5 期。

［131］周维富：《中国工业化的进展、突出问题和发展策略》，载于《经济纵横》2014 年第 12 期。

［132］周艳、孙静静、魏津瑜等：《天津市信息化与工业化融合程度测度》，载于《商业时代》2013 年第 13 期。

［133］周振华：《论信息化中的产业融合类型》，载于《上海经济研究》2004 年第 2 期。

［134］周子学：《信息化与工业化融合：探索工业结构优化升级之路》，电子工业出版社 2010 年版。

［135］庄宇：《江苏"两化融合"的现状与对策研究》，载于《南通职业大学学报》2010 年第 4 期。

［136］Abadie, A., Imbens G.. Large Sample Properties of Matching Estimators for Average Treatment Effects [J]. Econometrica, 2006, 74 (1): 235-267.

[137] Aigner, D. J., Lovell, C. A. K. and Schmidt, P.. Formulation and Estimation of Stochastic Frontier Production Function Models [J]. Journal of Econometrics, 1977 (6): 21-37.

[138] Aldrich, Howard E., Jeffrey Pfeffer. Environments of Organizations [J]. Annual Review of Sociology, 1976, 2: 79-105.

[139] Alexander Gersehenkron. Economic Backwardness in Historical Perspective [M]. The Belknap Press of Harvard University Press, 1979.

[140] Alfonso, G, Salvatore, T.. Does Technological Convergence Imply Convergence in Matrices? Evidence from the Electronics Industry [J]. Research Policy, 1998, 27 (5): 445-463.

[141] Altenpohl D. G.. Informatization of Industry and Society: The Third Industrial Revolution [J]. International Journal of Technology Management, 1986 (1): 3-4.

[142] Andersen B., Walsh. V.. Co-evolution within Chemical Technology Systems: A Competence Bloc Approach [J]. Industry and Innovation, 2007 (1): 77-115.

[143] Baal Subrahmanya, M. H.. Pattern of Technological Innovations in Small Enterprises: A Comparative Perspective of Bangalore and Northeast England (UK) [J]. Technovation, 2005, 25 (3): 269-280.

[144] Bangemann M.. Europe and Global Information Society: Recommendations to the European Council [EB/OL]. http://Europa.eu.int/ISPO/docs/basics/docs/bangemann.pdf, 2012-8-31.

[145] Barreto I, Baden-Fuller C.. To Conform or to Perform? Mimetic Behavior, Legitimacy-based Groups and Performance Consequences [J]. Journal of Management Study, 2006, 43 (7): 1559-1581.

[146] Barry, B., Crant, J. M.. Dyadic Communication Relationships in Organizations: An Attribution & Expectancy Approach [J]. Organization Science, 2009, 11 (6): 648-664.

[147] Baum J. A. C., Singh J. V.. Evolutionary Dynamics of Organizations [M]. New York: Oxford University Press, 1994.

[148] Berman B. 3 - D Printing: The New Industrial Revolution [J]. Bus Horizons, 2012, 55 (2): 155 - 162.

[149] Blinder A. S.. Education for the Third Industrial Revolution [J]. American Prospect, 2006 (5): 44 - 46.

[150] Blinder Alan S.. Offshoring: The Next Industrial Revolution?[J]. Foreign Affairs, 2006, 85 (2): 113 - 128.

[151] Catells. The Rise of the Network Society: The Information Age Economy [J]. Society and Culture, 1996 (3): 34 - 42.

[152] Charns. A., Cooper, W. W. & Rhodes, E.. Measuring the Efficiency of Decision Making Units [J]. European Journal of Operational Research, 1978 (2): 429 - 444.

[153] Christopher Gust, Jaime Marquez. International Comparison of Productivity Growth: The Role of Information Technology and Regulatory Practices [J]. Labor Economics, 2004 (11): 33 - 58.

[154] Cinzia Battistella, Alberto F. De Toni, Roberto Pillon. Inter - organisational Technology and Knowledge Transfer: A Framework from Critical Literature Review [J]. The Journal of Technology Transfer, 2015 (7): 1 - 40.

[155] Cristiano Antonelli. Regional Technical Change, The New Information Technology and Knowledge Economy [J]. The European Certificate, 2008, 50 (1): 134 - 150.

[156] Curran, C. S., Leker, J.. Patent Indicators for Monitoring Convergence - examples from NFF and ICT [J]. Technological Forecasting 8c Social Change, 2011 (78): 256 - 273.

[157] Daniel Henderson, L. Simar. A Fully Nonparametric Stochastic Frontier Model for Panel Data [J]. Working Paper Series, 2005 (4): 523 - 536.

[158] David Finegold, Creating Self - sustaining High - Skill Ecosystems [J]. Oxford review of Economic Policy, 1999, 15 (1): 60 - 76.

[159] Dietrich A. Does Growth Cause Structural Change, Or is it the Other Way Around? A Dynamic Panel Data Analysis for Seven OECD Countries [J]. Empirical Economics, 2012, 43 (3): 915 - 944.

[160] Dolata U.. Technological Innovations and Sectoral Change: Transformative Capacity, Adaptability, Patterns of Change: An Analytical Framework [R]. 2009, Res Pol 38 (6): 1066 – 1076.

[161] Duff A. S.. The Past, Present and Future of Information Policy: Towards a Normative Theory of the Information Society [J]. Information Communication & Society, 2004, 7 (1): 69 – 87.

[162] Englmaier F., Reisinger M.. Information, Coordination and the Industrialization of Countries [J]. CESifo Economic Studies, 2008, 54 (3): 534 – 550.

[163] E. A. Saraoilin. Neumann – Pearson – optimized Algorithms for Estimating White Gaussian Pulse Noise on Images [J]. Journal of Optical Technology, 2009, 76 (2): 63 – 68.

[164] Fichman R. G., Kemerer C. F.. The Illusory Diffusion of Innovation: An Examination of Assimilation Gaps [J]. Information Systems Research, 1997, 10 (3): 255 – 275.

[165] Fischer, C., Carrol, G. R.. Telephone and Automobile Diffusion in the United States 1902 – 1937 [J]. American Journal of Sociology, 1988, 12 (2): 95 – 110.

[166] Freeman J. Carrol, G. R. Hannan. The Liability of Newness Rage Dependence in Organizational Death Rates [J]. American Sociological Review, 1983, 12 (9): 68 – 79.

[167] Fujimoto T.. Architecture – based Comparative Advantage in Japan and Asia [M]. Manufacturing Systems and Technologies for the New Frontier, Springer London, 2008.

[168] G. R. Carroll, M. T. Hannan. The Demography of Corporations and Industries [M]. Princeton, New Jersey: Princeton University Press, 2000.

[169] Gambardella A., Torrisi S.. Does Technological Convergence Imply Convergence in Market? Evidence from the Electronics Industry [J]. Research Policy, 1988, 27 (5): 445 – 463.

[170] Gerald R. Moody. Information Technology and the Economic Performance of the Grocery Store Industry [J]. Labor Economics, 1997 (11): 32 – 37.

[171] Gerum E. , Sjurts I. , Stieglitz N. . Industry Convergence and the Transformation of the Mobile Communication System of Innovation [R]. Phillips University Marburg, 2004.

[172] Globalization, Economic Development, and Inequality: An Alternative Perspective [M]. Edward Elgar Publishing, 2004.

[173] Goldsmith. A Strategic Approach to Information Communication Technology Diffusion an Australian Study [J]. Construction Research Congress, Honolulu, Hawaii, 2003 (10): 103 – 116.

[174] Granger C. W. J. . Investigating Causal Relations by Econometric Models and Cross – spectral Methods [J]. Econometrica: Journal of the Econometric Society, 1969: 424 – 438.

[175] Greenwood J. . The Third Industrial Revolution: Technology, Productivity, and Income Inequality [M]. AEI Press, 1997.

[176] Hamel, Gary and Prahalad, C. K. . Competing for the Future [M]. Boston: Harvard Business Press, 1994.

[177] Hannan Michael T. , John Freeman. Organizational Ecology [M]. Cambridge: Harvard University Press, 1989.

[178] Hannan Michael T. , John Freeman. The population ecology of organizations [J]. American Journal of Sociology. 1977, 82: 929 – 964.

[179] Hannan M. T. , Carroll G. R. , Dundon E. A. , Tortes J C. . Organizational Evolution in Multinational Context: Automobile Manufacturers in Belgium, Britain, France, Germany and Italy [J]. American Sociological Review, 1995, 2 (7): 71 – 82.

[180] Hans Christian von Baeyer. Information: The New Language of Science [M]. Cambridge, MA: Harvard University Press, 2004.

[181] Hausmann R. , Hidalgo C. , Bustos S. , et al. The Atlas of Economic Complexity [J]. Boston. USA, 2011 (8): 167 – 181.

[182] Heeks R. ICT4D 2.0: The Next Phase of Applying ICT for International Development [J]. Computer, 2008, 41 (6): 26 – 33.

[183] Henry Mintzberg, Bruce Ahlstrand, and JosePh Lampel. Strategy Safari: A Guided Tour through the Wilds of Strategic Management [M]. New York: Simon and Schuster, 2000.

[184] Hofm an C., Orr S., Advanced Manufacturing Technology Adoption [J]. The German Experience. Technovation, 2005, 25 (7): 711 – 724.

[185] Hu, Cui – hong. Rural Logistics System Based on Rural Informatization [J]. Asian Agricultural Research, 2010, 2 (2): 63 – 81.

[186] Hurlin C., Venet B.. Granger Causality Tests in Panel Data Models with Fixed Coefficients [J]. Cahier de Recherche EURISCO, September, University Paris IX Dauphine, 2001 (5): 351 – 366.

[187] Im K. S., Pesaran M. H., Shin Y.. Testing for Unit Roots in Heterogeneous Panels [J]. Journal of Econometrics, 2003, 115 (1): 53 – 74.

[188] Jaime Gomez, Raquel Orcos, Sergio Palomas. The Evolving Patterns of Competition after Deregulation: The Relevance of Institutional and Operational Factors as Determinants of Rivalry [J]. Journal of Evolutionary Economics, 2014, 24 (4): 905 – 933.

[189] Jevan Cherniwchan. Economic Growth, Industrialization, and the Environment [J]. Resource and Energy Economics, 2012, 34 (4): 442 – 467.

[190] Jitendra Singh. Organizational Evolution [M]. New Directions, 1990.

[191] John Freeman, Michael T. Hannan. Organizational Ecology [M]. Harvard University Press, 1989.

[192] Judson R. A., Owen A. L.. Estimating Dynamic Panel Data Models: A Guide for Macroeconomists [J]. Economics Letters, 1999, 65 (1): 9 – 15.

[193] Kalwij, A. S. A.. Maximum Likehood Estimator Based on First Difference for a Panel Data Tobit Models with Individual Specific Effects [J]. Economics Letters, 2003 (8): 165 – 172.

[194] Ketchpel, Steven Paul. The Networked Information Economy: Applied and Theoretical Frameworks for Electronic Commerce [D]. Stanford University. 1998.

[195] Khanna. T., Greenstein S.. What does it Mean for Industries to Converge [M]. Boston: Harvard Business School Press, 1997.

[196] Kim L.. Imitation to Innovation: The Dynamics of Korea's Techno-

logical Learning [M]. Harvard Business Press, 1997.

[197] Kim S., Nolan P. D.. Measuring Social "Informatization": A Factor Analytic Approach [J]. Sociological Inquiry, 2006, 76 (2): 188 – 209.

[198] Koren Y.. The Global Manufacturing Revolution: Product – Process – Business Integration and Reconfigurable Systems [M]. Wiley. com, 2010.

[199] Kortelainen, M.. Dynamic Environmental Performance Analysis: A Malmquist Index Approach [J]. Ecological Economics, 2008, 64 (4): 45 – 56.

[200] Kotha S.. Mass Customization: Implementing the Emerging Paradigm for Competitive Advantage [J]. Strategic Management Journal, 1995, 16 (S1): 21 – 42.

[201] Kuosmanen, T., Kortelainen, M.. Measuring Eco – efficiency of Production with Data Envelopment Analysis [J]. Journal of Industrial Ecology, 2005, 9 (4): 63 – 76.

[202] Lawrence, Paul R., Jay W. Lorsch. Organization and Environment: Managing Differentiation and Integration [M]. Boston: Graduate School of Business Administration. Harvard University, 1967.

[203] Leighton D. S. R.. The Internationalization of American Business. The Third Industrial Revolution [J]. The Journal of Marketing, 1970 (3): 3 – 6.

[204] Levin A., Lin C. F., James Chu C. S.. Unit Root Tests in Panel Data: Asymptotic and Finite – sample Properties [J]. Journal of Econometrics, 2002, 108 (1): 1 – 24.

[205] Lowenthal, Micah D., Kastenberg, William E.. Industrial Ecology and Energy Systems: A First Step. Resources, Conservation and Recycling, 1998, 24 (1): 51 – 63.

[206] Mark Lorenzon. Informationcost and Trust Lessons from Cooperation and Higher Order Capabilities Amongst Geographically Proximate Firms [R]. DRUID Working Papers, 1998, 4.

[207] Meeusen, W. and van den Broeck, J.. Efficiency Estimation from

Cobb – Douglas Production Functions With Composed Error［J］. International Economic Review，1977（18）：435 – 444.

［208］Mokyr J. . Are We Living in the Middle of an Industrial Revolution?［J］. Economic Review，1997（2）：31 – 43.

［209］Mowery D. C. . Plus ca Change：Industrial R&D in the "Third Industrial revolution"［J］. Industrial and corporate change，2009，18（1）：1 – 50.

［210］Muller M. ，Tan Z. . China in the Information Age：Telecommunications and The Dilemmas of Reform［R］. Westport，1997，8.

［211］M. F. Mizintseva，M. V. Kushchev. A Comparative Analysis of Methods for Estimating Informatization Efficiency in Regional Economic Systems［J］. Scientific and Technical Information Processing，2007（38）：131 – 138.

［212］Nagy K. Hanna，Christine Zhen – Wei Qiang. China's Emerging Informatization Strategy［J］. Journal of the Knowledge Economy，2010，1（2）：128 – 164.

［213］Nelson，Richard R. ，Sidney G. Winter. An Evolutionary Theory of Economic Change［M］. Cambridge，MA：Belknap Press of Harvard University Press，1982.

［214］N. Johnstone，I. Hascic，D. Popp. Renewable Energy Policies and Technological Innovation：Evidence Based on Patent Counts［J］. Environmental and Resource Economics，2010，45（1）：133 – 155.

［215］Paul Makiy. Manufacturing and Innovation：The Third Industrial Revolution［R］. Special report of Economist，2012 – 4 – 21.

［216］Peter E. D. Love，Zahir Irani. An Exploratory Study of Information Technology Evaluation and Benefits Management Practices of SMEs in the Construction Industry［J］. Information & Management，2004，（42）：227 – 242.

［217］Piebalgs A. . How the European Union is preparing the "Third Industrial Revolution" with an Innovative Energy Policy［J］. 2009（8）：76 – 82.

［218］Pisano G. P. ，Shih W. C. . Does America Really Need Manufacturing?［J］. Harvard Business Review，2012，90（3）：94 – 98.

［219］Porter M. ，Rivkin J. W. . The Looming Challenge to US Competitiveness [J]. Harvard Business Review, 2012, 90 (3): 54 - 61.

[220] Porter, Michael E.. Competitive Strategy [M]. In Competitive Advantage: Creating and Sustaining Superior Performance, New York: Free Press, 1985.

[221] Racine. J. S. and Q. Li.. Cross - validated Local Linear Nonparametric Regression [J]. Statistical Science, 2004 (14): 485 - 512.

[222] Rifkin J.. The Third Industrial Revolution: How Lateral Power is Transforming Energy, the Economy, and the World [M]. Palgrave Macmillan, 2011.

[223] Robert G. Fichman. Information Technology Diffusion: A Review of Empirical Research [M]. Proceedings of the International Conference on Information Systems, 1992.

[224] Rosenbaum and Rubin. Constructing A control Group Using Multivariate Matched Sampling Methods that Incorporate the Propensity [J]. American statistician, 1985, 39 (1): 33 - 38.

[225] Rosenbaum and Rubin. The Central Role of the Propensity Score in Observational Studies for Causal Effects [J]. Biometrika, 1983 (70): 41 - 55.

[226] Rosenberg N.. Technological Change in the Machine Tool Industry: 1840 - 1910 [J]. The Journal of Economic History, 1963 (23): 414 - 446.

[227] Rudi Schmiede. Knowledge, Work and Subject in Informational Capitalism Social Informatics: An Information Society for all? [C]//Remembrance of Rob Kling IFIP International Federation for Information Processing, New York: Springer, 2006: 333 - 354.

[228] Schroth C.. The Internet of Services: Global Industrialization of Information Intensive Services [C]. International Conference on Digital Information Management, 2007, 2: 635 - 642.

[229] Smith, J. A., Todd, P. E.. Does Matching Overcome La Londe's critique of Non - experimental Estimators? [J]. Journal of Econometrics, 2005, 125 (1 - 2): 305 - 353.

[230] Stieglitz, N.. Digital Dynamics and Types of Industrial Convergence: the Evolution of the Handheld Computers Market [C]. Jens Froslev Christensen, Peter Maskell. The Industrial Dynamics of the New Digital Econo-

my, Edward Elgar Publishing Limited, 2003.

[231] Sung K., Kong H. K., Kim T.. Convergence Indicator: The Case of Cloud Computing [J]. The Journal of Supercomputing, 2013, 65 (1): 27 - 37.

[232] S. Ekrman. Industrial Ecology: An Historical View [J]. Cleaner Prod, 1997, 5 (2): 1 - 12.

[233] Tobin, J.. Estimation of Relationships for Limited Dependent Variables [J]. Econometrica, 1958 (1): 27 - 36.

[234] Tone, K. A.. Slacks - Based Measure of Super - Efficiency in Data Envelopment Analysis [J]. European Journal of Operational Research, 2002, 143 (1): 32 - 41.

[235] Wang X., Butler B., Ren Y.. The Impact of Membership Overlap on Growth: An Ecological Competition View of Online Groups [J]. Organization Science, 2012 (2): 1 - 18.

[236] Webster F.. Theories of the Information Society [M]. Routledge, 2014.

[237] Wonseok Oh, Alain Pinsonneault. Information Technology Strategic Value Evaluation [J]. Concepts and Analysis Methods, 2006, 34 (3): 34 - 50.

[238] Ying Liao, Paul Hong, and Xiao Fang. Information Integration Practices and Performance Outcomes [J]. Journal of Information & Knowledge Management, 2005 (3): 191 - 200.

[239] Yoffie B David. Competing in the Age of Digital Convergence [J]. California Management Review, 1996, 38 (4): 31 - 53.

# 后　记

本书是在笔者博士论文基础上经过进一步深化研究完成的，是国家社科基金重大课题"新产业革命的发展动向、影响与中国的对应战略研究"（项目编号：13&ZD157）的阶段性研究成果。在博士生学习阶段，笔者有幸参与了导师杜传忠教授主持的国家社科基金重大课题"新产业革命的发展动向、影响与中国的对应战略研究"的研究，对工业化、信息化以及智能制造等问题进行了一定的研究，在此基础上逐步形成了博士论文的研究思路及方向。当时正值"十三五"开局之年，我国工业化转型升级对两化融合的需求愈加强烈，信息服务业、电子商务、"互联网+"、智能制造等快速发展，两化融合的深度、广度空前加大。在此基础上，明确我国两化融合的发展绩效水平，找准制约两化融合发展的关键因素，构建更加有效的推进机制和发展对策，成为当时我国推进两化融合面临的突出任务，也成为笔者博士论文重点研究的内容。博士论文从选题、撰写到成稿过程中，得到了恩师杜传忠教授的悉心指导。杜老师学识渊博、眼光敏锐、治学严谨、鱼渔同授，他的谆谆教诲，将鼓励和鞭策笔者不断取得新的进步！

另外，参与本书研究、讨论的还有：郭树龙、王飞、杨晨、陈帅、汪海凤、王海鹏、孙腾骞、曹艳乔、王霄琼、张丽、刘忠京、宁朝山、刘英华、郭美晨、许冰、崔永涛、张奇、孙红印、王叶军、程栋、曹清峰、张时坤等。他们的宝贵意见和建议，使笔者受益匪浅。本书的出版得到了经济研究参考杂志社齐伟娜老师的大力支持，在此一并表示诚挚的感谢！

中国两化融合问题面临着较为复杂的技术、经济环境和条件。本书的研究涉及领域众多，内容较为庞杂，研究难度较大，虽然经过多次讨论与修改，也难免存在不少缺点与不足，敬请学术界同仁和实际经济部门的同志批评指正！

杨志坤<br>
2018 年 10 月

# 图书在版编目（CIP）数据

我国信息化与工业化融合绩效测度与推进机制构建研究／杨志坤著．—北京：经济科学出版社，2018.10

ISBN 978-7-5141-9809-6

Ⅰ.①我⋯　Ⅱ.①杨⋯　Ⅲ.①工业化-产业融合-信息化-研究-中国　Ⅳ.①F424

中国版本图书馆 CIP 数据核字（2018）第 233673 号

责任编辑：齐伟娜　初少磊　赵　蕾
责任校对：郑淑艳
责任印制：李　鹏

## 我国信息化与工业化融合绩效测度与推进机制构建研究
杨志坤　著
经济科学出版社出版、发行　新华书店经销
社址：北京市海淀区阜成路甲 28 号　邮编：100142
总编部电话：010-88191217　发行部电话：010-88191540
网址：www.esp.com.cn
电子邮件：esp@esp.com.cn
天猫网店：经济科学出版社旗舰店
网址：http://jjkxcbs.tmall.com
北京季蜂印刷有限公司印装
710×1000　16 开　20 印张　330000 字
2018 年 10 月第 1 版　2018 年 10 月第 1 次印刷
ISBN 978-7-5141-9809-6　定价：68.00 元
(图书出现印装问题，本社负责调换。电话：010-88191510)
(版权所有　翻印必究　举报电话：010-88191586
电子邮箱：dbts@esp.com.cn)